KB206746

초등교육의 재개념화

엄태동 저

학지사

이 논문은 2002년도 한국학술진흥재단의 지원에 의하여 연구되었음.
(KRF-2002-003-B00184)

곧 초등학교에 입학할 수린이와 규린이에게

머리말

'초등교육의 재개념화'라는 책의 제목에서 엿볼 수 있듯이 이 책은 초등교육에 대한 정설(定說)이나 통상적인 논의에 해당하는 것들을 다루고 있지 않다. 만약 이 책을 통하여 그러한 것들을 접할 수 있으리라고 기대한 독자가 있다면, 그는 왜 책의 제목이 '초등교육의 재개념화'인지를 다시 한 번 생각해 보아야 한다. 초등교육과 관련하여 정설이라 할 만한 것이 있는지는 몰라도, 지금부터 이 책에서 소개하고자 하는 초등교육에 대한 이야기는 그러한 정설에 어느 한 부분도 맥이 닿아 있지 않다. 나는 처음부터 아주 의도적으로 초등교육에 대한 기존의 통상적인 인식과는 상당히 거리가 있는 논의를 전개하고자 애를 썼다. 이 책에서 소개되고 있는 초등교육에 대한 이야기는 그러한 노력의 산물이다. 따라서 이 책은 초등교육에 대한 나 자신의 개인적인 견해들로 채워져 있으며, 초등교육에 대한 비통상적인 이야기들을 담고 있다.

이처럼 초등교육에 대한 새로운 이야기를 전개하려는 나의 시도는 초등교육에 대한 기존의 인식이 도대체 초등교육의 정체를 보여 주는 것일 수가 없다는 개인적인 불만감에서 비롯된 것이다. 초등교육이란 무엇인가에 대하여 이러저러한 논의들이 존재하기는 하지만, 나는 그 가운데 어느 것에도 공감하고 있지 못하다. 선생 자신이 동의하지 못하는 내용을 학생들에게 가르칠 도리는 없는 법이다. 이러한 형편에서는 차라리 처음부터 다시 시작한다는 기분으로 초등교육이란 무엇인가를 직접 질문해 들어가면서 나름대로의 답을 모색하여 가르치는 것이 성실한 자세이다.

이 책에서 소개되고 있는 초등교육에 대한 논의들은 지난 2년간 내가 수업 시간에 학생들과 같이 고민하고 토론한 성과물이다. 초등교육과 관련된 주제들이나 문제들을 중심으로 매 학기 한두 편의 원고를 쓰고, 이를 학생들에게 소개하면서 어색한 논리와 주장을 바로잡는 방식으로 내 나름의 초등교육론을 구성하고자 시도하였다. 물론 그 결과는 누구나 쉽게 예상할 수 있는 것처럼, 비록 새로운 것일지는 몰라도, 이론적으로는 충분히 성숙하지 못한 것일 가능성이 있다. 그렇기는 하지만, 적어도 그것은 내 자신이 책임을 지고 소신 있게 이야기할 수 있는 초등교육에 대한 내 나름의 통찰을 반영하고 있다. 그리고 그것은 내가 가르친 학생들에게 그러했던 것처럼 '교육이란 무엇이며, 그러한 교육의 하나로서 초등교육의 정체는 무엇인가'를 고민하는 사람들에게 하나의 생각할 거리를 제공할 수 있으리라 믿고 있다.

이러한 믿음에 힘입어, 개인적인 의견으로 가득 찬 하나의 이설(異說)임에도 불구하고, 내가 생각하는 초등교육에 대한 이야기를 책으로 펴내게 되었다. 물론 나의 믿음이 맞는 것인지의 여부는 전적으로 이 책을 읽을 독자들에게 달려 있다. 원칙상 책은 저자의 손을 떠나면 이미 그의 것이 아니다. 그것은 누구든 읽고 비판할 권리가 있다. 그렇기는 하지만, 이 책의 저자로서 나는 이러한 독자들을 갈망하고 있다. 교육이란 무엇인가에 대한 이론적인 사유를 가치 있게 평가하고, 그것이 설사 기이한 개념들과 논의로 점철되어 있다고 하더라도, 일단 그 목소리를 경청하는 가운데 자기 나름의 생각을 펼쳐 나가는 독자, 나는 그러한 독자를 원한다. 강의실에서 내가 대면할 수 있었던 것처럼 교육에 대하여, 그리고 초등교육에 대하여 이렇게 진지하게 접근하는 독자들을 만날 수 있다면, 그리고 나의 이야기가 그들에게 새로운 사고의 출발점이 될 수 있다면, 이 책을 펴내는 나의 의도는 충분히 실현되는 셈이다.

2003년 6월
수곡동 상구재(上求齋)에서
엄 태 동

목 차

제**1**장

<홀랜드 오퍼스>와 초등교육에 대한 몽상

　나에게 초등교육이라는 말은 지금까지 살아오면서 거의 사용해 본 적도 없는 아주 낯선 용어들 가운데 하나였다. 솔직히 고백하면, 초등교육이란 무엇인가를 놓고 고민해 본 적은 한 번도 없었다. 초등교육만 그러한 것이 아니었다. 초등교육이니, 중등교육이니, 고등교육이니 하는 말들을 들을 때면, 학교에 대한 고리타분한 이야기 정도를 떠올렸을 뿐이다. 그러한 것들을 대상으로 교육에 대한 이론적인 논의를 전개한다는 것은 적절하지 않다고 보았다. 제도교육과 관련된 그런 용어들은 학교의 실제적인 문제들을 다루는 교육학 전공자들에게나 어울리는 것이라고 생각했다. 그래서인지는 몰라도 초등, 중등, 고등이라는 용어들이 들어 있는 교육학의 글들을 접할 때마다, 어쩌면 상당히 노골적으로 시선을 다른 곳으로 돌리곤 했다. 도대체 그러한 것들은 나의 관심사가 아니었다.

　무엇이 되었든 그것이 교육이라면 교육이라는 이름 아래에서 동일한 하나일 뿐이다. 교육이란 무엇인가를 고민하면서 교육을 교육 아닌 것과 구분하는 일이 교육학의 소임이며, 따라서 모든 교육이 공유하는 공통된 본질을 찾는 일이 급선무인 것이다. 이 점에서 제도교육의 하나에 불과한 초등교육과 중등교육의 특질이나 그들간의 차이 등에 대하여 내가 별다른 고민을 전개해야 될 이유는 없다고 생각했다. 각급 제도교육간의 차이보다는 하나의 총체로서 교육이 지니는 본질에 대한 이론적인 사색과 탐구가 내게 더 절박한 주제였다. 적어도 내가 어느 날 교육대학의 선생이 되기 전까지는 분명 그랬다.

교육대학에 부임해서도 내가 사범대학 등에서 종전까지 다루던 것과 조금도 다름이 없는 내용들을 학생들에게 가르쳤다. 무엇인가 다른 것을 말해야 될 필요를 느끼지 못했다. 교육대학의 선생이든, 사범대학의 선생이든 간에 그들은 모두 교육이란 무엇인가에 대하여 고민하고 그 고민의 산물을 가르치는 자가 아닌가? 문제는 기존의 교육학적인 성과를 제대로 정리하여 소개하는 가운데 얼마나 자신의 독창적인 해석과 아이디어를 학생들에게 전달할 수 있는가 하는 점뿐이라고 생각했다. 그리고 초임(初任)의 선생들이 대부분 그러하듯이 나 역시 할 수 있는 최선을 다하여 가르치고자 애를 썼다. 적어도 나로부터 듣지 않으면 그 어디에서도 듣기 어려운 교육 이야기를 학생들에게 들려준다는 그러한 자부심마저도 은근히 있었다.

어느 날이었다. 내가 부임한 교육대학의 한 연구소에서는 초임 교수들을 대상으로 이른바 '초등교육 전문가 세미나'를 개최하고 있었다. 초등교육에 대하여 관심을 갖고 있는 대학의 교수들이 멤버로 참석하되, 세미나의 발표는 바로 초임 교수들이 맡는 것이 관행이었다. 당시 그 모임을 주관하던 선배 교수로부터 발표를 의뢰받았다. 무엇을 발표할 것인가를 놓고 고민하고 있을 때, 그 선배 교수로부터 초등교육과 관련된 주제였으면 좋겠다는 말을 들었다. '초등교육 전문가 세미나'인 만큼 그래야 한다는 것이었다. 나 역시 그렇게 하는 것이 좋겠다고 생각하고 별다른 고민 없이 발표를 수락하였다.

그러나 곰곰이 생각해 보니 이는 상당히 부담스러운 일이었다. 초등교육이라 하여 다른 형태의 교육과 특별히 다른 점이 있어야 한다고 생각하지 않던 나였기에 더욱더 그러했다. 한참을 고민하다가 초등교육에 대한 이야기를 하되, 초등교육에 대한 실제적인 이야기보다는 그에 대한 기존의 이론적인 논의들을 재검토하면서 내가 할 수 있는 만큼만 새로운 아이디어를 덧붙이는 형식을 취해야겠다고 마음먹었다. 교육대학의 다른 선생들이 모두 다 그러하듯이 나 역시 초등교육 전공자가 아닐 뿐 아니라, 초등교육에 대하여 남다른 생각을 지니고 있는 것도 아니었다. 교육대학에 부임하게 된 것은, 사범대학보다 먼저 그곳 교수초빙에 응하여 선발되었다고 하는 인연을 제외하면, 그야말로 우연적인 사건이 아닌가? 그러니 당시 내가 초등교육에 대하여 거의 문외한(門外漢)이라는 사실이 나에게 별다른 부담거리는 되지 않았다. 그러나 어차피 교육대학에서 학생들을 가르치게 된 이상에는 한 번쯤 초등교육에 대한 기존의 논의들을 공부할 필요는 있다고 생각했다. 그래서 차라리 좋은 기회라고 생각을 고쳐 먹기로 작정했다.

그때부터 서둘러 초등교육에 대한 저작들을 구해서 하나 하나 읽어보기 시작했다. 대부분이 초등교육에 대한 개론적인 저작들에 불과했지만, 사실 그런 것들을 제외하면 초등교육에 대한 별다른 읽을거리를 찾기도 어려웠다. 개론적인 성격의 글들을 한동안 거의 읽어 본 적이 없는 나였기에 이는 대단히 참기 힘든 일이었다. 중단해야겠다고 마음먹은 것도 한두 번이 아니었다. 그럴 때마다 초등교육에 대한 남다른 고민을 갖고 연구한 성과들이라 생각하고, 내가 배울 수 있을 만한 것을 찾아 다시금 책을 뒤적였다. 어느 정도 읽고 난 뒤에 내가 느낀 것은 무엇이라 설명하기 어려운 놀라움 같은 것이었다. 초등교육에 대한 무슨 대단한 아이디어를 접하게 되어서는 아니었다. 어떤 책이든 책을 읽으면 그것을 읽기 이전에 내가 갖고 있던 생각보다는 좀 더 개선된 아이디어를 얻을 수 있었고, 또 그래야 한다고 생각하고 있었다. 그러나 초등교육에 대한 저작들을 통해서 나는 그런 아이디어들을 얻을 수가 없었다. 그럴듯한 언어로 기술되어 있기는 하지만, 그것은 초등교육에 대하여 내가 막연하게나마 갖고 있던 생각들을 깰 만큼 새로운 것이 아니었다. 오히려 그것들은 초등교육에 대한 비전문가라 할 수 있는 내가 당시에 갖고 있던 생각들과 대동소이한 것들이었다. 이러한 상태에서는 정상적으로 세미나의 발표를 맡는다는 것이 불가능했다. 기존의 논의들을 정리하여 억지로 발표를 할 수는 있겠지만, 그것은 나에게 그러한 것처럼, 나의 발표를 듣게 될 다른 선생들에게도 대단히 익숙한 상식적인 이야기에 그칠 것이 뻔했다. 시간낭비란 이러한 경우를 두고 말하는 것이라는 점을 그때 실감했다. '초등교육이란 무엇일까'라는 고민은 그렇게 갑자기 골치 아픈 주제로 내게 다가왔다. 기존 초등교육 관련 저작들을 통하여 읽을 수 있는 낯익은 이야기말고 초등교육에 대한 무엇인가 새로운 이야기는 할 수 없는 것인가?

그러던 터에 〈흘랜드 오퍼스(Mr. Holland s Opus)〉라는 영화를 우연히 다시 보게 되었다. 수업 시간에 학생들에게 한 번쯤 보라고 권할 만한 영화들을 생각하다가 갑자기 그 영화가 떠올랐다. 그것은 내가 상당히 오래 전에 한 번 본 적이 있는 영화였고 나중에 알게 된 사실이지만, 그 때 내가 〈흘랜드 오퍼스〉를 보게 된 것은 그야말로 천우신조(天佑神助)였다. 누구나 그들 나름의 수호신이 있는 것처럼 만약 나에게도 수호신이 있다면 바로 그 신의 도움이었다고 할 만한 만남이었다.

영화는 무명의 작곡가 흘랜드가 고등학교의 음악교사가 되는 것으로부터 시작된다. 여기저기를 불려 다니면서 음악을 연주하던 흘랜드가 평소의 꿈인 작곡에 몰두하기로 마음먹는다. 그러나 그 일을 하려면 시간적인 여유와 함께 생계유지를 위한 수입이 있어야 했다. 이러한 연유로 그가 어쩔 수 없이 택하게 된 것이 가르치는 일이었다. 흘랜드와 그의 부인은 흘랜드가 교사로서 받는 봉급에다가 부인이 사진을 찍어서 버는 수입까지를 합하면 그들이 필요로 하는 자금을 4년 안에 모을 수 있다고 전망했다. 하기 싫어도 4년만 참으며 학생들을 가르치면 되는 것이었다.

교직에 들어선 뒤에도 홀랜드는 교사가 아니라 작곡가로 살았다. 피아노 앞에 앉아 작품을 구상하고 이를 아름다운 선율로 표현하는 데에 거의 모든 시간과 정력을 쏟아부었다. 음악에 별다른 관심이 없는 학생들을 어떻게 가르쳐야 하는가에 대한 고민은 그의 삶 속에서는 생겨날 여지도 없었다. 학생들이 경청하든 말든 교과서의 내용을 읽고 이를 설명하면서 시간을 보낼 뿐이었다. 그리고는 수업이 끝나자 마자 집으로 돌아가 자신의 작품을 만들고자 애쓰는 삶이 계속되었다. 학생들을 가르치는 시간이나 학생들의 답안지를 채점하는 시간 등은 그에게 일종의 고역(苦役)과도 같았다. 스스로도 이야기하듯이 '가르치는 일은 혐오스러운 활동일 뿐(I Hate Teaching!)'이었다. 그것은 작곡과 생계를 위해 어쩔 수 없이 수행하는 도구적 활동이었다.

그러던 어느 날 아내로부터 아이가 생겼다는 말을 전해 듣고 홀랜드는 절망감에 사로잡힌다. 이제부터는 가족의 생계를 혼자 책임져야 할 뿐만 아니라 아이를 키우는 데에도 만만치 않은 비용이 들 것이 뻔했다. 생각만 해도 끔찍하기 그지없는 가르치는 일을 애초에 계획했던 4년보다도 훨씬 더 오래 계속해야 할지도 모르는 일이 벌어진 것이다. 아버지로서, 남편으로서 기뻐해야 하고 축하해야 할 바로 그 순간에 그의 얼굴은 절망감에 일그러지고 만다. 그런 남편의 모습을 보고 깊은 실의에 빠진 아내를 위로하다가 그는 자신이 작곡가의 길을 택하게 된 계기를 떠올린다.

'존 콜트랜'이라는 음악가의 음반을 처음 들었을 때, 홀랜드는 그 음악을 조금도 이해할 수 없었다. 아무리 들어도 나아지지가 않았다. 분노가 치밀어 올랐고, 콜트랜의 음악뿐 아니라 모든 음악이 증오스러운 것으로 바뀌었다. 그러나 음반을 계속 반복해 듣던 어느 날 홀랜드는 드디어 콜트랜의 음악을 이해할 수 있게 되었다. 이를 계기로 그는 음악에 빠져버렸고, 작곡가의 길에 들어서게 된 것이었다. 홀랜드는 아내에게 그들이 아이를 가졌다는 말을 듣는 순간 역시도 그러했다고 이야기한다. 처음에는 받아들이기 어려웠지만 아이가 생겼다는 그 사실이 얼마나 소중한 것인지를 알게 되었다는 것이다.

아이가 생겼다는 사실만 그러한 것이 아니었다. 홀랜드에게 가르치는 일이 갖는 의미도 이 사건을 계기로 완전히 바뀌게 된다. 학생들이 좋아하는 재즈 음악을 연주하며, 그 재즈 음악 속에서 자신이 가르치고자 하는 것과 연결될 수 있는 내용들을 찾아 아이들에게 들려주기 시작했다. 음악 교과서에 실려 있는 음악가들의 고전적인 작품이나 골치 아픈 음악 이론이 아니라, 학생들이 음악을 사랑하도록 만들 수만 있다면 클래식은 물론이고, 재즈 음악이나 로큰롤도 기꺼이 가르치는 교사로 바뀌게 된다. 학생들도 그러한 홀랜드의 수업에 빠져들게 되고, 무엇보다 홀랜드 자신이 가르치는 일의 보람을 만끽하게 된다. 그것은 그가 평생 처음으로 겪는 새로운 체험이었다. 이전과는 다른 음악 수업을 하고 돌아온 그 날, 그는 아내에게 '그것이 얼마나 흥분되는 순간이었는지 아느냐'고 외칠 정도였다.

당시 홀랜드는 3년 동안이나 열심히 클라리넷을 연습했지만 소리조차 내지 못하고 있던 한 여학생을 특별지도하고 있었다. 이는 음악교사로 부임한 당시부터 시작한 일이지만 가르치는 일을 고역으로 생각하던 홀랜드에게 그것은 일종의 시간낭비 비슷한 일일 뿐이었다. 그 여학생이 결국 클라리넷을 포기하려 했을 때, 홀랜드는 그 학생의 문제가 무엇인지를 처음으로 고민하고, 어떻게 해야 이를 극복하도록 도울 수 있는지를 모색하기 시작한다. 이제 비로소 가르치기 시작한 것이었다. 드디어 여학생은 홀랜드의 도움을 받아 클라리넷으로 작품 하나를 연주하는 데에 성공하게 된다. 아마 홀랜드가 교사로서 가르치지 않았다면 그 여학생의 삶에 있어 클라리넷이라는 세계는 영원토록 존재하지 않았을 것이다. 클라리넷을 부는 여학생을 바라보며 홀랜드는 그 어떤 성취감을 만끽한다.

홀랜드는 친하게 지내던 체육선생으로부터 한 학생을 가르쳐 달라는 부탁을 받는다. 유망한 축구 선수지만 학업 성적 미달로 더 이상 축구를 할 수 없게 된 학생이었다. 체육선생은 그를 그럴 듯한 밴드부원으로 만들어 주면, 교장선생님에게 선처를 요청할 수 있다는 것이었다. 그러나 그 학생은 기본적인 박자조차 모르고 있었다. 밴드에서 큰북을 치게 하고 치는 법을 가르쳤지만 언제나 박자를 놓쳐서 밴드부원 전체의 연습을 망쳐놓곤 하는 것이었다. 홀랜드는 체육선생에게 그 학생은 구제불능이고 아무리 해도 가르칠 수 없다고 말한다. 그러자 체육선생은 학생이 모르기 때문에 선생이 가르치는 것인데 그럼에도 불구하고 만약 학생이 배울 수 없다면, 그것은 선생이 잘못 가르쳤기 때문이라고 이야기한다. 홀랜드는 이 말을 듣고 큰 충격을 받는다.

다음 날부터 홀랜드는 다시 한 번 변모한다. 말로만 설명하는 수업은 중단한다. 대신 그는 학생과 함께 박수를 치면서 박자를 즐기고, 마치 황홀경에 빠진 듯이 춤추며 교실을 활보한다. 박자를 타지 못하는 학생을 붙잡고 이리저리 당기고 밀면서 박자를 찾도록 유도한다. 이전에는 한 번도 시도해 본 적이 없는 기상천외한 방법들을 동원한다. 그리고 드디어 그 학생이 박자를 제대로 맞추어 큰북을 칠 수 있게 되었을 때, 홀랜드는 연주를 멈추고 부원과 함께 이를 축하해 준다. 태어나서 처음 박자를 알게 된 학생, 그리고 드디어 박자를 가르치게 된 홀랜드는 서로를 바라보며 환한 미소를 짓는다.

애초에 부인과 약속했던 4년이 훌쩍 지나가고, 어느 새 30년이 흘렀지만, 홀랜드는 여전히 음악교사로 재직하고 있다. 홀랜드의 머리도 희게 변했다. 그럼에도 불구하고 그는 가르치는 일을 계속한다. 이 일을 하느라 그의 평생의 꿈이었던 음악작품은 한 곡도 만들지를 못한다. 그래도 홀랜드는 대단히 만족스러운 삶을 산다. 어느 날 학교 재정의 악화로 음악과목이 폐지되고, 이로 인하여 홀랜드가 강제로 교단을 떠나야 하는 순간이 오기 전까지는 분명 그러했다. 그는 떠나기 싫었다. 가르치는 일, 그것은 억지로 시작한 일이었지만, 이제는 결코 중단할 수 없는 가치 있는 삶이었다. 평생을 헌신했음에도 불구하고 이제는 교단을 떠나야 한다는 현실 앞에서 홀랜드는 절망과 좌절을 느낀다. 지나간 자신의 삶에 대한 깊은 회한마저 느끼게 된다. 그는 실패한 삶을 살아온 것일지도 모른다.

학교 문을 나서려는 순간 그는 강당에서 들려오는 소리에 이끌려 그쪽으로 발길을 향한다. 그것은 홀랜드의 퇴직을 기념하기 위하여 졸업생들과 재학생들이 함께 꾸민 자리였다. 그의 손을 거쳐간 수많은 제자들이 그 자리에 모여들었다. 이것만으로도 홀랜드에게는 가슴 벅찬 일이었다. 이전에 홀랜드의 도움을 받아 클라리넷을 불 수 있게 되었던 바로 그 졸업생이 사회를 맡아 홀랜드를 바라보면서 다음과 같은 송사(送辭)를 바친다.

> 홀랜드 선생님은 저의 삶에 심대한 영향을 미치셨습니다. 저뿐만이 아니라, 수많은 학생들에게 그러하셨습니다. 그렇지만 혹시나 선생님께서 인생을 헛되이 보내셨다고 생각하시지나 않을까 하는 염려가 들었습니다. 선생님은 언제나 자신에게 부와 명성을 가져다 줄 교향곡을 작곡하시려고 애쓰셨습니다. 그러나 홀랜드 선생님은 지금 부자가 아닙니다. 이 조그마한 마을을 벗어나면 유명하지도 않습니다. 그래서 선생님께서 당신의 삶을 실패로 간주하실지도 모른다는 생각이 들었습니다. 그러나 만약 그렇다면 선생님께서 틀리신 것입니다. 선생님께서는 부나 명성과는 비교도 할 수 없는 값진 것을 이루셨기 때문입니다. 선생님! 주위를 돌아보십시오. 이곳에 모인 사람들 가운데 선생님의 손길이 미치지 않은 사람은 하나도 없습니다. 우리들 모두는 선생님 도움으로 이렇게 성장했습니다. 저희가 선생님의 교향곡입니다. 저희가 선생님 작품의 음표이고, 저희가 선생님 작품의 선율인 것입니다. 저희가 바로 선생님께서 평생을 바쳐 만드신 음악입니다.

영화는 어디까지나 영화이다. 그것은 현실이 아닌 허구이다. 〈홀랜드 오퍼스〉도 이 점에서는 예외가 아니다. 따라서 그것으로부터 교육에 대한 이야기를 끌어낸다는 것은 터무니없다고 생각할 수도 있다. 물론 그럴지도 모른다. 그러나 영화는 허구라고 할 수 있을지 몰라도 그 영화를 보면서 우리가 느낀 감동과 정서, 그리고 그러한 감동과 정서를 떠받치고 있는 생각은 허구가 아니다. 잘 알려진 것처럼 〈홀랜드 오퍼스〉는 엄청난 인파를 불러모은 작품은 아니다. 그러나 이 작품은 수많은 사람들을 눈물 흘리게 하고, 그들에게 감동을 선사하였으며, 교육에 대하여 다시 한 번 생각해 볼 수 있는 계기를 제공했다. 그 때 사람들이 이 영화를 보면서 가슴 속에 느낀 감동이나 품은 생각 등은 말 그대로 리얼한(real) 현실임에 분명하다.

'도대체 초등교육과 〈홀랜드 오퍼스〉라는 영화가 무슨 관계가 있는가' 하고 생각할 수도 있다. 이 영화의 주된 무대가 고등학교의 음악수업이라는 점을 생각하면 더욱더 그러하다. 그러나 이 영화 속에는 초등교육이 추구해야 할 가치와 이를 추구하는 초등교육의 활동이 쉽게 눈에 보이지 않는 방식으로, 그러나 대단히 섬세하게 묘사되어 있다. 하기야 초등교육이 되었든, 중등교육이 되었든 그것들이 모두 교육인 이상 중등교육을 묘사하고 있는 영화를 보고 초등교육을 떠올린다고 해서 하등 이상할 것이 없을지도 모른다. 따라서 〈홀랜드 오퍼스〉라는 영화를 보고 초등교육에 대한 어떠한 시사를 얻었다고 해서 그리 문제가 될 것은 없는 셈이다. 그러나 이제부터 내가 말하게 될 것처럼 그것은 분명 초등교육에 대한 메시지를 담고 있으면서도 초등교육에 대한 기존의 통념이나 이론으로는 포착하기가 대단히 어려운 것이었다. 나 역시 처음부터 그것에 주목할 수 있었던 것은 아니다. 그 영화를 보고 또 보고 하다가 어느 날 갑자기 그것이 초등교육에 대한 것일 수 있음을 안 것이다. 그리고 그러한 통찰은 기존의 초등교육론을 통해서는 도저히 얻을 수 없는 것인 만큼 그것은 내가 찾아

헤매던 '초등교육이란 무엇인가'에 대한 새로운 이야기의 실마리를 제공하는 듯했다. 바로 이 점에서 〈홀랜드 오퍼스〉를 보면서 내가 떠올린 초등교육의 모습은 개인적으로는 대단히 소중한 것이기도 했다.

〈홀랜드 오퍼스〉를 처음 몇 번 보면서 나는 홀랜드가 작곡을 포기한 이유가 가르치는 활동의 가치 때문이라고 쉽게 생각했다. 그리고 그것이 이 영화가 주는 교훈이라고 학생들에게 이야기했다. 그런데 어느 때부터인가 〈홀랜드 오퍼스〉를 보면 볼수록 나는 '그가 왜 작곡을 포기해야만 했는지, 과연 가르치는 일이 그럴 만한 가치가 있는 일인지'를 도저히 이해할 수가 없게 되었다. 작곡은 그가 어릴 적부터 키워온 소중한 꿈이 아닌가? 이 소중한 꿈을 대신할 만한 가치가 가르치는 일에 내장되어 있다면, 그것은 도대체 무엇인가? 홀랜드 선생의 입장을 나에게 적용시켜 이야기하면, '평생을 공부하는 삶을 살기로 선택하고, 학문의 길에 들어선 내가 과연 학문을 포기하고 가르치는 일에만 전념할 수 있는가' 하는 질문으로 당시 나의 의문을 바꾸어 표현할 수 있다.

무슨 말인가 하면, 학문 활동을 한다는 것은 해당 분야의 최신의 이론을 내놓기 위하여 관련된 연구물들과 서적들을 읽고 자신만의 독특한 아이디어를 정립한 뒤, 이를 한 편의 글로 완성시키는 일을 의미한다. 해 본 사람은 다 알겠지만, 이는 대단히 힘든 일이며, 많은 시간을 들이고 전력을 기울여야만 비로소 가능한 일이다. 음악을 가르치는 일이 홀랜드의 작곡 활동에 장애가 된 것처럼 대학에서 가르치는 일은 솔직히 나의 학문 활동에 방해가 된다. 당장 조금이라도 더 읽고 싶은 책이 있어도 강의 시간이 되면 책을 덮고 마지못해 일어서야 한다. 이제 막 무슨 생각이 떠오를 것 같은 순간이어서 이에 좀 더 집중하고 싶어도 가르치기 위해서는 그 생각을 접어야 한다. 강의를 마치고 서둘러 연구실로 돌아오면 조금 전의 그 생각은 흔적도 없이 사라져버린 적이 한두 번이 아니다. 안타까운 마음에 잊어버린 사유의 흔적을 찾으려 애쓰다 절망 섞인 한숨을 쉬는 경우도 있다. 강의를 하기 위한 준비에 많은 시간을 들이고 정력을 쏟아 붓는 것만큼 나의 학문적인 성취는 계속 유보된다. 홀랜드도 아마 그러했을 것이다. 그런데 어떻게 작곡 활동보다 가르치는 활동을 우선시 할 수 있는가? 솔직히 동의하기가 상당히 어려웠다. 가르치는 일을 하면서 작곡이나 학문이 주는 가치를 상쇄(相殺)하고도 남을 만한 무엇을 얻을 수 있다면 모르되, 그렇지 않은 이상 쉽사리 고개를 끄덕일 수가 없었다. 그런데 가르침의 가치, 그것은 이성적인 사유의 대상이 아니라 주체적인 체험의 대상이었다. 내가 가르치는 일의 가치에 공감하고, 이를 실제 나의 강의 속에서 체험하는 데에는 그 후로도 조금의 시간이 더 필요했다.

수업 시간에 어느 학생이 내게 이런 질문을 한 적이 있다. '중등교사와는 달리 초등교사는 그들의 성장에 별다른 도움이 되지 못하는 낮은 수준의 교과지식을 가르친다. 따라서 가르치는 일은 초등교사에게 아무런 지적 자극이 되지 못한다. 이는 자칫하면 초등교사가 지적인 성장의 면에서 정체된 삶을 살게 될 수도 있다는 뜻이 아닌가' 하는 질문이었다. 그 때는 그럴지도 모른다고 생각했다. 이를 방지하려면 초등교사는 별도로 노력을 기울이지 않으면 안 된다는 식으로 답변한 기억이 있다. 교과를 통한 성장, 그리고 그것이 주는 지적이거나 심미적인 가치 이외에 교사가 가르치는 일을 하면서 추구할 만한 또 다른 가치가 있을 수 있다는 데에는 미처 생각이 미치지 못했다. 가르치는 일이 다른 것을 희생하면서까지 헌신(獻身)할 만한 가치를 내장하고 있는 활동일 수 있다는 점을 그 때는 절감하지 못했다. 만약 영화 〈홀랜드 오퍼스〉가 묘사하려고 애쓴 가르침의 가치를 그 때 어느 정도라도 내가 체험하고 있었다면, 아마 이렇게 대답할 수가 있었을 것이다. '교사가 어떤 수준의 지식을 가르치는가 하는 점은 중요하지 않다. 중요한 것은 그 지식을 소재(素材)로 삼아 학습자들을 얼마나 충실히 가르칠 수 있는가 하는 점이다. 그리고 그럴 수 있을 때, 교사는 지적인 성장이 갖는 가치와는 비교도 할 수 없을 만큼 소중한 가치, 즉 가르침의 가치를 체험할 수 있다. 이것이 바로 교사가 평생을 가르치면서 추구해야 되는 가장 일차적인 가치이고 교사로서의 삶의 목적이다(초등교사도 그러해야 하며, 어쩌면 더 철저해야 한다). 이것이 바로 영화 〈홀랜드 오퍼스〉가 나에게 가르쳐 준 통찰이며, 그 영화를 본 수많은 사람들이 느낀 감동의 원천일 것이다. 가르치는 일은 학문하는 일이나 작곡하는 일과는 다른 종류의 고유한 내재적 가치(intrinsic value)를 지니는 세계라는 점을 나는 영화 〈홀랜드 오퍼스〉를 보면서 새삼 다시 배울 수 있었고, 나의 가르치는 활동 속에서 확인할 수 있었다. 그리고 가르침의 내재적 가치를 상정하지 않고는 초등교사의 교수 활동이 갖는 의미를 제대로 설명할 수가 없다는 점을 그때 알았다.

물론 가르침의 내재적 가치는 초등교사만이 아니라 세상 모든 교사들이 체험해야 되는 것이며, 이것이 유독 초등교사의 전유물은 아니다. 그럴 수도 없고 그래서도 안 된다. 그러나 우리가 흔히 갖고 있는 생각에 따르면, 전공(專攻)이라 할 만한 교과를 지니지 못한 채, 여러 이질적인 교과들을 망라하여 각 교과의 초보적인 지식을 가르쳐야 하는 초등교사의 일은 다른 교사들의 그것과 비교하면 하나의 인간 활동으로서는 별다른 매력을 지니지 못한다. 중등교사나 대학교수는 자신이 헌신하는 특정한 교과를 자신의 전공으로 지니고 있으며, 그가 사랑하는 교과의 지식을 가르친다. 그들은 자신의 전공인 특정한 학문이나 예술 등을 깊이 있게 공부할 기회를 부여받고 있으며, 학생들을 그들의 교과로 안내할 수 있다. 반면에 초등교사는 특별한 전공이 없으며, 교육대학 시절에도 여러 가지를 배울 뿐 어느 하나의 교과에 대한 깊이 있는 공부를 할 기회는 없다. 학교에서 아동들을 가르칠 때 그가 다루는 교과도 성인인 그에게는 별다른 의미를 지니지 못하는 것일 뿐이다. 따라서 초등교사는 지적이거나 심미적인 성장의 기회를 부여받지 못한 채 말 그대로 초보적인 지식을 전달하는 일을 타성(惰性)에 젖어 수행할 개연성이 높다. 그에게는 중등교사나 대학교수가 갖고 있는 것만큼의 지적인 권위도 결여되어 있다고 볼 수 있다.

그러나 그럼에도 불구하고, 중등교육이나 고등교육의 경우와 마찬가지로 초등교육의 현장에서도 그야말로 열정에 젖어 헌신적으로 가르치는 초등교사들을 만날 수 있다. 그들이 아동에 대한 각별한 사랑으로 인하여 봉사나 희생을 하고 있다고 생각할 수는 없다. 그들은 교사이지 성자(聖者)는 아니기 때문이다. 이 장면을 설명하려면 가르침의 내재적 가치를 상정하지 않을 수 없다. 중등교사나 대학교수는 그들이 자신의 분신(分身)처럼 사랑하는 교과의 가치에 몰입되어 있는 경우가 많아서 가르침의 내재적 가치보다는 교과의 가치를 더 현실적인 것으로 체험하는 경우가 많다. 또는 이 두 가지 가치가 혼재된 상태에 처해 있는 경우가 왕왕 있다. 그래서인지 그들을 대상으로 교과의 가치와 구분되는 것으로 가르침의 가치를 이야기하고 이를 납득시킨다는 것은 그다지 쉽지가 않다. 반면에 초등교사는 그렇지가 않다. 그는 여러 가지 교과들을 가지고 가르치는 일을 하기는 하지만, 그 교과들이 아니라 가르치는 일 자체로부터 가치를 느껴야 하는, 어찌 보면, 절박한 입장에 있다. 누구나 이야기하듯이 초등교사가 다루는 교과들은 그 교사를 매료시키기에는 너무도 수준이 낮지 않은가? 그러한 교과들이 초등교사의 지적이거나 심미적인, 또는 도덕적인 성장에 어떠한 기여를 하리라 보기는 어려우며, 그러한 교과들을 다루면서 초등교사가 해당 교과의 가치를 향유하고 있다고 보기도 힘들다. 이 점은 뒤집어 놓고 생각하면, 세상 어느 교사보다도 초등교사는 가르침의 내재적 가치를 향유하는 삶을 누릴 현실적인 가능성이 있으며, 또 마땅히 그것을 추구해야만 한다고 말할 수 있다. 그렇지 못할 때, 초등교사의 삶은 말 그대로 나태하고 타성에 젖은 채 정체될 우려가 높다.

〈홀랜드 오퍼스〉는 가르침의 내재적 가치 못지 않게 배움의 내재적 가치도 감동적으로 묘사하고 있다. 고등학생이, 그것도 3년 동안 거의 매일같이 연습했으면서도 클라리넷으로 정상적인 소리조차 내지 못하고 있다면, 그는 그야말로 '음치'(音癡)이다. 또 고등학생이 큰북을 치는 것은 고사하고 박자조차 맞추지를 못하고 있다면, 음악교과에서 그의 수준은 정상적인 고등학생의 수준을 한참 밑돌고 있는 것이다. 그러나 이 학생들은 홀랜드 선생의 도움을 받아 음악을 배우는 활동에 진지하고도 열정적으로 몰입했으며, 그 결과로 드디어 소리를 내게 되고, 박자를 맞출 수 있게 되었다. 교사의 가르침에 의하여, 어쩌면 그들에게 평생동안 불가능했을 세계가 마침내 열린 것이다. 그만큼 그 학생들이 엄청난 희열을 느꼈을 것임은 쉽게 짐작할 수가 있다. 그러면 그 희열의 정체는 무엇인가? 이것을 음악적인 성취에서 오는 가치로 설명할 수가 있을까? 물론 그럴 수도 있다. 그러나 그 학생들이 이룬 성취라는 것이 도대체 어떤 것인가? 기껏해야 클라리넷을 불고, 큰북을 치게 된 것이 아닌가? 이는 음악이라는 교과의 기준으로 보면, 그야말로 미미한 성취에 불과하다. 자신들이 이룬 바가 그들 동료 학생들의 수준에 비하면 보잘것없는 것이라는 점은 누구보다도 그 학생들 자신이 잘 알고 있다. 그럼에도 불구하고 그들이 느끼는 보람과 희열은 당대 최고의 음악가가 이룬 성취감과 맞먹을 만큼 크나 큰 것이다. 이를 음악이라는 교과의 가치로 온전히 설명하기는 대단히 어렵다. '배움의 가치!' 도달한 교과의 성취 수준과는 무관하게 배움의 활동 자체로부터 비롯하는 고유한 가치가 있을 수 있다는 점을 나는 영화 〈홀랜드 오퍼스〉에서 다시 확인할 수 있었다.

나는 이러한 배움의 내재적 가치를, 가르침의 내재적 가치가 그러한 것처럼, 초등교육을 새롭게 생각하려는 경우에 적극적으로 고려해야 된다고 본다. 우리는 초등학생들의 학습 장면을 성인의 관점에서 기술하는 데에 너무도 익숙해져 있다. '초등학생들은 초급의 지식을 학습한다. 그들이 학습하는 것이 초급지식인만큼 그것은 본격적인 의미의 교과지식으로는 많은 면에서 부족한 점이 있다. 그렇지만 그것은 장차 교과지식을 학습하는 데에 필수불가결한 기초적 기능에 해당하는 만큼 충실히 다루어져야 한다'. 아마도 이러한 것이 성인이 보는 초등학생의 학습 장면일 것이다. 여기에는 초등학생이 배우는 지식이 본격적인 의미의 교과지식이 아니기 때문에 그것을 배워서 진리를 추구한다거나 진리를 체험한다는 식의 거창한 설명 — 교육을 설명하는 경우에 너무도 자주 등장하는 이 설명 — 이 그러나 초등교육의 경우에는 부적절하다는 식의 통념이 반영되어 있다. 물론 초등학생들이 진리를 추구한다거나 체험한다는 식으로 이야기하는 것은 무리가 있을지도 모른다. 그러나 그렇기는 해도, 많은 경우 초등학생들이 교사와 함께 교과의 지식을 다루는 과정에서 성인이 상상하기도 어려울 만큼의 열정을 보이며 희열을 체험하고 있는 것도 사실이다. 초등학생들의 그 보람과 열정을 교과의 가치로 적절히 설명하기는 어렵다고 해서 그들이 어떠한 보람과 열정을 체험하고 있다는 사실마저 부정할 수는 없다. 교과의 가치로 안 된다면, 다른 것으로 설명하려고 시도하는 것이 옳다. 이 때 그 후보가 되는 것이 바로 배움의 내재적 가치이다. 별다른 교과의 가치를 지니고 있다고 보기 어려운 초급지식이지만, 초등학생은 이를 소재로 충실한 학습 활동을 전개하고 이를 통하여 배움의 가치를 체험할 수 있는 것이다. 내가 보기에는 이러한 방식으로 초등학생과 그들이 수행하는 학습 활동을 바라보는 편이 진실에 가까운 것이었다.

생각이 여기에 미치자 갑자기 그것은 생각하는 주체인 나도 놀랄 만큼의 색다른 발상으로 계속 이어졌다. 초등교육, 중등교육, 고등교육이라는 표현은 그것만 떼어놓고 생각하면 교육을 그것의 질적인 수준이나 가치의 면에서 평가한 뒤 서열화(序列化)하는 경우에 사용하는 개념들이다. 무슨 말인가 하면, 초등교육, 중등교육, 고등교육은 각각 저급교육, 중급교육, 고급교육을 의미하는 표현인 것이다. 아닌 게 아니라 우리들이 흔히 가장 중요시하며, 관심과 투자를 기울여야 하는 교육으로 생각하는 것은 고등교육이다. 중등교육이나 초등교육 으로 내려올수록 그것의 의의와 가치는 점점 떨어진다. 그런데 이처 럼 교육의 수준을 초등, 중등, 고등으로 구분하는 준거는 다름 아닌 교과지식의 수준이다. 수준이 낮은 저급지식을 다루면 초등교육이고, 중급지식을 다루면 중등교육이며, 고급지식을 다루면 고등교육이라 는 것이다.

그런데 꼭 그렇게만 생각할 수는 없는 것 아닌가? 저급지식을 다룬 다고 해서 그 교육이 반드시 초급의 교육, 또는 초등교육이란 말인 가? 고급의 지식을 다루기만 하면, 어떻게 가르치고 배우든 그 교육 은 고급의 교육, 즉 고등교육이란 말인가? 비록 초급의 지식이라고 하더라도 그것을 가르치고 배우는 교사와 학생이 교수와 학습의 활동 을 충실히 전개하며 교육의 가치를 체험한다면, 그들의 교육 활동은 고급의 것이라 평가하는 것이 마땅하다. 반면에 아무리 고급의 지식 이라고 하더라도 이를 다룸에 있어서 교사와 학생이 교수와 학습의 활동을 부실하게 수행한다면, 이 때 그들의 교육 활동은 저급의 것이 라 평가받아야 한다. 무슨 말인가 하면, 초급지식을 다루는 초등학교 에서도 충분히 고급의 교육이 가능하고, 고급지식을 다루는 대학교에 서도 언제든 저급교육이 가능한 것이다.

이렇게 생각할 때, 우리가 흔히 초등교육이라 부르는 그 교육은 절 대 초등교육이어서는 안 된다. 그것은 초급의 지식을 충실히 가르치 고 배움으로써 교육의 내재적 가치로 충만한 고급의 교육이어야 한 다. 사실 모든 교육은 가르치고 배우는 교육의 활동을 충실히 전개함 으로써 초급의 교육(초등교육)을 지양하고 고급의 교육(고등교육)을 지향해야 한다. 마찬가지로 모든 교사와 학생은 각자 충실히 가르치고 배움으로써 초급의 교사(초등교사)나 초급의 학생(초등학생)을 지양하고 고급의 교사(고등교사)와 고급의 학생(고등학생)이 되어야 한다. 그렇다면 초등교육이란 무엇인가 하는 질문에 대한 대답으로 우리가 숱하게 들어 온 것, 즉 '교과의 초보적인 지식이나 초급의 지식을 가르치고 배움으로써 교육의 토대를 마련하는 기초적인 교육'이라는 식의 대답은 무엇인가 중요한 것을 빠뜨리고 있는 셈이다. 그것은 가르침과 배움의 내재적 가치, 그리고 그것을 추구하기 위하여 교사와 학생이 기울여야 하는 교육 활동의 특질 등과 같은 중요한 요소들을 제대로 반영하지 못하고 있다. 그것은 교과의 수준을 곧 교육의 수준으로, 교과의 가치를 곧 교육의 가치로 보는 오류를 담고 있는 것이다. 영화 〈홀랜드 오퍼스〉는 초등교육을 재개념화할 필요가 있다는 점, 그리고 그럴 경우에 우선적으로 고려해야 될 사항들이 있다는 점 등을 내게 가르쳐 주었다. 초등교육이든 아니든, 그것이 교육이라는 이름으로 불릴 수 있다면, 그 교육을 개념화하는 경우에 '교과의 지식'에 주목할 것이 아니라, 일차적으로 '교육의 활동 그 자체'와 이에서 비롯하는 '교육의 내재적 가치'에 초점을 맞추어야 하는 것이다. 이렇게 볼 경우에만 초등교육에 대하여 무엇인가 새로운 이야기를 할 수 있을 것이라 생각했다.

내가 하는 생각의 대부분이 늘 그러하듯이 이러한 나의 생각은 하나의 몽상(夢想)일 수도 있다. 이를 잘 알고 있기에 사고의 전개 과정에서 나는 지나친 비약을 피하기 위하여 나름대로 애써야만 했다. 그러나 한 번 시작된 몽상은 여기서 멈추지 않았다. 홀랜드 선생이 여학생에게 클라리넷을 부는 법을 가르치는 장면, 그리고 축구부 학생에게 큰북 치는 법을 가르치는 장면 등을 유심히 지켜보다가, 나는 그것이 초등교육인지, 아니면 중등교육인지부터가 혼미해지기 시작했다. 이것이 또 무슨 해괴한 소리인가? 고등학교에서 진행되는 음악수업이니 만큼 그것은 당연히 중등교육이 아닌가? 홀랜드에게 배운 그 학생들은 중등교육을 받는 청소년들로서 초등교육의 대상인 아동들도 아니지 않은가? 그러나 이렇게 생각하는 것은 그것이 가장 일반적인 통념에 해당하기는 하지만 너무도 단순하다는 느낌을 지울 수가 없었다. 이러한 단순함 속에 과연 진실이 들어 있을 수 있을까?

초등교육, 중등교육, 고등교육은 제도교육을 구분하는 용어들이다. 말하자면, 각급의 제도교육들이 모두 교육으로서 교육의 본질을 공유한다고는 하더라도, 상이한 점들을 지니고 있기 때문에 그 차이에 주목하고 이에 근거하여 교육을 구분하는 방식인 것이다. 그리고 나의 문제는 동일한 교육임에도 불구하고 그렇게 구분하는 근거, 말하자면 초등교육과 중등교육, 그리고 고등교육 간의 그 미세한 차이가 무엇인가 하는 점이었다. 거듭 말하지만, 나는 기존의 초등교육 관련 저작들을 통해서는 내가 납득할 만한 차이를 발견할 수가 없었다. 그렇기는 하지만, 각 교육간의 차이에 대하여 고민하는 과정에서 교육을 구분하는 방식과 관련하여 적어도 한 가지 사실만은 다소 확실한 것이라 생각하게 되었다. 그것은 '초등교육이나 중등교육, 또는 고등교육이 어떠한 형태의 교육이든지 간에, 동일한 교과의 내용을 소재로 삼아 동일한 형태의 교수-학습의 활동을 전개하고 있다면, 적어도 그 교육은 동일한 범주로 분류되어야 한다'는 점이다. 만약 어떠한 두 가지 교육의 장면에서 동일한 내용을 동일한 교수와 학습의 활동을 통하여 가르치며 배우고 있음에도 불구하고 그 가운데 하나는 초등교육으로, 또 다른 하나는 중등교육으로 구분한다고 하면, 이는 도저히 받아들이기 어려운 경우가 아닌가? 이렇게 보는 것이 초등교육, 중등교육, 고등교육을 구분하는 기준을 '학습자가 아동이냐, 청소년이냐, 또는 문제가 되고 있는 공간이 초등학교냐, 중고등학교냐, 아니면 대학교냐' 하는 측면에서 구하는 통상적인 방식보다는 훨씬 낫다고 생각했다.

만약 그렇다면, 고등학교의 교사와 학생이 클라리넷으로 소리내는 법을 가르치고 배우는 장면, 그리고 박자에 맞추어 큰북 치는 법을 가르치고 배우는 장면을 떠올려보자. 그것은 과연 의심할 여지도 없이 중등교육인가? 그러나 조금만 생각해 보면 꼭 그렇게만 볼 수는 없다는 점을 알 수 있다. 나의 경험에 비추어 보면, 클라리넷 같은 악기를 처음 배우면서 소리를 내기 위하여 애쓰고, 어느 정도라도 소리가 나면 간단한 음악작품 하나를 연주해 보는 식의 음악수업은 초등학교 시절에 이미 받았던 기억이 있다. 박자를 맞추어 큰북 치는 법도 초등학교 시절 음악시간에 했던 활동이다. 영화 속의 두 학생들이 클라리넷과 큰북을 배우는 장면을 가만히 들여다보면서 자신의 초등학교 시절 음악수업을 떠올리는 사람은 나만이 아닐 것이다. 더 나아가 축구부 학생에게 박자를 가르치면서, 다소 우스꽝스러워 보일 정도로 학생과 함께 춤추고 박수치며 몸을 흔들어 대는 홀랜드 선생의 모습은 고등학교 음악교사가 아니라, 초등학교 시절 나에게 음악을 가르치던 선생님을 떠오르게 한다. 이처럼 내가 초등학교 시절 받았던 음악수업과 영화 속의 음악수업은 동일한 내용을 거의 동일한 방식으로 가르치고 배우고 있는 셈이다. 그럼에도 불구하고 '한쪽은 초등학교에서 아동학습자와 초등교사가 수행하는 것이니 초등교육이고, 다른 한쪽은, 어찌 되었든, 고등학교에서 청소년인 학습자와 고등학교 교사가 수행하는 것이니 중등교육이다'라고 구분하는 것이 옳은 것인가? 양자는 같은 내용을 동일한 형태로 가르치고 배우는 동일한 교육이 아닌가? 따라서 어느 한쪽이 초등교육이라면 다른 한쪽도 초등교육이며, 어느 하나가 중등교육이라면 다른 하나도 중등교육이라 말하는 것이 차라리 옳지 않은가?

이러한 것들이 영화 〈홀랜드 오퍼스〉를 보면서, 마치 꿈을 꾸듯이, 초등교육이란 무엇인가를 두고 내가 진행한 사고의 실험이었다. 다른 사람들은 어떻게 느낄지 몰라도, 당시 내 머릿속에서 진행된 바를 밝히는 이 짧은 글에서도 엿볼 수 있듯이, 이는 상당히 파격적인 생각이었다. 그도 그럴 것이 초등교육에 대한 기존의 낯익은 이야기가 아니라, 무엇인가 새로운 이야기를 하려는 것이 애초부터 나의 의도이고 보면, 이는 너무도 당연한 일이었을지도 모른다. 물론 그러한 사고의 실험은 학문적인 소양이나 사고의 치밀함이 부족한 나에게는 대단히 힘에 부치는 일이었다.

그런데 한참을 고민하다가 무엇인가 새로운 이야기인 듯한 것에 도달하고 그것들을 하나 하나 글로 적어나가던 순간, 갑자기 크게 깨달은 것이 있다. 초등교육에 대한 새로운 이야기라고 내가 적어 나가던 것들 가운데 상당 부분이 초등교육에 대하여 고민하기 이전부터 내가 지니고 있던 교육에 대한 이야기 바로 그것이라는 사실이었다. 어떻게 보면 다시 출발선으로 되돌아온 것이고, 허탈한 것일 수도 있었겠지만, 그 당시 나에게는 전혀 그렇지가 않았다. 오히려 묘한 환희 같은 것을 느꼈다. 생각해 보라. 만약 초등교육에 대하여 내가 얻은 새로운 생각이라는 것이 오랫동안 내가 공부해서 얻은 교육에 대한 이야기와 전혀 같지가 않다면, 오히려 충돌하기까지 한다면, 이것이 더 큰 문제일 수도 있는 것이 아닌가? 나는, 초등교육과 중등교육, 또는 고등교육 사이의 미세한 차이에 대한 이야기를 제외하면, 초등교육에 대하여 내가 도달한 생각의 대부분이 이제껏 내가 간직해 온 교육에 대한 생각과 일치한다는 점에서 오히려 안도감을 느꼈다. 이 점에서 이 책을 통하여 내가 소개하는 초등교육에 대한 이야기는 일부를 제외하면 지금까지 내가 죽을 고생을 하면서 얻어 온 내 교육학 지식을 초등교육에 적용한 결과에 해당한다.

나의 개인적인 학문적 배경을 알고 있는 사람은 충분히 짐작할 수 있는 바이기는 하지만, 내 교육학 지식의 거의 전부는 내 스승이신 장상호 선생님으로부터 배운 것이다. 교육에 대한 실천적 처방보다는 이론적 탐구를 강조하고, 이론적 탐구도 다른 학문들의 지식을 차용해서 하기보다는 교육학자 나름으로 새로운 지식을 창안하면서 해야 된다는 선생님의 20여 년에 걸친 고집의 산물이 그 분의 '교육본위론'(敎育本位論)이다. 내가 그 분에게서 선사 받은 것도 바로 이것이다. 이제야 고백하지만, 선생님의 교육본위론이 교육의 이모저모를 설명하는 데에 광범위하게 적용될 수 있을 만큼 응용력이 클 것이라 짐작은 하면서도 이를 실감하지는 못했다. 물론 이 책의 내용들이 교육본위론을 초등교육에 적용한 결과라고 말하면, 선생님께서는 당연히 인정하지 않으실 것이다. 새 술은 새 부대에 담아야 하는 것처럼 새로운 생각은 새로운 개념으로 표현해야 되며, 따라서 이 책 내용의 상당 부분은 선생님이 만드신 개념으로 기술되었어야 마땅하다.

　내가 이야기하려는 초등교육은 기존의 일상적이거나 상식적인 의미에서의 초등교육과는 같지가 않다. 그래서이겠지만, 내가 생각하는 초등교육을 묘사하는 과정에서 나는 누구보다도 기존 개념들의 부적절함을 느낄 수 있었다. 이로 인하여 필요한 경우, 새로운 개념을 동원하고자 시도할 수밖에 없었고, 그것의 원천은 물론 교육본위론이었다. 그리고 이 책의 마지막 장에서는 지금까지 내가 묘사한 초등교육의 실체를 제대로 개념화하려면 교육본위론의 관점과 개념체계가 필요함을 이야기하고 있다. 또 실제로 미숙하기는 하지만, 마지막 장에서는 새로운 개념들로 내가 떠올린 초등교육의 모습을 그리려고 애를 썼다. 그러나 그렇기는 해도, 여전히 이 책은 교육본위론을 초등교육에 본격적으로 적용한 결과라고 보기가 어렵다. 이 점에서 이 책은 낙제(落第)에 가깝다. 그러나 초등교육에 대한 새로운 이야기를 모색하고 이를 써 내려가다가 나는 그것이 실상은 교육본위론에서 비롯되는 것이라는 점을 발견하고, 새삼 장상호 선생님께서 세상에 내놓으신 그분의 교육학의 위용(偉容)을 느낄 수 있었다. '제자는 언제나 스승을 흉내내지만 끝끝내 스승의 의도를 배반하고 만다'는 말이 틀린 것이 아니라면, 이번에도 선생님께서는 못난 제자의 외도(外道)를 관대히 용서해 주시리라 믿는다.

제**2**장

초등교육의 개념:
해체와 재구성

1. 초등교육의 정체 혼미

　일상적인 것이든 학문적인 것이든 간에, 어떠한 개념이 통용(通用)될 수 있으려면, 적어도 그것이 지칭하는 실체가 다른 것들과 구분될 수 있어야 할 뿐만 아니라, 그 실체가 지니는 의미에 대하여 언어공동체 내에서 어느 정도의 합의가 이루어져야 한다. 실체가 없는 개념이나 의미의 합의가 존재하지 않는 개념은 무의미할 뿐만 아니라, 그 개념을 기반으로 하는 일상적이거나 학문적인 논의, 그리고 그러한 논의에 기초한 실천을 그릇된 방향으로 이끌 가능성이 있다. 이러한 점에서 개념이 지칭하는 실체를 확인하고 그 의미를 분명히 하는 일은 대단히 중요하다.

　초등교육이라는 추상적인 개념으로 파악된 구체적인 교육현상이 언제부터 존속되었는지를 정확히 한정하기는 대단히 어렵다. 물론 그것을 초등교육을 담당하는 교육기관의 성립 시점을 근거로 하여 추적할 수 있기는 하지만, 이 경우에도 여전히 '초등교육을 담당하는 교육기관과 그렇지 않은 교육기관들을 어떻게 변별할 것인가' 하는 어려운 개념적 구분의 문제가 남는다. 그렇기는 하지만, 초등교육은 상당히 오랜 기간 존속되어 왔음에 분명하고, 현재에는 하나의 뚜렷한 제도교육의 형태로 정립되어 있다는 점에서 새삼스럽게 '초등교육이란 무엇인가'라는 개념적 질문을 제기하는 것은 소모적 성격이 짙다고 볼 수도 있다. 초등교육이 무엇인지는, 명시적(明示的)인 수준에서는 아니라고 하더라도, 암묵적(暗默的)으로 합의된 의미를 이미 누구나 다 공유하고 있으며, 문제는 그러한 초등교육을 개선하기 위한 실제적인 지침을 마련하는 데에 있다고 생각할 수 있는 것이다.

그러나 일상생활에 있어서나 학문적인 논의에 있어서 우리가 자연스럽게 사용하고 있는 것이면서도 정작 그 개념의 의미를 따질 경우에 그 뜻이 전혀 분명하지 않은 어휘들이 있다. 그리고 그처럼 의미가 불분명한 어휘에 근거하여 이루어지는 실천은 우리의 기대와는 달리 해당 세계의 발전보다는 혼란과 정체성의 위기를 가져오게 된다. 자신이 무엇인가를 실천하고 있으면서도 그 실천 세계의 의미와 본질, 영역 등이 스스로에게 불분명하다면, 그 실천은 맹목적인 것으로 흐를 개연성이 있다. 흔히 개념적인 질문을 제기하거나 개념의 의미를 묻는 일 등은 구체적인 실천과는 무관한 것이라 생각하는 경향이 있지만, 전자를 배제하고 실천을 운운하는 것처럼 무모한 일도 드물다.[1]

다소간 논란의 여지가 있을 수 있지만, 초등교육이야말로 그 실천

---

1) 교육학은 교육을 연구하는 학문이며, 이 점에서 교육이란 무엇인지를 이론적으로 해명할 수 있어야 한다. 그런데 최근 교육학자들 가운데는 교육에 대한 개념적이거나 이론적인 탐구의 작업을 소홀히 할 뿐만 아니라, 공공연히 이를 배척하는 사람마저 있다. 교육학은 학교를 중심으로 한 다양한 문제들의 처방을 내놓거나 교실에서의 수업기법을 제안하는 것으로 충분하다는 것이다. 어느 교육학 교수가 했다는 '설(說) 풀지 말고, 해 보라'는 말, 교육에 대한 이론적인 탐구를 완전히 무효화시키는 그 발언은 대단히 충격적이다. 자신이 하고자 하는 일이 무엇인지도 모르면서 도대체 무엇을 어떻게 한다는 말인가? 이처럼 맹목적이고 무모한 시도가 또 있을 수 있는가?

의 장구한 역사나 실천에 종사하는 사람들의 열의와는 어울리지 않을
정도로 의미가 불확실한 개념이다. 초등교육이라는 말을 머릿 속으로
몇 번만 되뇌다가 보면, 그것이 처음에 지니고 있었던 것 같은 분명
한 의미는 사라지고, 이 말이 도대체 무엇을 지칭하는 것인지조차 혼
란스러워지는 현상을 경험하게 된다. 그것은 특정한 단계의 제도교육
을 지칭하는 개념인 듯하면서도, 초등(初等)이라는 말이 연상시키는
것처럼 무엇인가가 초급의 수준에 있다는 것을 강조하는 개념인 듯도
하다. 그리고 무엇이 초급의 수준에 있다고 하면, 그 무엇이 초등교
육에서 다루는 교과지식을 이야기하는 것인지, 아니면 그 교과지식을
가르치고 배우는 교육 활동의 질과 가치 등을 말하는 것인지, 그도 아
니면 양자 모두인지 등등 어느 하나 분명하지가 않은 것이다. 더 나아
가 우리가 초등교육이라 번역하여 부르고 있는 'primary education'이
라는 개념의 의미가 과연 우리말 '초등교육'이 담고 있는 바와 대동
소이(大同小異)한 것인지, 아니면 소동대이(小同大異)한 것인지도 확
실하지가 않다.

초등교육의 의미는 개념적으로만 불분명한 것이 아니라, 구체적인
실천의 장(場)에서도 만족할 만큼 정립되어 있지 않다. 초등교육의
의미가 초등교육의 현장에서도 분명하지 않다는 점은 여러 가지 사실
에서 그 증거를 찾아볼 수 있다. 초등교육을 담당하는 교사들이나 초
등교사를 양성하는 교육대학의 교수들 사이에서도 초등교육의 정체
성에 대한 논란이 끊이지 않고 있다는 점은 '초등교육이란 무엇인가'
라는 질문이 여전히 제기될 여지가 있음을 반증한다. 또한 초등교육
과 중등교육이 구분되는 것이라면, 초등교사 양성기관인 교육대학과
중등교사 양성기관인 사범대학의 교육 프로그램 간에 의미 있는 차이
가 존재해야 되지만, 두 교육기관의 프로그램들이 별다른 특징적 차
이를 보이지 않고 있다는 점도 초등교육의 의미에 대한 체계적인 반
성이 여전히 필요하다는 뜻으로 해석할 수 있다. 사범대학과 교육대

학을 통합하여 운영하자는 주장이 심심찮게 제기되고 있는 것이나, 사범대학의 졸업생들에게 적절한 교육 프로그램을 이수하도록 하여 초등교육을 담당하도록 하는 제도가 부분적으로 시행되고 있는 것 등은, 어떻게 본다고 하더라도, 초등교육의 본질이나 독자성, 고유한 의미 등이 분명하지 않다는 사실에서 연유하는 것이다.[2]

물론 초등교육과 중등교육, 더 나아가 고등교육은 모두가 교육의 한 가지 양상(樣相)으로서 교육이 지녀야 할 본질을 공유하고 있음에는 분명하다. 그러나 그렇기는 해도 제도교육의 각 단계들을 초등교육과 중등교육, 그리고 고등교육으로 구분하고 있는 것을 보면, 각 단계의 교육은 서로 차별화된 역할과 기능을 분담하면서 상호 연계를 맺고 있는 것으로 생각할 수 있다. 이렇게 생각할 때, 초등교육과 중등교육이 각자의 교육적인 소임을 찾아 이를 충실히 구현하는 가운데 조화를 맺는 일은 제도교육 전체를 위해서도 바람직한 일이다. 바로 이러한 점에서, 초등교육이 만일 존재한다면, 그리고 그것이 고유한 역할과 본질적 특성을 지니고 있다면, 초등교육은 그것만이 지닐 수 있는 차별화된 목적을 추구하면서 그 목적을 실현하기 위한 내용과 방법을 마련하고, 그 성과를 평가하는 원리에 맞도록 운영되어야 한다. 그러나 이러한 일이 가능하려면, 우리는 초등교육이란 무엇인가를 진지하게 반성하고, 그 개념을 정립하는 일에 먼저 착수할 필요가 있다. 초등교육의 개념이 정립되지 않은 가운데 수행되는 어떠한 제

---

2) 정확히 말하면, 교육대학과 사범대학의 교육 프로그램간에 차이가 없다든가, 교육대학 졸업생과 사범대학 졸업생 사이에 질적인 차이가 분명하지 않다든가 하는 것은 초등교육은 물론이고 중등교육의 정체성도 그다지 분명하지 않다는 의미가 된다. 이 점에서 제도교육 전체의 정체성을 놓고 관련 학자들과 당사자들 사이의 심도 있는 협동 연구가 필요하다. 그러나 어쩌면 더 근본적인 문제는 초등교육이나 중등교육을 망라하여 '도대체 교육이란 무엇인가'에 대한 학문적인 논의와 합의가 제대로 이루어지지 않고 있는 데에 있는지도 모른다. 바꾸어 말하면, 우리가 교육의 정체를 제대로 밝히지 못하고 있는 데서 문제가 파생되고 있는 것이다.

도의 개선이나 실제적인 프로그램의 마련, 교육기법의 개발 등은 허공(虛空)에 탑(塔)을 쌓으려는 것만큼이나 가망이 없는 시도이다.

2. 초등교육의 개념 정립을 위한 방법적 태도

'초등교육이란 무엇인가'라는 질문에 답하는 방법은 여러 가지가 있을 수 있다. 초등교육도 하나의 사회적 제도로서 운영되는 것인 만큼 초등교육에 관심을 갖고 투자하는 모든 사회집단의 의견을 묻고, 그들의 사회적이거나 교육적인 필요를 중심으로 초등교육의 역할과 정체성을 마련해 나가는 방법이 있을 수 있다. 또는 초등교육의 개념을 정립하는 일도 하나의 학문적 탐구 활동에 속하는 이상, 초등교육의 정체성에 대한 기존의 학문적 논의들을 참고하고 이어받으면서 이것보다 한 차원 높은 수준에서 초등교육론을 전개하는 것도 한 가지 방법이 될 수 있다. 그러나 우리는 초등교육에 대한 일상적인 생각은 물론이고 학문적인 인식조차도 초등교육의 개념을 정립하는 일과 관련하여 현재로서는 별다른 도움이 되지 않는다고 생각할 필요가 있다. 초등교육의 정체성 위기나 개념적인 혼란은 초등교육에 대한 그러한 일상적이거나 학문적인 인식이 없었기 때문에 초래된 것이라기보다는 그러한 인식들이 엄연히 존재하고 있었음에도 불구하고 생겨난 것이다. 따라서 이들 인식들은 초등교육의 개념을 정립하는 데에 커다란 기여를 하기가 어렵다. 오히려 생각하기에 따라서는 초등교육에 대한 기존의 인식들이 초등교육의 정체성 혼란을 초래한 주범(主犯)이라 볼 수도 있다.

이러한 점에서 '초등교육이란 무엇인가'라는 질문을 다루는 우리는 기존의 인식이나 논의들로부터 그 해답을 찾으려 들기보다는 초등교육의 개념을 그 위에 정립할 어떠한 분명한 토대도 현재 마련되어 있지 않다고 보는 엄격한 태도를 취할 필요가 있다. 말하자면 초등교육에 대한 현재의 모든 상식이나 학적인 인식의 효력과 타당성을 잠정적으로 중단시켜 그것이 우리의 탐구에 침투하지 못하도록 하면서 초등교육의 본질적인 모습이 무엇인지를 처음부터 다시 묻는 방법적 태도를 지닐 필요가 있다. 물론 이 말은 초등교육에 대한 기존의 상식이나 학적인 인식이 전적으로 틀렸다는 의미가 아니며, 기존의 생각들을 완전히 부정하려는 시도도 아니다. 다만 여러 가지 점에서 의심스러운 전제들을 지니고 있는 기존의 인식들을 무반성적으로 수용하기보다는 비판적으로 검토하여 배제하고, 초등교육의 원형적인 모습을 새롭게 재정립하려는 자세를 견지할 필요가 있다는 뜻이다. 그리고 초등교육을 재정립하는 작업을 새롭게 진행하는 가운데 기존의 생각들 중에서 여전히 유효한 것들은 초등교육의 재개념화에 어떠한 형태로든 반영할 수가 있다.

초등교육의 개념을 정립함에 있어서 기존의 인식들이나 논의들로부터 도움을 청하지 않는다면, 오히려 그것들을 배제한다면, 우리는 완전히 무(無)에서 시작하여야 하는가? 도대체 그러한 탐구는 어떻게 진행되어야 하는가? 우리 속에서 생겨날 수도 있는 이러한 물음에 대하여 다음과 같은 대답을 미리 내려두는 것이 좋을지도 모른다. 초등교육의 의미와 영역, 특질들에 대한 생각을 다양하게 우리의 머릿 속에 떠올리되, 상상을 통하여 그것을 여러 가지로 변경해 보는 사유실험(思惟實驗)을 진행하는 가운데 어떠한 방식으로 변경한다고 하더라도 초등교육을 형성하는 본질적인 요소들로서 공통적으로 출현하는 것들을 중심으로 초등교육의 모습을 구성하는 방법, 그것이 우리가 따르고자 하는 탐구의 방법이다.

철학적 사유와 논의에 익숙한 사람들은 우리가 여기서 제안하는 것이 '기존의 정립된 인식을 판단중지(epoché)하고 본질을 직관하여 기술하려는 현상학적 방법론'(Husserl, 1952, 1970)에 해당한다고 생각할 수도 있다. 아닌 게 아니라 기존의 인식을 배제하고 새롭게 초등교육의 의미를 탐색하려는 우리의 시도는 현상학적 태도를 요청하는 사태와 성격상 상당히 유사하다. 그리고 앞으로 진행될 우리의 논의 속에서 현상학적 사유와 태도의 흔적을 읽을 수도 있을 것이다. 그러나 지금 우리의 관심사는 현상학적 방법론이 초등교육의 개념 재정립에 어떻게 적용될 수 있는가를 세세히 따지는 데에 있지 않다. 우리의 논의는 초등교육이란 무엇인가를 묻는 데에 집중되어야 하며, 현상학적 방법론은 이 질문을 다루는 데에 동원된 방법의 하나일 뿐이다. 또한 우리의 질문을 다루는 데에 동원되는 것은 현상학적 방법론만도 아니다. 따라서 이후의 논의를 전개하는 가운데 우리는 초등교육의 개념 정립 작업의 어떠한 부분에서 어떠한 현상학적 방법이 적용되었는가를 일일이 소개하고 논의할 필요도, 또 그럴 만한 여유도 없다. 이는 우리의 논의의 초점을 흐리고 쓸데없는 혼란을 가져올 우려가 있기 때문이다.

3. 초등교육에 대한 기존 인식들의 해체

1) 아동을 대상으로 하는 교육

초등교육에 대한 상식적인 언급이나 학문적인 논의를 통틀어 가장 강력하면서도 대표적인 초등교육의 의미 규정 방식이 있다면, 그것은 초등교육을 '특정한 연령층의 아동들을 대상으로 하는 교육'이라고 보는 생각이다. 한 마디로 초등교육을 필요로 하는 초등학생을 일정 연령대의 아동으로 규정하고, 초등교육은 그러한 아동들을 대상으로 그들의 지적인 수준에 맞는 내용들을 그들이 세상을 이해하는 방식에 부합하도록 전달하는 활동이거나, 또는 그러한 전달과 관련된 사항들을 관리하는 활동으로 보는 것이다. 물론 이 경우 초등교육은 중등교육을 필요로 하는 청소년기의 학생들과는 구분되는 아동들의 인지적이거나 도덕적인, 또는 정서적인 면에서의 성장을 도모하거나 관리한다는 점에서 중등교육과 구분되는 것으로 간주된다. 그리고 그러한 초등교육을 담당하는 교사들의 양성 프로그램은 아동들의 다양한 발달 상황에 대한 연구, 아동들의 발달 상황을 고려한 교수-학습방법의 마련, 아동들의 발달을 조력할 수 있는 교과들의 선정과 조직, 아동의 전인적 성장을 위한 다양한 조력 방안의 마련 등을 중심으로 구성되며, 이는 중등교사 양성기관의 프로그램과 내용의 면에서 차이를 지니는 것으로 평가된다. 물론 그 차이는 거의 전적으로 학습자들의 연령 차이에서 비롯되는 것이다.

그러나 '교육의 대상인 학습자들의 연령적 특성에서 비롯되는 차이가 곧 그들을 위한 교육의 질적인 특성을 형성한다'는 생각이 맞는 것인지도 참으로 의심스럽지만,[3] 이 생각은 역사상 어느 특정 시기에 벌어지고 있는 우연적인 현상을 초등교육의 본질을 규정하는 데에 동원한다는 다분히 기이한 방식을 취하고 있다. 물론 현재 초등교육을 받는 학생들은 거의 예외가 없을 만큼 일정한 연령대의 아동들이

---

3) 만약 학습자의 연령에서 비롯되는 차이가 각급 제도교육의 질적인 특성을 가져온다면, 동일한 논리로 교사의 연령 특성에서 비롯되는 차이가 각 연령대별로 그들 교사들이 담당하는 교육의 질적인 특성을 형성할 가능성은 없는가? 20대 교사가 수행하는 교육과 30대 교사가 수행하는 교육, 그리고 40대 교사가 수행하는 교육들은 각기 그들 교사의 연령 특성에 의하여 영향을 받은 나머지 서로 차이가 있는 교육이 되지는 않는가? 아마도 이 질문은 대답할 가치도 없을 만큼 엉뚱하다고 대부분 생각할 것이다. 그러나 학습자의 연령 특성이 그들이 받는 교육에 차이를 가져온다면, 왜 교육의 다른 쪽 당사자인 교사의 연령 특성은 교육에 차이를 가져올 수 없는가? 만약 엉뚱하다면, 학습자의 연령 특성, 또는 그것에서 비롯되는 발달상의 특징이 각급 제도교육에 의미 있는 차이를 가져온다는 생각 그 자체부터가 엉뚱한 것은 아닌가?

며, 이를 부정하기는 어렵다. 그러나 초등교육을 받는 학생들은 언제나 아동들이었는가? 우리가 정확히 한정하기가 어려울 뿐이지, 초등교육은 상당히 오랜 역사를 지니고 있으며, 이른바 초등학생들이 아동들로 채워지기 시작한 것은 이에 비추어 보면 비교적 최근에 발생한 사건일 뿐이다. 바꾸어 말하면, 초등교육을 받던 학생들 가운데는 아동이라 보기가 어려운 연령대의 사람들도 있었으며, 경우에 따라서는 그 사람들이 아동들보다 더 많았을 수도 있다. 이렇게 보면 초등학생이 일정한 연령대의 아동이라는 사실은 초등교육의 본질과 관련된 사항이라기보다는 초등교육의 제도가 역사적으로 변천되는 과정에서 발생한 다분히 우연적인 현상이다. 우연적인 것에 의거해서는 필연적인 것을 규정하기가 어렵다. 초등교육을 일정한 연령대의 아동들을 대상으로 하는 교육이라 보는 관점은 비교적 최근까지도, 청소년들은 물론이고 심지어 성인들과 노인들까지도 아동들과 함께 이른바 초등교육을 받았던 사실을 제대로 설명할 수가 없다.[4]

초등교육을 아동을 대상으로 하는 교육으로 규정하는 생각은 아동이 아닌 학습자가 받는 교육 가운데 분명 초등교육에 해당하는 것들이 지금도 엄연히 현존하고 있다는 사실을 전혀 설명하지 못한다. 예를 들자면, 노인들을 대상으로 하여 운영되고 있는 각종의 한글교실들이 도처에 존재하고 있다. 이 때 이들 노인들이 학습하고 있는 내용이나 이를 학습하는 방법 등은 초등학교 교실에서 아동들이 국어를

---

4) 우리 영화 〈내 마음의 풍금〉에 나오는 주인공 전도연은 담임 선생님을 남 몰래 사모하는 사춘기 소녀역을 맡아 연기하고 있다. 영화 속에서 그녀는 분명 아동이 아니다. 그러나 그녀가 자기보다 나이 어린 동생들과 같은 교실에 앉아 받고 있는 교육은 바로 초등교육이다. 외국 영화 〈시네마 천국〉에서 주인공 토토와 우정을 나누는 영화관 영사 기사 알프레드는 아동은커녕 이미 중년을 넘어선 성인이다. 그러나 그 역시 토토와 함께 초등학교 교실에서 같이 공부하고 시험을 본다. 이 때 알프레드가 받고 있는 교육 역시 분명 초등교육이다. 물론 이러한 사례는 영화 속에 나오는 장면들이지만, 그렇다고 해서 허구는 아니다. 동서양을 막론하고 그러한 사례가 존재했으며, 이들 영화들은 그런 사례들을 영상으로 표현했을 뿐이다.

학습하는 상황과 거의 같다. 차이가 있다면, 한쪽은 학습자가 노인들이고 다른 쪽은 아동들이라는 점뿐이다. 이처럼 그들이 참여하고 있는 교육의 양태가 동일함에도 불구하고, 단지 한쪽은 아동학습자이고 다른 한쪽은 노인학습자라는 이유를 들어, 한쪽은 초등교육이지만 다른 한쪽은 초등교육이 아닌 교육, 예를 들어, 성인교육이나 노인교육이라고 말하는 것은 억지에 가깝다.

물론 아동이 아닌 학습자들이 초등교육을 받는 일은 먼 과거의 이야기이거나 부분적인 현상일 뿐이고, 현재는 어찌되었든 간에, 거의 100% 초등교육은 초등학교를 중심으로 하는 아동들 대상의 교육으로 정착되고 있다는 점을 들어 반론을 펼 수도 있다. 그러나 현재의 사실을 들어 과거의 엄연한 사실을 간과하는 것이 온당한가도 의문이지만, 더욱 위험스러운 것은 현재의 우연적인 사실을 근거로 미래를 규정할 수는 없다는 점이다. 미래에도 초등교육은 현재 우리가 생각하는 그런 연령층의 아동들을 대상으로 하는 교육으로 존속할 수 있는가? 어쩌면 그 연령층은 현재의 것보다 하향 조정될 가능성이 있다. 그리고 또 어쩌면 초등교육의 대상 연령층은 우리가 상상하는 것과는 달리 대폭적으로 상향조정될 가능성도 있다. 사회는 급변하고 있다. 그러한 변화는 현재 우리가 생각할 수 있는 것 이상으로 중년층이나 노년층에게 변화된 사회에 대한 단순한 재적응이 아니라, 새로운 사회에 대한 입문(入門) 수준의 교육을 요청하게 될지도 모른다. 한때 성인들을 대상으로 하는 문해교육(文解敎育)은 초등교육의 중요한 영역 가운데 하나였으며, 다가오는 정보사회에서 기성세대를 대상으로 하는 '정보문해교육'이 모든 교육의 기초 프로그램으로 초등교육에 부가될 수도 있는 것이다. 그러한 경우에 그들은 아동들이 아니기 때문에 초등학생이 될 수 없다고 말할 수 있을까?

초등교육은 현실적으로 아동들을 대상으로 하는 교육인 경우가 대부분이다. 그러나 그렇다고 해서 아동의 다양한 특성들과 그것을 다루는 교육적인 방식들이 초등교육의 본질을 형성하는 것은 아니다. 초등교육을 받는 주된 연령층이 아동이라는 점은 우연적인 사실일 뿐이다.[5] 그러한 우연적인 사실에 근거해서 파악될 수 있는 것은 현재 초등교육으로 지칭되는 역사적 흐름의 한 단면일 뿐이지 초등교육의 본질적인 모습이 아니다. 이러한 점에서 보면 일정한 연령층의 아동이란 초등교육의 본질을 둘러싸고 그것에 영향을 주는 중요한 요인일 수는 있어도 그것 자체가 초등교육의 본질을 대신할 수는 없다. 오히려 초등교육을 필요로 하는 진정한 초등학생이 있다면, 그것은 연령에 의해서가 아니라 초등교육이 학생들에게 줄 수 있는 '고유한 무엇'에 기초하여 한정될 필요가 있을 것이다.

2) 초등학교에서 이루어지는 교육

초등교육을 규정하는 방식 가운데 또 다른 대표적인 것은 초등학교라는 특정한 제도적 교육기관에서 이루어지는 교육을 곧 초등교육이라 보는 간편한 사고를 들 수가 있다. 초등학교 이전 단계에서 이루어지는 교육은 유아교육이며, 초등교육은 초등학교에서 이루어지고, 중학교부터는 중등교육이 시작된다는 것이다. 이렇게 보면 초등교육이란 초등학교에 재학하고 있는 학생들이 6년이라는 제도적인 교육기간 동안 받게 되는 모든 종류의 교육, 또는 초등학교에서의 생활과 관련된 일체의 교육적 작용을 의미하는 것이 된다.

그러나 제도란 필연적인 것이 아니다. 그것은 인간의 특정한 삶의

---

5) 유아교육이나 성인교육이라는 개념은 대상 연령층을 한정하여 그 연령층에 부합하는 교육을 모색한다는 취지를 담고 있다. 이 점에서 초등교육이 아동을 대상으로 한다는 생각은 문제가 없는 듯이 보일 수도 있다. 그러나 지금 우리가 문제삼고 있는 것은 유아교육, 청소년교육, 성인교육 등과 하나의 계열을 이루는 '아동교육'이 아니라, 중등교육, 고등교육과 개념적 짝을 형성하는 '초등교육'이다.

형태와 행위의 방식을 효율화하고 관리한다는 취지에서 형성된 우연성의 산물이다. 그것이 우연적인 것이라는 사실은 하나의 제도가 불변적으로 존속하기보다는 여건과 상황의 변화에 따라 그때그때 변모되는 가변적인 것이라는 점을 생각하면 당장 알 수가 있다. 본질을 우연에 근거하여 파악하거나 규정할 수는 없다. 오히려 우연적인 사실은 본질적인 모습에 비추어 평가되고 개선되어야 하는 위치에 있는 것이지, 그것이 본질을 결정하는 준거일 수는 없다.

유아원에 다니는 원생들 가운데도 그들의 능력에 따라 초등학교에서 제공하는 교육 프로그램을 유아원에서 제공받아야 하는 경우가 있을 수 있다. 또 중학교나 고등학교에 다닌다고 하더라도 어떠한 이유로 그 학생들이 초등학교에서 습득해야 하는 어떤 것을 결여하고 있을 경우, 이를 중학교나 고등학교에서라도 접할 수 있도록 해주어야 한다. 그들이 재학하고 있는 교육기관이 초등학교가 아니라는 이유로 그들 학습자들에게 절실히 필요한 교육 프로그램을 제공하지 않는 것은 그들의 교육받을 권리를 존중하지 않는 것이 된다. 유아원생이나 중학생, 또는 고등학생이 유아원이나 중학교, 또는 고등학교에서 받는 초등교육을 그것이 초등학교에서 이루어지지 않는다는 점을 들어 초등교육은 아니라고 말할 수는 없다. 또 경우에 따라서는 초등학교에 다니는 학생들에게도 그들의 능력을 고려하여 높은 수준의 교과지식을 제공해야 될 수도 있다. 초등학교 내에서 이루어지는 영재교육은 중등 수준 이상의 교과지식을 다루고 있는 경우가 많다. 이 때 그들이 받는 교육을 그들이 초등학교에 다닌다는 이유를 들어 초등교육으로 분류할 수는 없다.

초등학교에서 이루어지는 교육은 초등교육으로, 중·고등학교에서 이루어지는 교육은 중등교육으로, 그리고 대학교 이상에서 이루어지는 교육은 고등교육으로 규정하는 생각은 너무도 상식적이다. 그러한 상식이 교육을 설명하는 틀로는 전혀 타당하지 못하다는 점은 이러한 사실을 떠올리면 쉽게 알 수 있다. 우리는 고등학교에서 제2외국어로 프랑스어나 독일어 등을 배운다. 이는 분명 중등교육에 해당한다. 그러나 제2외국어를 대학에 들어가서 배울 수도 있다. 대학에서 제2외국어로 프랑스어나 독일어를 배운다고 하더라도 그 내용이나 교수-학습의 방식은 고등학교에서의 그것과 완전히 같다. 차이가 있다면, 한쪽은 대학에서 이루어지고, 다른 쪽은 고등학교에서 이루어진다는 것뿐이다. 그럼에도 불구하고 그것이 대학에서 이루어진다는 사실을 들어 고등학교의 제2외국어 교육과 완전히 같은 교육을 중등교육이 아니라 고등교육이라 불러야 하는 웃지 못할 일이 벌어지고 만다.

그러면 제2외국어 교육으로서 프랑스어 교육이나 독일어 교육은 중등교육인가? 여기서 또 하나의 희극(戱劇)이 연출되고 만다. 프랑스나 독일의 아이들도 모국어로서 프랑스어나 독일어를 배운다. 그 아이들은 우리가 고등학교나 대학에서 배우는 것과 동일한 수준의 프랑스어나 독일어를 우리와 유사한 방법으로 배우고 있다. 그러나 그들은 이것을 초등학교에서 학습하며, 이 점에서 그것은 초등교육에 해당한다. 프랑스어 교육이나 독일어 교육은 도대체 초등교육인가, 중등교육인가, 아니면 고등교육인가? '모국어 교육이냐 제2외국어 교육이냐' 하는 차이점을 제외하면, 동일한 내용을 동일한 방법으로 가르치고 배우고 있으며, 이 점에서 그것은 동일한 형태의 교육으로 분류되어야 한다. 그럼에도 불구하고, 어떤 경우에는 이를 초등교육으로, 또 어떤 경우에는 중등교육으로, 심지어 어떤 경우에는 고등교육으로도 볼 수 있다고 하면, 그러한 식으로 교육을 구분하는 사고방식은 우리가 신뢰하기에는 너무도 많은 결함을 갖고 있는 것이다.

이상과 같은 자유로운 변경을 통하여 우리는 초등학교라는 임의적인 제도가 초등교육의 본질을 규정하는 요소는 아님을 짐작할 수 있다. 초등학교는 초등교육이 제대로 이루어지도록 보조하는 임의적이며 제도적인 장치일 뿐, 그것이 초등교육의 성격과 의미를 규정할 수

는 없다. 정확히 말하면, 그 반대로 초등교육의 개념이 초등학교의
제도적 됨됨이와 운영의 방식을 규정하는 편이 옳다. 물론 이렇게 말
한다고 해서 초등교육이란 무엇인가를 생각하는 데에 있어 초등학교
라는 요인을 완전히 배제하자는 것은 아니다. 다만 초등학교라는 요
소는 초등교육의 본질이 해명된 뒤에 그것을 감싸는 제도로서 고려되
어야 하는 것이지, 그것 자체가 초등교육의 본질로 간주될 수는 없다
는 뜻이다. 이 점에서 우리는 초등학교라는 요인을 일단 '괄호 속에
집어넣고,' [6] 초등교육의 본질 그 자체에 충실할 필요가 있다.

3) 전 국민 대상의 의무교육

초등교육의 의미를 규정하는 일과 관련하여 심심찮게 등장하는 발
상이 그것을 '의무교육'(compulsory education)[7]으로 보고, '의무교육
이란 무엇인가'라는 고민으로부터 초등교육의 원리와 실제를 탐색하
고 처방하려는 생각이다. 국가를 형성하는 공동체 성원으로서 갖추어
야 하는 사고와 행동의 방식, 신념의 체계, 가치관 등이 있다면 이를
확인하여 체계화하고 적절한 방법을 동원함으로써 국민 모두를 교육
시켜야 하며, 이것이 의무교육의 목적과 내용, 방법을 형성한다. 그

---

6) 현상학에서 말하는 '괄호치기'(Einklammerung)에 해당한다. 괄호치기란 본질
   을 파악하기 위하여 본질을 가리고 있는 습관적인 사고나 개념 등을 잠시 동안
   하나로 묶어 효력을 정지시킴으로써 본질의 탐구에 영향을 미치지 못하도록 하
   는 방법을 의미한다. 물론 본질이 드러나면, 괄호를 풀고 그 본질에 부합하는 것
   만큼 기존의 개념이나 사고 가운데 어느 것을 수용하거나 배제하게 된다.
7) 순전히 호기심에서 하는 이야기이지만, 교육이 도대체 '의무'나 '강제(強制)의
   대상'이 될 수 있는지는 전혀 분명하지 않다. 어떠한 활동이 의무로서 부과된다
   는 말은 그 활동이 우리에게 어떠한 보람이나 가치 체험의 원천이 될 수 없다는
   뉘앙스를 강하게 풍긴다. '교육은 과연 억지로라도 부과되어야 하는 고역(苦役)
   에 속하는 것인가, 아니면 우리의 자발적인 참여를 자연스럽게 유도하는 삶의
   한 형태인가'라는 질문에 어떠한 대답을 하느냐에 따라 교육의 이론과 실제는
   하늘과 땅의 차이만큼 달라진다. 이 점에서 의무교육이라는 아이디어는 교육에
   종사하는 사람들이 심각히 검토해 볼 필요가 있는 중요한 주제이다.

리고 초등교육은 의무교육이라는 이념 속에 내재해 있는 다소간 추상적인 아이디어를 구체적인 수준에서 세밀하게 번역하여 시행되어야 한다는 것이다.

그러나 의무교육의 아이디어에 비추어 초등교육의 의미와 구체적인 됨됨이를 규정하려는 시도는 몇 가지 점에서 받아들이기가 어렵다. 먼저 의무교육과 초등교육이 어떠한 내적인 필연성에 의하여 관련을 맺고 있는 것은 아니다. 초등교육이 의무교육의 형태를 띠게 된 것은 교육이 사적인 영위(營爲)로서 운영되던 시기를 지나 근대적인 의미의 시민국가가 출현하여 공교육 제도가 마련되면서부터이다. 그리고 이 시기에 초등교육이 의무교육으로 운영된 것도 사회적인 비용의 문제나 국민의 정치적 통합에 필요한 공통된 가치관과 성향의 형성에 소요되는 시간의 산정(算定) 등과 같은 우연적인 요인들이 작용한 결과일 뿐이다. 현대 사회에 와서는 의무교육이 초등교육의 전유물이 될 수만은 없게 되었으며, 국가의 정립과 시민의식의 형성이 거의 완료된 현대에 있어 초등교육이 의무교육이어야 한다는 당위성도 찾기가 어렵다. 초등교육이 의무교육의 형태를 띠게 된 것은 공교육 제도의 형성기에 발생한 우연적인 사건일 뿐이며, 의무교육의 이념이 생기기 이전에도 초등교육은 나름대로의 원리에 따라 운영되고 발전하였다.

오히려 생각하기에 따라서는 초등교육의 의미와 본질이 학문적으로 분명히 정립되기 이전에 의무교육의 이념이 초등교육에 부과됨으로써 초등교육이 그 본래의 모습에서 멀어졌을 가능성도 있다. 의무교육은 모든 국민들이 차별이 없이 일정한 수준의 교육을 받을 수 있도록 배려한다는 교육복지적(教育福祉的) 측면을 지니고 있는 것이 사실이다. 그러나 그 이면에는 정치적이거나 사회적인 통합을 위하여 모든 국민들이 일정한 성향과 이념을 갖도록 이끌려는 국가적인 의도가 교육부문을 통하여 관철된다는 측면도 들어 있다. 어쩌면 의무교육을 지원하거나 강제하는 국가는 초등교육이 그것의 본질적인 모습을 실현하면서 운영되도록 조력하기보다는 그것을 정치적이거나 사회적인 목적에 맞도록 조형하려는 힘을 더 강하게 행사할 소지가 있다. 이러한 점들을 생각할 때, 의무교육은 초등교육의 개념을 정립하고자 하는 경우, 우리가 반드시 고려해야 되는 본질적인 사항은 아니며, 오히려 초등교육의 본질을 탐색하는 데에 장애가 될 수도 있다.

4) 기초적인 교과지식을 제공하는 준비교육

초등교육을 이해하는 방식 가운데 가장 대표적이고 강력한 것은 초등교육을 '학생들이 장차 교과공부를 해 나가는 데에 필요한 기본적인 개념과 기초적인 지식을 제공하는 교육'으로 규정하는 생각이다. 아닌 게 아니라 초등교육, 중등교육, 고등교육이라는 구분 방식 자체가 교과지식의 수준을 준거로 하여 이루어져 있다. 이 점에서 초등교육은 중등교육이나 고등교육을 받는 데에 필요한 기초적인 사항들을 학생들에게 전달하는 교육의 형태가 된다. 바꾸어 말하면, 초등교육은 초등의, 또는 초급의 교과지식을 제공함으로써 그 이후의 교육을 받을 수 있도록 학습자들을 준비시키는 교육인 것이다.[8]

이러한 생각은 가장 흔하고 대표적인 것이면서도 초등교육에 예기치 못한 불상사를 초래하는 경우가 많다. 먼저 초등교육을 중등교육을 위한 준비교육으로 보게 되면, 초등교육은 어떠한 독자성이나 자

---

8) 이상과 같은 점에 공감한다고 하더라도 초등교육이나 중등교육이라는 어휘는 예기치 않은 개념적 혼란의 원천이 된다. '초등교육'이라는 말 자체는 '교육이 초급의 수준에 있다, 또는 교육 활동의 질적 수준이 초급이다'라는 그릇된 연상을 불러일으킨다. 또한 '초등교사'라는 개념은 교사로서 질적인 수준이 높지 않은 자를 의미하는 것처럼 해석될 소지도 지니고 있다. 이러한 그릇된 해석과 연상은 고등교육의 경우를 제외하고 중등교육, 중등교사라는 개념에서도 똑같이 발생한다.

율성도 인정받기가 어렵다. '~을 위한 준비'란 추구해야 할 목적이나 가치, 그러한 추구의 행위를 이끄는 실제적인 방향성 등이 '~'에 있다는 의미이며, '준비'란 말 그대로 그 목적과 가치를 실현하기 위한 수단적이거나 도구적인 위치에 있다는 뜻이다. 따라서 초등교육은 그 자체로 가치 있는 활동, 즉 내재적 가치(intrinsic value)를 지니는 활동이 아니라, 그것이 추구해야 할 가치를 외부에 지니는 수단적 활동이 되고 만다. 더 나아가 초등교육이 수준 높은 교과공부를 위한 초급의, 또는 초등의 지식을 전달하는 교육이라고 하면, 그러한 교육은 바로 그 교과지식의 측면에서 중등교육이나 고등교육과 비교하여 중요성이나 의의가 높다고 말하기 어렵다.

아마도 이 점에서 초등교사들의 교과에 대한 전문성 부족을 문제삼는 발언들이 끊임없이 제기되고 있다고 볼 수 있다. 이를 피하기 위하여 초등교육은 초보적인 지식이 아니라, 가장 근원적인 지식을 전수하는 것으로서 그 나름대로의 가치와 의의를 지닌다는 식으로 미사여구(美辭麗句)를 동원한다고 해서 문제가 해결되지는 않는다.[9] 아동의 인지적인 구조는 청소년들의 그것과는 질적으로 다른 것이며, 그러한 인지구조를 성장시키기 위한 지식은 다른 단계의 인지구조를 성장시키기 위한 지식과는 단선적인 비교가 불가능한 불가공약성(不可公約性, incommensurability)을 지닌다고 하는 식으로 다른 방식의 정당화를 시도할 수도 있다. 그러나 불가공약성을 지닌다고는 하더라도

---

9) '비록 초등교육이 중등교육, 더 나아가서는 고등교육을 준비하는 교육이기는 하지만, 이 단계에서 다루는 지식이 이후에 이루어지는 교과교육의 성패를 가름할 만큼 가장 기초적이고 중요한 것'이라는 식으로 이야기하면서 'elementary education'이라는 용어를 자부심을 갖고 사용하는 경우가 있다. 그러나 가장 기초적이고 중요한 지식이라는 것이 무슨 의미인지도 분명하지 않으며, 그것이 과연 교과교육의 성패를 가름하는 관건인지도 확인하기 어렵다. 뿐만 아니라 'elementary education'이라는 용어가 'primary education'과 동일한 의미를 담고 있어서 아무런 문제가 없는 듯이 바꾸어 사용해도 되는 것인지조차 분명하지 않다.

발생적인 계열을 형성하는 이전의 지식(초등교육을 통하여 전수되는 지식)은, 인식론적으로 볼 때, 이후의 지식(중등교육에서 전수되는 지식)보다 위계상(位階上) 아래에 놓여 있는 것이라는 점에서 여전히 난관에 가로막혀 있다.

초등교육은 아닌 게 아니라 초보적인 지식을 전수하는 준비 단계의 교육일지도 모른다. 그것이 초등교육에 종사하는 사람들의 입지를 어렵게 한다거나, 또는 초등교육의 전문성과 독자성을 훼손한다고 하더라도 그럴 수밖에 없는 필연적인 사실이라면, 우리는 이를 인정할 수밖에 없다. 그러나 그 이전에 우리가 먼저 생각해 보아야 할 점이 있다. 초등교육의 난처함은 '교육을 교과공부를 위한 활동'으로 규정하는 사고 방식 때문에 생기는 것이다. 초등교육은 중등교육을 위한 준비교육이라고 하지만, 다시 그 중등교육은 고등교육을 위한 준비교육이다. 그리고 대학 이상에서 전개되는 고등교육은 성격상 진리를 추구하는 학문 활동을 수행하는 장(場)이다.[10] 따라서 이러한 생각은 교육을 학문을 위한 도구적 활동으로 보는 사고를 전제하고 있다. 진리를 추구하는 학문 활동은 성격상 가장 최신의, 가장 수준이 높은 지식을 우선시 하는 가치관의 지배를 받고 있다. 학문적인 기준에서 보면 가장 수준 높은 최신의 지식이 최우선의 가치를 지니는 것이며, 교육이 학문을 위한 것이라고 보면, 초등, 중등, 고등의 각급 교육은 그러한 학문적인 기준에 따라 가치와 우열이 평가될 수밖에 없다.

대학 이상의 고등교육이 학문적인 가치를 우선시 하면서 최선의 이론을 창출하는 활동에 매진하거나 일류의 학자들을 양성하기 위하여 애쓰는 것은 정당한 소임일 수도 있다. 대학은 어떻게 본다고 하더라

---

10) 논의의 편의를 위하여 고등교육을 학문 활동의 장으로 규정하기는 하였지만, 고등교육기관인 대학은 학문 활동 이외에도 예술의 활동, 체육의 활동, 기예의 활동 등 다양한 활동세계들의 장이다. 이하의 논의는 이러한 점을 감안하여 이해할 필요가 있다.

도 진리의 전당이며, 진리라는 가치에 헌신(獻身)하는 자들을 기르는 장인 것이다. 그러나 우리가 생각해 보아야 할 점은 고등교육이 진리의 추구라는 지향점을 지닌다고 해서 고등교육을 제외한 다른 형태의 교육들도 과연 학문 활동을 위한 준비의 의미를 지녀야 하는 것인지, 그래서 학문적인 기준에 따라서 그 구체적인 됨됨이가 결정되고 의의가 평가되어야 하는 것인지 하는 점이다.

교육을 교과의 가치(학문적, 심미적, 도덕적인 가치 등등)를 추구하는 활동으로 보고, 제도교육의 앞 단계는 다음 단계를 위한 '준비'에 해당한다고 규정하는 것과 관련하여 먼저 '준비란 무엇인가'를 생각해 보자. 초등교육이 중등교육, 더 나아가서는 고등교육을 위한 준비교육이라는 말은 무슨 의미를 지니는가? 상이한 활동들이 시간적인 순서나 논리적인 계열에 있어서 앞서 전개되는 것과 이후에 전개되는 것으로 구분되고, 전자가 늘 후자에 선행하여 이루어지면서 후자의 원활한 수행에 기여하는 경우, 우리는 전자를 '준비'라 하고 후자를 '목적'이라 부를 수 있다. 예를 들면, 수영을 하기 위하여 수영장에 간다고 할 때, 우리는 수영하기 이전에 체조를 하며, 이 때 체조는 수영을 하기 위한 준비에 해당한다. 체조는 말 그대로 준비운동인 것이다 (물론 수영부터 하고 나중에 체조를 할 수도 있지만, 이 경우 그는 체조와 수영의 관계를 모르고 있거나, 아니면 정신 상태가 온전하지 못한 자이다).

그런데 준비란 그 자체로는 활동의 주체에게 어떠한 보람이나 가치를 제공하지 못한다. 수영을 하기 위한 준비로 체조를 하면서 우리가 즐거운 기분에 사로잡힌다고 하더라도 이는 체조에서 비롯되는 것이 아니라, 체조를 끝마치고 우리가 곧 수행하게 될 수영에 대한 기대감으로 인한 것이다. 체조는 그야말로 수영을 하는 데에 필요한 만큼만 하면 충분한 것이다. 만약 초등교육이 중등교육을 위한 준비라면, 초등교육에 참여하는 사람들은 초등교육을 수행하면서 어떠한 보람이나 가치도 체험하기 어려울 것이다. 초등교육은 말 그대로 중등교육을 받기 위한 수단이고 도구일 뿐인 것이다. 그럼에도 불구하고 혹 초등교육에 참여하고 있는 교사나 학습자가 어떠한 보람이나 가치를 체험하고 있다면, 이는 초등교육 그 자체에서 비롯되는 것이라기보다는 초등교육 이후에 따르게 될 중등교육의 보람과 가치를 예견하는 데에서 발생하는 것이라고 보아야 옳다. 그런데 과연 그러한가? 누구나 조금만 생각하면 인정할 수 있듯이 각급 제도교육의 장면에서 보람과 열정이 수반되는 교육의 활동은 고등교육보다는 중등교육, 그리고 중등교육보다는 초등교육의 장면에서 더 흔하게 살아 숨쉰다. 그렇다면 초등학생들과 초등교사들은 그들이 지금 수행하고 있는 준비교육, 즉 초등교육을 경유하여 조만간 수행하게 될 중등교육이나 고등교육에 대한 기대와 꿈에 부풀어 준비 활동에 불과한 초등교육에 그토록 헌신하고 있는 것인가?

결론을 미리 말하면, 전혀 그렇지가 않다. 그들은 다음 단계의 교육에 대한 기대로 인해 들떠 있는 것이 아니라, 지금 여기서 그들이 수행하고 있는 초등교육의 활동 그 자체로부터 비롯되는 보람과 가치를 향유하고 있는 것이다. 이는 무슨 뜻인가 하면, 초등교육이 중등교육이나 고등교육에 대한 준비가 아니라, 그 자체로 내재적 가치를 지니는 목적에 해당한다는 의미이다. 초등교육과 중등교육, 또는 고등교육의 관계는 체조와 수영이라는 '준비 → 목적'의 관계가 아니라, 비유를 들어 말하면, 연애와 결혼의 관계에 가깝다. 연애와 결혼은 흔히 생각하듯이 준비 → 목적의 관계가 아니라, '목적$_1$→ 목적$_2$'의 관계이다. 연애는 논리적으로나 시간적으로 결혼에 선행하지만, 그렇다고 해서 결혼의 수단이나 준비가 아니며, 결혼으로는 환원(還元)해서 설명할 수 없는 고유한 가치를 내장하고 있다. 연애의 목적은 결혼이 아니라, 연애에 내장되어 있는 고유한 가치를 추구하는 데에 있는 것이다. 물론 결혼은 연애와는 또 다른 가치를 지니며, 연애와는 구분되는 고유한 목적을 지니기 마련이다. 이처럼 연애와 결혼은 각기 상이한 가치를 추구하는 이질적인 활동이면서 동시에 서로와의 관계 속에서는 유기적인 조화를 이루고 있다.[11] 초등교육과 중등교육의 관계도 이렇게 생각해야 된다. 초등교육의 가치나 목적은 중등교육의 그것과 구분되며, 이 점에서 초등교육은 그 자체가 하나의 목적으로 제도교육에 참여할 뿐, 중등교육이나 고등교육에 대한 준비나 수단이 아닌 것이다.

초등교육의 목적이 초급의 교과지식을 가르치고 배움으로써 그것보다 고급의 교과지식을 습득할 수 있도록 준비시켜 주는 데에 있지 않고, 초등교육의 고유한 가치를 추구하는 데에 있다는 점을 인정한다고 하자. 그렇다면 곧 뒤따르게 되는 질문은 초등교육이 내장(內藏)하고 있는 그 가치가 무엇인가 하는 점이다. 그것은 높은 수준의 교과내용을 통하여 그 진가가 드러나는 교과의 학문적이거나 심미적인, 또는 도덕적인 가치와는 구분되는 것인가? 이와 관련하여 우리는 이러한 경우를 생각해 볼 수 있다. 우리의 주변에는 그곳이 학교이든, 학원이든, 아니면 일상적인 삶의 장이든 간에, 학문적인 수월성(秀越性)이나 학문적인 진리의 추구 등과는 무관하게 말 그대로 가장 초보적인 지식과 기능을 자기의 것으로 체득(體得)하는 활동에 종사하고, 그 활동 자체로부터 보람과 가치를 체험하는 사람들이 얼마든지 있다. 노년(老年)이 되어서 한글을 배우거나 간단한 외국어를 학습하는 사람들은 그 단계의 교육만으로도 인생 최대의 가치를 체험하고 있으며, 이들이 학문적 가치를 추구하기 위하여 준비교육을 받고 있는 것은 결코 아니다. 자신들이 배우고 있는 지식의 수준과는 무관하게 그들이 전개하는 학습 활동은 그들의 성장 그 자체를 위한 것으로서 고

---

11) 연애와 결혼의 관계에 대한 우리의 설명을 '연애 따로, 결혼 따로'라는 식의 일부 젊은 세대의 통속적인 가치관에 대한 옹호라고 받아들이는 것은 완전한 오해이다. 우리는 연애와 결혼의 서로 구분되는 목적과 활동에 대하여 이야기하는 것일 뿐, 연애와 결혼을 통하여 각기 감각적인 쾌락이나 물질적인 만족을 그때그때 편한 대로 추구하자고 말하고 있는 것이 아니다.

유한 가치와 의의의 원천인 것이다.

또한 초등학교 교실에서 초보적인 지식일망정 그것을 이해하기 위하여 애쓰며, 그러한 이해의 활동을 조력하기 위하여 노력하는 학생과 교사의 교육 활동이 있다. 반면에 고등교육기관인 대학에서 학문적으로 보면 최첨단의 가치 있는 지식이지만, 그것을 전달하고 습득하는 데에 별다른 감흥이 없이 타성에 젖어 부실하게 가르치고 수동적으로 배우는 교수와 대학생의 교육 활동도 있다. 이러한 경우에 우리는 초등교육기관에서는 '초급의 교과지식'을 가지고 '고급의 교육'이 전개되고 있고, 고등교육기관에서는 '고급의 교과지식'을 가지고 '저급의 교육'이 이루어지고 있다고 평가할 수는 없는가? 만약 그러한 평가가 가능하다면, 우리는 교육의 실제를 이끌고 평가함에 있어서 학문적인 기준 이외에 또 다른 기준이 있을 수 있다고 말할 근거를 갖게 된다. 물론 그것은 교육 활동의 질을 그것이 다루는 교과의 수준이나 학문적인 기준과는 별도로 사정(査定)할 수 있도록 하는 기준으로서 '교육적인 기준'에 해당된다. 그리고 보기에 따라서는 교육, 특히 초등학생들을 체계적인 형태의 학습으로 입문시키는 첫 단계로서의 초등교육은 학문적인 기준이 아니라, 지금 우리가 그 존재를 감지한 그러한 교육적인 기준을 소중히 할 필요가 있다고 생각할 수도 있다.

교육적인 기준이 무엇인가는 좀 더 탐구되어야 하는 것이지만, 여기서 우리는 각급의 교육이 지니는 본질적인 역할과 의의를 파악하고 이들 교육을 구분하는 데에 있어서 학문적인 기준에 따른 교과지식의 높낮이가 유일한 고려 사항은 아니라는 점을 알 수 있다. 바꾸어 말하면, 초등교육을 낮은 수준의 교과지식을 다룸으로써 높은 수준의 교과지식을 지향하는 준비 단계의 교육이 아니라, 다른 방식으로 파악할 가능성이 얼마든지 있는 것이다.

남녀노소를 막론하고, 그곳이 초등학교든 아니든 간에, 초등교육에 발을 들여놓은 학습자는 이제 체계적인 형태의 학습 활동에 막 입문하는 단계에 있다. 물론 초등교육 이전에도 그들은 다양한 학습 활동을 수행하였을 것이지만, 그것은 삶의 사태에서 산발적이며 비체계적으로 이루어진 것이 대부분이다. 학습 활동에 입문한다는 것은 특정한 교과의 어떠한 지식, 즉 교과의 내용으로 입문한다는 의미가 아니다. 그것이 어떠한 교과의 어떤 수준의 지식이 되었든지 간에, 그 교과의 종류 및 수준과는 무관하게, 학습자가 자신의 수준에서 도전할 만한 문제를 찾고 이를 해결하려는 일련의 활동들로 구성되는 문제해결의 활동을 익히는 것, 그것이 학습 활동으로의 입문이 갖는 의미이다.[12] 그리고 학습자가 초급의 지적인 과제를 해결하든, 아니면 고급의 지적인 과제를 해결하든, 그것과는 무관하게 학습자가 자신의 문제해결활동을 얼마나 충실히 전개하는가에 비추어 그가 수행하는 학습 활동의 질은 초급일 수도 있고, 중급일 수도 있으며, 또 고급일 수도 있는 것이다.

여기서 우리는 초등교육을 초급의 교과지식을 가르치려는 교육이 아니라, 학습자가 평생에 걸쳐 전개해야 되는 자기주도적인 학습 활동(self-directed learning)의 수행 능력을 길러주는 교육으로 생각할 수도 있다.[13] 그리고 이러한 생각이 맞다면, 초등교육을 교과의 기초적

---

12) 아마도 여기서 논의된 것과 가장 유사하게 교육을 생각한 교육이론가가 있다면, 그는 듀이(J. Dewey)일 것이다. 그에 따르면 교육이란 반성적인 사고(reflective thinking), 즉 학습자의 적극적인 사고를 수반하는 문제해결력을 길러주는 일을 해야 되며, 이러한 반성적인 문제해결의 능력을 습득하는 것이 곧 '학습(활동)'이다(Dewey, 1933). 일반적으로 우리가 교육이 도구가 되어 추구해야 되는 것처럼 생각하는 교과의 지식이란 듀이가 보기에 오히려 '학습 활동의 (그리고 그러한 학습을 조력하는 교수 활동의) 수단'일 뿐이다(Dewey, 1916a: 156). 교과가 교육 활동이 전개되는 데에 필요한 수단이라면, 우리는 그러한 수단적 위치에 있는 교과로부터 교육의 본질을 도출할 수는 없다. 이를 우리의 논의의 맥락에 맞도록 고쳐쓰면, '초등교육이 수단으로 요청하는 지식, 또는 그 지식의 수준이 초등교육의 성격과 의의, 본질 등을 규정할 수는 없다'는 말이 된다.
13) 평생교육을 공부하는 일부 학자들은 학교에서 학습하는 아동이나 청소년 등은

인 지식을 전달함으로써 중등교육 또는 고등교육을 준비하는 교육으로 규정하는 관점 역시 의심의 여지가 많은 것으로서 초등교육의 본질적인 의미를 탐색하는 우리의 작업에서 배제시킬 필요가 있다. 그것은 학습자에게 주체적으로 학습을 수행할 수 있는 역량을 길러주는 가운데 학습 활동 자체에서 비롯하는 가치와 보람의 체험을 겨냥하는 교육으로 개념화될 수도 있는 것이다.

4. 초등교육의 본질: 탐색적 재구성

1) 초등교육의 대상과 공간

초등학생을 일정한 연령대의 아동들로 규정하는 것은 초등교육의 본질을 탐색함에 있어서 장애가 될 소지가 있으며, 또 사실과도 맞지 않는다. 초등교육이 어떠한 일을 하든지 간에 초등교육을 통해서 무엇인가를 얻고자 하고 얻어야 하는 입장에 있는 사람들에게 그것은 절실히 필요한 교육이다. 초등교육이 대상으로 삼아야 할 것은 그러한 사람들이며, 이들이 바로 초등학생이 된다. 따라서 초등학생을 연령을 중심으로 규정하는 것은 옳지 않으며, 누구든 그의 '초등교육적

교사에게 의존하는 형태의 학습, 즉 타자 의존적인 학습을 하며, 성인학습자들의 경우에는 자기주도적 학습을 수행한다고 생각한다(심미자, 2001; Confessore & Confessore, 1992). 그러나 이는 학습의 개념에 대한 진지한 성찰에 근거하고 있다고 보기 어려울 뿐만 아니라, 초등교육의 본질을 탐색하는 우리로서는 더욱이 받아들일 수 없는 통념이다. 모든 학습은 원칙상 주체적인 것이며, 주체가 주재(主宰)한다는 점에서 언제나 자기주도적인 측면을 지닌다(정범모, 2000: 338-342). 그럼에도 불구하고 자기주도학습이 성인학습자들에게 필요한 교육 방법이라고 간주되는 것은, 역설적이기는 하지만, 그 만큼 그 이전 단계의 학습이 학습의 본질을 충족시키는 방식으로 수행되지 못하고 있다는 반증일 뿐이다.

필요'[14])에 의하여 초등교육의 대상이 될 수 있다. 설사 아동이라 하더라도 그의 역량과 교육적 요구가 고등교육에 부합한다면, 그는 고등교육을 받아야 한다. 또한 청소년이나 성인이라 하더라도 그의 교육적 필요와 역량이 초등교육을 요청한다면 그에게는 초등교육의 기회가 주어져야 한다.

초등학생을 아동으로 보는가, 또는 연령과 무관하게 초등교육적 필요를 지닌 사람으로 보는가는 지엽적인 문제로 생각될 수도 있지만, 반드시 그러한 것은 아니다. 초등교육이 어떠한 교육인지를 탐구하여 밝히고, 이를 중심으로 하는 가운데 학습자의 특성을 고려하는 것은 큰 문제가 될 일이 아니다. 그러나 지금의 형편은 초등교육이 무엇인지가 전혀 분명하지 않은 가운데 '아동 대상의 교육이 곧 초등교육'이라는 관념이 득세함으로써 초등교육을 아동교육으로 변모시킬 우려마저 보이고 있다. 심지어 그것이 왜 교육과 관련이 있는 것인지조차 의심스러운 아동 관련 심리학의 지식과 정보들이 거의 무차별적으로 초등교육에 유입되고 있다. 이러한 현상들은 초등교육의 이론과 실제에 모두 좋지 않은 부작용을 초래할 소지가 다분하다. 그럼에도 불구하고, 만약 초등교육의 목적과 내용, 방법 등에 이르기까지 모든 것을 인위적으로 아동에 맞추어 구안하게 되면, 그러한 초등교육은 초등교육이 아닌 다른 교육으로 변질될 수 있을 뿐만 아니라, 초등교육을 필요로 하는 아동 아닌 학습자들의 교육적 요구마저 부당하게 외면하는 잘못을 저지를 수도 있다. 현재 아동이 아닌 사람들 가운데 초등교육을 필요로 하는 사람들이 현실적으로 극히 소수라는 점을 들

---

14) 흔히 학습자의 교육적 필요 또는 요구(educational needs)라는 개념을 통하여 학습자가 습득하기를 원하는 '교과의 내용'을 지칭하는 경우가 많다. 그러나 앞에서 논의했던 것처럼 초등교육을 평생에 걸쳐서 학습해야 하는 학습자들에게 문제해결의 능력, 학습 활동을 수행할 수 있는 능력을 길러주는 교육으로 볼 수 있다면, 초등교육적 필요(primary educational needs)란 특정한 종류의 특정한 수준의 교과내용에 대한 요구가 아니라, 바로 '주체적으로 학습할 수 있는 능력을 길러달라는 요구'로 볼 수 있다.

어 반론을 제기할 수는 있지만, 앞으로도 초등학생이 아동으로 유지
된다는 보장이 없다는 점에서 이러한 반론도 지금 우리가 내린 결론
을 폐기하지는 못한다.[15]

초등교육이 존재할 수 있는 공간은 초등교육을 필요로 하는 사람들
이 있는 곳 모두이다. 우연적인 요인인 연령이 초등교육이 존재할 수
있는 시간의 지평을 규정할 수 없는 것과 마찬가지로 제도적인 구분
이 초등교육이 숨쉴 수 있는 공간을 제한하는 것도 아니다. 각급 학
교의 제도적인 구분이 학생들의 연령에 근거하는 경우가 많다는 점을
고려하면 이는 더욱 그러하다. 초등학교로 분류되어 있는 곳이라고
하더라도 중등교육을 필요로 하는 학생들이 존재한다면, 초등학교라
는 제도적 공간에서도 그들을 위한 중등교육이 이루어져야 한다. 반
대로 제도적 구분으로는 중등교육기관이라 하더라도 그곳의 학생들
가운데 초등교육을 요청하는 학생들이 있다면, 중등교육기관에서도
초등교육이 활발히 전개되어야 한다. 더 나아가 성인들이나 노인들을
대상으로 하는 초등교육도 각종의 사회교육기관이나 학원 등에서 활
발하게 수행될 수 있어야 한다.

물론 이렇게 말한다고 해서 초등교육을 개념화함에 있어 아동학습
자라든가 초등학교라는 공간을 전적으로 무시하자는 뜻은 아니다. 현
실적으로 초등학교에서 이루어지는 초등교육, 즉 '초등학교교육'
(primary school education)을 생각할 경우에는 교육과 관련된 아동학습
자의 특성이나 초등학교라는 공간이 중요한 고려사항이 된다. 그리고
초등학교교육이 초등교육의 대종(大宗)에 해당한다는 점에서 이는 결
코 소홀히 할 수 없는 점들이다. 그러나 그렇다고 하더라도 초등교육
이 곧바로 초등학교교육과 완전히 동일한 것이 아닌 이상에는 초등교

---

15) 우리의 경우 유아교육이 공교육으로 편입되지는 않고 있지만, 분명 제도교육의
하나로 운영되고 있다. 그리고 그것이 공교육으로 자리잡게 되는 날, 'primary
education'의 외연은 유아교육까지를 포괄하는 것으로 확장되어야 한다.

육의 대상과 공간을 아동이나 초등학교에만 한정하는 것은 문제가 있다고 볼 수 있다.

2) 초등교육과 메타학습

흔히 교육을 일상적인 삶이 이루어지는 생활의 세계나 학문, 예술, 도덕 등으로 이루어진 교과의 세계로 인간을 입문시키는 활동이라 규정하는 경우가 많다. 이러한 생각이 전적으로 그릇된 것은 아니지만, 이는 특히 초등교육의 본질을 고려함에 있어서 득(得)보다는 실(失)이 많은 것일 수가 있다. 초등교육이라는 사태 그 자체에 충실할 수가 있다면, 우리는 무엇보다도 초등교육이 그것을 필요로 하는 사람들을 실생활의 세계나 교과의 세계가 아니라 교육의 세계, 체계적인 형태로 이루어지는 그러한 교육의 세계로 입문시키는 첫 단계의 교육이라 생각할 수가 있다. 어떻게 본다고 하더라도 초등학생은 이제 체계적인 교육을 막 시작하기 위하여 초등교육을 받고자 하는 것이며, 초등교육은 그러한 초등학생을 교육의 세계로 초대하고 교육이 지니는 고유한 면모에 동참하도록 만드는 일을 한다.

이렇게 생각할 때, 무엇보다도 초등교육의 본질은 교육의 세계에 입문하고자 하는 초보자로서의 초등학생에게 전달하고 습득하도록 유도해야 될 교육의 특징적인 면모가 무엇인가에 비추어 규정될 수 있다. 그리고 그들이 학생인 점을 고려하면, 그것은 장차 그들이 교육의 세계에서 수행해야 될 학습 활동의 세세한 면모가 될 것이다. 즉, '학습하는 방법에 대한 학습'이 요청되는 것이다. 그러나 학습하는 방법에 대한 학습이라는 개념에 대해서는 비교적 자세한 설명이 필요하다. 왜냐하면 학습이라는 개념의 의미에 대하여 다양한 견해가 있을 수 있으며, 그 가운데 어느 의미를 채택하느냐에 따라 학습하는 방법에 대한 학습이라는 개념의 의미는 완전히 달라지기 때문이다.

여기서 우리가 주목하고자 하는 학습은 이러한 것이다. 학습자가 자기 수준에서 도전감과 흥미를 지닐 수 있는 문제를 발견하고, 이를 해결하기 위한 다양한 활동들을 직접 당사자가 되어 전개함으로써 해답을 모색하며, 그러한 학습의 과정으로부터 고유한 보람이나 가치를 체험하는 것과 관련된 일련의 활동들이 학습에 해당된다. 바꾸어 말하면, 문제로부터 내재적인 동기가 부여되어 수행되는 주체적인 문제해결의 활동이 학습인 것이다. 이러한 학습의 개념은 교과의 지식 수준을 묻는 성취도 평가에서 높은 점수를 얻기 위한 방법이나 전략으로서의 학습과는 구분되어야 한다. 우리는 앞에서 교육이 수준 높은 교과의 지식이나 그 지식에 담겨 있는 교과의 가치를 추구하기 위한 도구인 것만은 아니며, 따라서 이러한 생각이 초등교육의 본질을 파악하려는 우리의 사고 속에 침투하지 못하도록 배제할 필요가 있음을 논의한 바가 있다.

물론 초등교육에서도 교과는 필요한 것이며, 또 대단히 중요하다. 그러나 초등교육이 반드시 일정한 시간 동안에 도달해야 되는 교과의 수준이나 진도(進度)라는 것이 별도로 존재하는 것은 아니다. 이러한 발상은 초등학교라는 제도적인 교육기관이 장차 중등교육을 받아야 되는 학생들을 위하여 6년이라는 시간 동안 다루어야 되는 교과의 내용과 수준이 미리 정해져 있다는 생각을 초등교육에 적용하기 때문에 생겨난다. 우리가 잠정적으로 도달한 초등교육은 사전에 정해진 진도를 따르거나 특정한 교과의 수준까지 학습자를 인도하기 위한 활동이 아니다. 그것은 이제 교육에 갓 입문한 초등학생이 평생에 걸쳐 학습을 영위하게 된다고 할 때, 그러한 학습을 주체적으로 수행할 수 있는 능력을 갖추도록 하고 학습 활동의 보람을 지속적으로 체험할 수 있도록 하는 교육이다. 이 점에서 초등교육은 '학습에 대한 학습' 즉 '메타학습'(metalearning)을 겨냥한다고 볼 수 있다. 교과라는 것은 메타학습을 통하여 습득된 학습의 능력을 적용하면서 학습의 보람을 체험하기 위한 무대에 불과하다. 바꾸어 말하면, 교과는 보람 있는 학습 활동을 전개하기 위하여 필요한 학습의 소재(素材)이다.

초등교육은 초등학생의 수준과 경험을 고려하여 교과의 특정한 수준을 적절한 소재로 선택한 뒤, 초등학생이 자신에게 '흥미가 있는 문제를 어떻게 찾아야 하는지', '그 문제를 어떻게 명료화해야 하는지', '문제해결의 활동을 어떻게 계획하여야 하는지', '구체적인 문제해결의 활동에는 어떠한 것들이 속하며, 이를 어떻게 수행하여야 하는지', '만약 문제해결이 어려울 때에는 문제와 문제해결의 계획을 어떻게 재설정하고 수정하여야 하는지' 등을 익히도록 돕는 교육이다. 이러한 교육의 질을 결정하는 것은 초등학생들이 수행하는 학습 활동이 소재로 삼고 있는 교과의 수준이 아니라, 그 수준이 어떠하든지 간에, 교과를 다루는 초등학생들의 학습 활동 자체의 충실성이다. 바로 이러한 점에서 교과지식의 수준과는 무관하게 초등교육기관에서도 고급의 교육이 가능하며, 고등교육기관에서도 저급의 교육이 가능한 것이다.

초등교육은 본격적인 교과공부를 할 수 있도록 학습자들에게 초급의, 또는 기초적인 교과지식을 전달하는 준비교육이 아니다. 그것은 체계적인 학습의 활동을 본격적으로 전개해 본 경험이 없고, 이로 인하여 자신의 학습을 주체적으로 수행할 역량을 아직 갖추지 못한 학습자, 즉 초등학생에게 학습하는 방법에 대한 학습을 통하여 어느 정도 학습의 역량을 갖추고 학습의 보람을 알도록 하는 교육이다. 말 그대로 고등교육, 즉 진리를 추구하는 학문 활동을 위한 준비로서의 교과공부는 중등교육에서 담당해야 될 사항인지도 모르며, 그러한 중등교육은 학습자들이 초등교육을 통하여 스스로 학습할 수 있는 역량을 갖추고 있다는 전제 위에 성립한다. 초등교육을 통하여 학습자들이 학습의 가치와 학습의 역량을 체험하고 습득하지 못할 경우, 본격적인 형태의 교과교육을 담당하는 첫 단계로서의 중등교육은 사실상 불가능하다고 볼 수 있다.[16] 중등교육 수준에서 교실에 만연되어 있는 폐단, 즉 학생들이 교과의 내용을 학습을 통하여 이해하기보다는 암기를 통하여 기억하는 데에 그치고 마는 문제는 이들 학생들이 학습을 수행하는 역량과 학습 활동의 가치를 아직 체득하지 못하고 있다는 의미로 해석할 수 있다. 여기서 짐작할 수 있듯이 중등교육의 성패는 초등교육이 중등교육과는 구분되는 나름대로의 교육목적과 기능을 제대로 실현하고 있는가에 달려 있는 셈이다.

우리는 여기서 초등교육의 본질이 학습자들로 하여금 학습에 대한 학습, 즉 메타학습을 통하여 주체적인 학습의 역량을 갖추도록 하는 데에 있다고 잠정적으로 결론을 내리고자 한다. 그러나 이에 대하여 그것은 초등교육만이 아니라 중등교육, 더 나아가 고등교육에 이르기까지 교육 일반이 그 본질로서 추구해야 되는 것이라 반론을 제기할 수도 있다. 아마 그럴지도 모른다. 그러나 이 때 우리가 생각해야 되는 것은 초등교육, 중등교육, 고등교육이 완전히 별개의 실체일 수는

---

16) 좀 더 연구해 보아야 할 문제이기는 하지만, 율곡 선생이 저술한 「격몽요결(擊蒙要訣)」은 교과공부를 하는 중등교육과 구분되는 것으로서 학습에 대한 학습을 하는 초등교육을 성립시키는 데에 하나의 단서가 될 수 있다. 「격몽요결」은 본격적인 경전공부, 즉 교과공부를 하려면, 먼저 학문하는 방법과 자세를 갖출 필요가 있다는 생각에서 율곡 선생이 저술한 것으로 볼 수 있다. 이 때 '학문하는 방법과 자세를 먼저 갖추는 일'은 정확히 같다고는 말할 수 없지만, 지금까지 우리가 이야기해 온 '학습의 가치와 학습하는 방법을 아는 일'에 상응한다고 볼 수 있다. 초등교육을 통하여 이러한 것이 먼저 갖추어지지 않으면 아마도 그 이후의 교육은 지속되기조차 어려울 것이다. 「격몽요결」을 저술하게 된 율곡 선생의 동기는 서장(序章)에 다음과 같이 기술되어 있다. "한두 명의 학도들이 따라와 묻고 배우려 하나 … 초학자들이 학문의 올바른 방향을 알지 못하고, 또 견고한 뜻이 없이 대충대충 배우고서는 더 가르쳐주기를 요청하면, 피차간에 도움됨이 없고 도리어 남의 비웃음을 살까 두려웠다. … (이를 피하기 위해) 간략한 책자를 써서 … '격몽요결'이라 한다"(성백효 역주, 1992: 65-66). 격몽요결의 내용으로는 '공부하는 자가 어떻게 뜻을 세워야 하는가'(立志), '그 뜻을 이루기 위하여 버려야 할 좋지 못한 자세나 태도, 행동 등에는 무엇이 있는가'(革舊習), '책을 읽는다는 것은 어떤 의미를 지니며, 그것을 어떤 순서로 어떻게 읽어야 하는가'(讀書), '함께 공부할 만한 친구를 어떻게 분별하여 사귈 것이며, 선생을 어떻게 대해야 하는가'(接人) 등이 적혀 있다.

없다는 점이다. 이들 각급의 제도교육들은 모두 교육으로서 그것을 교육으로 규정할 수 있도록 하는 공통된 특질을 공유하고 있으며, 이 점에서 '가족유사성'(family resemblances)을 지녀야 한다. 그리고 우리가 도달한 결론은 교육 일반이 어느 정도라도 공유해야 되는 특질에 해당하는 것일 수도 있다.

그러나 여기서 신중히 생각해 보아야 할 점이 있다. 간단히 이야기하면, 초등교육은 메타학습을 소임으로 하고, 중등교육은 교과학습을 소임으로 한다. 메타학습을 통하여 학습을 수행하는 능력을 지니게 되었다는 사실이 전제되지 않고는 교과를 학습하는 일 자체가 가능하지 않다. 이 점을 고려하면 분명 메타학습은 제도교육의 첫 단계인 초등교육의 소임이며, 교과학습은 중등교육의 소임이다. 어떻게 본다고 하더라도 교과학습이 메타학습보다 논리적으로 선행할 수는 없다. 그러나 그렇기는 해도 메타학습과 교과학습은 상호 배타적인 것이 아니며, 사실적으로는 동시에 전개된다. 초등교육의 장면에서 교사는 다양한 교과들을 가르치면서 교과의 특정한 내용 그 자체에 주목하기보다는 학습자들이 그 내용을 겨냥하여 스스로 학습을 수행할 수 있는 능력을 습득하도록 지도한다. 교과의 특정한 내용을 학습자들이 이해하려면, 어떠한 학습의 활동들을 어떠한 방식으로 어떠한 순서에 따라 수행해야 되는지를 처방하고 지도하면서 학습에 대한 학습을 이끌고 있는 것이다. 교과의 특정한 내용에 대한 이해는 학습자가 학습의 능력을 습득하는 가운데 자연스럽게 수반되는 것이다. 이 경우에는 메타학습이 전경(前景)이 되고, 교과학습이 배경(背景)이 된다. 반면에 중등교육의 장면에서 교사는 학습자들이 교과를 학습하는 데에 필요한 만큼의 학습능력을 이미 지니고 있다는 전제 위에서 교과의 특정한 내용을 이해시키기 위한 교수 활동을 전개하며, 학습자는 그 맞은 편에서 교과의 내용에 주목하는 가운데 그것을 이해하는 데에 필요한 학습의 활동을 수행한다. 이 경우에는 교과학습이 전경이 되

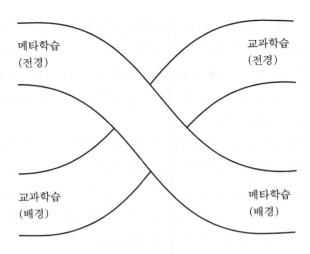

메타학습
(전경)

교과학습
(전경)

교과학습
(배경)

메타학습
(배경)

[그림 1-1] 메타학습과 교과학습의 교차

고, 메타학습은 배경이 된다([그림 1-1] 참조).

메타학습과 교과학습은 학습이라는 동전의 양면, 또는 학습을 이루는 두 기둥으로서 모든 단계의 제도교육 장면에 공존하고 있으며, 동시에 수행되기 마련이다. 그렇기는 하지만, 그것이 제도교육의 원활한 운행을 위하여 특정한 단계의 제도교육의 소임으로 부각되는 경우에는 어느 하나가 전경이나 주(主)된 것이 되고 다른 것은 배경이나 보조적인 것이 된다. 초등교육의 경우에는 메타학습이 주된 교육적 소임으로 부각되고 교과학습은 그 이면에서 수행되며, 중등교육의 경우에는 교과학습이 주된 교육적 소임으로 부각되고 메타학습은 보조적인 것으로 바뀌는 것이다. 초등교육의 본질적인 소임이 메타학습에 있다거나 중등교육의 소임이 교과학습에 있다는 말은 이러한 뜻으로 이해되어야 한다.

3) 초등교육과 학습자의 소질 탐색

초등교육의 소임은 메타학습뿐인가? 초등교육은 분명 학습에 대한 학습을 통하여 주체적인 학습의 역량을 갖추도록 하는 일을 본령(本領)으로 하지만, 이것 못지 않게 중요한 다른 본질적 역할이 하나 더 있을 수 있다. 물론 그것은 다음에서 보게 될 것처럼 주체적인 학습의 역량을 갖추는 일과 밀접히 관련을 맺고 있다. 이 점에서 지금 이야기하려는 초등교육의 본질적인 소임과 바로 앞에서 이야기한 소임이 별개로 성립하는 것은 아니다. 아마도 초등교육의 본질은 이 두 가지 초등교육의 일이 상호작용하면서 동시에 전개될 때 출현할 수 있을 것이다.

인간은 모든 가능성의 무궁무진한 원천이다. 우리의 노력 여하에 따라서 우리는 스스로를 지금으로서는 상상하기도 어려운 존재로 성장시킬 수 있다. 우리가 자신의 가능성을 실현하고 성장을 도모하기 위하여 의존할 수 있는 활동들에는 다양한 것들이 있을 수 있지만, 그 가운데서도 가장 유력한 활동은 바로 교육일 것이다. 우리는 교육을 통하여 비로소 자신의 가능태(可能態)를 현실태(現實態)로 발현시킬 수 있는 것이다. 이렇게 생각할 수 있다면, 교육을 통한 성장의 가능성은 누구보다도 초등학생들, 즉 체계적인 학습의 세계에 이제 막 입문하여 자신의 가능성을 실현시켜 나가게 될 학습자들에게 무한히 개방되어 있다고 볼 수 있다. 다만 그것은 가능성일 뿐이며, 현실로서 초등학생에게 존재하는 것은 아니다. 따라서 문제는 그러한 초등학생 각자의 소질이 나아갈 수 있는 방향을 찾아 이를 실현하는 것이 된다. 이러한 문제는 이른바 적성검사와 같은 심리측정술의 도움을 받아 해결할 수 있다고 생각할지도 모른다. 물론 이 분야도 계속 발전하고 있지만, 인간의 내재된 가능성의 실체와 그것이 개화(開花)될 수 있는 방향을 정확히 파악하고 예측하는 날이 올 수 있을지는 의문이다.

　인간의 가능성과 그것이 개화될 수 있는 방향으로서의 소질이나 적성은 초등교육을 통하여 확인될 수 있는 것인지도 모른다. 물론 이때의 초등교육은 우리가 앞에서 규정한 것과 같은 새로운 의미의 초등교육이다. 그 대체적인 경로는 이러할 것으로 짐작된다. 인간은 모든 가능성의 원천이지만, 실제로 모든 분야에 대하여 소질과 능력을 갖추고 있는 그런 축복 받은 초인(超人)은 존재하지 않는다. 우리는 대략 한두 개의 소질을 지니고 있을 뿐이다. 그러한 소질의 방향을 어떻게 찾을 수 있는가? 해결의 방식은 이러한 것이다. 초등교육을 통하여 초등학생은 학습의 보람과 그러한 보람을 가져오는 학습 활동의 수행 능력을 체득하게 된다. 그런데 체득된 그 학습의 능력, 즉 학습의 활동을 동일하게 적용하고 노력함에도 불구하고 다양한 교과에서 모두 성공적인 체험을 하게 되는 것은 아니다. 어떠한 교과는 초등학생이 자기 나름의 문제를 설정하여 이를 해결하는 활동을 원활히 전개할 수 있고, 또 어떠한 교과는 노력을 기울임에도 불구하고 그러한 문제의 해결이 여의치 않을 때가 있다. 이러한 경험이 어느 정도의 시간이 경과함에도 불구하고 해소되지 않을 때, 우리는 학습이 가능한 분야, 학습이 원활히 이루어지는 교과들이 바로 그 학습자의 소질의 방향을 보여주고 있다고 판단할 수 있다. 그리고 이 때 학습자는 자신의 가능성을 실현하면서 스스로의 교육적인 성장을 도모할 수 있는 세계를 찾게 되는 것이다. 이것이 초등교육의 본질적인 역할 가운데 하나이며, 이는 초등교육이 학습하는 방법에 대한 학습으로 전개될 것을 전제한다. 왜냐하면 스스로 학습의 역량을 시험하고 학습의 결과에 감흥(感興)하도록 하면서 교과에 접하도록 하는 것이 아니라, 특정한 수준까지 주어진 시간에 도달해야 한다는 식으로 교과공부를 시킬 경우, 그 교과와 관련된 소질과 가능성을 지닌 학습자조차도 그 교과로부터 멀어지게 되는 불상사가 생겨나기 때문이다.

학습자의 가능성의 방향과 소질을 탐색한다는 초등교육의 소임이 무엇인지를 알려면, 이를 중등교육과의 관련 속에서 살펴보는 것이 도움이 된다. 현재 우리의 중등교육은 10여 개 이상의 이질적인 교과에서 균등한 성취를, 가능하다면 전 교과(全教科)에서 100점을 받을 것을 학습자들에게 요구하고 있다. 그러나 중등교육의 교과학습에서 다루고 있는 교과들이 서로의 공통점을 찾을 수 없을 만큼 대단히 이질적인 것들이라는 점을 고려하면, 이는 인간적으로 거의 불가능한 요구에 가깝다. 그렇게 운영되는 중등교육은 자신의 소질과 적성도 모르는 몰개성적인 인간을 양산할 뿐이다. 우리의 경우 대학에 들어설 때까지 자신의 길을 찾지 못하고, 이로 인하여 대학의 전공에 만족하지 못한 채 방황하는 학습자들의 사례가 허다하게 보고되고 있다. 이는 원칙상 고등교육을 담당하는 대학의 책임이라 보기 어렵다. 대학에 들어서는 학습자는 자신의 소질과 가능성을 탐색한 뒤, 해당 분야의 깊이 있는 공부를 하기 위하여 입학한다는 것을 고등교육은 전제하기 때문이다. 그렇다면 그 원인은 중등교육, 더 나아가서는 초등교육이 학습자들에게 어떠한 교육적 책무를 다하지 못하고 있다는 데서 찾는 것이 현명하다.

초등교육의 단계에서 학습자가 자신의 소질과 적성을 그 세부적인 사항과 구체적인 진로에 이르기까지 정확하게 탐색할 수는 없다. 교사의 도움을 받아 대략적인 방향을 탐색할 수 있을 뿐이며, 또 초등교육의 단계에서는 그렇게 하는 것이 바람직하다. 만약 초등교육이 학습자의 소질과 가능성의 커다란 방향을 확인한다는 소임을 제대로 수행할 수 있다고 하면, 이를 이어받아 중등교육이 지금과는 다른 방식으로 전개될 수 있다. 모든 교과를 일률적으로 제공하고 균등한 성취를 요구하는 것이 아니라, 초등교육을 통하여 탐색된 학습자의 소질의 방향과 부합하는 교과들을 중심으로 심화학습(深化學習)의 기회를 제공하고, 다른 교과들은 필요한 만큼 교양교과로 학습하도록 하

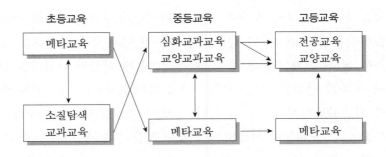

[그림 1-2] 세 가지 제도교육의 관계

는 중등교육이 가능한 것이다. '심화교과학습'과 '교양교과학습'이 차별화되면서 조화를 맺는 이러한 양상이 아마도 제대로 된 중등교육의 모습일 것이다. 예를 들어 초등교육에서는 학습자의 소질이 수리·과학의 방향을 향하고 있다는 정도를 식별해 주면, 중등교육에서는 이 방향에 부합하는 교과들을 깊이 있게 학습하도록 하고, 다른 교과들은 균형 있는 교양인으로 성장하는 데에 필요한 수준까지 학습하도록 요구한다. 학습자는 이처럼 특화된 중등교육의 교과학습을 통하여 수리·과학 분야 가운데서도 그의 소질이 좀 더 구체적이고 세부적으로 어떤 세계를 향하고 있는지, 예를 들어 수학인지, 물리인지, 생물인지를 확인하고 이를 토대로 고등교육을 향하여 나아갈 수 있을 것이다. 그러나 이렇게 서로 유기적으로 조화를 형성하는 제도교육이 가능하려면, 중등교육은 학습자의 소질과 부합하는 특색 있는 교과학습을 수행할 수 있어야 하며, 그에 선행하여 초등교육은 학습자의 소질과 가능성의 커다란 방향을 탐색한다는 소임을 다해야 할 것이다([그림 1-2] 참조).

'초등교육이 다양한 교과들을 활용하여 학습자의 소질과 적성의 방향을 탐색하는 교육적 소임을 지닌다'는 말은 무엇인가 전혀 새로운 내용을 이야기하고 있는 것만은 아니다. 그것은 이미 초등교육의 현장에서 어느 정도 이루어지고 있는 것이면서도 그 동안 우리가 주목하지 못하고 있던 사실을 환기시키고 있을 뿐이라 생각할 수도 있다. 초등교육을 담당하는 초등학교의 교사가 생활기록부에 해당 학생의 질적인 특성을 기술할 때, 많은 경우 교사는 학생이 '어떠 어떠한 교과목들에 흥미와 소질을 지니고 있는 것 같다'는 식의 평을 쓴다. 여기서 우리는 다양한 교과들을 활용하여 학습자의 소질과 적성의 방향을 감식(鑑識)한다는 교육적 소임이 이미 초등교육의 현장에서 어떤 형태로 수행되고 있음을 알 수 있다. 물론 이는 초등교사가 복수의 교과를 담당하고 있기 때문에 가능한 일이다. 초등교육의 이러한 소임이 지니는 특징과 의의는 초등학교에서 이루어지는 학생에 대한 교사의 질적 평가를 중등교육의 장면에서 이루어지는 것과 비교해 보면 분명해진다. 교사가 하나의 교과를 전담하게 되는 중학교부터는 담임교사라고 하더라도 특정한 교과와 관련된 학생들의 흥미나 소질에 대하여 알기가 어렵다. 그가 쓸 수 있는 것은 기껏해야 해당 학생이 '급우 관계가 원만하다거나, 미술부로 활동하고 있다거나, 성격이 내성적이다'라는 정도에 그친다. 여기서 우리는 초등학교에서, 비록 본격적으로는 아니라고 하더라도, 우리가 제안한 초등교육의 두 번째 소임이 수행되고 있다는 사실과 함께 이 귀중한 소임이 중학교부터는 단절되고 있다는 사실, 그래서 학습자의 소질과 적성을 찾는다는 교육적 소임이 너무도 빨리 중단되고 있다는 사실을 파악할 수 있다. 물론 후자는 전체 제도교육의 원활한 운행이라는 점에서 보면, 바람직한 현상이 아님은 분명하다.

초등교육은 평생에 걸쳐 이루어질 자신의 교육적인 성장을 도모할 수 있는 세계를 찾고, 이 세계를 중심으로 주체적인 학습의 능력을 행사할 수 있는 학습자를 기르는 교육이며, 이 일이 종료되는 시점이 아마도 초등교육에서 중등교육으로 이행(移行)하는 때가 될 것이다.

초등교육이 이 일을 제대로 하는 데에 몇 년이 필요한지는 모른다. 또 그것은 학습자마다 편차(偏差)가 있을 수도 있다. 만약 6년 이하의 시간이 필요하다면, 초등학교 속에서의 초등교육은 6년 이내에 잠정적으로 완결되는 것이며, 만약 그 이상의 시간이 필요하다면, 중학교나 고등학교는 제도상 중등교육기관이라고 하더라도 실질적으로는 초등교육의 장이 된다.[17)

만약 초등교육이 이러한 일을 한다고 볼 수 있다면, 초등교육을 담당하는 교사들은 아마도 단일한 교과가 아니라 다양한 복수(複數)의 교과로 무장하고 있어야 할지도 모른다. 단일한 교사가 초등학생에게 학습하는 방법을 가르치고 그것을 적용할 수 있는 다양한 교과를 학습의 소재로서 학생에게 제공할 수 있을 때, 그 교사는 특정한 초등학생의 소질, 즉 가능성의 실현 방향이 자신이 제공한 복수의 교과들 가운데 상대적으로 어느 쪽의 교과를 향하고 있는지를 확인할 수 있다. 초등교육을 담당하는 교사가 중등교육을 담당하는 교사처럼 하나의 교과만을 전담한다면, 초등학생들의 가능성의 방향이 상대적으로 어느 교과를 향하고 있는지 확인하고 판단할 수가 없게 된다. 초등교육을 담당하는 교사들도 교과전담제(教科專擔制)를 통하여 중등교육을 담당하는 교사들처럼 교과에 대한 전문성을 높은 수준에서 확보하자는 의견은, 만약 초등교육이 어떠한 일을 해야 하는지에 대한 지금의 우리 논의가 맞다면, 신중히 검토될 필요가 있다. 예를 들어 예체능 교과들을 대상으로 교과전담제를 실시할 필요가 있다고 하더라도 그것은 초등교육의 본질적 소임에 대한 고려에서 나온 조처라야 한다. 단순히 그러한 교과들까지 한 사람의 교사가 담당하도록 요구하

---

17) 개인적인 의견을 말하자면, 중학교 3년 동안의 기간에는 교과학습을 하는 중등교육보다는 메타학습과 학습자의 소질 탐색에 주력하는 초등교육이 이루어져야 한다. 기왕 이야기가 나온 김에 한 마디 더 하자면, 아마도 초등교육은 유아교육과 중학교에서 이루어지는 교육까지를 아우르는 것으로 재개념화되어야 할지도 모른다.

는 것은 무리라는 식으로 발언하는 것은 충분한 근거가 될 수 없다. 이는 자칫하면 모든 교과를 전담제로 운영하자는 주장으로 변질될 수도 있다. 중등교사가 그렇게 하니까 우리도 하자는 식이어서도 안 된다. 초등교육의 교육적 소임과 관련하여 논의가 전개되기보다는 특정 교과의 성격만을 강조하여 전담제를 거론하거나, 중등교사의 모습을 모방하는 쪽으로만 흐를 경우 그것은 분명 초등교육의 본질을 훼손할 우려가 있다.

5. 초등교육과 중 · 고등교육

지금까지 초등교육의 개념을 탐색해 왔지만, 우리가 잠정적으로 도달한 결론이 모든 사람을 만족시키는 것은 아니며, 사실상 그럴 수도 없다. 그렇기는 하지만, 여기서 혹 있을 수도 있는 한 가지 불만에 대하여 다소간 직접적으로 대답할 필요가 있을지 모른다. 그것은 초등교육의 개념이 재정립되고 그럼으로써 초등교육의 본질적인 모습이 어느 정도라도 드러났다면 초등교육은 중등교육이나 고등교육과 구분되는 차별성을 보여주어야 하는데 그러한 구분이 여전히 분명하지 못하다는 불만이다. 이것은 초등교육의 본래적인 모습에 접근하려는 우리의 입장에서 볼 때, 결코 사소한 불만이 아니다. 우리는 가능한 만큼 이를 해소시켜 주어야 할 책무가 있다.

그러나 그 이전에 분명히 해두어야 하는 것은 초등교육을 중등교육 또는 고등교육과 차별화된 모습으로 묘사하려면, 먼저 중등교육과 고등교육의 본질적인 모습도 초등교육의 그것과 함께 어느 정도라도 정립되어 있어야 한다는 점이다. 그래야만 이러한 각급의 교육들을 비교할 수가 있다. 그러나 아쉽게도 중등교육이나 고등교육 역시 그 본래적인 모습이 분명히 규명되어 있는 것은 아니다. 오히려 보기에 따라서는 중등교육과 고등교육이 초등교육보다도 더 심각한 개념적 혼란과 정체성의 위기를 겪고 있을 수도 있다. 여기서 우리는 필요한 만큼 중등교육과 고등교육의 역할을 규정하면서 그것이 우리가 도달한 초등교육의 본질적인 모습과 구분되는 것임을 보이고자 한다. 다만 그것은 중등교육이나 고등교육의 본질에 대한 정확한 묘사나 세밀한 설명에 근거한 것일 수는 없다는 점을 미리 밝혀둘 필요가 있다.

먼저 고등교육은 어떠한 일을 하는가? 그것도 교육인 이상, 아마도 고등교육 역시 우리가 도달한 결론 가운데 하나, 즉 교육은 학생들에게 주체적인 학습의 역량을 길러주는 일을 한다는 당위(當爲)로부터 자유로울 수는 없을 것이다. 그러나 고등교육의 일차적인 관심사가 반드시 주체적인 학습의 역량을 습득하도록 학생들을 돌보는 데에 있는 것만은 아니다. 오히려 고등교육의 주된 역할은 최신의 이론을 창출한다거나 고등교육에 투자하는 사회적 필요를 충족시킬 수 있는 전문인력을 양성한다거나 하는 데에 있다고 볼 수도 있다. 즉, 고등교육의 지향점은 최신의 지식과 기능을 생산하고, 이것으로 무장한 전문인을 기르는 데에 있는 것이다. 고등교육의 경우 주체적인 학습의 역량은 고등교육 이전 단계의 교육을 통하여 이미 학생들이 습득하고 있을 것으로 전제된다. 만약 최신의 지식과 기능으로 무장한 전문인을 양성하는 일과 주체적인 학습의 역량을 길러주는 일이 충돌하고 갈등할 경우, 고등교육의 장면에서는 후자가 희생되고 전자가 우선권을 가질 수도 있다. 고등교육의 경우에는 주체적인 학습의 역량을 발휘하여 내실 있는 학습을 수행한다는 과정적 충실성보다는 관련 분야에서 높은 수준에 오른다는 결과상의 성취가 중요할 수도 있는 것이다. 이러한 고등교육의 모습은 분명 초등교육의 그것과는 같지가 않다.

초등교육의 독자성 문제는 고등교육보다는 주로 중등교육과의 관

련 속에서 제기되는 것이 일반적이다. 그만큼 초등교육은 중등교육과
의 차별화가 분명하지 않다는 것이다. 그렇다면 중등교육은 어떠한
일을 하는가? 중등교육은 성격상 주로 고등교육을 준비하는 단계의
교육이라고 이해되는 경향이 강하다. 그것은 학생들이 장차 그들이
전문인으로 종사하기를 희망하는 분야로 진학하여 고등교육을 받는
데에 필요한 지식과 기능을 전수하는 일을 주된 책무로 한다는 것이
다. 따라서 중등교육을 통하여 전수되는 지식이나 기능은 고등교육의
단계에서 접하게 될 지식이나 기능을 예비하는 것으로 선정되고 조직
될 수가 있다.

중등교육에서 다루는 지식이나 기능이 고등교육의 그것을 예비한
다는 말은 인식론적으로 볼 때, 후자가 논리적으로 허용하는 것이면
서 동시에 먼저 습득되어야 할 것들이 전자의 구체적인 내용을 형성
한다는 의미이다. 예를 들어, 고등교육이 다루는 A라는 최신의 지식
체계가 a, b, c라는 하위 요소들로 구성되어 있고, c라는 요소는 'a와
b, 그리고 그 밖의 것들'로 이루어지며, b는 'a와 그 밖의 것들'로 형
성된다고 할 때, A를 제대로 전수하기 위해서는 논리적으로 a, b, c
라는 지식의 요소들을 $a \rightarrow a+b \rightarrow a+b+c$의 순서로 다루지 않으면
안 된다. 중등교육은 고등교육에서 다루어야 할 지식의 내용을 형성
하는 요소들 가운데 먼저 습득될 필요가 있는 것들을 학생들의 능력
과 재학년한을 중심으로 선정하여 전수한다. 이처럼 중등교육의 교과
를 형성하는 내용들은 고등교육과의 관련 속에서 그 선정과 조직이
결정된다. 고등교육은 교과내용의 선정과 조직에 대해서만 중등교육
에 영향을 미치는 것은 아니다. 중등교육에서 다루는 내용들도 고등
교육에서 다루어야 할 지식과 기능의 하위요소인 이상 그것의 평가
역시도 고등교육이 취하고 있는 준거를 차용하는 경우가 많다. 달리
말하면, 중등교육의 평가준거는 학습과정의 충실성을 강조하기보다
는 결과상의 성취수준을 우선시 할 가능성이 큰 것이다.

현재 우리가 볼 수 있는 것과 같은 중등교육은 방금 위에서 설명한 것과 같은 방식으로 그 모습을 형성하고 있다. 한 마디로 중등교육은 철저하게 고등교육에 대한 준비교육이 되고 있는 것이다. 그러나 중등교육을 반드시 고등교육의 준비교육으로만 볼 수 있는 것은 아니며, 그렇게 보는 것은 어쩌면 중등교육에 좋지 않은 해를 끼칠 수가 있다. 고등교육은 전문인을 양성하는 교육으로서 최신의, 그리고 최고 수준의 지식과 기능을 가장 높은 수준에서 성취하는 데에 관심을 보이기 마련이지만, 중등교육은 성격상 반드시 전문인을 예비하는 일만을 수행하는 것은 아니다. 중등교육을 이수한 뒤에 고등교육을 받기 위하여 대학 등으로 진학하는 학생들도 있지만, 중등교육 단계에서 제도적인 교육을 마무리해야 하는 학생들도 있다. 이 경우 중등교육이 고등교육의 준비 단계로 운영되는 것은 고등교육에 들어서지 않는 학생들에게는 부당한 조치로 볼 수 있다. 만약 중등교육에서 전수되는 지식이 성격상 고등교육을 통하여 접하게 될 지식과 통합되거나 연계될 경우에만 의미를 지니는 것이라면, 이는 중등교육의 단계에서 제도교육을 마무리하고자 하는 학생들을 위한 것이 될 수 없다. 또한 중등교육이 차용하고 있는 결과상의 성취라는 기준, 다분히 학문적인 성취를 감안하고 마련된 기준은 고등교육기관에 진학하지 않는 학생들의 교육적인 성장을 평가하는 것일 수도 없다.

여기서 중등교육의 고유한 긴장 구조가 형성된다. '고등교육의 준비단계로서 학문적인 기준에 의한 교과의 선정과 조직의 원리, 교수-학습의 방법, 평가의 방식 등을 차용할 것인가, 아니면 고등교육과의 관련을 떠나서도 의미를 지닐 수 있는 중등교육 그 자체만의 교과 선정과 조직의 원리, 교수-학습의 방법, 평가 방식 등을 마련할 것인가' 하는 긴장이 중등교육에 편재(遍在)해 있는 것이다. 교육사를 통해서 보면, 중등교육을 고등교육의 준비단계 또는 고등교육 원리의 연장선상에 있는 것으로 생각할 경우, 교과의 가치를 강조하고 교육 활동은 교과를 내면화하는 수단적 위치에 있다고 보는 각종의 교육론이 등장한다. 반면 교육과 교과를 분리하여 생각할 경우, 중등교육은 최신의 학문적인 내용이 아니라 학생들에게 의미 있는 경험과 연계를 이루는 내용들을 통하여 학생들의 경험이 성장하도록 하는 데에 주의를 집중해야 되며, 경험의 성장을 가져오는 활동 그 자체에 충실해야 된다는 교육론이 등장한다.[18] 전자가 중등교육을 주도할 경우 그것은 성격상 고등교육의 형태에 접근하게 되며, 후자가 중등교육을 지배할 경우 그것은 성격상 초등교육에 가까워진다.

중등교육이 고등교육의 원리를 차용하여 이루어져야 하는가, 아니면 초등교육의 본질적인 모습에 조금 더 가까워야 하는가라는 문제는 쉽게 대답할 성질의 것이 못 된다. 어쩌면 그것은 고등교육과 초등교육이라는 두 가지 상이한 교육의 형태가 팽팽한 긴장을 형성하는 가운데 매순간 중등교육에 가해지는 다양한 압력에 대응하는 방식으로 구체적인 됨됨이를 형성하게 될지도 모른다. 그리고 이것이 아마도 중등교육론이 풀어야 할 과제이면서, 동시에 중등교육을 초등교육이나 고등교육으로부터 분리시키는 관건이 될 것이다. 물론 이 일은 대단히 어려운 과제임에는 분명하다. 그러나 적어도 이러한 난관을 극복하지 않고는 중등교육이 자체의 정체성을 확보하기는 어려울 것이다.

여기서 우리가 중등교육의 이상적인 모습을 제안할 수는 없다고 하

---

18) 우리가 아는 범위 내에서 이야기하자면, 학문 활동을 곧 교육 활동으로 보면서 교과의 가치 또는 학문의 가치가 바로 교육이 추구해야 되는 가치에 해당한다고 보는 교육론으로는 이홍우(1987, 1991), Hirst(1974), Peters(1966) 등을 들 수 있다. 반면에 학문적인 성취수준에 수반되는 가치와는 무관하게 성립하는 성장의 경험과 학습의 과정적 충실성 그 자체가 교육적 가치를 내장하고 있다고 보는 교육론으로는 장상호(1997a, 2000a), Dewey(1916a, 1938) 등을 거론할 수 있다. 최근 우리 사회에서 대두되고 있는 신지식인론(新知識人論)처럼 교육이 추구해야 되는 가치를 실생활의 유용성에서 구하는 국적불명의 천박한 실용주의를 제외한다면, 이 두 가지 관점이 교육을 설명하는 대표적인 패러다임을 형성하고 있다. 그리고 이 두 패러다임은 특히 중등교육의 장면에서 예리하게 대립한다.

더라도, 한 가지 점만은 다소간 확신을 갖고 말할 수 있다. 그것은 중등교육이 어떠한 모습을 취하는 것이든지 간에, 초등교육을 통하여 형성된 주체적인 학습의 역량과 그러한 역량을 발휘하는 가운데 확인된 학습자의 가능성과 소질의 방향을 전제로 하여 중등교육이 성립한다는 것이다. 중등교육은 초등교육의 성공을 전제로 하여 '교육적인 기준'과 '학문적인 기준' 사이의 균형점을 모색하는 가운데 그 영역을 확보하게 될 것이다. 물론 그 형태는 앞에서도 거론했던 것처럼, 모든 교과를 균등하게 학습하는 것이라기보다는 학습자의 소질과 적성을 고려한 '심화교과학습'과 교양인으로서 갖추어야 하는 바를 제공하는 '교양교과학습'을 두 축으로 하는 교육이어야 옳다. 이러한 중등교육의 모습은 초등교육의 그것과 혼동되어서는 안 된다. 초등교육은 학문적인 기준에 의하여 구체적인 모습이 결정되는 교육의 형태는 아니며, 다분히 교육적인 기준을 따르면서 그 본질을 실현시켜 나가야 하는 교육의 첫 단계이면서 동시에 어쩌면 지금 현재 교육의 원형적인 모습이 살아 숨쉬는 마지막 보루(堡壘)일지도 모른다. 물론 앞으로 중등교육이 고등교육에 대한 (입학)준비라는 소임에서 벗어나 초등교육과 유기적으로 결합됨으로써 교육의 원형적인 모습을 함께 구성해 나가도록 하지 않으면 초등교육마저도 다음 단계의 교육을 위한 준비로 전락하게 될 것은 분명하다.

6. 초등교육론의 과제

초등교육은 오랜 역사를 지니고 있다고 하더라도 그것에 대한 이론적인 논의로서 초등교육론의 역사는 대단히 일천하다. 그리고 초등교육이 중등교육과 구분되는 자율적인 영역 확보에 어려움을 겪고 있는 것처럼 초등교육론은 중등교육론이나 고등교육론으로부터 제대로 분리되어 있지 않다. 사실 초등교육 이론가들이라 할 교육대학의 교수들은 대부분이 사범대학에서 교육받은 사람들이며, 이들이 교육대학이나 초등교육을 위한 특별한 문제의식이나 이론적인 논의로 무장되어 있는 것은 아니다. 교육대학의 교사양성 프로그램과 사범대학의 교사양성 프로그램 간에 커다란 차이가 있다는 증거도 현재로서는 찾아보기 어렵다. 물론 단순한 교육론이나 교과교육론이 아니라 초등교육론과 초등교과교육론을 탐색하는 움직임이 생겨나고는 있지만, 그것이 기존의 중고등교육론으로부터 제대로 벗어나고 있다고 말하기는 어렵다.

이러한 점들을 고려할 때, 초등교육론은 이제 막 출범한 미개척지라고 표현하는 것이 옳다. 따라서 그것의 성패는 지금 당장의 판단 대상일 수가 없다. 현재로서 우리가 할 수 있는 최선은 비록 초보적인 연구성과라고 하더라도 초등교육론 분야의 연구들을 격려하고 개선을 위한 조언을 제공함과 동시에 초등교육론이 나아가야 할 방향을 분명히 하는 일이다. 이 때 초등교육론의 방향과 관련하여 우리가 경계해야 될 점이 있다. 그것은 기존의 교육론이나 교과교육론을 아동을 위한 것으로 또는 초등학교를 위한 것으로 적절히 번역해 놓기만 하면 초등교육론이 된다는 안이한 생각이다. 이를 통해서는 초등교육론이 중등교육론과는 다른 독자적인 논의영역으로 정립될 수 없으며, 교육대학이 사범대학의 그것과는 구분되는 교육 프로그램을 갖춘 기관으로 성립될 수도 없다. 형편이 이렇게 되면, 언제든 전자는 후자로 환원(還元)되거나 통합되어야 한다는 문제제기에 시달릴 수밖에 없다.[19]

---

19) 이렇게 말한다고 해서 중등교육을 담당하는 사범대학은 중등교육의 본질을 제대로 정립하고, 이에 근거하여 중등교육론과 중등교사 양성 프로그램을 확립하고 있다는 뜻은 아니다. 종합대학에 편입되어 있는 사범대학들은 그들의 연구성

만약 초등교육이라는 것이 존재한다면, 그리고 그러한 초등교육에 대한 이론적인 논의가 있을 수 있다면, 우리는 초등교육과 관련된 상식이나 일반적인 통념, 검토되지 않은 학문적 전제 등을 배제하고 새롭게, 어쩌면 처음부터 다시 초등교육의 본질과 의미를 정립해 나가야 할 것이다. 그것이 어느 정도라도 이루어졌을 때, 우리는 그러한 초등교육을 발전시키는 데에 필요한 사변적이거나 경험적인 다양한 연구들과 실험, 교과교육의 방법과 평가의 원리, 초등교육을 위한 제도의 요건과 운영의 방식, 초등학생을 지원하는 프로그램의 개발 등을 제대로 해나갈 수 있을 것이다. 이 점에서 초등교육이란 무엇인가를 진지하게 질문하고 그 본질과 의의를 분명히 하는 일은 대단히 중요한 작업이다. 이 논의에서 우리는 초등교육을 '학습의 가치를 알고 이를 추구하면서 스스로 학습할 수 있는 역량을 형성하는 교육, 그리고 그러한 학습의 역량을 다양한 교과, 즉 학습의 소재(素材)에 적용하고 시험하면서 자신에게 잠재된 가능성의 방향을 확인하는 교육'이

과물이나 교육 프로그램 등에 있어서 그들이 담당한다고 자부하는 교과목을 순수전공으로 하는 다른 단과대학들의 그것에 미치지 못하거나 차별화에 성공하고 있지 못하며, 이로 인하여 끊임없이 통폐합의 대상으로 거론되고 있다. 또한 학교현장을 겨냥했다고 하는 그들의 연구물들도 정작 교사들로부터는 환영받지 못하고 있다. 현재 사범대학은 그들의 고객(?)인 교사들로부터도 외면당하고, 종합대학 내에서도 입지가 좁아지는 정체성 위기를 겪고 있다(Clifford & Guthrie, 1988). 우리의 경우 이러한 형편은 교육대학의 경우에도 거의 그대로 재연되고 있다. 교육대학의 심화과정이 사범대학의 학과들과 어떠한 차이가 있는지도 불분명하며, 현장 교사들에게 필요한 연구를 수행하고 있는지도 확실하지 않은 것이다. 이 점에서 정체성의 위기에 빠져 있기는 초등교육이나 중등교육이나 마찬가지이며, 존립의 근거가 취약하다는 점에서도 교육대학이나 사범대학이 별다른 차이가 없다. 만약 이러한 형편에서 벗어나고자 한다면 교육대학과 사범대학의 교수들은 일차적으로 '교육이란 무엇이며, 그러한 교육 속에서 초등교육 또는 중등교육이란 과연 어떠한 교육이어야 하는지, 그러한 교육을 수행할 수 있는 교사는 어떻게 양성해야 하는지'에 대한 고민과 연구를 어쩌면 처음부터 다시 수행해야만 된다. 타성에 젖은 채로 현재와 같은 어설픈 교육 프로그램을 유지하고 기존의 관행을 따르는 일을 계속한다면, 교육대학이나 사범대학의 장래는 불투명할 수밖에 없다. 우수한 교사를 양성하는 과제에 있어서나 교육에 대한 이론을 정립하는 과제에 있어서나 모두 실패할 공산이 큰 것이다.

라고 이해하였다. 이러한 이해가 맞다면 당장 우리가 할 일은 중등교육의 그것과는 구분되는 초등교육에 적합한 교육과정의 원리, 교수-학습의 방법, 교육적 성장의 평가 원리 등을 마련하는 것이다. 중등교육의 그것을 차용하는 방식으로는 더 이상 초등교육의 교육과정과 교육방법, 교육평가 등이 가능하지 않다. 초등교육과 마찬가지로 중등교육도 심각한 정체 혼미 상태에 빠져 있으며, 중등교육의 고유한 운영 원리를 확보하지 못하고 있다는 점을 생각할 때, 이는 더욱 그러하다.

오해를 피하기 위하여 한 가지 덧붙일 필요가 있는 것은 우리가 초등교육의 개념을 재정립하는 가운데 의심의 여지가 있는 것으로 배제했던 초등교육에 대한 기존의 생각들을 완전히 폐기해야 되는 것은 아니라는 점이다. 물론 그것들은 초등교육의 개념을 정립하는 데에 있어 의심스러운 전제들을 지니고 있는 것이기는 하지만, 초등교육이란 무엇인가가 재정립된 뒤에는 다시 초등교육의 의미와 구체적인 모습을 형성하는 데에 일정 부분 참여할 수가 있다. 바꾸어 말하면, 우리가 도달한 초등교육의 새로운 지평 위에서 초등교육과 관련하여 이전과는 다른 위치에 작도(作圖)될 여지가 있는 것이다. 예를 들어 학습자가 아동이라는 사실이 초등교육의 본질을 결정하는 것은 아니라고 하더라도 현재의 초등학교교육을 생각하는 경우에는 상당 부분 이를 고려해 나가야 할 것이다.[20] 아마도 이런 작업까지가 수행되어야 초등교육의 본질적인 모습이 조금이라도 더 선명해질 것이다. 초등교

---

20) 이 책의 1장을 제외한 나머지 장(章)들에서는 주로 '초등학교교육'에 초점을 맞추어 초등교육에 대한 논의를 전개해 나갈 생각이다. 이는 이 책을 읽을 독자들의 대부분이 교육대학 학생이거나 현직 초등학교 교사들일 것이라는 점을 배려하기 위해서이다. 이 경우 학습자가 아동이라는 사실은, 비록 그것이 초등교육의 본질 그 자체도 아니고 본질을 결정하는 것도 아니지만, 중요한 고려사항으로 취급된다. 물론 초등교육의 개념상 초등교육의 대상이 아동으로만 국한되는 것은 아니다.

육의 개념을 새롭게 정립하려는 우리에게 이는 향후 남겨진 과제에 속하며, 정확히 말하면 여기서 우리가 수행한 초등교육의 개념 재정립이 초보적인 모색의 산물일 뿐이라는 점에서 언제 착수할 수 있을지를 분명히 말하기 어려운 과제이다. 그 만큼 '초등교육이란 무엇인가'는 결코 쉬운 질문이 아니며, 수많은 후속 논의들이 끊임없이 이어질 때 해답이 도출될 수 있는 중요한 학문적 주제이다. 이러한 점을 고려할 때, 여기서 우리가 논의한 것은 초등교육의 개념 정립을 위한 하나의 시론(始論)에 속한다.

우리는 제도교육의 각 단계를 초등교육, 중등교육 그리고 고등교육이라는 이름으로 지칭하고 있다. 물론 현재 우리가 보고 있는 것과 같은 제도교육은 우리 고유의 것이 아니라, 서양의 것을 도입하여 운영하고 있는 것이다. 이 경우 초등교육이나 중등교육 그리고 고등교육이라는 표현은 제도교육을 형성하는 세 가지 형태의 교육을 지칭하는 서양의 개념을 우리말로 옮겨 놓은 번역어이다. 그러나 초등교육, 중등교육, 고등교육이라는 표현이 영미권에서 사용하는 primary education, secondary education, tertiary education에 대한 적절한 번역어인지에 대해서는 여러 가지 면에서 의심스러운 점이 있다. 그럼에도 불구하고 '초등, 중등, 고등' 하는 식의 개념적 관행은 너무도 당연한 것처럼 굳어져 버려서 이제는 어쩔 수 없는 지경이 되어 버렸다.

초등교육, 중등교육, 고등교육이라는 우리말 번역어는 교육을 초급, 중급, 고급으로 서열화하는 개념이다. 좀 더 노골적으로 이야기하자면 초등교육, 중등교육, 고등교육은 초급교육, 중급교육, 고급교육이라는 말로 대치 가능한 표현이다. 이 경우 초등교육이나 중등교육이라는 말은 어감 자체가 부정적일 수밖에 없다. 모든 교육은 초급교육이나 초등교육을 지양하고 고급교육이나 고등교육을 지향하기 마련이다. 교육의 질과 수준은 그것이 다루는 교과의 질이나 수준에 의하여 저절로 결정되는 것이 아니다. 어떤 수준의 교과를 다루든지 간에 교수와 학습의 활동을 충실히 전개하는 한 그것은 고급의 교육이다. 바로 이 점에서 초등학교 내에서도 고급의 교육, 즉 고등교육이 언제든 가능하며, 고등교육기관인 대학에서도 초급의 교육이나 초등교육이 이루어질 수 있는 것이다.

초등교육, 중등교육, 고등교육이라는 표현은 이러한 중요한 교육현상을 포착하지 못한다. 이들 표현들은 교과지식의 수준이 곧 그것을 다루는 교육 활동의 질과 수준을 결정한다고 보는 개념적 오류를 담고 있다. 이러한 개념적 오류를 범하면서 초등교육이나 중등교육에 대한 이론적인 사고를 전개한다는 것은 애초부터 불가능하다. 이 점에서 초등교육을 새롭게 재개념화하려는 우리로서는 1장을 끝맺으면서 무엇보다도 초등교육, 중등교육, 고등교육이라는 그릇된 개념을 버리고 제도교육의 각 단계들을 지칭할 수 있는 새로운 개념을 모색할 필요가 있다는 점을 명심해야 된다.

제**3**장

초등교육과 초급지식:
교육의 가치와 교과의 가치

1. 교육에 있어 교과의 위치

'교육이란 무엇인가'라는 질문에 단 하나의 일률적인 답은 있을 수 없다. 그 만큼 교육은 그 정체와 관련하여 수많은 답을 허용할 수 있는 다면적인 실체이다. 그러나 그렇기는 해도 많은 경우에 교과를 가르치고 배우는 일이 곧 교육이라는 식으로 생각하는 경향이 지배적이다. 어떻게 본다고 하더라도 교육은 교과를 가르치고 배우는 활동이며, 교과가 없이는 교육 활동 자체가 성립할 수 없을 듯도 하다. 이 점에서 교과는 교육의 본질적인 요소일 뿐만 아니라, 교육의 알맹이라고까지 말해도 무방할 것이다. 교과를 흔히 '교육의 내용'이라 부르고 있는 것을 보면 교과가 교육에서 차지하는 위상(位相)을 어렵지 않게 짐작할 수가 있다.[1] 그리고 바로 이 점에서 교과와의 관련을 떠

---

1) 교과(subject matter)를 흔히 '교육내용'(敎育內容)이라 생각하지만, 이것이 과연 그러한지는 충분히 검토될 필요가 있는 문제이다. 가르치고 배우는 활동을 수행할 때 우리의 명시적인 의식은 가르치고 배우는 특정한 교과의 내용에 주어지며, 가르치고 배우는 행위에는 그러한 명시적인 의식이 주어지지 않는다. 이러한 점을 고려하면, 교과가 교육의 내용이라 생각할 수 있을지도 모른다. 그러나

나 교육이 추구하는 목적이나 가치를 논의한다는 것은 사실상 불가능한 일처럼 보인다.

교육의 목적을 밝히는 일은 교육학의 항구적인 탐구 주제이다. 지금까지 제기되어 왔고, 또 있을 수 있는 대답은 대략 두 가지로 요약이 가능하다. 하나는 인간의 사회적인 삶에 필요한 실용적인 가치를 추구하고 이를 구현하는 일을 교육의 목적으로 보는 관점이다. 이 관점에 따르면, 교육을 통하여 전수될 가치가 있는 교과는 실용적인 효과를 낼 수 있는 것들이어야 한다. 이와는 구분되는 다른 하나의 관점은 교육이 사회적인 삶의 필요와 무관할 수는 없다고 하더라도 일차적으로 그것은 교과에 담겨 있는 진, 선, 미 등과 같은 가치의 추구를 목적으로 한다고 본다. 이에 비하면 실용적인 가치의 추구는 부차적이라는 것이다. 그리고 이 견해에 따르면, 교육에서 다루어야 하는 교과는 그것이 지니는 실용성이 아니라, 교과 자체에 내재해 있는 가치에 의하여 선정되어야 한다. 이 두 가지 견해는 사실상 교육에 대한 사고와 실천을 좌우해 온 양대 지주에 해당한다.

그동안 교육학에서 논의되어 온 바를 고려하여 평가하자면, 교육이 추구해야 되는 목적을 사회적인 삶과 관련된 유용성에서 구하는 견해는 교육의 외재적 기능에 주목하는 관점이다. 그러나 사회적인 삶의 장면에서 요구되는 실용성이 교육과 무관한 것은 아니라고 하더라도 그것은 교육의 결과로 생겨날 수 있는 수많은 외적인 산물들 가운데 하나로서, 엄격히 말하면, 교육의 내재적인 본질은 아니다. 반면에

우리는 특정한 교과를 가르치고 배우면서도 교과 자체의 내용보다는 그 내용을 이해하거나 이해하도록 돕기 위하여 수행해야 되는 교육의 활동에 주목하고 이를 개선하는 데에 일차적인 목적을 둘 수도 있다. 이 경우에는 교과가 교육의 내용이 되는 것이 아니라 가르치고 배우는 활동 자체가 교육의 내용이 되며, 교과는 교육의 활동을 수행하기 위한 소재(素材)로 활용되고 있다고 볼 수도 있다. 다음에서 논의될 것처럼 '교육내용을 교과가 아닌 교육 활동 그 자체로 볼 수 있는가' 하는 문제는 교육의 가치와 교과의 가치를 구분하는 데에는 물론이고, 초등교육을 새롭게 개념화하는 일과 관련해서도 대단히 중요한 의미를 갖는다.

'교과가 담고 있는 진, 선, 미 등은 그것 이외의 다른 것을 위한 수단이 아니라 그 자체가 목적에 해당하는 가치를 지니고 있다'고 보는 견해는 교육의 내재적 가치를 옹호하는 입장으로 자처하고 있고, 또 그렇게 평가받고 있다(이홍우, 1987, 1991; Hirst, 1974; Peters, 1966). 교육도 하나의 사회적 제도로 운영되고 있는 만큼 그 제도의 운영에 관심을 갖고 참여하며 지원하는 사람들의 요구나 필요로부터 자유로운 것은 아니다. 이 점에서 교육의 외재적인 기능에 주목하는 입장을 완전히 그릇된 것으로 보거나 세속적이라 하여 백안시 하기만 하는 것도 올바른 입장은 아닐 것이다. 다만 그것이 교육의 본래적인 모습은 아닌 이상, 일차적으로는 교육을 교육답게 운영하면서 교육의 목적과 가치를 추구하고, 그러한 가운데 외재적인 기능과 산물들이 가능한 만큼 교육의 결과로 출현한다고 생각할 필요가 있다.

이처럼 교육의 목적이 일차적으로 교과에 담겨 있는 가치, 즉 진, 선, 미 등을 추구하는 데에 있다고 생각하면, 교육에 있어 교과의 위상은 그것 자체가 교육의 전부를 결정한다고 할 만큼 지대한 것이 된다. 아닌 게 아니라 교육은 어떻게 본다고 하더라도 인간을 지적으로나 도덕적으로 또는 심미적으로 성장시키는 활동이며, 그러한 만큼 교과에 내장되어 있는 진, 선, 미 등과 같은 '교과의 가치'는 곧바로 교육이 추구해야 되는 본래적인 가치, 즉 '교육의 가치'에 해당한다고 말할 수도 있다.

2. 초급지식과 초등교육의 위상

교과의 가치, 즉 진, 선, 미 등이 바로 교육의 가치에 해당한다고 생각하면, 그러한 가치를 좀 더 충실히 구현하면 할수록 그 교육은 좋은 교육이요, 교육의 가치와 목적에 근접하고 있는 양질의 교육이 될 것이다. 교육이 진, 선, 미 등의 가치를 충실히 구현한다는 말은 진, 선, 미를 담고 있는 교과의 지식을 다루되, 가급적 좀 더 수준이 높은 지식을 가르치고 배워야 한다는 의미가 된다. 학문과 예술과 도덕 등은 높낮이를 달리하는 여러 수준들로 구성되어 하나의 발전적 위계(位階)를 형성하고 있다. 말하자면 초보적인 지식과 예술 · 도덕 등을 아래로 하고, 여기서부터 위를 향해 나아갈수록 좀 더 고급의 지식과 예술 · 도덕 등이 위치하고 있는 것이다. 그리고 학문과 예술과 도덕이 끝없이 발전하는 세계인 만큼 그 위계의 맨 위쪽은 영원히 위를 향해 개방되어 있다. 이러한 학문과 예술과 도덕의 위계에 있어서 모든 수준들은 그 나름으로 진, 선, 미를 구현하고 있다. 아무리 낮은 수준의 지식과 예술과 도덕이라고 하더라도 그것이 지식이고 예술이며 도덕인 이상, 그 속에는 분명 진과 선과 미가 깃들어 있는 것이다.

그러나 그렇기는 해도 낮은 수준의 지식과 도덕과 예술이 드러내는 것은, 비유를 들어 말하면, 진, 선, 미라는 여인(女人)의 옷자락 끄트머리에 불과할 뿐이다. 본격적인 의미의 진과 선과 미는 고급 수준의 지식과 예술과 도덕을 통하여 실체를 드러내기 마련이다. 진, 선, 미는 우리가 추구하는 가치이며, 그러한 추구의 과정에서 우리가 새롭게 도달하는 수준들은 그것이 높으면 높을수록 이전의 낮은 수준들에서는 맛볼 수 없었던 좀 더 진리롭고 아름다우며 선한 세계를 선사하는 것이다. 아마도 이것이 교육을 통한 인간의 지적이거나 심미적인 또는 도덕적인 성장이 의미하는 바일 것이며, 그러한 진, 선, 미의 체험은 일차적으로 내재적인 가치를 지닌다고 인정할 수 있다.

초등교육이란 무엇인가에 대해서 이론(異論)이 분분하기는 하지만 대체로 '교과의 기초적인 지식 또는 초보적인 지식을 가르치고 배움으로써 다음 단계의 교육을 준비하는 교육'으로 정의할 수 있다. 초등교육의 영어식 표기인 'primary education'이라는 말 속에는 '초등'이나 '초급'이라는 의미가 그다지 선명하게 들어 있지 않음에도 불구하고 이를 초등교육이라 번역한 이유도 이 단계의 교육에서 가르치고 배우는 지식이 해당 교과의 초보적인 지식이라는 점을 우선적으로 고려했기 때문일 것이다.[2]

그런데 초등교육이 초급의 지식, 즉 학문이나 예술이나 도덕 등과 같은 교과의 위계에 있어 비교적 아랫부분에 위치하고 있는 것들을 가르치고 배운다는 말은 초등교육이 교육이 추구해야 되는 목적이나 가치로부터 상대적으로 멀리 떨어져 있다는 의미가 된다. 교육이 추구하는 목적이나 가치가 교과에 담겨 있는 진, 선, 미라면 그것을 충실한 형태로 반영하고 있는 고등지식을 다루어야 교육의 소임을 다하는 셈이 되기 때문이다. 낮은 수준의 교과지식을 가르치고 배우는 초등교육은 그러한 교육의 소임을 초보적인 수준에서 수행하는 교육인 것이다. 이처럼 초등교육을 통하여 가르치고 배우는 내용이 초급으로 파악되기 때문에 초등교육은 누구나 할 수 있는 교육, 초등교원의 전문성을 인정하기 어려운 교육이라는 인식이 부지불식간에 발생하며 날로 증폭되는 추세에 있다. 교과의 가치가 교육의 질과 가치를 사정(査定)하는 척도로 작용하는 이상, 초등교육은 그것에 결부되어 있는 초급지식의 낮은 위상과 함께 말 그대로 '초급교육'을 지칭하는 것으로 인식되고 마는 것이다.

---

2) 순전히 개인적인 호기심에서 하는 말이지만, primary education을 초등교육으로, secondary education을 중등교육으로 번역하게 된 과정과 소상한 내막을 드러내는 일은 우리나라 제도교육의 구체적인 형성 과정과 관련하여 연구할 만한 가치가 충분한 주제일지도 모른다. 제도교육의 첫 단계(초등교육)와 그 다음 단계(중등교육)를 지칭하는 용어로서 primary education과 secondary education에는 초등교육이나 중등교육이라는 의미는 들어 있지 않다. 오히려 '일차적 교육'과 '이차적 교육'이라는 의미가 강하다. 어쩌면 제도교육의 각 단계들을 가리키는 primary education과 secondary education을 초등교육과 중등교육으로 번역한 것이 우리 제도교육의 기능 분화와 유기적인 조화를 해치는 그릇된 발상의 원천으로 작용하고 있는지도 모를 일이다.

3. 지식과 주체의 상관성(相關性): 누구의 초급지식인가?

초등교육을 초급의 지식을 가르치고 배우는 교육으로, 더 나아가 중등교육을 중급의 지식, 그리고 고등교육을 고급의 지식을 가르치고 배우는 교육으로 규정하는 것은 누구도 이의를 제기하기 어려울 만큼 널리 퍼져 있는 통념(通念)이다. 그것은 애초에 누가 그러한 식으로 교육을 규정했는가와는 무관하게 이제 제도교육의 각 단계와 관련된 상식적인 담론은 물론이고 학문적인 담론까지를 지배하는 강력한 관점으로 자리잡고 있다. 이 통념에 따르자면, 지식의 수준에 차이가 존재하며, 그 지식 수준의 차이가 그 지식을 가르치고 배우는 교육 활동의 양상을 다르게 만든다. 그리고 바로 이 점에서 초등교육과 중등교육, 그리고 고등교육은 각기 담당하는 지식의 수준에 상응하는 정도의 차별성을 지니게 된다는 것이다.

그런데 이 통념이 타당성을 지니는가의 여부는 초급지식과 중급지식 또는 고급지식이란 도대체 무엇이며, 특정한 지식이 과연 초급, 중급, 고급 가운데 어느 하나로 수준이 확정될 수 있는 것인가의 여부, 그리고 가장 중요하게는 그렇게 확정된 수준이 누가 보더라도 타당한 것으로 보편성을 지니는가의 여부에 달려 있다. 만약 어떠한 지식이 초급인지, 중급인지 또는 고급인지의 여부가 전혀 분명하지 않을 뿐만 아니라, 더 나아가 그 판정이 일관성이 없이 그때그때 달라진다면 그것의 성립 여부를 토대로 하여 규정되는 초등교육이니, 중등교육이니 하는 구분은 좀처럼 믿을 수 없는 것이 되고 만다. 초급지식이나 중급지식이라는 것이 그 실체가 불분명한 것이라면 이처럼 분명하지 않은 것을 가지고 초등교육이나 중등교육이라는 또 하나의 분명하지 못한 것을 규정할 도리는 없기 때문이다.

그렇다면 초급지식이란 무엇인가? 초등교육의 의미를 조금이라도 분명히 하려면, 우리는 초급지식이란 무엇인지를 묻지 않을 수 없다. 그러나 아마도 이 질문에 대한 답을 요구받으면 답을 해야 되는 당사자는 질문을 하는 자의 숨은 의도가 무엇인지를 떠올리려고 하면서 답변을 유보할 공산이 크다. 이는 '초급지식이란 무엇인가'라는 질문이 누구나 쉽게 답을 할 수 있는 것을 공연히 묻고 있는 것이며, 그런 만큼 무엇인가 숨은 꿍꿍이가 있을 것이라는 의심을 낳기 때문이다.

그러나 우리가 자명한 것으로 여기고 사용하는 개념이나 용어 가운데는 그 의미를 명시적으로 밝히려고 들 경우에 겉보기와는 달리, 그 의미가 전혀 분명하지 않은 것들이 많다. 초급지식이라는 말도 그러한 용어 가운데 하나이다. 초급지식의 의미를 파고들다가 보면, 우리는 '지식의 위계상 낮은 단계에 있는 아주 기초적이고, 쉬우며, 초보적인 지식'이라는 동어반복적(tautological)인 설명 이외에 그것에 대한 속시원한 정의를 찾기가 쉽지 않다. 이러한 경우에 우리가 흔히 동원하는 설명 방식은 누가 보더라도 부정하기가 쉽지 않은 사례를 들어 이야기하는 것이다. 말하자면, "가감승제"(加減乘除)는 초급지식이며, "이차방정식"은 중급지식이고, "미적분"은 고급지식이라는 식으로 설명하는 것이다. 아닌 게 아니라 가감승제, 이차방정식 그리고 미적분은 수학적 지식의 논리적인 위계상 초급, 중급, 고급지식으로, 비록 절대적으로는 아니라고 하더라도 상대적으로는 규정 가능하다고 볼 수도 있다.

아마도 이 정도의 구체적인 사례를 동원한 설명에 대해서도 여전히 초급지식의 의미가 불분명하다고 이야기하는 것은 공연한 트집잡기에 해당한다고 생각할지도 모른다. 그러나 보기에 따라서는 전혀 그렇지 않을 수가 있다. 먼저 우리 집(식구)에 국한하여 말할 경우, 성인인 나와 아내에게 가감승제는 초급지식임에 분명하다. 그러나 이제 막 돌을 넘긴 아들과 유치원에 다니기 시작한 딸에게 그것은 전혀 초급지식이 아닐 뿐만 아니라, 모르긴 몰라도, 죽을 고생을 몇 번은 해야 겨우 이해할 수 있을 정도의 고급지식일 것이다.[3] 또한 이차방정식은 그것을 이제 막 배워야 하는 중학생의 입장에서 보면 중급지식이 아니라 고급지식에 해당될 것이며, 이를 숙달하고 있는 고등학생들에게는 너무도 손쉬운 초보지식이 될 것이다. 미적분만 하더라도 나같이 교육학을 가르치는 선생에게는 고급지식일지 몰라도 수학을 가르치는 선생들에게는 너무도 쉬운 지식에 해당될 것이다.

여기서 엿볼 수 있듯이 가감승제, 이차방정식 그리고 미적분은 수학적 지식의 논리적인 성격을 고려하여 위계를 상정할 수 있는 지식이지만, 그것이 '위계를 형성한다'는 말과 '가감승제는 초급지식', '이차방정식은 중급지식' 그리고 '미적분은 고급지식'이라는 말은 전혀 같은 것이 아니다. 수학적 지식의 위계는 수학이라는 학문의 관점에 근거하여 설정할 수 있는 것이지만, 각각의 지식을 초급, 중급, 고급으로 판정하는 것은 어디까지나 그것을 접하거나 다루는 사람의 관점에서 그 사람의 수준과 관련하여 상대적으로 내려야 하는 것이다. 따라서 특정한 지식을 초급, 중급, 고급 가운데 어느 하나의 수준으로 확정짓는다는 것은 있을 수 없으며, 누구의 관점에서 보느냐에 따라 지식의 수준은 부단히 요동치며 변화하기 마련이다.

갑의 입장에서는 초급지식인 것이 을에게는 중급지식일 수도 있고, 병에게는 고급지식일 수도 있다. 또한 을에게는 초급지식인 것이 병에게는 중급지식, 정에게는 고급지식일 수도 있다. 누구에게 그러한 것인지를 고려하지 않고, 특정한 지식을 초급, 중급, 고급으로 판정하거나, 더 나아가 그러한 판정이 보편적인 것인 양 간주하는 일은 있을 수 없는 것이다. 오히려 '모든 지식은 초급임과 동시에 중급이

---

3) 정확히 말하면, 가감승제는 내 아들과 딸에게 지식으로서의 의미를 전혀 지니지 못한다. 그것은 그 아이들에게 아무런 주목의 대상이 되지 못하는 뜻 모를 상징일 뿐이다.

며 또한 '고급'이라고 말하는 것이 정확하다. 이렇게 생각할 때, 초등
교육, 더 나아가 중등교육이나 고등교육을 규정하면서 초급지식, 중
급지식, 고급지식의 구분을 거점으로 삼는 경우에, 그런 식으로 지식
을 구분하는 것이 과연 누구에게 그러한 것인지를 밝히지 못하면, 초
등교육이나 중등교육 또는 고등교육에 대한 규정은 겉보기와는 달리
분명한 의미를 지닐 수 없다.

4. 최고 · 최선의 지식과 학습 활동

제도교육의 특정한 단계와 관련하여 그 단계에서 다루는 지식의 수
준을 누군가의 관점에서 구분하거나 규정해야 된다고 할 때, 그 '누
구'에 속하는 사람으로 당장 떠올릴 수 있는 것이 학습자이다. 누가
보더라도 학습자는 그가 받고 있는 교육의 특성이나 본질과 관련하여
반드시 고려해야 되는 대상임에 분명하다. 그렇다면 학습자와 관련하
여 지식의 수준을 초급, 중급, 고급으로 구분하는 것은 타당한가? 초
등학생은 초급의 지식을 배우는 것이고, 중등학생은 중급의 지식을
그리고 대학생은 고급의 지식을 배우는 것인가?

결론부터 말하자면, 전혀 그렇지가 않다. 흔히 우리 성인들에게는
초급지식처럼 보이는 것이라고 하더라도, 정상적인 경우, 그것을 학
습해야 되는 초등학생에게 그가 초등학교에서 배우는 모든 지식은 매
번 진땀을 흘리면서 학습을 해야만 겨우 이해할 수 있는 것들이다.
이는 중·고등학생에게도 마찬가지이다. 그들 역시 중·고등학교에서
온 힘을 다 기울여 학습을 해야만 습득할 수 있는 지식을 배우고 있
는 것이다. 그리고 이는 다시 대학생에게도 마찬가지이다. 세상의 모
든 학습자들은 언제나 그들이 최선을 다해야 습득할 수 있는 것을 학

습하고 있는 것이다. 만약 초등학생이 그들에게 초급지식에 해당하는 것만을 배우고, 중등학생은 그들에게 중급지식에 해당하는 것만을 배우며, 대학생은 그들에게 고급지식에 해당하는 것만을 배우는 일이 실제로 일어난다면, 이는 교육과정(敎育課程)의 편성과 운영 등에 있어 전반적인 부실이 초래되고 있음을 의미할 뿐이다. 학습자의 최선을 상회하는 지식은 학습을 유발하는 힘을 지니지 못하는 '무기력한 관념' (inert ideas)에 그칠 뿐이며, 학습자의 최선을 밑에서 맴도는 지식 역시 학습을 유발하지 못하는 '장난 같은 소일거리'(entertaining ideas)에 그칠 뿐이다(Egan, 1979: 99; Whitehead, 1929: 1-5). 이 점에서 건전한 교육과정은 학습자들의 수준을 고려하는 가운데 학습자들에게 최선의 학습이 일어나도록 해주는 지식을 중심으로 조직되어야 한다.

학습은 언제나 학습자가 자신의 현재 수준에서 흥미와 관심을 갖고 도전해 볼 수 있는 최선의 문제 또는 지식을 겨냥하여 이루어지기 마련이다. 이는 초등학생의 학습이든 중등학생의 학습이든, 아니면 대학생의 학습이든 그것과는 상관이 없이 모든 단계의 학습에 적용되는 학습의 본질적 특성이다. 누군가가 그에게 의미 있는 학습의 활동을 전개하고 있다면, 그는 당연히 자신에게 최선의 지식, 도전해 볼 만한 가치가 충분한 지식을 겨냥하고 있는 것이다. 만일 대학생이 학습하고자 하는 지식, 그에게는 최선인 지식을 어떠한 이유로 인하여 고급의 지식이라 말할 수 있다면, 동일한 이유로 중등학생이나 초등학생이 배우는 그들에게 최선인 지식들 모두를 고급지식으로 인정해야 된다.

누군가가 학습을 수행하고 있다면, 그는 언제나 그의 수준에서 최선을 다하여 학습 활동을 전개할 경우에 도달 가능한 수준의 지식을 겨냥하고 있다. 그리고 그 지식은 학습자에게 최선의 것이라는 점에서 최고의 지식이라 할 수 있을 것이다. 바로 이러한 점에서 학습자에게 최고·최선의 것이 아닌 지식 또는 초급지식이나 중급지식에 해

당하는 것만을 겨냥하여 이루어지는 학습은 없다고 말할 수 있다. 초
등학교에서 배우는 학습자들도 그들에게 최고·최선의 지식을 대상
으로 학습하는 것이지 초급지식을 겨냥하여 학습하는 것이 결코 아니
다.[4] 모든 학습자는 그들에게 최선의 지식을 겨냥하여 학습이라고 하
는 '동일한 활동'을 전개하고 있는 것이다. 각급 교육기관에서 배우
는 학습자들은 그들이 배우는 구체적인 교과의 내용과 수준은 다르다
고 하더라도 각자 자신에게는 최고·최선인 지식을 대상으로 원칙상
동일한 종류의 학습 활동을 수행한다. 이러한 학습의 장면에서 학습
자에게는 최선의 지식 이외에 다른 지식, 즉 초급지식이나 중급지식
같은 것은 존재하지 않는다.

5. 열정의 원천으로서의 지식과 교수 활동

교육 활동에 참여하여 가르침과 배움의 상호작용을 촉발하고 그럼
으로써 특색 있는 교육을 탄생시키는 주체는 학습자만이 아니다. 여
기에는 학습자와 마찬가지로, 또는 학습자보다 더욱 중요한 존재로서
교사가 또 하나의 주체로 참여하고 있다. 이를 인정한다면, 학습자의
입장에서는 그가 학습하는 모든 지식이 최고·최선의 지식이라는 점
에서 차별이 없다고 할 수 있을지 몰라도 적어도 교사의 입장에서는
그렇지 않다는 식의 반론이 가능하다. 무슨 말인가 하면, 교사의 수준

---

4) 누구나 자신의 눈으로 보면 최선의 여인, 아름답기 그지없는 여인과 사랑하고
  있는 것이다. 이러한 경우에 그들의 눈이 아닌 어떠한 기준에 의거하여 '너는
  추녀(醜女)와 사랑하고 있다'고 말하는 것은 아무런 의미도 지닐 수 없을 뿐만
  아니라, 공연히 당사자의 분노만 초래하는 불필요한 간섭에 해당한다. 성인이
  초등학교의 학습자들에게 '너희들이 배우는 것은 초급지식'이라 말하는 것은
  그 어린 학습자들의 당연한 분노마저도 봉쇄한다는 점에서 죄질이 더 고약하다
  고 할 수 있다.

을 고려할 때 가감승제는 초급지식이요, 이차방정식은 중급지식이고, 미적분은 고급지식에 해당한다고 판단할 수 있는 것이다.

그리고 초등교육은 초급지식을, 중등교육은 중급지식을, 그리고 고등교육은 고급지식을 가르치고 배우는 교육이라는 정의는 비록 학습자의 관점에서 내린 것은 아니라고 하더라도 교사의 입장에서 그들이 담당하고 있는 교육의 성격과 본질을 규정한 것으로서 하등의 하자가 없다고 말할 수 있다. 더욱이 초등교육을 이야기할 때, 비교적 초급의 지식을 다루는 손쉬운 교육, 그래서 누구나 가르칠 수 있을 것 같은 교육이라는 평가가 돌아다니고 있는 것을 염두에 두면, 초급지식을 가르치고 배우는 것이 초등교육이라는 정의는 적어도 학습자의 관점이 아니라 교사의 관점에서 나온 것으로 볼 수도 있다. 따라서 그 타당성은 교사의 관점과 관련하여 검토되어야 하는 것인지도 모른다.

교사의 관점에서 초등교육을 규정하면, 그것은 아닌 게 아니라 교사에게 초급에 해당하는 지식을 다루는 교육으로 볼 수 있다. 그리고 흔히 이야기하는 것처럼 그러한 초급의 지식을 가르치는 것은 고급의 지식을 가르치는 것보다 손쉬운 일인지도 모른다. 더 나아가 그것이 초급의 지식을 다루고 있는 것인 만큼 그 교육은 교육이 겨냥해야 되는 진, 선, 미 등으로부터 비교적 멀리 떨어져 있다고 말할 수도 있다. 어떻게 보든지 간에 본격적인 의미의 진, 선, 미는 높은 수준의 교과에 담겨 있으며, 적어도 그러한 수준에까지 도달하는 것 또는 성장하는 것은 교육이라면 당연히 추구해야 되는 목적인 것이다. 여기서 다시 한 번 초등교육의 위상은 그것과 결부되어 있는 초급지식과 함께 땅에 곤두박질치게 된다.

그런데 그렇게 생각하기 이전에 우리가 먼저 검토해 보아야 할 문제가 있다. 그것은 '지식이란 무엇인가' 하는 점이다. 물론 이 질문은 인식론의 화두(話頭)로서 이에 대한 정답은 있을 수 없으며, 이와 관련된 인식론의 논의들을 여기서 모두 거론할 수도 없다. 그렇기는 하지만, 지식이란 적어도 그것이 누군가에게 지식으로서 의미를 지니려면, 그것과 대면하고 있거나 이를 막 소유하게 된 당사자들에게 흥미나 관심 또는 열정 등을 불러일으키는 힘을 지니고 있어야 한다(엄태동, 1998b; 장상호, 1997a; Dewey, 1916a, 1938; Kierkegaard, 1941, 1962a; Polanyi, 1946, 1958). 우리와 차갑게 마주 서 있는 지식, 그래서 우리의 내면에 어떠한 관심과 흥미, 추구의 소망 등도 불러일으키지 못하는 냉동미녀(冷凍美女)와도 같이 싸늘한 지식을 '나의 지식'으로 대하기는 어렵다. 지식은 우리가 추구하고 소망하는 진리라는 가치를 내장하고 있으며, 가치로서의 진리는 우리에게 열정의 대상으로 수용되어야 한다.[5] 진, 선, 미 등과 같은 가치는 그것과 대면하는 주체에게 열정을 불러일으키는 힘을 지니고 있는 것이다. 감미로운 음악의 선율이나 저녁 하늘을 붉게 물들인 노을을 화폭에 담고 있는 작품과 마주하여 그것을 아름답다고 말하면서도, 정작 이를 통하여 조금의 열정도, 정서적인 고양감도 느끼지 못한다면 이를 두고 정상적인 경우라할 수는 없다. 지식이 담고 있는 진리라는 가치 역시 다른 모든 가치들과 마찬가지로 열정의 원천이며, 지식을 추구하는 행위도 이러한 열정에 힘입어 비로소 가능한 것이다. 이러한 점들을 생각할 때, 어떠한 지식이 나에게 참된 것이라면 그것은 언제나 추구와 열정과 헌신(獻身, commitment)의 대상으로 정립된다고 말할 수 있다.

물론 열정적인 추구의 대상이었던 지식도 우리가 그것을 우리의 것으로 내면화하고 이를 토대로 하여 새로운 지식을 향해 나아가게 되면, 어느 순간부터는 더 이상 흥미와 관심을 유발하지 못하는 것으로

---

5) '진리는 주관성(또는 주체성)이다'라는 키에르케고르(Kierkegaard, 1941: 181)의 유명한 발언은 바로 이러한 점을 정확히 가리키고 있다. 지식이나 진리는 우리의 차가운 이성을 통하여 수용되는 객관적인 것이 아니라, 언제나 우리의 실존을 통하여 우리와 혼연일체가 되는 열정(passion) 그 자체이다. 지식은 주체와는 무관하게 '초연한'(detached) 실체로 성립되는 것이 아니라, 우리가 그것 때문에 살고 또 죽을 수 있는 관념으로 우리에게 다가서는 것이다.

변모되고 만다. 아마도 이것이 지적인 성장의 가장 중요한 내용일지도 모른다. 우리가 성장을 거듭해 나감과 동시에 우리에게 지적인 열정을 불러일으키는 추구의 대상이었던 것들이 더 이상 그러한 특질을 지니지 못하는 것으로 바뀐다. 예를 들자면, 가감승제는 한때 우리에게 열정적인 추구의 대상이었으며, 이로 인하여 우리는 그것을 습득하는 일에 적극적으로 임할 수 있었다. 그러나 성인이 된 지금 우리는 더 이상 이전과 똑같은 열정을 갖고 가감승제를 대하지는 못한다. 우리의 지적인 성장과 함께 가감승제는 이제 그러한 열정을 상실하고 우리에게 더 이상 추구와 헌신의 대상이 되지 못하는 것이다.

여기서 한 가지를 생각해 볼 필요가 있다. 무엇이 지식인가에 대한 규정은 지식의 수준을 판정하는 일과 마찬가지로 누군가의 관점에서 이루어져야 한다. 누구에게나 지식으로 성립하는 보편적인 지식이란 존재하지 않는다. 아무리 수준 높은 최신의 지식이라 하더라도 조만간 그것을 이해할 가망성을 생각할 수 없을 만큼 낮은 수준에 머무르고 있는 사람에게 그것은 지식으로서의 의미를 지니지 못한다.[6] 그에게 지식의 범주 안에 들어올 수 있는 것은 그의 '현재 수준과 그 수준에 근거하여 도전할 수 있을 만한 수준 사이'에 존재한다고 말할 수 있다.[7] 그것만이 그에게 열정적인 추구의 대상인 지식으로 성립될 수 있다.

이러한 생각을 더 밀고 나가면, 그것은 주체의 현재 수준을 훨씬 넘어서는 상위 수준에 대해서만이 아니라 주체의 현재 수준에 미달하

---

6) 천동설적인 사고 방식에서 이제 막 탈피한 아이에게 물리학의 최신 지식, 예를 들어 아인슈타인의 상대성 이론 같은 것은 명목상의 호칭이라면 몰라도 실제 지식으로서는 어떠한 의미도 지닐 수 없다.

7) 존 듀이의 교육론과 관련하여 '흥미'라는 개념만큼 엄청난 오해의 대상이 되었던 것도 드물다. 흔히 그것은 아동의 주관적인 원망이나 소망, 변덕 등을 의미하는 것으로 해석되어 왔다. 그러나 그가 말하는 흥미는 한 주체에게 추구의 대상이 될 수 있는 경험이나 지식의 범위 또는 경계 등을 지칭하는 것이다(Dewey, 1916a: 134). 이러한 그의 아이디어는 지금 여기서 말하는 지식의 의미와 부합한다.

는 하위 수준에 대해서도 거의 그대로 적용될 수 있다. 무슨 말인가 하면, 주체가 이미 극복해 온 과거의 수준들, 즉 그가 오랜 과거부터 비교적 최근까지 극복해 온 것들은 극복되기 이전에는 그에게 추구와 헌신의 대상인 지식으로서 생생한 의미를 지닐 수 있었지만, 극복하고 난 이후인 현재에는 더 이상 이전과 같은 생생한 의미를 지니지 못한다. 그것은 하나의 지적인 습관처럼 우리 속에 굳어져 버린 능력들로서 더 이상 우리에게 적극적인 추구의 대상이 되지 못하는 것들이며, 이전과 같은 열정과 흥미, 관심 등을 유발하지 못하는 것들이다. 이러한 것을 지식이라 부르는 것은, 보기에 따라서는 순전히 의례적이거나 예우상의 호칭에 불과할 수도 있다. 그것은 지식이라기보다는 지적인 습관이거나 상식이거나 아니면 지적인 기능(skill)이라 보는 편이 옳을지도 모른다.[8] 더 이상 주체에게 열정의 대상이 되지 못할 뿐만 아니라, 의식적이거나 능동적인 추구의 대상도 되지 못하고, 무의식적이거나 기계적으로 사용되는 기능 또는 손쉽게 구사되는 능력으로 변화된 것을 이전과 동등한 의미에서의 지식으로 계속 대우하기는 어려운 것이다. 설사 그것을 지식이라 부른다 하더라도 그것은 해당 주체에게 현재 열정과 추구의 대상이 되고 있는 지식과는 분명 차별화된 의미를 지니는 것이다.

  이상과 같은 분석을 우리가 원래 직면하고 있었던 문제, 즉 교사에게 초급지식이라 할 만한 것과 고급지식이라 할 만한 것이 있으며, 초등교육은 교사의 관점에서 초급지식에 해당하는 것을 다루는 교육이라는 규정에 적용해 보자. 물론 교사에게 초급지식과 고급지식이

---

8) 신화(神話)는 오늘날 지식(logos)으로 인정받지 못한다. 그러나 신화도 그것이 통용되던 시절에는 사람들이 세상에 대하여 갖고 있던 관념의 체계로서 인지의 산물이다. 그 당시에는 그것도 하나의 로고스였던 것이다. 다만 그것을 뛰어넘는 지식의 출현과 함께 오늘날 신화로 불릴 뿐이다. 이러한 경향은 인류의 지적 발달사에서만이 아니라, 한 개인의 지적인 성장 과정에도 재연되는 것이며, 과거의 로고스를 신화로 칭하여 지식과 구분하는 것처럼 개인이 극복해 온 과거의 지적인 수준도 지식과는 차별화할 필요가 있을 것이다.

있을 수 있다. 그러나 그것은 교사가 아주 오래 전에 극복한 것과 비교적 최근에 극복한 것을 지칭하는 이름이 아니다. 교사에게 초급지식이 있다면, 그의 현재 수준에 가깝게 위치하고 있어서 그가 조금만 노력하면 이해할 수 있을 만한 상위 수준의 지식이 바로 그것이다. 또한 교사에게 고급지식이 있다면, 그가 열심히 노력해야만 이해할 수 있을 만큼 그의 현재 수준을 상회하고 있는 지식이 그것이다. 이렇게 볼 때, 가감승제가 교사에게 지식에 해당한다고 말하는 것은, 그것에 아무리 '초급'이라는 수식어를 붙인다고 하더라도 일종의 난센스에 가깝다. 물론 가감승제가 하나의 수학적 지식임에는 분명하지만 교사 자신의 지식은 아닌 것이다.

교사를 중심으로 이야기할 때, 초등교사는 초급지식을, 중등교사는 중급지식을, 대학교수는 고급지식을 가르친다고 말하는 것은(물론 지식들이 학문적인 위계를 형성하는 것은 사실일지라도) 전혀 사실이 아니다. 정상적인 경우라면 교사가 특정한 수준의 교과지식을 가르친다고 할 때, 그 교과지식과 관련된 교사의 수준은 그가 가르치는 교과의 수준보다는 높아야 한다. 또는 적어도 교사는 교과지식을 해석하여 전달할 수 있을 만한 위치에 있어야 한다. 이것이 교수(teaching)라는 개념이 성립할 수 있는 최소한의 요건이다. 그리고 이 때 교사가 가르치는 것은 대부분의 경우 교사에게는 더 이상 열정과 헌신을 불러일으키는 그러한 지식으로는 성립되지 않는 것들이다. 어떻게 본다고 하더라도 교사는 자신에게 지식에 해당하는 것을 가르치는 존재가 아니라 학습자에게 지식이 될 수 있는 것을 가르치는 존재이다. 교사에게 지식에 해당하는 것은 학습자에게는 너무도 어렵고 추상적이어서 어떠한 추구의 열정도, 흥미도, 관심도 불러일으키지 못하는 공허한 관념일 뿐이다. 반대로 학습자에게 지식이 될 수 있는 것은 교사의 입장에서 보면, 그가 거쳐 온 과거의 흔적에 불과할 뿐이다. 이러한 점들을 고려할 때, 학습자의 지식과 교사의 지식은 반드시 구분하여 생각할 필요가 있다. 학습자의 지식을 마치 교사의 지식인 것처럼 이야기하고, 여기에 덧붙여 교사의 관점에서 보는 경우에도 그 학습자의 지식 가운데 어떤 것은 교사에게 초급이고, 어떤 것은 중급이며, 또 어떤 것은 고급이라고 말하는 것은 옳지 않다. 더 나아가 초급지식을 가르치는 교사가 있고, 중급지식을 가르치는 교사가 따로 있으며, 고급지식을 가르치는 교사가 별도로 있는 것인 양 생각해서도 안 된다.

교사는 그가 어떤 단계의 제도적인 교육 활동에 종사하고 있느냐에 따라 그 단계에 상응하는 다른 종류의 활동(초급의 교수 활동, 중급의 교수 활동, 고급의 교수 활동이라고 하는)을 하고 있는 것이 아니다. 오히려 교사는 그가 속해 있는 제도교육의 단계와는 무관하게 누구나 동일한 활동, 즉 자신이 과거에 극복한 것을 아직도 미래로 보고 있는 학습자들에게 이것이 그들의 현재가 되도록 돕는다고 하는 똑같은 일을 하고 있는 것이다. 교사가 학생에게 전달하는 (교사의) 과거가 아주 오래된 것이냐, 비교적 최근의 것이냐에 따라 교사가 다른 종류의 일을 하게 되는 것은 아니다. 또한 아주 오래 전에 극복한 과거를 전달하는 일은 누구나 할 수 있는 쉬운 일이고, 비교적 최근에 극복한 과거를 전달하는 일은 어렵고 전문적인 것도 절대 아니다. 오히려 보기에 따라서는 아주 오래 전에 극복하여 제대로 상기(想起)하기도 어려운 것을 가르치는 일이 비교적 최근에 극복한 것을 가르치는 일보다 더 어렵고 전문적이라 생각할 수도 있다.[9]

그럼에도 불구하고 초등학교에서 교사가 하는 교수 활동은 누구나 할 수 있는 일처럼 보이고, 중·고등학교에서 교사가 하는 교수 활동은 어려운 일처럼 보이는 것이 상례이다. 바꾸어 말하면 초등학교 교사가 수행하는 교수 활동은 손쉬운 일인 반면에 중·고등학교 교사가 수행하는 교수 활동은 아무나 할 수 없는 일이라는 것이다. 그러나

---

9) 이 주제는 이 책의 4장인 '키에르케고르의 간접전달과 초등교사의 교수 활동'에서 집중적으로 논의된다.

여기에는 중대한 개념적 착각과 오해가 놓여 있다. 누군가가 가르치는 일, 즉 교수 활동을 하려면, 그는 자신이 가르치려는 교과지식을 이해하고 해석하여 전달할 수 있을 만한 수준에 있어야 한다. 그렇지 않은 상태에서, 심지어 문제가 되고 있는 교과지식을 제대로 이해할 수도 없을 만큼 낮은 수준에 있으면서 가르치려고 드는 것은 심히 무모하다고 밖에는 할 수 없다. 만약 어떤 사람이 중·고등학교 교사의 교수 활동은 어렵고 전문적이라서 감히 자신은 할 수 없다고 진지하게 발언했다고 치자. 이 때 그 발언의 의미는 '중·고등학교의 교과지식들을 이해할 수 있을 만한 수준에 자신이 위치하고 있기는 하지만, 그것을 전달하는 활동, 즉 교수 활동이 어렵고 까다롭기 때문에 가르칠 수가 없다'라는 뜻으로 해석되어야 한다. 바꾸어 말하면, 최소한 그 사람의 지적인 수준이 중·고등학교의 교과를 이해할 수 있을 만한 수준에 있다는 것이 논리적으로 전제되어야 한다. 그렇지 못한 경우에, 즉 문제가 되고 있는 교과지식을 이해하지도 못할 만큼 낮은 수준에 있으면서도 그 교과를 가르치는 일이 어렵다거나 쉽다고 단정적으로 말하는 것은, 수많은 자식들에 둘러싸여 있는 아낙네를 처녀(處女)로 부르는 것만큼이나 개념적인 착각과 혼동을 심하게 범하고 있는 것이다.

그런데 중·고등학교 교사의 교수 활동은 어렵고 전문적이라 말하는 사람들은, 정확히 말하면, 중·고등학교 교사가 가르치는 교과지식을 제대로 이해할 만한 수준에 있지 못해서 아예 가르칠 입장에 있지도 못한 사람들이 태반이다. 그들에게는, 설사 그들이 중·고등학교 시절에 접했던 적이 있었다고 하더라도, 지금 문제가 되고 있는 지식, 즉 중·고등학교 교과서에 실려 있는 그 지식들이 지니고 있는 의미가 학창 시절에 그러했던 것처럼 지금도 여전히 이해되지 않는 것이다. 그들은, 예를 들어, 미적분은 알고 있으나 이를 어떻게 가르쳐야 하는지를 모르고 있는 것이 아니라, 미적분이 무엇인지를 아직도 제대로 모르고 있는 것이다. 그래서 그들은 자신들이 해당 교과지식을 모른다고 말해야 할 때(그 교과지식이 여전히 어렵고, 이 점에서 자신들은 배워야 하는 입장에 있다고 말해야 할 때) 그 교과지식을 가르치는 일은 어렵다고 잘못 말하고 있는 것이다.

또한 일반인들이 초등학교 교사의 교수 활동이 쉽다고 말하는 것은 '특정한 교과의 지식을 알고 있다는 것'과 '자신은 이미 극복해 온 수준의 교과지식을 그렇지 못한 학습자에게 전달하는 활동이 가르치는 일이라는 것'을 혼동하는 데서 기인한다. 예를 들어 '46+57=93'이라고 답하는 학습자에게 그것이 103이라는 사실을 가르치는 경우를 살펴보자. 일반인들은 46+57이라고 하는 연산의 능력을 하나의 지적인 습관처럼 이미 지니고 있다. 이는 너무도 당연하고 쉬워 보이는 것이다. 그러나 두 자릿수의 덧셈을 가르치는 일은 두 자리의 수치들을 더하는 일련의 연산 활동(6과 7을 더한다. 3을 쓰고 10은 올린다. 40과 50을 더한다. 더한 결과인 90에 올렸던 10을 더한다 등등)이 아니다. 이를 가르치려면 '학습자는 지금 어떤 수준에 있으며, 왜 체계적인 오류를 범하는지, 학습자로 하여금 그 오류를 자각하도록 하려면 어떻게 해야 되는지, 교사의 지도에 대하여 학습자가 예상하지 못했던 반응을 할 때 어떤 대안적 조치를 순발력 있게 강구해야 되는지' 등등을 머릿속에 떠올리며 이를 실행하고, 학습자의 학습 활동을 예의 주시하면서 안내하는 일을 해야 되는 것이다. 이것이 바로 가르치는 활동이며, 이는 연산의 활동과는 다른 것이다. 그럼에도 불구하고 일반인들은, 대개의 경우 가르치는 활동에 충분하게 참여해 본 경험이 없으면서도, 자신들이 두 자릿수의 덧셈을 할 수 있다는 사실을 들어 그것을 가르칠 수 있다는 뜻으로 잘못 말하고 있는 것이다. 여기서 짐작할 수 있듯이 초등학교 교사의 교수 활동은 쉽다는 말 역시 '무엇인가를 안다는 것'과 '알고 있는 바를 가르친다는 것' 사이에 존재하는 차이를 제대로 구분하지 못하는 데에서 오는 오해와 착각의 산물인 것이다.

이상의 논의에서 드러나는 것처럼 초등교육이 교사의 입장에서 보았을 때 초급지식에 해당하는 것을 가르치는 활동이라는 규정 역시 올바른 것이 아니다. 교사 가운데 누구는 초급지식을 가르치고, 누구는 중급지식을 가르치며, 또 누구는 고급지식을 가르친다는 경우는 있을 수 없다. 교사는 누구나 자신이 극복해 온 것, 자신은 알고 있고 할 수 있으며 자연스러운 것을 아직 모르고 있고, 할 수 없으며, 익히기 위하여 애를 쓰고 있는 학습자들에게 진정 그들의 것이 될 수 있도록 가르친다고 하는 동일한 일을 하고 있는 것이다.

6. 교육의 가치와 교과의 가치

교과가 교육에 중요한 요소이기는 하지만, 그것의 수준 또는 교과에 반영되어 있는 진, 선, 미 등이 교육의 가치나 질을 결정하는 것은 아니다. 고급 수준의 교과를 가지고도 얼마든지 부실하게 배울 수 있으며, 초급 수준의 교과를 가지고도 충실하게 배울 수 있다. 전자를 초급의 학습이라 한다면, 후자는 고급의 학습이라 할 수 있다. 원칙상 학습자는 누구나 자기 수준에서 최고·최선의 지식을 겨냥하여 학습하는 것이며, 그러한 학습의 활동을 충실히 수행하는 한, 그는 무엇을 학습하고 있는가와는 관계없이 고급의 학습 활동을 수행하고 있는 것이다. 그리고 고급의 학습 활동을 수행하고 있는 훌륭한 학생(best student)을 그가 배우고 있는 것이, 예를 들어 '1+2=3'이라고 하여 초등학생(초급학생)이라 부르는 것은, 그것이 현행의 제도적 구분으로 인하여 어쩔 수 없이 사용되는 경우를 제외하면 전적으로 틀린 표현이다. 그는 그야말로 '고등학생'(고급학생)[10]인 것이다.

---

10) 고등학교(high school)에 다니는 학생이라는 의미가 아니라, 고급의 학습 활동

이러한 논리는 교수 활동의 경우에도 거의 그대로 적용된다. 교사는 초급이나 중급 또는 고급의 지식을 가르치는 교사로 삼분(三分)되어 있는 것이 아니며, 누구나 자신에게 기지(旣知)의 익숙한 것을 미지(未知)의 낯선 것으로 보고 있는 학습자들에게 전달하여 이해시킨다고 하는 동일한 일을 한다. 그리고 그가 무엇을 가르치고 있든지 간에, 그러한 전달의 활동과 이해를 돕는 활동을 충실히 수행하고 있는 이상, 그는 훌륭한 교사(best teacher)인 것이다. 만약 초급교사(초등교사)가 있다면, 그는 초급지식을 가르치는 교사가 아니라 바로 자신이 알고 있는 것을 학습자들에게 전달하여 이해시키는 교수의 활동을 제대로 수행하지 못하는 교사를 의미한다.

우리가 이렇게 생각할 수 있다면, 교과의 학문적이거나 예술적인 또는 도덕적인 수준과 관련하여 그 가치를 판정하는 기준과 '잘 가르치고 잘 배우는 것', 즉 고급의 교수 활동과 학습 활동을 판정하는 기준은 동일한 것이 아니라고 말할 수 있다. 그리고 전자를 '교과의 기준' 또는 교과는 학문이나 예술·도덕 등으로 구성되므로 학문적 기준·예술적 기준·도덕적 기준으로 부를 수 있다면, 후자는 교육 활동 자체의 질과 수준을 재는 '교육적 기준'이라 부를 수 있을 것이다. 물론 가치를 판정하는 기준 자체가 그 가치가 지향하여 나아가는 방향과 일치하므로 이를 교과의 가치와 교육의 가치로 부를 수도 있다. 이 양자는 어떠한 것인가? 과연 교과의 가치와 구분되는 것으로 교육의 가치가 존재하는가?

잠시 이야기를 돌려 이러한 점을 먼저 생각해 보자. 낚시는 물고기를 잡는 활동이다. 물고기가 없이는 낚시를 할 수 없다. 물고기는 낚시의 필수 불가결한 요소이다. 물고기가 살지 않는 더러운 물에 낚싯대를 드리우고 있는 사람은 정신이 온전하다고 보기 어렵다. 그러나 그렇다고 해서 물고기가 낚시의 전부인 것은 아니다. 그 물고기를 겨

───

을 수행하는 학생이라는 의미로 읽어야 한다.

냥하여 이루어지는 일련의 활동들, 즉 낚싯줄을 매고, 찌를 드리우며, 미세한 진동을 간파하고, 낚싯대를 채며, 뜰 채를 사용하는 것 등과 같은 낚시의 활동들이 있다. 낚시는 이러한 활동들과 그 활동이 겨냥하는 대상인 물고기 사이의 조화로운 관계로 구성된다.

낚시를 하는 목적은 무엇인가? 만일 어떤 사람이 생계(生計)를 위하여 낚시를 하고 있다고 가정하자. 그 사람에게는 당연히 낚시를 통하여 얻게 되는 물고기, 더 정확히는 물고기를 통하여 얻는 이윤이 낚시의 목적에 해당될 것이다. 그러나 이러한 사정이 생계 때문에 낚시하는 사람에게만 국한되는 것만도 아닌 듯하다. 생계와는 무관하게 낚시하는 사람들도 물고기를 낚아 올린 그 순간 환호하고 물고기의 크기를 재고 탁본(拓本)을 뜨는 등 난리를 피우는 것을 보면 그들에게도 물고기가 목적에 해당하는 것처럼 보이기도 한다. 물론 물고기를 낚는 일련의 낚시 활동들은 물고기를 잡기 위한 수단적 활동에 해당한다. 그리고 그러한 수단적 활동의 가치는 그 수단을 통하여 얻은 목적이 지니는 가치에 의하여 저절로 결정되기 마련이다.

그러나 이것만이 우리가 낚시를 하는 이유나 목적의 전부인 것은 아니다. 낚시터에서 가끔 발견되는 일이기는 하지만, 물고기를 얼마간 잡고 난 뒤에는 물고기를 다시 물에 풀어주고 그 물고기를 대상으로 낚시를 계속하는 경우가 있다. 이러한 행동은 낚시의 목적을 물고기에서 찾으려는 사람들의 눈에는 도대체 이해하기가 불가능한 변태적 행각(變態的 行脚)으로 비칠 우려가 있다. 그러나 이러한 경우가 심심찮게 발견되는 것을 보면, 이들을 반드시 정신나간 사람들로 치부하기도 어렵다. 여기에는 분명 어떠한 이유가 있을 것이다.

그 이유를 한 마디로 말하기는 어렵지만, 물고기를 낚기 위하여 수행하는 일련의 활동들, 즉 낚시하는 활동 자체에 들어 있는 내적인 가치를 제외하고는 이유를 생각하기가 불가능할 것이다. 다시 말하면, 낚시라고 하는 전체적인 활동을 구성하는 여러 가지 하위 활동들이 존재할 것이고, 그 활동들이 적절한 계열을 형성하면서 최적의 조화를 이루는 경우에 낚시하는 사람들이 느끼는 보람과 가치가 있을 것이다. 그리고 이것이 낚시를 하는 이유로 성립될 수 있는 것이다. 이 경우에는 오히려 물고기가 낚시 활동을 수행하기 위한 소재나 도구가 된다. 물고기를 낚기 위하여 낚시를 하는 것이 아니라, 낚시를 하기 위하여 물고기를 이용하는 것이다.

교육의 가치는 무엇인가? 그것을 탐색하는 데에는 방금 위에서 보여준 낚시에 대한 분석이 도움이 될 수 있다. 무슨 말인가 하면, 낚시는 물고기를 낚는 도구적 활동이라고 생각하듯이 교육은 교과를 가르치고 배우는 도구적 활동이라고 생각할 수도 있지만, 물고기가 낚시하기 위한 도구도 될 수 있듯이 교과도 가르치고 배우기 위한 도구가 될 수 있다는 뜻이다.[11] 그렇다면 교과가 가르치고 배우기 위한 도구가 된다는 것은 무슨 의미인가? 진, 선, 미 등과 같은 교과의 가치와는 구분되는 것이면서, 동시에 교과가 도구로 활용되면서까지 추구할 만한 교육의 가치라는 것이 별도로 존재하는가?

교과는 그것이 아무리 낮은 수준의 것이라고 하더라도 그 수준에 상응하는 만큼의 진, 선, 미를 반영하고 있다. 따라서 학습자가 일정한 수준의 교과를 습득하게 되면 그는 그 속에 깃들어 있는 교과의 가치를 체험하게 된다. 더욱이 학습자가 학습하는 교과는 학습자 자신에게는 최고·최선의 것이다. 이로 인하여 누구든 그가 학습을 통

---

11) 듀이는 『민주주의와 교육』에서 '교육의 목적'을 설명하는 가운데 총을 쏘는 활동을 수행하는 목적이 토끼에 있는 것이 아니라, 토끼까지를 하나의 요소로 하는 전체적인 활동, 즉 총을 쏘는 활동을 제대로 수행하는 데에 있다고 이야기한다(Dewey, 1916a: 112). 토끼는 총을 쏘는 활동을 수행하는 데에 필요한 도구라는 것이다. 이를 교육의 맥락에 맞도록 고쳐 쓰면, '교육의 목적은 교과를 습득하는 데에 있는 것이 아니라, 일차적으로는 교과를 소재로 하여 가르치고 배우는 교육의 활동을 개선하는 데에 있다'는 것이 된다. 교과와 교육을 구분하는 듀이의 이러한 발상은 특히 초등교육을 재개념화하는 데에 아주 귀중한 단서가 된다.

하여 교과를 습득하게 되면, 적어도 당사자는 엄청난 보람과 가치를 체험하기 마련이다. 그리고 이것은 교과에서 비롯되는 가치라고 말해도 별다른 무리가 없을지도 모른다. 그러나 그것이 교과의 가치라면, 즉 진이나 선이나 미라면, 그것이 당사자에게 지고(至高) 지선(至善)의 것으로 체험된다고 하더라도, 엄격히 말해 그것은 지식과 예술과 도덕의 위계에 있어서 특정한 위치, 학습자의 수준에 상응하는 위치를 차지하는 것이다. 따라서 원칙상 그만큼의 학문적이거나 예술적인 또는 도덕적인 가치를 인정받을 수 있을 뿐이다. 46+57=103이라는 사실을 깨달은 학습자에게 그 깨달음이 아무리 소중하고 나름대로는 위대한 발견이라고 하더라도 그의 발견이 지니는 가치는, 예를 들어 아르키메데스가 '유레카'(eureka)를 외치며 자축한 부력(浮力)의 원리 발견에 비하면 학문적으로 별다른 가치를 지니지 못한다. 그것은 결코 위대한 발견일 수가 없는 것이다. 오히려 46+57=103이라는 것을 알고 그토록 기뻐한다는 그 사실 자체가 학습자의 학문적인 왜소함을 말해주는 것이다.

　그러나 학문의 시각이 아니라 교육의 눈으로 보면, 이와는 전혀 다른 종류의 이야기를 할 수도 있다. 부력의 원리와 두 자릿수의 덧셈이 차지하는 지적인 수준을 논외로 하면, 아르키메데스나 두 자릿수의 덧셈을 푸는 학습자나 성격상 동일한 활동, 즉 학습의 활동을 전개하고 있다. 그들은 모두 자신들의 현재 수준에서 도전할 만한 문제, 그들을 정서적으로나 인지적으로 사로잡는 문제에 직면하여 이를 해결하는 데에 몰입하고, 이리저리 문제해결의 활동을 전개하는 가운데 나름대로의 발견에 도달하고 발견의 기쁨을 향유하는 것이다. 물론 그 발견의 산물은 학문적인 가치 기준에 의하여 차별적인 수준에 정치(定置)될 수 있다고 하더라도, 그들이 전개한 발견 활동 자체의 질은 교육적인 관점에서 동등한 가치를 인정받을 수 있다. 그들은 모두 뛰어난 학습자들로서 고급의 학습 활동을 전개했다고 평가받을 자격이 있는 것이다.

교과에 반영되어 있는 진, 선, 미 등의 여실한 체험은 높은 수준의 학문이나 예술 또는 도덕 등을 전제한다. 고귀한 진, 선, 미를 체험하려면, 우리의 수준이 그만큼 높지 않으면 안 된다. 바로 이 점에서 교과의 가치는 교과의 수준이 높아감에 따라 극대화된다. 반면에 교육이 추구하는 가치는 어떠한 학습자든지 간에 그가 자신의 수준에서 나름대로 최선의 과제나 문제에 도전하여 학습을 충실히 전개하는 한, 그가 학습의 결과로 어떤 수준의 지식에 도달했는가와는 무관하게, 모든 수준에서 동등하게 체험될 수 있다. 자신의 문제를 가지고 충실히 씨름하는 한, 누구든지 나름대로의 교육적인 성취를 하고 그러한 과정에서 진실된 학습의 가치를 향유할 수 있는 것이다.

만약 이렇게 생각할 수 있다면, 우리는 교과의 가치와는 성격이 구분되는 것으로서 '학습의 가치'를 상정할 수가 있다. 그리고 고급의 학습과 중급의 학습 또는 초급의 학습은 그 학습에서 다루는 교과의 수준에 의하여 저절로 결정되는 것이 아니라, 학습 활동 자체의 충실성 여부에 의하여 가려진다고 볼 수 있다. 교과의 기준으로 보면 보잘것없는 성취임에도 불구하고 이와는 상관없이 학습의 활동을 충실히 전개하고 이로부터 엄청난 보람과 가치를 체험하게 되는 경우가 있다. 이러한 사례 속에서 우리는 교과의 수준이나 그 수준에서 비롯하는 교과의 가치로는 온전히 설명되지 않는 학습의 가치가 있음을 알 수 있다. 그리고 이것이 진, 선, 미 등과 같은 다른 가치들 만큼이나 고귀하고 인간이 추구할 만한 것이라고 하면, 우리는 학습의 가치를 극대화시키기 위하여 교과를 도구로 활용할 수 있는 가능성에 대하여 이야기할 수 있게 된다.

학문적이거나 도덕적인, 또는 심미적인 기준에서 어떠한 것이 좋은 교과인가를 생각한다면, 그것은 말할 필요도 없이 최고·최신의 학문이나 예술 또는 도덕일 것이다.[12] 그러한 것들이야말로 다른 것들과는 비교할 수도 없을 만큼 고귀한 진, 선, 미를 반영하고 있는 것이다. 그러나 학습의 가치를 보장하고 이를 극대화시킨다는 데에 주목하면, 이와는 다른 것이 좋은 교과로 선정될 수도 있다. 학습의 가치라는 점에서 볼 때, 학문적으로나 도덕적으로 또는 심미적으로는 낮은 수준의 것이라고 하더라도, 그것이 학습자의 현재 수준과 적절히 불일치하여 학습자의 내면에 흥미와 관심, 추구의 열정 등을 유발하고 학습의 활동을 수행하도록 추진하는 힘을 지니고 있다면, 그것은 좋은 학습의 자료인 셈이다(Dewey, 1916a, 1938). 오히려 최고·최신의 지식은 그것이 학습자의 현재 수준에서 볼 때 지나치게 고원(高遠)한 경우, 학습을 유발하는 힘과 이를 지속시키는 힘을 지니지 못하는 것으로서 학습의 자료가 되지 못할 수가 있다. 그것은 학문적으로는 가치 있는 지식이라고 하더라도 교육적으로는 그렇지 못한 것이다. 좋은 교과, 좋은 학습의 자료는 학습자의 학습을 유발하여 그로 하여금 학습의 가치를 체험하도록 해줄 수 있는 것으로서 전자는 후자를 위한 도구이며 소재(素材)인 것이다. 즉, 교육적으로 가치 있는 교과는 실제로 학습자의 학습 활동을 촉발함으로써 학습의 소재가 될 수 있는 것이라야 한다. 물론 좋은 학습의 소재가 반드시 학문적으로도 고귀한 것은 아니다.

 교육의 가치에 해당되는 것은 학습의 가치만이 아니다. 여기에는

---

12) 브루너가 주창한 학문중심 교육과정은 이른바 '학문의 최전선에서 작동하는 고등지식(advanced knowledge)과 학교에서 가르치는 초보지식(elementary knowledge) 사이의 간극을 좁혀야 한다'는 문제의식에 기반을 두고 있다(Bruner, 1978: 25-26). 그리고 학습자의 이해 방식에 맞도록 고등지식을 번역해주는 데에서 해결 방법을 구하고 있다. 이는 이상적인 교육이란 높은 수준의 교과를 가르치고 배워야만 한다는 교과중심주의자들의 강박관념을 두드러지게 보여준 경우이다. 그리고 특히 초등교육의 교과를 브루너의 학문중심 교육과정 또는 나선형 교육과정의 아이디어에 맞도록 선정하여 조직하는 일이 실제로 일어났다면, 즉 학습자에게 최고·최선의 지식이 아니라 해당 교과의 최고 지식을 제공하는 일이 실제로 일어났다면 이는 초등교육의 본질을 왜곡한 대표적인 사건으로 기록되어야 할지도 모른다.

가르치는 활동의 가치, 즉 교수의 가치도 포함된다. 그러나 만약 교육이 추구하는 가치가 교과의 가치라면, 교과의 가치가 교육의 가치라면, 가르치는 일의 의미와 의의는 전혀 설명할 길이 없어지고 만다. 왜냐하면 교사란 원칙상 자신의 수준보다 낮은 수준의 교과를 가르치는 존재이며, 그것이 그의 수준을 밑도는 이상, 교사가 특정한 수준의 교과를 가르치면서 그 교과지식의 가치에 매료된다거나 그 교과지식에 힘입어 성장한다거나 하는 일은 벌어질 수가 없다. 만약 그러한 일이 벌어진다면 이는 대단히 염려스러운 사태일 것이다. 미적분을 가르치는 교사든, 이차방정식을 가르치는 교사든, 아니면 더하기를 가르치는 교사든, 그들이 가르치는 것은 그들에게 더 이상 지식으로서의 적극적인 의미를 지니지 못한다. 물론 그것들은 수학적 지식의 위계상 상대적으로 높고 낮음의 차이를 보이겠지만, 이미 그 수준을 극복한 교사에게 그것은 더 이상 추구의 대상이 되지 못한다는 점에서 별다른 차이가 없다.

그렇다면 교사는 왜 가르치는 일을 하는가? 그 이유를 경제적인 차원에서 설명한다거나 교과가 담고 있는 가치를 들어 설명하기는 어렵다. 동서고금(東西古今)을 막론하고 가르쳐서 버는 수입이야 뻔한 것이며, 교사가 가르치는 교과지식은 교사에게 지적이거나 심미적인 추구의 대상도 아니기 때문이다. 그렇다고 해서 흔히 이야기하듯이 교사가 학생이나 아동을 사랑하기 때문에 자기 희생이나 봉사를 하고 있는 것이라고 설명하기도 어렵다. 이 경우 교사의 자질은 사랑이라는 추상적인 덕목으로 귀결되며, 교사교육의 의의는 거의 완전히 사라져버린다. 그러나 교사가 학생들을 사랑한다는 말이 가르치는 진짜 이유가 될 수 없다는 사실은 누구보다도 이 세상의 교사들 스스로가 너무도 잘 알고 있다. 그들은 교사일 뿐이지 성자(聖者)가 아닌 것이다.

그럼에도 불구하고 세상의 교사들은 자신에게는 별다른 매력도 지니지 못하는 교과를 학생들에게 그야말로 열정적으로 가르치고 있다. 그들의 열정이 위선이 아니라면, 여기에는 교사를 사로잡는 어떠한 가치가 존재한다고 보아야 할 것이다. 그 후보로 우리가 생각할 수 있는 것이 가르침의 가치이다. 자신은 알고 있으며, 할 수 있고, 또 자연스러운 것이라고 하더라도 이를 모르고 있고, 할 수 없으며, 낯설게 느끼는 학습자들에게 진정으로 이를 이해시키고 체득시키기 위하여 가르친다는 것은 하나의 도전적인 과제로 성립할 수 있다. 학습자들의 수준이 어디인지를 진단하고, 그들이 흥미를 지닐 수 있도록 교과를 조직하여 제시하며, 문제에 직면한 학습자에게 그 문제해결의 활동을 안내하거나 처방하면서 학습의 활동을 조력한다는 것은 결코 쉬운 일이 아니다. 그리고 그 간단치 않은 일이 바로 그 일에 종사하는 사람들을 사로잡는 가치를 내장하고 있는 것이다. 이것이 가르침의 가치이며, 가르침의 가치는 교사가 가르치기 위하여 활용하는 교과의 가치로는 결코 환원될 수 없다. 가르침의 가치는 교과가 내장하고 있는 진, 선, 미라는 가치가 아닌 것이다. 그것은 다른 종류의 가치이다. 그리고 이러한 복잡한 가르침의 활동을 충실히 전개하면서 가르침의 내재적인 가치를 향유하는 이상, 그는 훌륭한 교사(고등교사)인 것이다. 바로 이 점에서 우리는 두 자릿수의 덧셈을 소재로 삼아 고급스러운 교수 활동을 전개하는 교사를 심심찮게 목격할 수 있는 것이며, 제도적이며 관례적인 구분으로 그 교사를 초등교사라고 부른다고 하더라도, 실질적으로 그 교사는 고등교사임을 확인할 수 있다.

7. 새로운 초등교육의 탐색

우리는 그 동안 초급지식이라는 정체가 불분명한 실체를 너무나도

자명한 것으로 상정하고, 이를 가르치고 배우는 교육이 곧 초등교육
이라고 보는 대단히 안이한 사고 방식에 안주해 왔는지도 모른다. 그
리고 이러한 편리한 발상의 이면에는 교과의 가치가 곧 교육의 가치
이며, 교과의 수준이 교육의 의의와 질, 중요도, 가치 등을 좌우한다
는 생각이 함께 놓여 있다. 그러나 지금까지 우리가 논의해 온 것처
럼 초급지식을 가르치고 배우는 것이 초등교육이 아니며, 교과의 수
준이 곧 교육의 질과 가치를 결정하는 것이 아니라고 생각할 근거가
있다면, 이를 토대로 삼아 초등교육의 실체에 새롭게 접근할 필요가
있을 것이다.

초등교육을 새롭게 재개념화하기 위한 실마리는 의외로 단순한 데
에서 찾을 수 있다. 우리말로 초등교육과 중등교육이라 번역되었지
만, 원래의 영어 표현은 primary education과 secondary education이
다. Primary와 secondary라는 수식어는 하나의 전체로서의 활동이 조
화를 이루어 원활히 이루어질 수 있도록 논리적이거나 시간적인 순서
상 '일차적으로' 수행되어야 하는 활동과 이를 토대로 하여 '이차적
으로' 수행되어야 하는 활동을 구분하는 경우에 사용된다. 이러한 사
실을 감안할 때, primary education과 secondary education을 초등교
육과 중등교육으로 번역한 것은 잘못이다. 이 두 가지 교육은 모두
교육으로서 교육적인 본질을 공유하지만, 동시에 제도교육의 원활한
운영을 위하여 중요한 교육적 소임을 분담하고 있다고 이해해야 한
다. 그리고 그 교육적인 역할의 분담 가운데 논리적으로나 시간적으
로 선행하는 것을 담당하는 교육이 primary education이며, 이를 토대
로 하여 그 다음 단계에서 이루어지는 일을 담당하는 교육이 sec-
ondary education임에 분명하다. 이렇게 생각할 때, 우리가 primary
education이 마땅히 담당해야 되는 과제로 상정할 수 있는 것이 '학
습의 가치와 학습 활동 자체에 대한 학습', 즉 '메타학습'(metalearn-
ing)[13]이다(엄태동, 2000b, 2001a). 어떠한 인간 활동이든지 간에 그 활

동의 세계에 누군가가 입문하면, 그 세계가 지니는 가치와 그 세계에 종사하면서 그 가치를 추구하는 방법에 대한 지도가 반드시 첫 단계의 과제로 필요한 만큼 설정되기 마련이다. 이를 생략하고는 다음 단계로 나아가기도 어려울 뿐만 아니라, 종국에는 그 세계의 존속과 유지마저도 위협받게 된다.

제도교육의 첫 단계로서 primary education에 이제 막 입문한 학습자들은 체계적인 형태의 학습 활동을 본격적으로 전개해 본 경험이 없다. 그들에게는 학습을 주재(主宰)할 수 있는 체계적인 능력이 결여되어 있는 것이다. 이를 그대로 두고는 어떠한 형태의 교과학습도 사실상 불가능하다. 초등교육은 메타학습을 본질적인 과제로 하며, 이 경우에 다양한 교과들은 메타학습을 위한 도구나 소재로서의 가치를 지닌다. 물론 메타학습은 시간표상의 한 과목으로 편성되어 운영되지는 않는다. 그것은 다양한 교과학습의 시간에 그 교과를 소재로 삼아 이루어진다. 예를 들어 초등학교의 교사는 수학이라는 과목을 가지고 그 과목의 특정 내용을 학습자들이 자신의 것으로 소화하려면 어떠한 학습의 활동들을 수행해야 하는지를 처방하고 안내하면서 수업을 진행할 수 있다. 이 때 그 시간을 명목상 수학 시간이라 할 수 있을지는 모르나, 실질적으로 교사가 수행한 것은 학습 활동을 어떻게 수행해

---

13) 많은 경우에 메타학습은 교과의 성취도를 높일 수 있는 다양한 학습전략 (learning strategy)을 습득하는 활동(Nisbet & Shucksmith, 1986) 또는 교과내용을 그것을 구성하는 중요 개념들을 중심으로 도식화(圖式化)하여 파악하는 능력을 기르는 활동 정도로 거론되고 있다(Novak & Gowin, 1984). 그러나 지금 여기서 제안하는 메타학습은 학습의 가치를 제대로 체험할 수 있도록 학습을 구성하는 요소적인 활동들을 유기적으로 연결시켜 최적의 조화를 형성하는 학습의 역량을 의미한다. 그것은 학습의 세계를 이해하고 이에 근거하여 학습을 학습답게 수행하는 것으로서 교과의 성적을 높이기 위한 잡다한 기능들(skills)을 익히는 활동이 아니다. 학습을 하나의 가치있는 인간적 삶의 방식 가운데 하나로 보고, 그것을 대상으로 학습을 전개해 나가는 것이 바로 메타학습인 것이다. 이러한 뜻에서의 메타학습의 실체를 드러내는 일은 지속적인 탐구를 요청하는 교육학의 중요한 탐구 영역 가운데 하나이다. 이에 대해서는 신기현(2002)을 참고하라.

야 하는가에 대한 지도이다. 이것이 초등학교에서 메타학습이 이루어지는 전형적인 방식이다.

반면에 중등교육은 secondary education으로서 초등교육을 통하여 가능한 만큼 학습의 가치를 체험하고 학습의 역량을 지니게 된 학습자들을 대상으로 본격적인 의미의 교과학습을 시작한다. 물론 이러한 의미에서의 교과학습은 메타학습을 전제하기 마련이다. 교과학습이 명시적인 주목을 받으며 이루어지는 가운데 눈에 보이지 않는 방식으로 언제나 메타학습이 수반되는 것이다. 초등교육을 통하여 습득된 학습의 가치와 역량이 학습자가 중등교육을 통하여 교과를 학습하는 가운데 계속적으로 심도 있게 체험되고 신장된다. 바로 여기서 초등교육과 중등교육이 명실공히 primary education과 secondary education으로서 교육적인 역할을 분담하고 서로 조화를 이룰 수 있는 단서를 찾을 수 있다.

물론 primary education으로서 초등교육의 과제가 메타학습에만 국한되는 것은 아니다. 이 단계의 교육을 받는 동안 학습자들은 자신의 소질과 적성의 방향을 탐색할 수 있어야 한다. 그래야만 secondary education의 단계에서 자신의 소질 및 적성과 부합하는 교과들을 중심으로 개성 있는 교과학습을 받을 수 있다. Primary education을 통하여 소질과 적성을 탐색하지 못하면, 지금 우리의 중고등학교에서 볼 수 있는 것처럼 10여 개의 이질적인 교과에서 모두 100점을 받아야 한다는 몰개성적일 뿐만 아니라 도저히 있을 수도 없는 중등교육에 시달리게 된다. 그런데 학습자가 primary education을 통하여 소질과 적성을 찾도록 도우려면 교사는 필요한 만큼 복수(複數)의 교과로 무장하고 있을 필요가 있다. 한 사람의 교사가 다양한 교과를 동시에 제공해야만 그 교과들 가운데 상대적으로 학습자가 학습의 의욕을 보이면서 충실히 학습을 계속해 나갈 수 있는 교과들이 어떤 것인지를 식별할 수가 있다(엄태동, 2000b, 2001a). 바로 이 점에서 secondary education을 담당하는 교사와는 달리 primary education을 담당하는 교사는 하나의 교과를 전담하는 것이 아니라, 필요한 만큼 복수의 교과를 담당해야 되는 것이다.

초등교육을 통하여 학습자가 메타학습의 능력을 습득하고 자신의 소질과 적성의 방향을 탐색하게 되면, 중등교육은 학습자 각각의 소질과 적성에 부합하는 교과들을 중심으로 특색 있는 심화교과학습을 진행해 나갈 수 있다. 심미적인 소질을 갖고 있는 학습자에게는 문학과 연극과 음악과 미술 등을 중심으로 하고 다른 교과들은 부수적인 것으로 하는 교과학습을 제공해야 된다. 과학적 탐구에 관심이 있는 학습자에게는 물리와 화학과 생물과 수학 등을 주로 하면서 이를 깊이 있게 가르치고 다른 교과들도 필요한 만큼은 가르칠 수 있어야 한다. 모든 학습자들에게 학교의 전교과(全敎科)를 획일적으로 제공하고 이들 교과들에서 균등한 성취를 요구하는 중등교육은 올바른 것이 아니다. 이를 통해서는 아무런 개성도 없는 인간이 배출될 뿐이다. 그런데 이러한 문제는 중등교육만의 잘못이 아니라, 초등교육이 제도교육의 첫 단추를 잘못 끼운 데서 비롯되는 것이기도 하다. 바꾸어 말하면, 초등교육의 본질적인 소임을 별도로 모색하고 이를 추구하기보다는 초등교육을 중등교육의 재판(再版)으로 보고 그 틀을 짠 데서 초등교육만이 아니라 중등교육마저도 그 본질을 잃고 만 것이다. 초등교육과 중등교육이 교육적인 소임을 분담하면서 유기적인 조화를 이룰 경우에만 제도교육의 전반적인 과정이 원활히 전개될 수 있다. 이 점에서 초등교육을 교과의 초급지식을 가르치고 배움으로써 중등교육을 준비하는 교육이라고 보는 고정관념에서 벗어나 중등교육과의 유기적인 연결을 모색하는 가운데 새롭게 개념화할 수 있어야 한다.

초등교육을 재개념화하고자 할 때, 초등학교의 학습자들이 나름대로 최고 · 최선의 교과를 겨냥하여 수행해야 되는 학습의 활동이 어떻게 전개되어야 하는지를 밝히고 이를 학습자들에게 습득시키는 활동은 초등교육의 주된 과제 가운데 하나로 자리잡게 될 것이다. 그리고 그러한 초등교육을 담당하는 교사가 다양한 교과들을 어떻게 메타학습의 도구로 활용하여 학습의 가치와 학습의 역량을 학습자들에게 가르칠 수 있는지를 연구하고, 예비교사들이 실제로 그러한 메타학습을 지도할 수 있는 교수의 역량을 갖추도록 하는 일은 초등교육을 담당할 교사의 양성과 관련하여 대단히 중요한 과제가 될 것이다.[14) 교과의 가치와 구분되는 것으로 교육의 가치를 발굴하여 이를 활성화하는 일은 모든 단계의 교육에서 주목해야 될 과제이다. 그러나 그것은 무엇보다도 여기서 시사하는 것과 같은 방식으로 초등교육의 본질을 구명하고 이를 실현하고자 할 때, 특히 중요한 일이 된다.

---

14) 초등학교에서 복수의 교과를 담당할 수 있도록 교사를 기른다는 명분하에 양과 질에 있어 사범대학 수준의 전공 교과목을 교육대학의 심화과정으로 개설하려 시도하고, 이를 교육대학의 교육과정으로 모두 관철시키려는 관례적인 타협은 지양되어야 한다. 10여 개 교과를 모두 잘하도록 하면 유능한 초등교사가 양성될 수 있다는 식의 산술적(算術的) 접근은 절대로 옳지 않다. 이러한 방식으로는 사범대학과 구분되는 교육대학만의 특색 있는 교육 프로그램을 개발할 수 없다. 그리고 이는 계속적으로 초등교육의 정체성과 교육대학의 위상에 해를 끼칠 것이 분명하다. 초등교육의 적은 밖에 있는 것이 아니다. 초등교육의 본질에 충실하기보다는 자신의 교과와 강의 시수(時數)를 지키려고 드는 우리 교육대학 교수들의 내면에 이미 초등교육의 적이 도사리고 있다.

재개념화를 위한 단상

초등교육, 초등교사, 초등학생이라는 개념은 교육학의 학문적 개념이 아니다. 그것은 제도교육과 관련된 일상적인 담론에 사용되는 개념일 뿐이지 도대체가 학문의 개념일 수는 없다. 그러면서도 그것은 교육에 대한 학문적인 사유를 지배함으로써 치명적인 이론적 오류를 낳는 원천이 되고 있다. '가르치고 배우는 활동이 전개되기 이전이라고 하더라도 그 교육이 다루어야 할 교과지식이 초급 수준이라면, 그 교육은 당연히 초급이라고 규정되어야 하며, 어떻게 가르치고 배우든 이와는 무관하게 언제나 초급인 교사와 학생이 있다'는 식의 그릇된 생각들이 모두 이들 개념에서 비롯된다. 그러나 교육은 물론이고 교사나 학생 모두는 초급을 지양하고 고급을 지향하기 마련이며, 그들이 교육의 내재적인 규칙을 만족시키면서 가르치고 배우는 이상, 그들에 대한 평가는 초급이나 초등이 아니라 고급이나 고등이어야 한다. 이 점에서 이들 개념들은 초등교육을 새롭게 재개념화하려는 우리로서는 기꺼이 버릴 필요가 있는 것들이다.

그런데 교육학에서 가장 빈번하게 사용되고 있고, 따라서 교육학의 개념이라고 생각하기 쉬운 것 가운데서도 그것이 과연 교육을 포착하는 데에 적절한 것인지가 의심스러운 개념들이 있다. 그중에서도 대표적인 것으로, 이 책의 3장에서도 흔하게 사용된 것이기는 하지만, 교수(instruction)와 학습(learning)이라는 개념을 들 수 있다. 교수(敎授)라는 용어는 instruction이라는 영어의 번역어로 구안된 것이며, 원래 우리의 토착적인 교육 관련 용어는 아니다. 이는 학습(學習) 역시 마찬가지이다. 우리의 경우 학(學)과 습(習)을 붙여서 쓰는 경우는 없었다. 이 경우 교수와 학습이라는 신조어(新造語)가 instruction이나 learning이라는 개념에 대한 적절한 번역어인지가 문제가 된다. 그러나 정작 더 큰 문제는 instruction이나 learning이라는 개념이 우리가 흔히 '가르침'이나 '배움'이라는 말로 지칭하는 교육 활동을 제대로 드러내고 있는 것 같지 않다는 데에 있다.

먼저 교수란 특정한 교과의 내용들과 관련된 성취도 평가에서 학습자들이 높은 성적을 받을 수 있도록 교과의 내용들을 조직하여 제공함으로써 학습자들이 이를 오랜 기간 기억할 수 있도록 하는 활동을 의미하는 경우가 많다. 아마도 이것이 교수라는 개념의 대체적인 의미일 것이다. 여기서 우리는 교수라는 개념이 '가르치는 활동'을 '학습자가 교과의 내용을 기억하기 용이하도록 돕는 활동'으로 단순화시키고 있음을 짐작할 수 있다. 이는 가르치는 일을 기억을 보조하는 활동과는 다른 것으로 보는 우리의 기대와는 크게 어긋나는 것이다. 문제는 여기서 그치지 않는다. 교수라는 개념은 학습자가 기억하는 내용이 가치 있는 것인지 아닌지를 고려하지 않는 가치중립적 개념, 또는 공학적 개념(工學的 槪念)에 해당한다. 그것이 무엇이든지 간에 주어진 것을 학습자가 기억하도록 돕는 가장 효율적인 방법과 절차가 곧 교수라는 것이다.

그러나 우리가 가르침이라는 말로 지칭하고자 하는 교육의 활동은 그러한 것이 아니다. 가르치는 일은 단편적인 사실이나 정보 등을 상대방에게 기억시키는 절차나 기법 등과는 거리가 있다. 가르침은 적어도 상대방이 그의 현 수준보다는 한 단계 높은 것을 배우도록 조력하는 가운데 그가 배운 바대로 사고하고 행동하며 살 수 있도록 안내하고 이끄는 활동이다. 그것은 기계적인 절차나 형식적인 방법 등으로는 환원될 수 없는 대단히 복잡한 기예적(artistic) 활동이다. 또한 그것은 상대방을 변화시키되 그 변화가 가치 있는 방향을 향하도록 이끄는 가치 지향적인 활동이다. 이상과 같은 점들을 고려할 때, 교수라는 개념이 교육 세계의 토착 용어인 '가르침'이 지칭하는 것과 동일한 실체를 가리키는 것인지는 신중히 숙고될 필요가 있다. 사실 교수라는 개념은 다음에서 이야기할 심리학 분야의 학습이라는 개념과 대(對)가 되도록 구안된 것으로서 그 소속이 교육학이 아니라 심리학인 개념이다.

학습이라는 용어는 원래 심리학의 개념으로서 유기체에게 특정한 변화가 생기기만 하면, 그 변화가 가치 있는 것인가와는 무관하게 그 변화를 일으킨 일체의 기제(機制)를 가리키기 위한 개념으로 고안되었다. 심리학의 서적들에는 '개가 침을 흘리는 행동을 학습했다'거나 '아동이 공격적인 성향을 학습했다'는 등등의 말이 전혀 어색하지 않게 등장한다. 그러나 배움이라는 활동은 이러한 경우를 지칭하는 개념이 아니다. 우리가 무엇을 배운다는 것은 현재의 수준보다는 한 단계 성장함으로써 그에 상응하는 인식이나 미적인 체험, 또는 도덕적인 삶을 우리의 것으로 향유하게 된다는 점을 뜻한다. 이 점에서 배움이라는 활동은 대단히 가치 지향적인 활동이다. 교육의 세계에서 배움이라는 것은 그 결과로 '침을 흘리는 이상한 상태'를 가져오는 활동일 수도 없으며, '공격적인 행동을 하는 것처럼 도덕적으로 타락한 상태'와 결부되어 이루어질 수도 없는 활동이다. 그러한 상태나 활동들은 심리학에서 이야기하는 학습의 대상이나 내용일 수는 있어도 우리가 배워야 하는 소망스러운 것일 수는 없다.

이상과 같은 간단한 고찰을 통해서도 우리는 교수라든가 학습이라는 개념이, 비록 우리가 그것을 너무도 친숙하게 사용하고는 있지만 교육학의 개념일 수는 없다는 사실을 짐작할 수 있다. 만약 이를 간과하고 가르침이나 배움이라는 개념이 지칭하는 교육적인 현상을 내쫓고 대신에 교수와 학습이라는 개념이 지칭하는 사태를 교육으로 보게 되면, 우리는 교육과는 거리가 있는 것을 교육으로 보는 불상사를 초래하게 된다. 그리고 그러한 교육적인 불상사는 심리학의 교수나 학습이라는 개념을 아무런 문제가 없는 것처럼 사용하고 있는 교육학도들과 교사들의 착각 속에서 이미 생겨나고 있다. 초등교육의 재개념화를 시도하는 마당에 우리가 교육학의 개념이 아닌 것, 그래서 교육을 교육이 아닌 다른 것으로 변질시킬 우려가 있는 개념을 사용할 수는 없다. 이 점에서 교수와 학습이라는 개념은 당연히 비판적인 반성의 대상이 되어야 한다.

과 크게 다를 것이 없는 내용일 뿐이다. 교육학도의 발표를 듣는 철학
이나 심리학 교수만이 아니라 교육학은 공부해 본 적도 없는 철학과
학생들과 심리학과 학생들도 할 법한 이야기 이외에 교육에 대한 매
력적인 발언을 할 수 있는 교육학도가 과연 몇이나 있을까?

모학문들을 직접 배우기 위하여 철학이나 심리학 등의 강좌를 수강
하다가 이러한 봉변을 몇 번 당하고 나면, 웬만한 강심장이 아니고
는, 다음 학기에도 철학과나 심리학과에 가서 강좌를 계속 들으려는
교육학도는 없다. 그러나 이러한 경험을 통하여 머릿속에 다음과 같
은 질문을 떠올리는 교육학도들도 있을 수 있다. '나는 교육이 무엇
인지를 모른다. 그래서 그것을 알고 싶은 마음에 교육학과에 들어왔
다. 그런데 교육을 알려면, 철학이나 심리학 등의 지식을 배워야 한
다. 그런 지식들을 통하여 교육을 이해할 수 있기 때문이다. 그런데
철학이나 심리학을 배우러 간 나에게 먼저 교육이란 무엇인지를 말해
보라고 하는 것은 선후(先後)가 뒤바뀐 요구가 아닌가?' 모르긴 해도
이러한 질문은 모학문을 수강하다가 이러저러한 봉변을 당한 교육학
도들의 머릿속에 어떤 형태로든 생겨날 것이다. 그럼에도 불구하고
철학이나 심리학과의 교수들이 마치 약속이라도 한 듯이 먼저 네가
생각하는 교육이 어떠한 것인지를 말해보라고 요구하는 이유는 무엇
일까? 그들은 응용이라는 것이 무엇인지를 모르고 있는 것인가?

그런데 응용이라는 것이 무엇인지를 생각하다가 보면, 다음과 같은
중요한 사실을 깨닫게 된다. 그것은 '우리가 어떠한 현상을 이해하기
위하여, 또는 그것을 개선하기 위하여 다른 학문들로부터 지식을 응
용하고자 할 때, 우리는 먼저 우리가 이해하거나 개선하려는 현상이
어떠한 종류의 현상이며, 어떠한 본질을 지니고 있는지를 다소나마
이해하고 있어야 한다'는 깨달음이다. 응용이라는 말은 무엇(甲)에다
가 다른 무엇(a)을 도입하여 본다는 뜻이다. 이러한 응용이 제대로 이
루어지려면, 우리는 적어도 머릿속에서 다음과 같은 추론을 진행하고

있어야 한다. 즉, '갑은 어떠어떠한 사태 또는 현상이며, a는 이러이러한 원리 또는 법칙이다. 따라서 갑은 a를 요구한다.' 우리의 이러한 추론이 정당하게 이루어진 것이라고 하면, 우리는 '갑이란 무엇인가', 그리고 'a란 무엇인가'를 알고 있어야 한다. 갑이 무엇인지를 모르면, 그 갑에 a를 포함하여 무수히 많은 원리들 a, b, c, d, … z 가운데 어떠한 원리를 도입해야 되는지를 알 수가 없다. 또한 a를 모르면 그것이 갑을 포함하여 무수히 많은 사태 갑(甲), 을(乙), 병(丙), 정(丁), … 가운데 어떠한 사태에 적용될 수 있는 것인지를 짐작할 수도 없다. 이렇게 보면 우리가 특정한 법칙이나 원리를 응용한다는 것은 그 법칙이나 원리의 도입을 요청하는 사태나 현상이 어떠한 것인지를 필요한 만큼 알고 있을 뿐만 아니라, 우리가 그 사태나 현상에 도입하려는 원리나 법칙이 어떠한 것인지 또한 알고 있다는 뜻이 된다.

성공적인 응용은 '우리가 직면하고 있는 사태나 현상을 이해하고 있어야 한다는 조건'과 '우리가 도입하고자 하는 원리나 법칙을 이해하고 있어야 한다는 조건'이 충족되어야 가능하다는 생각을 교육학에 적용해 볼 수 있다. 예를 들어 철학의 지식을 교육에 응용하는 경우를 들어보자. 만약 이러한 일이 가능하려면, 우리는 두 가지를 이해하고 있어야 한다. 첫째는 우리가 직면하거나 관심을 가지고 있는 현상에 해당하는 '교육'에 대한 이해이며, 둘째는 그러한 교육에 적용될 수 있는 원리 또는 법칙에 해당하는 '철학적 지식의 종류와 그 내용'에 대한 이해이다. 그런데 이러한 두 가지 종류의 이해가 필요하다고 할 때, 우리가 먼저 갖추어야 하는 것은 교육이란 무엇인가에 대한 이해이다. 우리는 교육에 대한 이해에 근거하여 그러한 교육을 체계적으로 이론화하거나 교육의 실제를 개선하는 데에 필요한 철학의 지식을 찾아 이를 도입할 수 있게 되는 것이다. 철학의 모든 지식들이 교육에 응용될 수 있는 것은 아니라는 점을 감안하면, 이는 당연한 이야기이다. 그리고 이는 철학의 지식을 응용하는 경우만이 아니우 꼭 초등교사가 아니더라도 누구나 가르칠 수 있다'는 것이다. 바로 여기서 초등교사의 자질과 전문성에 대한 온갖 형태의 회의적인 시각 이 파생된다.

초등교사가 하는 일에 대한 회의적인 시각은 초등교육이나 초등교 사만의 문제가 아니다. 이는 교육 전체에 심각한 영향을 미칠 소지가 다분하다는 점에서 이 세상 모든 교사들이 진지하게 고민할 필요가 있는 문제이다. 초등교사가 하는 일이 중등교사의 그것과 어떠한 차 이를 갖든지 간에 결국 그들이 하는 일은 '가르치는 일'이다. 그런데 제도교육의 첫 단계에서부터 학부모들과 일반인들이 교사가 하는 교 수 활동에 대하여 폄하적(貶下的) 태도를 보인다면, 그 후유증은 초등 교육을 넘어서 다음 단계의 교육에까지 거의 그대로 또는 더욱 심각 하게 나타나고 만다. 그가 초등교사이건 중등교사이건 간에 일반인들 로부터 가르치는 일과 관련하여 권위를 인정받지 못한다면, 이는 결 국 교사 전체에 대한 불신과 회의로 이어질 것이 분명하다. 이는 근 거 없는 이야기가 아니다. 현재 교사가 하는 일을 평가절하하거나 과 소평가하는 일반인들의 시각은 거의 모든 단계의 제도교육 장면에서 빈번하게 발견되고 있다.

초등교사가 하는 일에 대한 일반인들의 회의적인 시각에 대응하기 위하여 다양한 방안이 강구되어 왔다. 그 가운데서도 대표적인 것이 있다면, 초등교사가 하는 일의 초점을 교과지도(敎科指導)가 아닌 인 성지도(人性指導)에서 구하려는 시도이다. 이러한 시도의 배경에는 초등교사가 가르치는 교과가 초급지식인 이상, 일반인들이 쉽게 생각 할 수 없는 초등교사의 특유한 자질과 능력을 교과지도에서 구하기는 어렵다는 발상이 놓여 있다. 어찌되었든지 간에 아동기는 인성의 대 체적인 방향이 형성되는 가장 민감한 시기이고, 주의의 의미 있는 타 자(他者)를 모델로 삼는 경향이 강하므로 초등교사는 무엇보다도 아 동의 인성에 좋은 영향을 줄 수 있어야 한다는 것이다. 그러나 인성의 형성은 아동기만이 아니라 청소년기, 나아가서는 평생에 걸쳐 이루어지는 일이고, 교사가 인성을 지도하는 일은 초등학교만이 아니라 중·고등학교에서도 중요하다. 보기에 따라서는 초등학교보다 오히려 중·고등학교에서 인성지도가 더욱 중요하다고 생각할 수도 있다. 이러한 점에서 중등교사는 교과지도의 능력을, 초등교사는 인성지도의 능력을 지닌다는 식으로 차별화를 시도하는 것은 설득력이 없다.

초등교사는 누구나 알고 있는 초급지식을 가르치며, 이 점에서 전문성을 인정하기 어렵다는 주장에 대하여 인성지도라는 궁색한 우회로(迂廻路)를 모색하기보다는 이 주장이 과연 타당한 것인지 그 근거를 세밀히 검토해 볼 필요가 있다. 왜냐하면 '쉬운 것은 누구나 가르칠 수 있다'는 이 통념은 외관상으로는 그럴 듯하게 보일지 모르나, 그 이면에는 '아는 것'과 '가르치는 것'은 동일하다는 전제가 놓여 있으며, 이 전제에는 여러 가지 면에서 의심스러운 점들이 있기 때문이다.

2. 아는 일과 가르치는 일의 혼동

무엇인가를 아는 일은 그것을 가르치는 일과 성격상 동일한 일인가? 무엇인가를 알기만 하면, 그것을 가르칠 수 있는가? 과연 앎과 가르침은 동일한 실체의 양면에 해당하는가? 아마 그럴지도 모른다. '초등교사가 가르치는 초급지식은 대부분의 성인들이 어느 정도는 알고 있는 것이고, 따라서 누구나 가르칠 수 있다'는 식의 통념은 바로 아는 것과 가르치는 것을 동일한 실체로 보는 경우에 성립한다. 만약 우리가 이러한 통념을 깨고자 한다면 무엇보다도 아는 것과 가르치는 것은 다르다고 말할 수 있어야 한다. 바꾸어 말하면, 아는 것과 가르치는 것을 같다고 보는 일반적인 생각은 상이한 것을 동일한 실체로 간주하는 범주착오(category mistake)를 범하고 있다고 논증할 수 있어야 한다.

그러나 일이 그렇게 간단하지만은 않다. '우수한 교사는 어떠한 자질을 갖추고 있어야 하는가'라는 문제와 관련하여 '잘 가르치려면 무엇보다도 교과에 정통해 있어야 한다'는 생각이 우리의 사고를 강력하게 지배하고 있다. 그리고 이 생각 속에서 다시 아는 일과 가르치는 일은 대단히 밀접한 관련이 있는 것으로 간주되고 있다. 아닌 게 아니라 교사가 갖추어야 되는 전문적인 자질을 거론할 때에 가장 빈번하게 주장되는 것이 이른바 '교과에 대한 전문성'이다. 교사는 교과를 가르치는 자이며, 따라서 이상적인 교사는 해당 교과에 대하여 깊이 있는 지식을 지니고 있어야 한다는 것이다. 바로 이 점에서 가르치는 일은 곧 교과를 탐구하는 일, 또는 학문하는 일로 규정되며, 양자는 동일한 활동으로 취급된다(이홍우, 1987, 1991). 물론 가르치려면 교과를 알아야 한다. 교과를 안다는 것은 가르치기 위한 전제 조건이다. 그러나 그렇다고 해서 교과를 알기만 하면 그 교과를 가르칠 수 있는 것인지는 의문이다. 또한 알기 위하여 수행하는 '탐구 활동'과 자신이 알고 있는 것을 모르고 있는 자에게 '가르치는 활동'이 동일한 활동인지에 대해서도 생각해 보아야 할 점이 많다.

사실 교사가 교과에 대하여 깊이 있는 지식을 지니고 있어야 한다는 생각은 '우수한 교사가 사범대학에서 양성되는가, 아니면 문리대학에서 양성되는가' 하는 오래된 논쟁의 배경이 되어 왔다(Clifford & Guthrie, 1988; Conant, 1963; Schaefer, 1967). 교과에 대한 깊이 있는 이해가 교사에게 중요한 자질이라면, 이는 사범대학보다는 문리대학 출신자들이 갖추고 있을 것이라 생각할 여지가 충분하기 때문이다. 바로 이러한 점에서 교과에 대한 전문성 요구는 교사교육의 방식과 관련하여 사범대학을 곤경에 몰아 넣는 원인이 되기도 한다. 이를 피하기 위하여 교과에 대한 전문성 요구와 함께 교과를 가르치는 방법에 대한 이해를 함께 주장하는 것이 추세이다. 경우에 따라서는 종합대학 내에서 사범대학의 입지를 지키기 위하여 교과에 대한 전문성 주장보다는 교수방법에 대한 전문성 주장이 더 강조되기도 한다.[2] 교수방법에 대한 전문성은, 그것이 어떠한 배경에서 등장한 것이든지 간에 사범대학과 같은 교사양성기관의 정체성 확보와 질적인 발전에 긍정적인 계기로 작용할 가능성이 있다. 가르치는 일이 어떠한 일이며, 그것이 어떠한 교육적 원리에 따라 수행되어야 하는가 등과 관련하여 생산적인 연구를 진행해 나간다면, 종합대학 내에서 사범대학의 위상에도 커다란 변화가 있을 것이라 예상해 볼 수 있다.

　그런데 중등교사와 초등교사의 전문성을 놓고 논란이 벌어지는 경우에는 교과에 대한 전문성 주장이 교수방법에 대한 전문성 주장을 제치고 다시 전면에 등장한다. 종합대학 체제에서 우수한 교사의 자리를 놓고 문리대학 출신과 사범대학 출신을 비교하는 경우에는 될 수 있으면 피하려고 하는 교과에 대한 전문성 주장이 사범대학 출신과 교육대학 출신을 비교하는 경우에는 전면에 나서는 것이다. 한 과목을 전공한 교사와 복수의 교과를 담당하는 교사를 놓고 비교했을 때, 누가 교과에 대하여 더 깊이 있는 이해를 지니고 있는지를 생각해 보라는 것이다. 그리고는 사범대학 출신들이 교과의 전문성 면에서 우수한 점이 있으므로 몇 가지 요건만 충족시키면 교육대학 출신들이 하는 일을 담당할 수 있다고 주장한다. 그러나 이러한 논리는 종국에는 교육대학뿐만 아니라 사범대학의 입지마저 위축시킬 우려

---

2) 그러나 '사범대학 출신의 교사가 문리대학 출신의 교사보다 교수방법의 면에서 탁월한가' 하는 점은 전혀 분명하지 않다. 정확히 말하면, 도대체 어떠한 것이 가장 탁월한 교수방법이며, 잘 가르친다는 것이 무엇인지에 대하여 학문적인 합의조차도 존재하지 않는다. 그만큼 현재의 교육학은 가장 기본적인 질문에도 대답을 마련하지 못하고 있을 만큼 발전이 더디다. 물론 이러한 형편은 앞으로 교육학이 이 문제와 관련하여 할 일이 많다는 긍정적인 뜻이기도 하다.

가 있으며, 교사양성을 종합대학 내의 문리대학 등에 양도하는 사태를 불러오게 된다.

초등교사나 중등교사가 갖추어야 되는 자질이 무엇이며, 이들이 얼마나 같고 다른가 하는 문제는, 교육대학과 사범대학 간의 해묵은 알력에서 우위를 점하기 위한 논리가 아니라, 교육에 대한 진지한 이론적 성찰과 경험적 검증을 필요로 한다. 이와 관련하여 무엇보다 아쉬운 것은 교사양성을 담당하는 두 축이라 할 수 있는 교육대학과 사범대학 사이에서 벌어지는 논쟁이 교육의 이론과 실제에 긍정적인 효과를 가져오기보다는 오히려 시대에 뒤떨어진 다툼으로 전락하는 경우가 많다는 점이다. 지금 교육대학이나 사범대학에 필요한 것은 소모적인 다툼이 아니라, 교육이란 무엇이며, 이를 위하여 각 기관이 어떠한 소임을 담당해야 되는가에 대한 진지한 고민일 것이다.[3] 이러한 고민의 부재로 인하여 교육대학과 사범대학 사이의 미묘한 갈등은 양자의 발전을 가져오는 건설적인 계기로 작용하는 것이 아니라, 서로의 영역 다툼을 촉발하는 소모적인 논란으로 전락하고 있다.

---

3) 클리포드와 거드리는 미국의 교사양성기관들의 역사와 현황을 반성적으로 검토하는 가운데 교사양성기관의 교수들이 일선학교와 현장교사들을 대상으로는 '교육에 대한 이론가'로 행세하고, 종합대학 내의 다른 단과대학 교수들을 대상으로는 '교육에 대한 실천가'로 행세하고 있음을 지적하고 있다. 이들은 이를 '야누스적인 특성'(Janus-like nature)이라고 통렬히 비판한다(Clifford & Guthrie, 1988: 88). 아마도 이러한 비판은 사범대학은 물론이고 교육대학까지를 포함하여 우리의 교사양성기관에도 거의 그대로 적용될 것이다. 자신들이 무슨 일을 해야 되는가에 대한 진지한 고민과 이에 근거한 지속적인 노력보다는 현실 속에서 도모할 수 있는 이익을 좇아, 마치 카멜레온처럼 변신하는, 전혀 대학답지 못한 일이 심심찮게 벌어지고 있다. '교사가 갖추어야 되는 자질이 교과에 대한 것인가, 교수방법에 대한 것인가' 하는 문제를 놓고 벌어지는 일들은 다른 사안과 관련해서도 거의 그대로 재연된다. '초등교사와 중등교사를 분리하여 양성할 것인가, 통합하여 양성할 것인가', '교육학과목이 교과교육과목과 비교하여 그 비중이 높아야 하는가, 아니면 낮아야 하는가', '교육에 대한 이론적인 탐구가 중요한가, 실제적인 처방이 시급한 일인가' 등과 관련하여 우리의 교사양성기관들이 그때그때 이중적인 자세를 취하는 것은 이제는 거의 관행이 되어버린 듯하다.

이와 같은 소모적인 논란과 혼선이 초래한 결과인지는 몰라도, 초등교사도 중등교사만큼 교과에 대한 전문적인 지식을 갖추도록 할 필요가 있다는 목소리가 커지고 있다. 이는 대체로 두 가지 방향에서 교육대학의 실제적인 운영에 영향을 미친다. 하나는 초등교사가 담당하는 10여 개 교과목 모두에 있어서 가능한 만큼 깊이 있는 지식을 제공하려는 시도이다. 이로 인하여 교육대학 학생들은 10여 개 이상의 심화과정 모두에 걸쳐 사범대학의 각과 학생들을 방불케 할 정도로 엄청난 학습량과 과제 제출을 요구받고 있다. 그러나 이는 무엇보다도 한 사람의 인간이 소화할 수 없는 것을 요구하는 조치이며, 이점에서 성공할 가망성이 크지 않다. 다른 하나는 예체능과목이나 컴퓨터 또는 영어과목처럼 별도의 깊이 있는 능력을 필요로 하는 과목들은 교과전담으로 하고, 다른 과목들은 지금처럼 한 교사가 담당하자는 방안이다. 이는 첫 번째 방안보다는 그래도 현실성이 있는 생각이다. 그러나 이 두 가지 방안 모두는 가장 기본적인 사항에 대한 고려를 결여하고 있다. 그것은 초등교육이란 무엇이며, 그러한 초등교육의 성공적 수행을 위하여 초등교사는 어떠한 자질을 갖추고 어떠한 일을 해야 되는가에 대한 진지한 검토이다. 이것이 선행됨이 없이 중등교육의 모습을 답습하려는 것은 어떻게 본다고 하더라도 올바른 일이 아니다.

그러나 무엇보다도 교과에 대한 전문성을 놓고 벌어지는 논란의 이면에는 체계적으로 검토된 적이 없는 한 가지 전제가 놓여 있다. 그것은 바로 아는 것과 가르치는 것은 동일한 일이라고 보는 전제이다. 이 점에서 초등교육계 인사들이 '초급지식을 가르치는 초등교사의 일은 그 지식을 알고 있는 사람들 대부분이 수월하게 할 수 있는 것'이라는 통념에는 반대하면서 정작 '교사는 일차적으로 교과에 대한 전문적 지식을 지녀야 한다'는 주장에는 동조하고 나서는 것은 이율배반에 가깝다. 이들 통념과 주장 모두는 아는 것과 가르치는 것은 동일한 일이라는 전제에 근거하고 있으며, 그것의 타당성은 바로 이 전제의 성립 여부에 놓여 있다. 그런데 초등교사의 교수 활동과 관련된 일반적인 통념의 경우에는 그 전제를 부정하면서 그릇되다고 이야기하고, 교과에 대한 전문성 주장에 대해서는 그 전제를 인정하면서 그럴 듯하다고 말하는 것은 어떻게 본다고 하더라도 자기 모순이다.

교과에 대한 전문성 주장은 결국 교사가 해당 교과와 관련하여 높은 수준의 지식을 습득하고 있어야 한다는 말이다. 우수한 교사를 기르는 길은 최고 · 최신의 교과지식을 습득하도록 하는 데에 달려 있다는 것이다. 아닌 게 아니라 교사가 자기 교과의 관련 지식들도 제대로 모르고 있다면, 더 심각하게는 교과서에 실려 있는 지식들조차 이해하지 못하고 있다면, 그 교사가 수행하는 수업 활동이 양질의 것이 될 수 없음은 너무도 분명하다. 정확히 말하면, 이러한 상황에서는 정상적인 교수 활동 자체가 불가능하다. 이러한 점들을 감안할 때, 교사가 갖추어야 되는 전문적인 자질 가운데 교과에 대한 깊이 있는 이해가 으뜸이라 생각할 수도 있다.

그러나 이러한 일반적인 생각에는 자칫하면 교수 활동의 본질과 관련하여 심각한 오해가 개입될 소지가 있다. 교수 활동이 성립하려면, 가르치는 자는 자신이 가르쳐야 되는 교과내용의 수준보다는 높은 수준을 점하고 있어야 한다. 이것이 가르치기 위한 최소한의 전제 조건이다. 그러나 이 전제 조건에는 교사가 해당 교과의 최고 · 최신의 수준을 점하고 있어야 한다는 사실은 들어 있지 않다. 물론 교사가 가장 높은 수준의 교과지식을 지니고 있다면, 이는 크게 환영할 만한 일임에는 분명하지만, 그렇다고 해서 최고 수준의 교과지식이 교수 활동의 성립을 위한 필수적인 요건은 아니며, 양질의 교수 활동을 가능하게 하는 충분한 요건도 아니다.

교사는 도대체 어떠한 일을 하는 존재인지를 생각해 보자. 그는 무엇인가를 학생들에게 가르치는 일을 한다. 이 때 그가 가르치는 것은 무엇인가? 교사가 가르쳐야 하는 것은 그가 현재 관심을 갖고 추구하면서 알고자 애쓰고 있는 것이 아니며, 그가 열정을 지닌 채 헌신하고 있는 그의 현재 지식도 아니다. 교사가 가르쳐야 하는 것은 해당 교과의 최고·최신의 지식은 더욱이 아니다. 그러한 것들은 교사에게는 그의 지적인 호기심과 관심을 자극하는 지식일 수 있으나, 학습자들에게는 그들의 관심과 학습 의욕을 불러일으키지 못하는 것으로서 교육적으로는 대단히 '무기력한 관념'(inert ideas)일 뿐이다(Egan, 1979: Whitehead, 1929). 학습자들의 수준을 훨씬 상회하는 교사의 지식을 그대로 전달하려는 시도는 오히려 학습자들을 학습으로부터 멀어지도록 만드는 부작용만을 가져온다. 이러한 상황에서는 가르치고 배우는 교육 활동이 성립될 수 없다.

결국 교사가 해당 교과의 최고·최신 지식으로 무장하여 이른바 교과에 대한 전문성을 지니고 있다고 하더라도, 정작 그가 가르쳐야 하는 것은 그 최고·최신의 지식이 아니라, 교사의 현재 수준을 한참 밑돌고 있는 지식이다. 그리고 교사가 수행하는 교수 활동은 그가 교과에 대한 전문성 신장을 통하여 확보한 최고·최신의 지식과 학습자의 현재 수준 사이에서가 아니라, 학습자의 현재 수준과 그보다 한 단계 높은 수준 사이에서 전개된다. 이 지점이 바로 학습자의 학습하고자 하는 열의에 맞서 교사의 능력과 자질이 최대한 발휘되어야 하는 공간이다. 교육은 바로 여기서 일어난다. 이렇게 생각할 때, 교과에 대한 전문성이 교사가 수행해야 되는 일과 관련하여 그 일의 성패를 가름하는 것도 아니며, 교수 활동을 성립시키는 충분한 요건도 아니다. 교사가 수행하는 교수 활동은 최고·최신의 지식을 탐구하는 활동이 아니라, 학습자에게 그의 수준보다 한 단계 높은 지식을 전달하는 일이며, 그 일을 얼마나 잘하는가가 그 교수 활동의 질을 가름하는 척도인 것이다.

교과에 대한 전문성 주장에는 이러한 전제가 스며들어 있다. '교사가 하는 일은 교과를 가르치는 일이며, 잘 가르치려면 교과를 제대로 이해하고 있어야 한다. 교과를 제대로 이해한다는 말은 여러 가지로 해석될 수 있지만, 그 요체(要諦)는 결국 교사가 해당 교과의 전문가로서 교과에 대한 깊이 있는 지식을 확보하고 있어야 한다는 것이다.' 잘 가르치려면 교사는 많은 능력을 구비하고 있어야 하며, 교과에 대한 깊이 있는 이해도 그러한 능력 가운데 하나임에는 분명하다. 그러나 교과를 제대로 깊이 있게 알기만 하면 이를 수월하게 가르칠 수 있는 것은 아니다. 또한 교과의 수준이 높으면 높을수록 이를 가르치는 일은 까다롭고 어려운 일이며, 교과의 수준이 낮으면 낮을수록 용이하고 쉬운 일이라는 생각도 근거가 없다. 교과를 아는 것과 가르치는 것 사이에는 상관관계(相關關係)가 존재하지만, 그렇다고 해서 양자가 동일한 활동인 것은 아니다.

교사가 수행하는 교수 활동의 질을 결정하는 것은 그 교사가 교과와 관련하여 얼마나 높은 수준을 점하고 있느냐가 아니다. 교사가 얼마나 학습자의 수준을 적절히 진단하여 그 수준까지 내려갈 수 있는가, 그리고 그 수준에서부터 점진적으로 학습자의 수준을 끌어올리는 활동에 얼마나 충실히 임할 수 있는가가 교수 활동의 질을 결정한다. 이 때 교사가 자신의 현재 수준을 유보하고 어느 정도나 밑으로 내려가야 하는가는 그가 가르치려는 학습자의 수준에 의하여 결정되는 문제이다. 경우에 따라서는 조금만 내려가도 되지만, 어떤 경우에는 끝도 보이지 않는 나락(奈落)으로 빠져드는 것이 아닌가 싶을 정도로 내려가야만 한다.

우리가 '내려감'의 정도만을 가지고 교사에 대하여 말한다면, 그것이 경미한 경우가 대학의 교수일 것이고, 그보다 심한 경우가 중등교사일 것이며, 가장 심한 경우가 초등교사일 것이다. 그러나 내려감의 정도를 논외로 한다면, 세상의 모든 교사들은 결국 자신의 현재 수준을 버리고 학습자의 수준으로 내려간 뒤에 자신에게 지식이 될 만한 것이 아니라, 학습자에게 지식이 될 만한 것을 찾아 이를 습득하도록 조력한다고 하는 동일한 활동을 전개하고 있는 것이다. 그리고 이 일을 제대로 수행하는 만큼 그 교사가 수행하는 교수 활동은 고급의 것이 되며, 이 일이 까다롭고 어려운 것만큼 교사가 수행하는 교수 활동은 전문적인 것이 된다.

만약 교사가 자신의 일을 제대로 수행하기 위하여 일차적으로 갖출 필요가 있는 능력이 있다면, 위에서 언급한 것처럼, 학습자의 수준을 진단하여 그곳까지 내려가고, 거기서부터 학습자의 성장을 점진적으로 이끌어 내는 일련의 교수 활동을 전개하는 능력이다. 교과에 대한 앎이란 바로 이 교수 활동을 제대로 수행하는 데에 필요한 많은 조건들 가운데 하나로 요청된다.[4] 그리고 이 경우에도 교과에 대한 앎은 반드시 해당 교과의 최고 · 최신의 지식을 의미하는 것은 아니다. 교사가 갖추고 있어야 하는 교과에 대한 앎의 수준은 그와 그가 가르쳐야 하는 학습자의 관계 속에서 결정된다. 그리고 그것은 분명 학습자의 수준을 어느 정도, 또는 상당히 상회하는 것이기는 하지만, 최고 · 최신의 지식만을 의미하는 것은 아니다.

이렇게 생각할 때, 한 가지 분명한 것은 교사가 학습자에게 전달하고자 시도하는 교과지식의 수준이 아주 낮은 것이라고 해서 그 교사가 수행하는 일련의 교수 활동 자체가 누구나 수행할 수 있을 만큼 용이한 것은 아니라는 사실이다. 교사가 수행하는 교수 활동의 용이함이나 어려움은 그가 가르치려는 교과지식의 수준에 달려 있는 것이 아니라, 학습자의 수준을 진단하고 그에게 어울리는 교과지식을 찾은

---

4) 학문이나 예술 분야에서 최고의 자리를 차지하고 있는 학자나 예술가가 곧바로 가장 뛰어난 교사인 것은 아니다. 아는 것과 가르치는 것 사이에는 교사가 되려는 사람이 갖추어야 하는 교수 활동의 수행 능력들이 존재한다. 이 능력들이 수반되지 않으면, 아는 것은 가르치는 것으로 자연스럽게 연결될 수 없다. 이러한 교수 활동의 수행 능력들을 드러내는 일은 교육의 이론과 실제 모두에 있어 중요한 과제이다.

뒤, 이를 학습자가 이해하도록 조력하는 활동의 특질에 달려 있는 것이다. 그리고 초등교사는 초급지식을 가르치기 때문에 그가 수행하는 교수 활동은 비교적 용이한 것이라는 통념과는 달리 바로 초급지식을 가르쳐야 하기 때문에 그 교수 활동은 난해(難解)한 것이 된다고 볼 충분한 이유가 있다.

3. 학습자의 수준으로 하강(下降)하는 교사

교사는 무엇을 가르쳐야 하는가? 아무 것이나 가르치려 든다고 해서 교육 활동이 정상적으로 이루어지는 것은 아니다. 의욕만으로는 제대로 가르칠 수가 없다. 교육 활동이 자연스럽게 촉발되어 원활히 유지되고 수행되려면, 그것이 준수해야 되는 교육의 규칙들이 있다. 그 가운데 중요한 한 가지를 든다면, 교사는 자신이 현재 알고 있는 것, 또는 알고 싶은 것을 가르쳐서는 안 되며, 학생들이 모르고 있는 것 그러나 도움을 제공하면 알 수 있는 것을 가르쳐야 한다는 사실이다. 아마도 이 점과 관련하여 교사가 수행하는 교수 활동의 복잡한 양상을 마치 정물화를 그리듯 세밀히 묘사해 낸 인물이 있다면, 그는 덴마크의 철학자 키에르케고르(S¿ren Aabye Kierkegaard, 1813-1855)일 것이다.

키에르케고르는 우리에게 실존주의라는 새로운 사상을 선물하였다. 인간의 사유가 절대적이며 보편적인 것을 찾아 피안(彼岸)의 세계를 향해 치닫고 있을 때, 이를 경계하면서 우리의 시선을 지금 현재 우리가 처해 있는 가변적이고 특수한 세계와 그 속에서 거주하는 인간의 생생한 삶의 모습으로 되돌린 것은 분명 그의 공적일 것이다. 그러나 우리가 그에게 주목하려는 것은 실존주의라는 사유 체계에 대한 관심 때문이 아니라, 그 사유 체계에 근거하여 그가 제안한 '간접전달'(indirect communication)이라는 교육방법 때문이다. 엄밀히 말하여 간접전달은 진정한 기독교인을 기른다는 키에르케고르의 개인적인 관심사로 인하여 탄생한 기독교 교육의 방법론이다. 그러나 간접전달은 교육 일반에 적용될 수 있을 만큼 교수 활동의 방법적인 원리를 충실히 구현하고 있는 교육방법으로 평가받고 있다(엄태동, 1998a, 1998b; 임병덕, 1992, 1995; Manheimer, 1977). 초등교사의 교수 활동에 대하여 논의하다가 우리가, 다소 느닷없이, 키에르케고르의 간접전달을 살펴보고자 하는 이유도 여기에 있다. 그것은 '가르치는 일이 어떠한 종류의 활동인가'에 대한 우리의 관심사와 관련하여 풍부한 통찰을 제공할 가능성이 있는 것이다.

간접전달은 키에르케고르가 '예수'(Jesus)의 교육방법을 부단히 참조하면서 구안한 것이다. 이 점에서 간접전달을 이해하려면, 예수의 교육방법에 대한 이해를 경유하지 않을 수 없다. 우리가 기독교라는 종교를 믿든지 그렇지 않든지 간에, 신(神)과 인간이 있다고 할 때, 양자는 엄청난 차이를 지닌 존재라는 점은 일단 인정할 수가 있다. 그리고 전자가 완전함, 절대성, 위대함 등과 같은 용어로 수식할 수 있는 존재라고 하면, 후자는 기껏해야 불완전함, 가변성, 왜소함 등과 같은 용어로 수식할 수 있는 존재일 것이다. 만약 신이 인간을 창조하였다는 성경의 구절을 받아들인다면, 우리는 다음과 같은 상황을 생각해 볼 수 있다. 그것은 자신의 모습을 본떠 인간을 창조한 신이라면, 신적인 본질로부터 나날이 멀어지면서 불완전하고 왜소한 삶을 사는 인간의 모습에 만족할 수 없으리라는 점이다. 바로 이러한 이유로 신은 인간을 가르쳐 그의 시선을 자신 쪽으로 되돌려 놓을 필요를 갖게 된다.

그러나 이러한 신의 소망은 당장에 커다란 난관에 봉착하게 된다. 신과 인간 사이에는 '절대적인 차이'가 가로 놓여 있다. 양자 사이에는 결코 건널 수 없는 깊은 낭떠러지가 자리잡고 있는 것이다. 이는 인간을 가르치려는 신의 의도가 실현될 수 없게끔 가로막는다. 양자 사이에 절대적인 차이가 존재함에도 불구하고, 만약 신의 말을 인간이 이해할 수 있다면, 그는 이미 인간이 아닐 것이다. 또한 인간이 이해할 수 있는 신이라면 그 역시 신일 수가 없는 것이다. 한쪽은 신이고 다른 쪽은 인간이라는 점에서 그들 사이에 무엇인가를 가르치고 배우는 활동이 자리잡을 가능성은 애초부터 기대하기가 어려운 것이다. 신이 아무리 인간을 사랑한다고 하더라도 그와 인간 사이에 절대적인 차이가 존재하는 이상, 그의 사랑은 인간에게 직접 전달될 수가 없다. 신이 몸소 절대적인 차이를 해소하면서 그와 인간 사이에 동등성이 자리잡을 수 있도록 하지 않으면, 설령 신이라고 하더라도, 인간을 가르칠 수는 없는 것이다.

> 사랑 속에서만 동등하지 않은 자들이 동등해질 수 있다. 그리고 이러한 동등성 또는 합일에 의해서만 이해가 생겨날 수 있다. … 그러나 신과 인간 사이의 차이는 엄청나게 심대하여 이러한 사랑은 철저하게 불행한 사랑으로 귀결되고 만다! 신이 인간에게 자신을 이해시킨다는 것은 쉬운 일로 생각될지도 모른다. 그러나 신이 자신과 인간 사이의 차이를 해소시키지 못하는 한, 이는 결코 쉬운 일이 아니다(Kierkegaard, 1962a: 31).

동등성은 신이 자신의 권능을 행사하여 인간을 한꺼번에 신적인 경지로 끌어올려 이루어질 수도 있다. 물론 이는 인간을 완전히 신으로 탈바꿈시킨다는 의미는 아니다. 이는 인간의 존재 이유를 부정하는 것일 뿐만 아니라, 신이 인간을 창조한 이유마저 스스로 배반하는 것이다. 따라서 그것은 인간의 겉모습만을 신적인 것으로 억지로 꾸미는 조치에 그칠 수밖에 없다. 그러나 인간이 과연 신의 외양(外樣)을 감당할 수 있을는지도 의문이며, 그러한 상태가 인간을 행복하게 할 수 있을지도 분명하지 않다. 내면은 여전히 인간이면서 외양은 신이라는 그 처지는 신이 손을 대기 이전의 인간 삶보다도 더 불행한 것일 수도 있다. 본질은 그대로 둔 채 단지 겉모습만 바꾼다고 해서 인간이 신과 진정한 합일을 이루는 가운데 신의 가르침을 수용하리라 기대할 수는 없는 것이다.

그럼에도 불구하고 신이 신의 모습으로 인간 앞에 출현하여 무엇인가를 전달하려 들면, 신의 외경(畏敬)스러운 모습에 압도될 수밖에 없는 인간은 신 앞에 엎드려 신이 하는 말이나 시키는 일이라면 무엇이든 따르지 않을 수 없게 된다. 인간은 자신 앞의 신을 두려워하며, 공포 속에서 신에게 맹종할 수밖에 없는 것이다. 그러나 이는 신이 바라는 사태가 아니다. 신이 인간에게 주고 싶은 것은 사랑이지 공포가 아니며, 신이 인간에게 바라는 것은 이해지 맹종이 아닌 것이다. 이러한 이유로 신은 직접 인간의 모습으로 '하강'(下降, the descent)할 수밖에 없게 된다. 인간을 가르칠 수 있는 교사가 되기 위하여 신은 스스로 하나의 인간이 되어 인간 앞에 나서야 하는 것이다.

> 신과 인간의 합일은 인간을 (신을 향해 억지로) 끌어올리는 상승을 통해서는 이루어질 수 없다. 하강이 시도되어야만 한다. 배우는 자를 X라고 하자. 이 X에 우리는 가장 미천한 자까지도 포함시켜야 한다. 신이 어떻게 차별을 하겠는가! 합일을 가져오기 위하여 신은 그러한 미천한 자와도 동등하게 나타나야만 하며, 따라서 그는 가장 미천한 자의 모습으로 출현하게 된다. … 그러나 이러한 종(the servant)의 모습은 단순한 외양의 꾸밈이 아니다. … 그것은 신의 진정한 모습이고 형상이다(Kierkegaard, 1962a: 39-43).

그러나 인간의 모습으로 신이 하강한 것은 인간의 이성으로는 도저히 이해되지 않는 사태이다. 미천한 인간의 모습을 하고 있는 자가 신이라고 한다면, 누가 그것을 믿겠는가! 키에르케고르는 이처럼 인간의 이성으로는 이해되지 않는 사태를 가리켜 '패러독스'(paradox)

라 부른다. 패러독스란 상호 양립할 수 없는 범주들이 하나로 묶여 있는 양상을 가리키는 개념이다. 이 경우 그것은 '신인'(神人, god-man)이라는 사태를 지칭한다. 인간의 모습으로 출현한 신은 신이면서 동시에 인간이라고 하는 패러독스로 자신을 감싸고 있다. 신이 신으로만 남아 있으면 그는 인간에게 맹종을 불러일으킬 수는 있어도 진정한 합일 속에서 인간의 이해를 구할 수는 없다. 이 점에서 그는 인간의 모습을 취하지 않으면 안 된다. 그러나 그렇다고 해서 그가 완전히 인간이 되어 버리면, 그는 인간과 어울려 그 자신도 하나의 인간으로 살아가게 될 뿐, 인간에게 신적인 것을 가르칠 수가 없게 된다. 이 점에서 인간의 모습으로 하강한 신은 '신이면서 동시에 인간'이라는 패러독스적 존재가 되지 않을 수 없다. 분명 신이면서 동시에 그 못지 않게 진정 인간이기도 하다는 것, 이것이 바로 예수라는 존재의 비밀이다.

신은 왜 예수라는 패러독스적인 존재 양식을 취하였는가? 그것은 인간이 자신의 힘으로 왜소한 인간의 삶을 뛰어넘어 위대한 삶으로 직접 도약하도록 이끌기 위해서였다. 신에 대한 외경과 그로 인한 맹종이 아니라, 스스로의 힘으로 신이 가르치는 바를 이해하도록 이끌려는 신의 의도가 가로 놓여 있는 것이다. 그렇다면 예수라는 패러독스적인 존재 방식은 신의 그러한 교육적인 의도를 실현시킬 수 있는가? 외견상 패러독스는 상호 양립 불가능한 것이 하나로 묶여 있어서 논리적인 '모순'과 유사한 형태를 취하고 있다. 그러나 모순은 인간의 이성적인 사유를 통하여 해소가 가능한 것임에 반하여, 패러독스는 인간의 이성으로는 해소가 불가능한 것이다. 자신의 앞에 서 있는 것은 분명 신이면서도 동시에 자신과 조금도 다름이 없는 인간이기도 한 것이다. 예수를 대면한 많은 사람들이 예수로 인하여 직면하게 된 사태가 바로 이러한 것이었다. 그는 '메시아'이면서 동시에 '목수의 아들'로 지각되며, 이는 많은 사람들의 내면에 엄청난 동요를 불러일으켰다. 배 위에 있는 베드로에게 이리 오라고 손짓하며 깊은 강물 위를 건너는 예수는 분명 신이면서도, 정작 강물 위로 발을 내딛어야 하는 당사자인 베드로에게 그는 또한 부정할 수 없는 하나의 인간이 기도 한 것이다(마태복음 14: 22-23). 이러한 패러독스적 상황 속에서 베드로가 얼마나 엄청난 고뇌에 휩싸였을 것인지, 예수의 명령대로 강물 위로 발을 옮기고자 했을 때, 그의 내면이 얼마나 두렵고 떨린 정서적 상태로 내몰렸을 것인지는 충분히 짐작할 수 있다. 이처럼 패러독스는 논리적으로 해소될 수 있는 것이 아니라, 서로 충돌하고 있는 두 대립물들 사이에서 어느 하나를 선택하려는 인간의 결단에 의하여 해소되는 것이다. 물론 이러한 결단은 인간의 내면에 어느 하나를 추구하겠다는 엄청난 열정을 수반하게 된다. 이 점에서 패러독스는 이성적인 사유의 대상이 아니라, 결단과 열정의 원천인 것이다.

패러독스와 직면하는 인간은 신적인 것을 택하기로 결단하고 이를 열정적으로 추구함으로써 그를 향해 나아갈 수 있다. 패러독스로 인하여 생겨나는 열정을 추진력으로 삼아 일상적인 자신에서 벗어나 초월적인 것을 향하게 되는 것이다. 키에르케고르가 보기에는 이것이 바로 진정한 기독교 '신앙'이다. 패러독스에 직면하여 스스로 결단하고 추구하는 인간에게 있어 신앙은 그의 존재 전체에 충만해 흐르는 진정한 믿음인 것이다. 이는 입으로만 기독교의 교리를 읊조리는 세속의 신앙과는 하늘과 땅만큼 다른 것이다.

키에르케고르는 이러한 예수의 교육방법을 본떠서 간접전달이라는 교육방법을 구안한다. 여기서 간접전달의 전체적인 면모를 자세히 살펴볼 수는 없지만, 대략적인 모습은 이러한 것이다. 잘 알려진 것처럼 키에르케고르는 상대방을 직접 대면하는 것이 아니라, 일련의 가명 저작(假名 著作)들을 통하여 독자들을 가르치는 방식을 취한다. 이때 키에르케고르가 저작들에 담는 내용은 그가 현재 지니고 있는 앎이 아니라, 독자들이 그들의 것으로 소유하고 있는 앎이거나 독자들이 도전할 수 있을 만한 앎이다. 예수가 그러하듯이 키에르케고르도 독자들의 수준으로 하강을 하고 있는 것이다. 하강을 하고 난 뒤에 키에르케고르는 하나의 저작 속에 또는 저작과 저작 사이에 질적으로 대립하는 앎이 공존하도록 꾸민다. 그러면서도 그는 자신의 저작에 흐르는 이러한 대립과 관련하여 자신의 의견은 피력하지 않는다. 대립하는 앎들이 팽팽히 맞서서 긴장과 갈등이 유발되도록 하면서도 저자인 자신의 목소리는 감추어 버리는 것이다. 이로 인하여 독자들은 '이것이냐, 저것이냐'라는 양자택일의 상황으로 내몰리고 주체적인 결단을 내림으로써 두 가지 앎 가운데 하나를 자신의 것으로 추구하게 되는 것이다. 이러한 저작술은 가능한 만큼 예수의 교육방법에 들어 있는 패러독스를 연출하기 위한 조치에 해당한다. 간단한 설명이기는 하지만, 여기서 키에르케고르의 간접전달은 교사가 자신의 수준을 언어적으로 직접전달하는 것이 아니라, 학습자의 수준으로 내려가 '학습자의 현재 수준', 그리고 '그것과 충돌하는 한 단계 높은 수준'을 동시에 겹쳐 놓음으로써 패러독스적 상황을 연출하고, 이를 통하여 학습자의 주체적인 학습을 유도하는 교육방법임을 짐작할 수는 있다.[5] 이것이 바로 키에르케고르가 구안한 간접전달이며, 이는 단순히 기독교 교육의 방법으로 머무는 것이 아니라 학습자의 주체적인 추구를 겨냥하는 교육 일반의 방법으로 확대될 여지가 충분하다.

그런데 왜 갑자기 키에르케고르의 간접전달 또는 그것이 원형으로 삼고 있는 예수의 교육방법을 이야기하는가? 신과 인간 사이에는 절대적인 차이가 존재하고, 이로 인하여 신의 하강과 패러독스를 통한 교육방법이 요청된다고 하더라도 교사와 학습자가 만나는 인간의 교육장면은 이와는 성격이 근본적으로 다른 것이 아닌가? 교사와 학습자 사이에는 신과 인간 사이에 가로 놓여 있는 절대적인 차이가 존재

---

5) 키에르케고르의 간접전달에 대한 좀 더 자세한 논의에 관심이 있다면, 엄태동 (1998a, 1998b)을 참고하라.

하지 않는다. 따라서 교사가 학습자의 모습으로 하강한다거나 이를 통하여 패러독스를 구현함으로써 학습자를 양자택일의 상황으로 내몰거나 할 이유는 전혀 없는 것이다. 그러나 이러한 외견상의 차이점에도 불구하고 신과 인간 사이에 성립하는 것은 교사와 학습자 사이에도 거의 그대로 성립한다.

교육은 어떻게 본다고 하더라도 교사와 학습자가 만남으로써 시작된다. 교사는 무엇인가를 가르치고자 하고, 학습자는 그러한 교사의 도움을 받아 무엇인가를 배우고자 한다. 그런데 인간은 지식이나 예술이나 도덕 등의 세계에서 나름대로 자신의 수준을 점유하고 있다. 그리고 이 수준에서 자기 나름의 진과 선과 미를 체험하고 이를 향유하며 살고 있다. 자신이 알고 있고 체험하며 행하는 것 이외에 다른 종류의 진과 선과 미는 존재하지 않는 것과도 같다. '컵의 형태가 변화되면, 그 컵 속에 있는 주스의 양도 함께 변한다'고 생각하는 전조작기(前操作期) 아동의 인식은 보존 개념을 알고 있는 다른 사람들의 눈에는 어이없는 것으로 보일지 몰라도 그 아동에게는 분명 진실이다 (Piaget, 1930, 1958, 1972). '엄마가 아프면 처벌을 받는 한이 있더라도 치료제를 훔쳐야 하며, 그 이유는 엄마가 아프면 밥을 해줄 사람이 없기 때문'이라고 답하는 전인습적(前因習的) 단계에 있는 아동의 도덕적 판단은, 성인들의 입장에서 보면 한심하기 그지없는 것이라고 하더라도, 그 아동에게는 최선의 도덕인 것이다(Kohlberg, 1981, 1984). 어렸을 적부터 자신의 목에 굵은 목걸이를 채워 나감으로써 종국에는 기린처럼 긴 목을 소유하게 된 여인은, 우리의 눈으로 보면 끔찍하리만큼 기형(奇形)에 가깝지만 아프리카의 어느 종족 총각들의 눈에는 아름답기 그지없는 자태로 비친다. 이처럼 누구나 자기 나름으로 최선의 진, 선, 미를 소유하고 있고, 자신의 것 이외의 것은 이해하거나 체험하지 못한다고 하면, 사실상 이들 사이에는 교육의 활동이 들어서기 어렵다. 누구나 자기의 것이 최선이라 생각하는데 이

해할 수도 없고 황당하게 보이는 다른 사람의 것을 배울 이유가 어디
에 있겠는가?

물론 이러한 딜레마는 논리적으로만 성립할 뿐, 실제로는 생겨나지
않는다고 볼 수도 있다. 아동은 성인에게 무엇인가를 배우고, 학습자
는 교사에게서 배우는 장면이 지금 현재 우리 주위에서 너무도 쉽게
발견되지 않는가? 그러나 이러한 판단은 사태를 너무도 낙관적으로
만 보는 것일 수도 있다. 아동이나 학습자는 성인이나 교사의 인식과
판단이 올바른 것임을 기꺼이 인정하고 자발적으로 이들의 것을 배우
는 것만은 아니다. 여기에는 아동이나 학습자의 정당한 의문과 문제
의 제기를 억누르는 성인이나 교사의 보이지 않는 권위와 힘이 작용
하고 있다. 이것이 사라지면, 아동과 학습자는 언제든 자신들의 세계
로 되돌아가 버리며, 그렇지 않다고 하더라도 성인이나 교사의 가르
침을 너무나도 자주 그들의 수준에 맞는 것으로 왜곡(歪曲)하여 수용
한다.

바로 이 점에서 신과 인간 사이에 존재하던 교육적인 난관은 거의
그대로 교사와 학습자 사이에서도 재연된다고 볼 수 있다. 신의 말을
인간으로서는 전혀 알아들을 수 없도록 만드는 절대적인 차이에 상응
하는 것이 교사와 학습자 사이에도 존재한다. 교사가 아무리 자신이
알고 있고 향유하고 있는 진과 선과 미를 학습자에게 전달한다고 하
더라도 그것만으로는 학습자가 교사가 주는 것을 이해할 가능성은 전
무하다. 교사가 주는 것을 이해할 수도 없고 받아들일 수도 없기에
그들이 학습자인 것이고, 바로 이 이유 때문에 교사와 학습자는 엄청
난 노력을 기울여 상당한 기간 가르치고 배워야 하는 것이다. 교사와
학습자 사이에는 신과 인간의 경우가 그러한 것처럼 절대적인 차이에
상응하는 것이 가로 놓여 있다.

따라서 교사가 학습자에게 자신의 것을 직접적으로 주게 되면 신과
의 관계 속에서 인간이 그럴 수밖에 없는 것처럼, 학습자는 교사에게

부여되어 있는 제도적인 권위와 힘으로 인하여, 설사 그것을 이해할 수 없다고 하더라도 일단 수용하지 않을 수 없게 된다. 여기서 생겨나는 것은 물론 이해가 아니라 맹종이다. 이 점에서 교사가 학습자를 자신과 같은 존재로 보고, 자기가 알고 있는 것을 직접적으로 전달하려고 하는 모든 시도 또는 그러한 취지의 모든 교육방법들은 올바른 것이 아니다. 이러한 것들은 교사에 대한 학습자들의 맹종을 불러일으킨다. 학습자들은 이해할 수도 없는 것을 암기하거나 아니면 자기 나름으로 변형시키거나 왜곡하여 수용할 뿐이다. 만약 교사가 이러한 교육적 불상사를 피하고자 한다면, 그는 신이 그러했던 것처럼 학습자의 모습을 취하면서 하강하지 않을 수 없다.

비유를 들어 말하면, 신이 인간을 가르치기 위하여 신의 모습이 아닌 예수의 모습을 취한 것처럼, 교사는 학습자를 가르치기 위하여 그 자신 한 사람의 학습자로 변신해야 된다. 만일 신이 신적인 경지(境地)에 머물러 인간과 의사소통하려 든다면, 신의 말을 이해하지 못하면서도 감히 이를 거역할 수 없는 인간은 신에게 맹종하게 된다. 그러나 이는 교육이 아니다. 그래서 신은 인간의 모습으로 내려와 인간이 이해할 수 있을 만한 이야기로 인간을 가르쳐야 하는 것이다. 이러한 사정은 교사와 학습자 사이에도 거의 그대로 적용된다. 신이 인간과의 소통을 위하여 신적인 경지를 숨긴 채 인간의 모습으로 인간의 대지 위에 출현한 것처럼, 교사도 진정 가르치고자 한다면 자신의 현재 수준을 고수하기보다는 이를 유보하고 학습자의 수준을 찾아 아래로 하강해야만 하는 것이다(Kierkegaard, 1962a, 1962b, 1967). 물론 하강 이후에는 학습자의 수준을 정확히 진단하고 그 수준에서 도전할 수 있을 만한 학습의 자료들을 제공할 수 있어야 한다. 이러한 형편은 이 세상 모든 교사들에게 공통된 것이다. 학습자에게 이해를 선물하려는 교사라면, 그들의 교수 활동에 하강이라는 요소를 집어넣을 수밖에 없는 것이다. 그런데 이러한 사정은 특히 초등교사의 경우 더욱 절박한 것이 된다.

누구나 인정할 수 있는 것처럼 초등학교교육의 주된 대상인 아동은 성인과는 다른 존재이다. 이 때 다르다는 것은 단지 생물학적인 성장의 차이를 말하는 것이 아니다. 아동이 보는 세계는 성인이 보는 세계와는 같지가 않다. 성인들은 이미 세계를 다양한 범주로 구분함으로써 서로 이질적인 복수의 세계들 속에서 살고 있다. 반면에 아동들은 아직 세계를 다양하게 구분하지 못하고 있으며, 이제 막 세계와 접하면서 이를 조금씩 구분해 나가고 있을 뿐이다. 바로 이 점에서 물리적으로는 동일한 세계에 살고 있다고 생각할지 몰라도 아동과 성인은 완전히 다른 세계에 살고 있는 것이다. 성인이 보기에 아동의 세계는 모든 것이 뒤죽박죽으로 혼재되어 있는 카오스의 세계일 것이다. 반면에 아동의 눈으로 보면, 성인의 세계는 전혀 종잡을 수도 없고, 관심을 기울일 수도 없는 황당무계한 세계인 것이다. 또한 아동이 세계와 상호작용하여 이를 자신에게 의미 있는 세계로 인식해 나가는 방식과 성인이 세계를 인식하는 방식도 같지가 않다. 성인은 추상적인 개념적 틀을 동원하여 세계를 논리적으로 조직해 나감으로써 그것에 의미를 부여한다. 반면에 아동은 자신의 신체를 동원하여 세계에 구체적인 활동을 가해 봄으로써 세계가 자신에게 지닐 수 있는 의미를 구성해 나간다.

그러나 이러한 사정은 초등학교의 교사와 학습자 사이에만 해당되는 것은 물론 아니다. 아동과 성인의 차이에 비하여 그 정도가 덜할 뿐이지 청소년과 성인 사이에도 엄청난 차이가 존재하는 것이다. 이 점에서 세상 모든 교사와 학습자 사이에는 절대적인 차이에 해당하는 것이 존재한다고 말하는 것이 옳다. 그리고 이렇게 되면, 교사는 단순한 언어적 전달이나 직접적인 제시가 아닌 별도의 복잡한 교육방법을 구사할 수 있어야 한다. 바로 이러한 점을 감안하여 구안(構案)된 것이 키에르케고르의 간접전달이다. 그리고 이는 모든 형태의 교육에 적용될 여지가 풍부한 것이다. 특히 초등교육의 장면이야말로 키에르케고르가 자신의 간접전달을 구성할 때 참조한 신과 인간의 교육적 만남의 장면을 방불케 하는 특징을 거의 그대로 지니고 있다. 이 점에서 초등교육의 장면은 간접전달이라는 교육방법이 적용될 수 있는 전형적인 사례 가운데 하나임에 분명하다. 이러한 사실을 염두에 두고, 다시 우리의 원래 주제인 초등교사의 교수 활동으로 되돌아가 '그것이 어떤 종류의 일인지', '그것은 과연 누구나 쉽게 할 수 있는 일인지' 등을 따져 보자.

4. 열정의 대상이 아닌 것을 열정적으로 대해야 하는 어려움

우리는 누구나 자신의 지적이거나 심미적인 또는 도덕적인 수준에서 나름대로의 진실을 인식하고, 아름다움을 향유하며, 올바름을 실천한다. 여기에 예외는 없다. 물론 우리 모두의 수준은 동일하지가 않으며, 그 높낮이에 있어서 엄청난 차이가 존재한다. 그러나 그렇기는 해도 우리는 언제나 우리의 수준에서 만날 수 있는 우리 나름의 진과 선과 미의 세계에 거주하는 것이다. 모든 사람에게 진정으로 통용되는 단 하나의 절대적인 진과 선과 미는 존재하지 않는다.

우리의 수준이 상이하기 때문에 서로의 세계 체험을 두고 오해와 갈등이 빚어질 소지가 있다. 낮은 수준에 있는 자는 높은 자의 세계를 이해할 수가 없다. 정확히 말하면, 그 수준에 도달하지 못한 사람에게 있어 그가 접하는 것보다 상위의 세계 인식이나 체험은 존재하지 않는 것과도 같다. 반면 높은 수준에 있는 자는 낮은 자의 세계가 있음을 알고 있고, 또 자신도 그러한 세계를 거쳐 성장하였지만, 이제는 그 낮은 세계에 도저히 공감할 수가 없다. 심한 경우에 높은 수준에 있는 자는 낮은 자의 세계를 너무도 단순하고, 유치하며, 초라한 것으로 평가한다.

교육은 질적으로 상이한 세계 인식과 체험이 만나는 곳에서 전개되는 인간 활동이다. 이 때 잊지 말아야 할 것이 있는데, 교육의 장면은 하나의 진실과 하나의 거짓이 만나는 곳이 아니라는 사실이다. 그곳에는 두 개의 진실이 존재한다. 물론 이 진실들은 각기 상이한 수준에서 포착된 것이며, 그러한 만큼 양립하기가 어렵다. 흔히 교사의 것이 진실이고 학습자의 것은 거짓이라고 결론부터 내려놓고 가르치고 배우려 드는 경우가 있다. 또는 진실과 거짓을 판가름하는 어떠한 선험적(先驗的) 기반을 전제해야만 교육의 활동이 성립될 수 있다고 생각한다. 그러나 교사에게 교사의 진실이 있는 것처럼 학습자에게도 학습자 나름의 진실이 있다. 이 두 가지 진실의 우열을 가릴 수 있는 제3의 보편적인 척도를 상정하기는 어렵다. 그럼에도 불구하고, 만약 가르치고 배우기 이전에 교사가 자신의 진실을 강하게 주장하고 학습자가 왜 그런지도 모르면서 이를 시인한다면, 이는 교사가 자신의 권위를 내세우고 학습자가 이를 맹종하는 것일 뿐, 교육적으로 보면 올바른 사태가 아니다. 교사는 학습자의 진실을 해체하고 그 자리를 교사인 자신의 진실로 채워 나가는 활동, 즉 가르침의 활동을 통하여 자신의 진실이 우월한 것임을 인정받아야 한다. 이렇게 가르칠 수 있는 자라야 진정한 교사인 것이다. 그리고 학습자는 맹종이 아니라 교사의 도움을 받아 새로운 진실을 습득하는 가운데 그것이 지니는 진실성을 자발적으로 인정할 수 있어야 한다.[6] 이렇게 배울 수 있

---

6) 교육학의 최신 연구 주제인 〈교육적 인식론〉에서는 '가르침을 통해 상위 인식의 우위를 입증하는 활동'과 '배움을 통해 상위 인식의 우위를 확인하는 활동'을 각각 타증(他證)과 자증(自證)으로 개념화하고 있다. 진실과 아름다움과 선함은 교육 활동 이전에 결정되는 것이 아니라, 교육 활동을 통하여 비로소 입증되고 발전한다는 것이 교육적 인식론의 기본 주장이다. 철학의 인식론은 진리의 검증 및 입증과 관련하여 교육이 지니는 의의에 충분히 주목하지 못했다. 교육적 인

는 자가 제대로 된 학습자이다. 누구의 진실이 더 고귀한 것인가는 교육 활동 이전에 결정되는 선험적(先驗的)인 문제가 아니라, 교육 활동을 통하여 입증될 필요가 있는 후험적(後驗的)인 문제이다(엄태동, 1998b; 장상호, 2000a). 교육 활동이 바로 진실과 아름다움과 선함을 확인하고 검증하는 시금석인 것이다.

이렇게 생각할 때, 교육의 전제 조건은 서로 양립할 수 없는 두 가지 진실의 공존이라 할 수 있다. 교육은 두 가지 진실의 충돌 장면에 개입하여 하나의 진실을 그것보다 좀 더 개선된 진실로 전환시키는 활동인 것이다. 그런데 각자의 진실은 그들의 열정을 불러일으키는 원천이다. 이 점에서 교육의 장면은 두 가지 상이한 열정이 충돌하는 공간이기도 하다. 학습자는 자신의 진실에 열정을 갖고 헌신하며, 교사도 자신의 진실에 열정을 갖고 헌신한다. 그런데 이 양자 사이에 교육과 같은 의미 있는 교섭과 소통의 활동이 들어설 수 있으려면 적어도 한쪽은 자신의 진실과 열정을 유보하고 다른 쪽을 향해 움직여 나갈 수 있어야 한다. 양자 모두가 자신의 진실을 고수하려고 드는 이상, 그들 사이에는 교육이 아니라 갈등과 대립이 자리잡을 뿐이다. 그렇다면 누가 상대방을 향하여 움직여 나가야 하는가? 그것은 당연히 능력이 있는 쪽이라야 하며, 교육의 장면에서 이에 해당하는 자는 바로 교사이다.[7]

이 말은 무슨 의미인가? 여기에는 아주 중요한 뜻이 들어 있다. 앞에서 키에르케고르가 우리에게 가르쳐 준 것처럼, 세상의 모든 교사

식론은 바로 이 점에 주목한다는 점에서 새롭다. 이에 대해서는 엄태동(1998b) 과 장상호(2000a)를 참고하라.

7) 옛 동화에 나오듯이 존재의 수준과 방식을 달리하는 선녀(仙女)와 나무꾼이 만나기 위해서는 당연히 선녀가 하강을 해야 된다. 선녀가 자신의 존재 방식을 고수하면서 나무꾼에게 자신의 곁으로 오라고 요구할 수는 없다. 만약 그렇게 할 수 있다면 그는 이미 나무꾼이 아니며, 선녀는 선녀가 아니다. 교육의 장면에서도 성인이나 교사가 자신의 진실을 유보하고 아동이나 학습자를 향해 움직여 나간 뒤, 아동 또는 학습자의 진실을 쇄신시켜 주어야 한다.

들은 자신의 수준을 유보하고, 학습자의 수준으로 하강해야 된다. 이 때 학습자의 수준으로 하강한다는 것은 학습자가 열정을 갖고 대하는 진실을 교사 자신도 열정적으로 대할 수 있어야 한다는 뜻이다. 인간의 모습으로 하강한 '교사로서의 신', 즉 예수에게 그 인간적인 면모가 그의 진실한 모습이어야 하는 것과 마찬가지인 것이다(Kierke-gaard, 1962a). 그러나 이는 대단히 어려운 일이다. 학습자가 학습하고자 하는 지식이 아무리 학습자의 호기심과 관심을 불러일으키고 그를 사로잡는다고 하더라도 교사에게 그 지식은 단순하고 사소한 것에 불과하며, 심한 경우에는 유치한 것으로 비칠 수도 있다. 우리의 눈에 분명 거짓되고 추하며 악하게 보이는 것을 어떻게 열정을 갖고 대할 수가 있는가? 유치하고 어리석어 보이는 것에 어떻게 열정을 담을 수가 있는가? 그러나 그렇다고 해서 교사가 자신이 가르쳐야 하는 문제의 그 지식을 아무런 애정도 없이 무관심하게 기계적으로 전달하려고 들면, 아주 심각한 결과가 빚어지고 만다.[8]

이러한 경우를 생각해 보자. 청춘 남녀가 어떠한 계기로 만난다. 다행히도 처녀의 눈에 비친 총각의 첫인상은 대단히 좋아서 처녀는 이제야 제대로 된 상대를 만났다는 느낌으로 얼굴에 화색이 돈다. 처녀는 설레는 마음을 진정시키면서 총각에게 이러저러한 화제로 이야기를 붙인다. 그런데 어찌 된 셈인지 총각은 미적지근한 목소리로 처녀의 질문에 짧게 대답하며 시선을 이리저리 돌린다. 뿐만 아니라 따분하다는 듯이 자신의 시계를 내려다보기까지 한다. 이 만남이 어떻게 종결되었을까는 충분히 상상해 볼 수 있다. 총각의 기계적이고 무

---

8) 비유를 들어 말하면, 교사는 그날 하루 동안 벌어진 사건이나 사고를 냉정하게 전달하는 뉴스 진행자가 아니다. 오히려 그는 선수들과 같이 호흡하고 흥분하며 소리지르는 운동경기의 코치에 가깝다. 교사는 그가 전달하는 것이 그에게 더 이상 지식이 될 수 없다고 하더라도 이에 열정을 담을 수 있어야 한다. 물론 교사는 학습자의 지식에 '지적인 열정'을 지닐 수는 없지만, 이를 전달하는 교수 활동의 전개 과정에서 '교육적인 열정'으로 충만해 있어야 하는 것이다.

관심한 반응으로 인하여 처녀도 처음에 지녔던 관심과 열정을 버리고 점차 싸늘하게 총각을 대하게 될 것이다. 그리고 이 두 사람의 만남은 그날이 처음이자 마지막으로 기록될 것이 뻔하다.

설사 학습자가 자신의 관심과 호기심을 자극하기 때문에 꼭 배우고 싶고 알고 싶은 지식과 대면하여 이를 추구하고자 애쓴다고 하더라도, 그 맞은 편의 교사가 싸늘한 반응을 보이며 서 있다면, 어떠한 일이 벌어질까? 그 교사는 무엇인가를 가르치기는커녕 학습자가 애써 지니게 된 열정에 마저 찬물을 끼얹는 결과를 초래하게 된다. 그리고 이러한 장면이 반복되면 반복될수록 학습자는 해당 교과, 더 나아가서는 학습 활동 자체에 대하여 무관심해지고 만다. 이는 교육적으로 가장 불행한 사태이다. 이러한 불상사를 피하기 위하여 학습자의 수준으로 하강한 교사는 학습자에게 열정과 관심의 대상이 되는 지식이 마치 자신에게도 그러한 것처럼 행동해야 될 필요가 생긴다. 교사는 자신의 진정한 면모를 숨기고 자신의 것과는 다른 것을 마치 자신의 진정한 모습인 듯이 꾸며야 하는 것이다(Kierkegaard, 1962a, 1962b, 1967). 이것이 바로 키에르케고르가 말하는 패러독스이다. 신이 신이면서도 동시에 인간의 모습을 자신의 진정한 면모로 구현하는 것처럼, 교사는 학습자의 수준을 훨씬 넘어서고 있으면서도 학습자의 수준에서 말하고 사고하며 행동하지 않을 수 없는 것이다. '학습자가 아니면서도 동시에 하나의 학습자일 수밖에 없다'는 이것이 이 세상 모든 교사가 자신의 교수 활동 속에서 구현해야 되는 패러독스적 사태인 것이다. 교사는 학습자를 가르치기 위하여 학습자에게 열정의 대상인 것을 자신도 진정한 열정의 대상으로 대할 수 있어야 한다. 이 장면에서 우리는 자신에게는 유치한 것이라고 하더라도 학습자에게는 추구의 대상이 되는 지식에 '교육적인 열정'을 실어 전달함으로써 학습자를 성장시키려는 교사의 염원을 읽을 수 있다. 그러나 이러한 염원을 실제로 구현하는 일은 결코 간단하지가 않다.

교사는, 그가 대학의 교수이든, 중·고등학교의 교사이든, 아니면 초등학교의 교사이든 간에, 자신은 이미 극복한 수준을 가르쳐야 하며, 그러면서도 학습자에게 그러한 것처럼 그 수준이 마치 자신에게도 추구의 대상인 듯이 행동해야 된다. 교사가 자신의 지식이 아닌 학습자의 지식에 대하여 열정을 보일 수 있느냐 없느냐는 교육의 성패를 가름할 만큼 중요하다. 이 일이 왜 어려운가? 우리가 모르고 있고 할 수 없었을 때에는 우리에게 추구의 열정을 불러일으키고 추구의 활동을 가능하게 했던 것들임에도 불구하고 우리가 그것을 넘어서게 되면, 우리는 그것을 더 이상 추구할 수 없게 된다.

이러한 경우를 생각해 보면, 이해가 빠를 수도 있다. 어렸을 적 우리는 동화(童話)를 통해 새로운 세계를 접하면서 상상의 나래를 펴는 가운데 기뻐하기도 하고, 슬퍼하기도 하며, 또 무서워하기도 했다. 그러나 성인으로 성장한 지금 우리는 더 이상 그 동화를 이전과 동일한 생각을 하면서 똑같은 정서를 체험하는 가운데 읽을 수가 없다. 초등학교 시절 곱셈을 배우면서 우리는 '3×7'이라는 문제가 주어졌을 때, 머릿속으로 '3이라는 숫자를 일곱 번 더하면 된다'는 해결책을 강구하고 실제로 3을 일곱 번 더하면서 '3×7'이라는 문제를 해결하는 활동을 전개했다. 그리고 그 답이 맞았을 때, 더할 나위 없는 보람과 가치를 체험했다. 그러나 성인으로 성장한 지금 우리는 '3×7'이라는 문제를 두고 이전과 같은 사고의 활동을 도저히 전개할 수도 없고, 답에 도달했다고 해서 기뻐할 수도 없다. 그러한 것들은 이제 우리의 관심과 흥미를 자극하지도 못할 뿐만 아니라, 우리의 탐구 활동 자체도 촉발하지 못하는 것이다.

지적이거나 심미적인 또는 도덕적인 차원에서의 우리의 성장을 위를 향해 뻗어나가는 화살표로 비유하여 설명하면, 우리는 그 화살표의 위쪽을 향해 열정을 갖고 나아간다. 그것이 우리가 성장해야 될 미래인 것이다. 반면 우리의 수준 밑에 있는 것들은 우리가 딛고 올라온 과거로서, 우리가 그것을 지나 위로 성장하게 되면, 더 이상 열정적인 추구의 대상이 되지 못한다. 이것은 우리 모두에게 적용되는 엄연한 사실이다. 그러나 이 세상에 그렇지 않은 존재가 하나 있다. 그가 바로 교사이다. 교사는 그가 학습자의 수준을 향하여 얼마를 하강하든지 간에, 이를 통하여 도달하게 된 교과의 내용(그것은 교사에게 그가 이미 딛고 올라온 과거의 흔적에 해당한다)이 마치 자신에게도 흥미와 관심의 대상인 듯이 행동하고, 열정적인 추구와 탐구의 활동을 불러일으키는 힘을 지닌 것인 양 대해야 된다.[9] 교사가 학습자의 수준을 제대로 진단하고 그가 학습할 수 있는 적절한 수준의 학습자료를 제공한 뒤, 자신도 한 사람의 학습자가 되어서 그 학습자료를 설레는 마음으로 바라볼 수 있느냐의 여부가 위대한 교사와 그렇지 않은 교사를 판가름하게 된다.

각급 학교에서 가르치는 교사들은 바로 이 일을 수행한다는 점에서 차이가 있을 수 없다. 이 점에서 그들이 수행하는 교수 활동은 원칙상 동일한 것이다. 그러나 그렇기는 해도, 이 글의 주제와 관련하여 억지로 비교한다면, 이렇게는 말할 수 있다. 일반인들이 초등교사의 교수 활동을 가리켜 그것이 초급지식을 다루는 것인 만큼 수행하기가 비교적 용이한 일이라고 말하지만, 보기에 따라서는 정반대이다. 오히려 교사가 가르쳐야 되는 지식이 초급이면 초급일수록 이를 학습자들에게 제대로 가르치는 데에는 예기치 않았던 수많은 난관이 뒤따르게 된다.

대학교수나 중등교사도 학습자들의 수준까지 하강하여 그 수준에

---

9) 실제로는 그렇지 않음에도 불구하고 교사가 학습자의 지식에 대하여 마치 그것이 자신에게도 열정적인 추구의 대상인 듯이 행동해야 되는 불가피함을 키에르케고르는 일종의 '속임수'이며, '기만'이라고까지 역설적으로 표현한다 (Kierkegaard, 1962b: 6, 33, 73). 물론 이는 그렇게 행동하는 것이 바로 교사의 피할 수 없는 숙명이며, 동시에 가르치는 일에 수반되는 독특한 교육방법상의 원리임을 강조하기 위한 표현이다.

서 학습자료를 바라보고 흥미와 관심을 지닌 채 그것을 다룰 수 있어야 한다. 이는 결코 쉬운 일이 아니다. 초등교사 역시도 바로 이 일을 수행한다. 그리고 초등교사의 이 일은, 흔히 생각하는 것과는 달리, 대학교수나 중등교사의 그것과 비교하여 조금도 뒤지지 않을 만큼 가르치는 자가 직면하게 되는 난관을 거의 고스란히 그 안에 지니고 있다. 대학교수나 중등교사는 과거 자신의 기억을 되살리고, 필요한 경우에는 학습자들에게 그들이 생각하고 있는 바나 겪고 있는 문제들을 물으면서 학습자들을 이해할 수가 있으며, 이에 근거하여 자신을 하나의 학습자로 변신(變身)시킬 수가 있다. 그리고 상대적이기는 하지만, 그들이 가르치는 교과지식이 초등교사의 그것에 비하여 위계상 좀 더 높은 위치를 차지한다는 점에서 이에 대해 교육적 열정을 갖는 일은 초등교사보다도 조금은 수월할 수가 있다. 다시 한 번 분명히 말하지만, 이렇게 이야기한다고 해서 대학교수나 중등교사의 일이 간단하다는 뜻은 아니다. 가르치는 일은 어느 것 하나 쉬운 일이 없다. 그러나 그렇기는 해도, 초등교사의 교수 활동에 대한 세간의 오해를 해소하기 위한 뜻에서 이야기하자면, 초등교사는, 보기에 따라서 대학교수나 중등교사보다 더 어려운 난제에 직면한다고 말할 수도 있다. 그는 성인이나 청소년이 아니라 성인의 입장에서는 도저히 가름하기도 어려운 아동학습자를 상대하면서, 단순히 생각만이 아니라 말하는 어조와 어투, 어휘, 행동, 표정 등 모든 것을 아동의 그것으로 바꿔야 한다. 그는 성인의 눈으로 보면 분명 초급지식에 해당하는 것들을 마치 열정적 추구의 대상인 듯이 대할 수 있도록 스스로 아동학습자로 변신해야 된다. 성인인 초등교사가 스스로를 이렇게 총체적으로 변신시키지 않고는 아동학습자의 관심과 흥미를 끌지도 못하고 아동학습자와 의미 있는 교섭과 소통 행위를 할 수도 없는 것이다.

또한 대학교수나 중등교사는 학습자에게 학습자가 생각하고 있는 바나 직면하고 있는 문제들에 대하여 묻고, 학습자의 대답을 통하여 가르치는 데에 필요한 의미 있는 정보를 얻을 수가 있다. 그러나 초등교사는 상대적으로 그런 기회를 얻기가 쉽지 않다. 자신의 생각을 제대로 표현하는 능력이 아직 완전히 구비되지 못하고, 또 자신이 직면하고 있는 문제가 도대체 어떤 것인지도 분명히 명료화하기 어려운 아동학습자로부터 초등교사는 충분한 정보를 얻기 어려운 것이다. 그럼에도 불구하고 초등교사는 이 난관을 극복하고 자신을 한 사람의 아동학습자로 변신시켜 아동의 입장에서 사고하고 말하며 행동하지 않으면 안 된다. 그는 한 사람의 아동학습자로 변신하여 아동학습자가 대면하고 있는 교과지식에 대하여 열정을 드러낼 수 있어야 한다. 그가 수행하는 교수 활동의 질과 성패가 여기에 달려 있다. 이렇게 생각할 때, 일반적인 통념과는 달리, 이른바 초급지식의 이면에 일반인들은 도저히 상상하기도 어려운 교수 활동의 난관이 숨어 있다고 말할 수 있다. 이러한 난관을 극복해야 되는 초등교사의 교수 활동을 손쉬운 일이라고 말하는 것은 교사가 하는 일에 대한 오해의 소산일 뿐이다.

5. 설명할 필요도 없이 당연한 것을 가르쳐야 하는 낭패

우리가 알고 있는 개념이나 지식 가운데는 다른 사람이 그것을 이해하도록 돕기 위하여 필요한 언어적 설명을 풍부히 제공할 수 있는 것들이 있다. 반면에 어떤 개념이나 지식들은 가장 기초적인 것으로서 다른 개념들이나 지식들을 설명하는 데에 동원되기는 하지만, 정작 그것들을 설명하는 데에는 동원할 개념들이나 지식들이 마땅치 않은 것들도 있다. 우리가 누군가와 의사소통을 시도할 때에 상대방이 우리와 같지는 않아도 우리의 언어적인 설명을 이해하는 데에 필요한 개념의 체계를 어느 정도 공유하고 있는 경우가 있다. 반면에 우리와는 전혀 다른 개념체계를 갖고 있거나 우리의 언어적인 설명을 이해하는 데에 필요한 개념의 체계를 상대방이 지니고 있지 않은 경우도 있다. 이러한 두 경우의 대립적인 상황에서 전자보다는 후자, 즉 가장 기초적인 개념이나 지식을 설명하는 경우나 우리와는 다른 개념체계를 지니고 있는 자와 의사소통하는 경우가 그렇지 않은 경우보다 훨씬 더 난처한 상황임에는 분명하다.

교육은 특정한 개념체계나 지식체계를 교사가 학습자에게 전달하고자 애쓰는 상황이다. 그것은 성격상 방금 위에서 논의한 내용이 거의 그대로 적용되는 사태이다. 그렇다면 교육의 장면에서 교사가 학습자를 가르치고자 할 때, 가장 난처한 상황은 어떤 경우인가? 그것은 물을 필요도 없이 그것을 설명하는 데에 동원할 마땅한 개념들이나 지식들이 별반 없을 정도로 가장 기초적인 개념이나 지식들을 교사와는 다른 개념의 체계를 지니고 있는 미성숙한 학습자에게 가르쳐야 하는 상황일 것이다.

세상의 모든 교사들은 정상적인 경우에 그가 담당하고 있는 학습자들이 이해할 수 있을 만한 수준의 어휘들을 동원하여 그가 할 수 있는 최선의 설명을 풍부하게 제공하면서 교수 활동을 전개한다. 이 점에서 세상 모든 교사들은 동일한 일을 하고 있다. 그렇기는 하지만 대학교수나 중등교사의 경우, 자신이 교수 활동을 통하여 전달한 언어적 설명을 놓고 학습자가 질문을 하면, 다른 개념들이나 예들을 동원하여 내용을 좀 더 풍부히 부연 설명할 수가 있다. 그들에게는 자신들이 가르치려는 내용들을 설명하는 데에 동원할 수 있는 하위의 개념들이나 지식들의 목록(目錄)이 풍부한 것이다. 그러나 가장 기초적인 개념이나 지식을 가르쳐야 하는 초등교사의 경우에는 상황이 그리 간단하지가 않다. 왜냐하면 대부분의 초등교사는 아동학습자의 이해 수준을 고려하면서 학습자가 이해할 수 있을 만한 가장 쉬운 용어들을 구사함과 더불어 생각할 수 있는 모든 예와 실물을 동원하여, 더 이상 보탤 것이 없을 만큼 풍부한 설명을 제공하는 가운데 교수 활동을 전개한다. 그들이 가르치는 것이 기초적인 개념이나 지식인 만큼, 동원 가능한 모든 설명과 자료들을 사용하지 않고는 주어진 수업 시간을 채우기도 어려운 것이다. 그럼에도 불구하고 아동학습자가 초등교사의 설명을 듣고는 왜 그런지를 다시 물었다고 가정해 보자. 새로운 설명을 강구할 수 있는 대학교수나 중등교사와는 다르게 초등교사는 이 경우 달리 어떻게 설명을 할 수 있을지를 도무지 짐작조차 할 수 없는 곤경(困境)에 빠지고 만다.

예를 들어 초등교사가 초등학생들에게 '1+2=3'을 가르치는 경우를 생각해 보자. 성인들 가운데 더하기를 모르는 경우는 거의 없으며, 이 점에서 이는 이른바 전형적인 초급지식에 해당한다. 그리고 그것이 초급지식이기 때문에 대부분의 사람들은, 초등교사가 아니라고 하더라도, 이는 웬만한 성인들이라면 쉽게 가르칠 수 있으리라고 생각할 것이다. 그러나 전혀 그렇지가 않다. 먼저 '1+2=3'이라는 성인들에게는 너무도 당연한 것을 아동학습자들에게 어떻게 설명해야 하는지를 상상해 보라. 십중팔구 대부분의 성인들은 무슨 말로 어떻게 이해시켜야 하는지가 도대체 막연하여 답답함을 느낄 것이다. 그도 그럴 것이 이는 성인들의 눈으로 보면, 설명할 필요도 없이 너무도 당연한 사실이기 때문이다. '1+2'는 당연히 '3'인데 무엇을 설명하라는 것인가? 이는 너무도 기초적인 내용이어서 그것을 설명하는 데에 동원할 만한 그것보다 더 기초적인 사실조차도 쉽게 떠오르지 않는 것이다. 더구나 몇 마디 적절한 설명을 생각해 낸다고 하더라도 그것을 말하는 데에는 불과 몇 분 정도가 소요될 뿐이어서 '1+2=3'이라는 내용에 배당된 수업 시간 40분을 채우는 데에는 턱도 없이 부족하기 일쑤이다.

그러나 처음에는 무슨 말로 어떻게 설명해야 할지가 막막하여 노심

초사할 수밖에 없지만, 이리저리 애를 쓰다가 보면 나름대로 설명의 방식을 찾아 가르칠 수도 있다. 예를 들어 바둑돌과 같은 실물을 활용하는 가운데 바둑돌 1개에 2개를 더하는 활동을 수행하도록 하면서 1+2는 3이라는 것을 가르치고자 시도할 수도 있고, 그림이나 삽화 등을 활용하여 가르치고자 시도할 수도 있을 것이다. 또는 다른 사람들의 도움을 받거나 관련 자료들을 참조하여 '1+2=3'을 이해시키는 데에 동원 가능한 다양한 활동 사례들이나 예시 자료들을 더 풍부하게 제공할 수도 있다. 아마도 이러한 것들이 더하기를 가르친다고 할 때 우리가 동원할 수 있는 교수 활동의 전부일 것이다. 이렇게 가르치는 방법 이외에 도대체 다른 방법이 있겠는가?

그러면 위에서 거론한 것과 같은 설명과 자료들을 동원하여 가르치면 아동학습자들이 더하기를 이해하게 되는가? 우리가 다양한 실물과 그림, 삽화 등을 동원하고 아동학습자에게 익숙한 쉬운 용어들을 활용하여 더하기를 가르쳤다고 가정해 보자. 아마도 이 경우 우리는 도대체 더하기를 가르친다고 할 때에 시도해 볼 수 있는 모든 교수 활동을 다 동원한 것임에 분명하다. 더 이상 달리 가르칠 수 있는 방법도, 더 쉽게 설명할 수 있는 길도 없는 것이다. 그럼에도 불구하고 그 수업을 받은 아동학습자가 태연히 손을 들고, "그런데 왜 1+2가 3이 되요?"라고 질문했다고 상상해 보자. 이는 드문 일이 아니라 초등학교 교실에서 흔히 일어나는 사건이다. 아마도 이런 처지가 되면, 아동의 주의를 환기시킨 뒤에 좀 전에 했던 설명을 다른 실물이나 그림, 삽화 등을 동원하는 가운데 다시 한 번 반복하는 것 이외에 우리가 할 수 있는 다른 일은 없을 것이다. 더하기를 가르치는 경우에 우리가 방금 앞에서 했던 것과는 근본적으로 다른 교수방법이나 설명방식은 찾기가 어렵다. 우리의 설명이 끝난 후에 아동이 질문을 한 것은 아마도 우리의 설명을 제대로 귀담아 듣지 않았기 때문이 아니겠는가? 그러니 우리의 설명을 주의해서 듣도록 하기만 하면 아동은 더하기를 이해하게 될 것이 너무도 분명하지 않은가?

그러나 우리의 그러한 짐작과 기대는 여지없이 무너지고 만다. 아동은 우리의 설명을 다시 한 번 유심히 듣고는 재차 손을 들고, "예, 그 얘긴 아까도 들었는데요, 그래서 왜 1+2가 3이냐고 묻는 건데요"라고 말했다고 상상해 보자. 이는 가상적인 상황이기는 하지만 초등학교 1학년생들을 상대로 더하기를 가르치는 초등학교 교사가 지금도 여기저기서 직면하고 있는 현실이다. 어떻게 해야 되는가? 막다른 골목에 다다른다거나 궁지(窮地)에 몰린다는 표현이 지칭하는 사태가 바로 이 경우 아니겠는가? 더하기를 가르치기 위하여 더 이상 덧붙이거나 첨가할 말도 없는데 아동은 왜 그런지를 설명해 달라고 하면서 우리를 똑바로 바라보고 있다고 생각해 보라. 점잖은 표현은 아니지만 그 때 우리의 심정은 '환장한다'는 말에 딱 들어맞지 않겠는가? 이러한 경우는 초등학교 수업 장면에서는, 어떤 교과의 어떤 지식을 다루든 간에, 비일비재하게 일어난다. 그리고 많은 경우에 이런 상황은 아동이 우리 성인들과는 다른 개념체계를 지니고 있기 때문에 발생한다. 앞에서 예로 든 가상적인 상황에서 아동은 1, 2, 3, 4, 5등으로 연결되는 수개념이 아니라 1, 2, 4, 5, 3등으로 이어지는 수개념을 지니고 있었을 수도 있다. 그래서 아동은 '1+2=4'라고 계산하고 있는데 선생님이 '3'이라고 하니까 왜 그런지를 계속 묻는 것일 수가 있다. 이 때에는 더하기가 아니라 문제의 원인에 해당하는 아동의 수개념을 교정해 주어야 한다. 그러나 이렇게 원인을 찾은 것은 그래도 상당히 운이 좋은 경우이다. 왜 아동학습자가 그러한 질문을 하는지 그 원인을 성인교사로서는 전혀 짐작조차 할 수 없는 경우가 초등교육의 현장에서는 너무도 흔하게 일어난다. 초등교사가 직면하는 이러한 어려움은 아동과 대화를 해 본 성인이라면 어느 정도 상상할 수가 있을 것이다.

이러한 사례를 통하여 무엇을 짐작할 수 있는가? 흔히 쉬운 것이기 때문에 그것을 가르치는 일도 상당히 용이할 것이라고들 생각한다. 이는 쉬운 것을 가르치는 일은 쉽고, 어려운 것을 가르치는 일은 어렵다는 상식적인 관점으로부터 자연히 따라 나오는 생각이다. 그리고 이러한 생각으로 인하여 초급지식을 가르치는 초등교사의 교수 활동은 사실상 웬만한 성인이라면 누구나 할 수 있는 것이라는 세간의 평가가 생겨난다. 그러나 과연 그런가?

우리 성인들에게는 더 이상 아무런 설명이 필요 없을 만큼 너무나도 단순하고 기초적인 사실들이라고 하더라도, 아동의 입장에서 보면 그것은 의미를 알기가 어렵고 낯선 것으로서 충분한 설명이 필요한 것들이다. 이 경우 성인은 아동이 이해할 수 있도록 그가 지금까지 당연하게 생각해 왔던 것을 당연하게 보지 않으면서 아동의 입장에서 이해가 가능하도록 설명해 주어야 한다. 그런데 이 일이 쉽지가 않다. 아동들과 대화를 하다가 보면, 그들이 설사 성인과 유사한 어휘를 사용하고 있다고 하더라도 성인과는 전혀 다른 의미를 그 어휘에 부여하고 있으며, 그 어휘를 사용하여 성인과는 전혀 다른 사고를 전개하고 있음을 알게 된다. 그리고 그러한 아동의 개념체계나 사유체계 앞에서 수많은 성인들이 당혹감을 느끼게 된다. 이와 유사한 일이 초등교사에게도 일어난다. 그가 가르쳐야 하는 것은 말 그대로 웬만한 성인들이라면 누구나 알 수 있을 만큼 쉽고 기초적인 것들이다. 그런데 그것이 기초적인 것인 만큼 그것을 설명하는 데에 동원할 수 있는 용어들의 선정 자체가 쉽지 않다. 또 말로 설명하기가 어렵기 때문에 아동학습자의 이해를 돕기 위하여 다양한 비유를 생각해 내고, 적절한 예를 들어주며, 실물이나 삽화 등을 동원해야 된다. 그러나 풍부한 상상력과 순발력이 없이는 이 일을 하기가 결코 쉽지 않다. 더욱이 학습자가 아동이고 그가 성인들과는 다른 개념체계를 지니고 있기 때문에 아동의 개념체계를 상상하고, 그 개념을 가지고 문제를 볼 수 있는 능력을 구사하지 않으면 아동학습자를 가르친다는 것은 가망 없는 일이 된다. 여기서 알 수 있듯이 초급지식을 가르친다는 것은 그것이 초급지식이기 때문에 쉬운 것이 아니라, 오히려 초급지식이라는 바로 그 점에서 더 어려운 일이 된다. 초급지식은 누구나 가르칠 수 있다는 그릇된 통념으로 인하여 우리가 놓치고 있는 것이 바로 이 점이다.

6. 이제는 할 수 없게 된 탐구를 시범 보여야 하는 어려움

우리말로 초등교육이라 번역되어 통용되고 있는 제도교육의 첫 단계는, 원래의 영어식 표기로는 primary education이다. 그리고 그것이 primary education인 이상, 그것은 넓게는 제도교육의 전체가, 좁게는 한 개인이 받는 교육의 전반적인 과정이 성공적으로 이루어질 수 있도록 학습자들에게 맨 처음에 제공해야 되는 어떠한 교육적 소임을 담당한다고 볼 수 있다. 물론 secondary education은 primary education의 성과를 이어받아 그 위에서 새로운 교육적 소임을 담당하는 교육일 것이다. 이렇게 생각할 때, 제도교육의 첫 단계로서 primary education이 반드시 수행하여야 하는 것이 학습자들에게 '메타학습'의 기회를 제공함으로써 그들이 학습의 역량을 지니도록 조력하고, 이를 통하여 다음 단계의 교과학습이 제대로 수행되도록 하는 일이다.

바로 이 점에서 초등학교 교실에서 이루어지는 수업은, 예를 들어, 중등교육에 해당하는 고등학교와 동일한 명칭의 교과를 갖고 이루어진다고 하더라도 그 양태가 고등학교 수업과는 질적으로 달라야 한다. 무슨 말인가 하면, 초등학교에서의 수업은 교과의 내용을 학습자들이 이해할 수 있도록 교사가 언어적인 설명을 풍부하고 유창하게 제공하는 수업이 아니라, 학습자들이 교과의 내용을 이해하려면 반드시 수행할 필요가 있는 활동들, 즉 학습의 활동들을 지시하고 이를 직접 수행하도록 돕는 수업이다. 고등학교에서의 수업이 'A는 B이다'라는 식의 내용 설명조의 언어를 주된 매체로 한다면, 초등학교에서의 수업은 '이렇게 해 봐라', '다음과 같이 생각해 봐라', '무엇이 잘못 되었는지 살펴봐라', '이것을 관찰해 봐라', '이러저러한 실험을 해 봐라', '누구의 이야기를 들어 봐라', '이러한 영상 자료들을 봐라' 등과 같은 언어들, 즉 학습자들에게 이러저러한 탐구의 활동들을 지시하고 그 수행을 촉구하는 언어를 주된 매체로 한다. 이는 무슨 말인가 하면, 초등학교에서는 학습자들이 미지의 세계를 어떻게 탐구하고 학습할 것인지를 아직 모르고 있기 때문에, 교사는 그 미지의 세계를 내용적 차원에서 직접 소개하는 수업이 아니라, 가능한 만큼 학습자에게 그 미지의 세계를 향해 걸어나가는 능력을 심어주는 일을 한다는 의미이다.

이렇게 생각하면, 초등교사는 학습자들에게 탐구의 결과물을 언어적으로 소개하는 일이 아니라, 탐구의 과정을 시범보이고 이를 따라하도록 촉구하는 가운데 학습자들이 학습의 능력을 습득하도록 하는 교육적 소임을 지니게 된다. 물론 이러한 교육적 소임은 초등교육만이 아니라 중등교육에서도 중요한 것이라 생각할 수 있다. 아닌 게 아니라 탐구의 능력을 길러주는 일은 모든 단계의 교육에서 중시되어야 한다. 그러나 그 일을 하는 방식에 있어서 초등교육과 중등교육은 같지가 않다. 초등교육을 받는 학습자들은 이제 체계적인 형태의 학습 활동을 막 시작해야 되는 단계에 있다. 이들은 아직 체계적으로 자신의 학습을 주재할 능력이 없다. 이 점에서 그들이 처음 습득해야 하는 것, 그리고 초등교육이 그들에게 제공해 주어야 하는 것은 다른 것이 아니라 바로 학습하는 능력이다. 이를 먼저 습득하지 않고는 교과를 학습한다는 다음의 과제도 제대로 수행할 수가 없다. 바로 이 점에서 초등교사는 교과를 활용하여 학습자들이 스스로 학습할 수 있는 기회를 제공하는 가운데 학습의 과정을 지도하는 것이다. 이것이 초등교육의 일차적인 소임이며, 교과의 기초적인 지식을 습득하는 일은 이에 비하면 이차적인 것이다. 반면 중등교육에서는 학습자들이 학습하는 능력을 지니고 있다고 전제하고, 교과의 내용에 대한 풍부한 설명과 자료를 제공한다. 그리고 학습자들은 여기에 그들 나름의 학습하는 능력을 적용하여 그 내용을 이해하게 된다. 여기서는 교과의 내용을 이해하는 일이 일차적이며, 이 과정에서 학습의 능력을 신장시키는 일은 부수적인 것으로 따라온다.

만약 초등교육이 이러한 일을 하는 교육이라면, 여기서 초등교사는 또 한 번의 난관에 봉착하게 된다. 초등교사가 학습자에게 학습하는 능력을 습득하도록 도우려면 불가피하게 그는 자신이 가르쳐야 하는 교과지식을 소재로 삼아 어떻게 학습해야 되는지를 시범 보이지 않으면 안 된다. 그런데 그가 학습 활동을 시범 보여야 하는 교과의 내용들은 그에게는 더 이상 진정으로 추구하는 것이 불가능한 지식이며 예술이고 도덕이다. 그는 더 이상 그 지식들을 겨냥하여 지적인 탐구의 활동을 전개할 수가 없으며, 이 수준의 음악이나 미술에 열정을 갖고 몰입할 수도 없다. 더 나아가 아동에게나 어울리는 도덕적인 추론과 행동을 진지하게 수행할 수도 없다. 그럼에도 불구하고 그가 초등교사인 이상, 그는 이를 수행하지 않을 수가 없다. 그는 아동의 입장에서 아동학습자가 그 지식에 대하여 어떤 생각을 하고 어떤 의문을 지니고 있는지를 간파하고, 이를 토대로 아동이 수행할 수 있을 만한 학습 활동을 처방하면서 아동과 함께 그 활동을 해나가야 한다.

세상의 모든 교사들은 학습자의 수준으로 하강한 뒤에 학습자의 입장에서 문제를 보면서 사고하고 행동하지 않으면 안 된다. 그리고 거듭 말하지만 이 일은 그리 간단하지가 않다. 청소년을 상대하는 중등교사가 이 일을 제대로 수행하는 데에 어려움을 겪는 것만큼, 또는 그 이상으로, 아동을 상대해야 되는 초등교사도 심대한 어려움을 겪을 수밖에 없다. 청소년과 성인 사이에 질적인 간극이 자리잡고 있는 것과 마찬가지로 아동과 성인 사이에도 그 못지 않은 망각(忘却)의 강이 흐르고 있다. 성인인 중등교사가 청소년인 학습자의 입장에서 말하고 사고하고 행동한다는 것은 쉬운 일이 아니다. 성인과는 질적으로 다른 세계에 살고 있는 아동학습자를 가르쳐야 하는 초등교사의 앞길도 험난하기는 마찬가지이다. 초등교사 역시 한 사람의 학습자로 변신하고 싶어도 아동의 입장이 어떠한 것인지, 그들이 무슨 생각을 하고 있으며, 어떠한 문제에 직면하고 있는지 등을 쉽게 파악하기 어려운 것이다. 초등교사가 성인과 아동 사이에 존재하는 망각의 강을 건너가기도 어렵지만, 설사 건너갔다고 하더라도, 아동의 입장에서 어떻게 강을 건너야 하는지를 시범 보인다는 것은 결코 수월하지가 않다. 그리고 초등교사의 이 일은, 중등교사의 그것과 마찬가지로, 일반인들이 엄두도 내지 못할 만큼 어려운 것임에 틀림없다. 다소 과장하여 말하면, 모든 교사들 가운데서도 어쩌면 초등교사는, 키에르케고르가 그려서 보여주고 있듯이, 인간을 가르치기 위하여 인간의 모습으로 하강한 뒤, 그 인간의 모습을 자신의 진정한 면모로 구현해야 되는 신의 처지와 맞먹을 만큼의 교육적 난제에 직면하고 있는 것인지도 모른다. 그것은 분명 이 세상 교사가 감당해야 하는 결코 만만치 않은 곤경이며, 일반적인 통념과는 달리 초등교사도 이로부터 결코 자유롭지 않다.

7. 쉬운 것을 가르치는 결코 쉽지 않은 삶의 보람과 애로

성인이라면 누구나 인정할 수 있듯이 초등교사가 가르쳐야 하는 교과의 내용들은 쉬운 것들이다. 그럴 수밖에 없는 것이 교사는 자신의 수준에서 그가 알고 있거나 알고 싶은 것이 아니라, 학습자의 수준에서 학습자가 배울 수 있을 만한 것을 가르쳐야 하기 때문이다. 이 점에서 세상의 모든 교사들은 그들의 눈으로 보면 지식이나 예술이나 도덕이라고 인정하기 어려운 것들을, 그것이 학습자들에게는 교육적으로 가치를 지니는 교과가 될 수 있기 때문에, 마치 자신들에게도 지식이고 예술이며 도덕인 듯이 가르쳐야 하는 운명을 지니고 있다. 그리고 교사가 처하고 있는 이 독특한 상황을 원활히 타개해 나가느냐가 훌륭한 교사와 그렇지 못한 교사를 가름하게 된다.

그러나 그렇기는 해도, 교사에게 숙명처럼 따라다니는 이러한 상황이 가장 심각하게 나타나는 장면이 어쩌면 초등교육의 현장이라고 생각할 수도 있다. 초등교사가, 성인의 눈으로 보기에, 이른바 초급지식에 해당하는 것을 열정적으로 다루고 있다면, 그것은 그만큼 그가 학습자를 가르치기 위하여 자신의 수준을 버리고 아주 낮은 수준까지 하강을 하였다는 증거이다. 성인인 초등교사가 마치 아동처럼 말하고 행동하고 생각하며, 바로 그러한 점에서 일반인들의 눈으로 보면 왠지 민망해 보이기까지 한다는 것은, 정확히 말하면, 초등교사가 학습자를 가르치기 위하여 교육적인 변신(變身)을 훌륭히 하고 있다는 반증이다. 교사가 하는 일, 즉 가르치는 일은 까다롭고 어렵다. 이 점에서 예외가 있을 수는 없다. 이렇게 생각할 때, 흔히 이야기하는 것과는 달리, 가르치는 일에 수반되는 난관들을 거의 있는 그대로 직면하게 되는 초등교사의 경우, 그가 하는 일이 중등교사나 대학교수의 그것에 비하여 어려움이 더하면 더했지 결코 덜하지 않다는 점은 분명하다. 여기서 우리가 알 수 있는 것은, 일반적인 통념이나 상식과는 달리, 이른바 초급지식을 다루기 때문에 초등교사의 교수 활동이 쉬운 것이 아니라, 오히려 정반대로 초급지식을 다루기 때문에 초등교사의 교수 활동이 어려운 것이 될 수 있다는 점이다. 쉬운 것을 가지고 그것이 쉬운 것이기 때문에 가르치는 과정에서 크나 큰 어려움을 겪을 수밖에 없는 이 패러독스야말로 초등교사가 수행하는 교수 활동의 본질일지도 모른다.

인간이 추구하는 모든 활동에는 그 활동만이 지니고 있는 고유한 가치가 있다. 이를 내재적 가치라 한다. 그리고 이 가치의 체험이 곧 그 활동을 수행하는 가장 일차적인 이유가 된다. 그런데 이 가치를 가장 여실하게 체험할 수 있는 길은 그 활동에 내재해 있는 난관을 돌파하는 데에 놓여 있다. 수월하게 할 수 있었던 활동으로부터 최대의 보람과 가치를 체험할 수는 없는 법이다. 어려움이 클수록 보람도 크다는 말은 결코 틀린 말이 아니다.

교사는 가르치는 일을 한다. 교사 한 사람 한 사람을 붙잡고 가르치는 이유를 물어 보면, 아마도 이 세상의 교사 숫자만큼이나 많은 대답이 나올 것이다. 그러나 개인적인 동기가 어떤 것이든지 간에, 교사가 가르치는 본질적인 이유는 일차적으로 가르치는 활동 자체에서 비롯하는 내재적 가치의 추구에 있다. 그렇다면 초등교사에게는 그가 결코 쉽지 않은 교수 활동을 전개한다는 점에서, 가르치는 자가 추구해야 되는 본질적 가치인 교수 활동의 내재적 가치를 만끽할 수 있는 삶의 지평이 열려 있다고 볼 수 있다. 더욱이 초등교사의 교수 활동이 전체 제도교육의 성패를 결정하고, 학습자 개인의 교육적인 성장을 좌우할 수도 있다는 점에서 커다란 책임과 함께 남다른 보람이 수반된다.

그러나 초등교육에 대한 세간의 오해와 이로 인한 그릇된 편견들은 우리가 지향해 나가야 할 초등교사의 상(像)을 왜곡시킬 뿐만 아니라, 초등교육의 현장에 수많은 문제를 파생시키고 있다. 그리고 그러한 문제들은 비단 초등교육에만 부작용을 가져오는 것이 아니라, 초등교육이 primary education으로서 제도교육의 첫 단계에 해당한다는 점을 고려하면, 다음 단계의 제도교육에까지 좋지 않은 영향을 미치게 된다. 그러나 정말 무서운 것은 세간의 몰이해와 무지가 일반인들에 국한되지 않고, 초등교사에게까지 전염되어 초등교사마저도 자신이 하는 일에 대하여 회의에 빠지게 되는 경우이다. 또는 초등교사 스스로도 일반적인 통념의 화신(化身)이 되어, 초등교사의 교수 활동이 따라야 하는 교육방법상의 원리를 저버린 채, 타성에 젖어 가르치는 일에 임하게 되는 경우이다. 그리고 그러한 불행한 조짐은 이미 여기저기서 나타나고 있다. 만약 초등교사 스스로도 자신이 하는 일의 의미를 정확히 모르고 세간의 흐름에 현혹되거나 동조함으로써 가르치는 일을 소홀히 하거나 교직에서 마음이 떠나게 된다면, 제도교육의 전체 체제는 일시에 무너지고 말 것이다. 여기서 결코 회복될 수 없는 교육의 종말과 붕괴의 조짐을 보게 된다면, 지나친 과장이고 기우(杞憂)일까?

재개념화를 위한 단상

앞의 장에서 각급 제도교육의 단계들이 상승할수록 질적으로 좀 더 고급의 교육에 접근하고 아래로 내려올수록 저급의 교육에 가까이 가는 것 같은 그릇된 인상을 불러일으키는 통상적인 개념들을 버리고 새로운 개념을 모색할 필요가 있음을 이야기했다. 초등교육, 중등교육, 초등교사, 중등교사, 초등학생, 중등학생 같은 일체의 용어들이 이에 해당한다. 또한 교수와 학습이라는 개념 역시, 그것이 비록 교육학의 개념인 듯이 광범위하게 사용되기는 하지만, 실상은 심리학의 개념으로서 교육을 구성하는 가르침과 배움을 포착하지 못한다는 점을 논의했다. 이와 관련하여 교사와 학생이라는 개념도 새롭게 재개념화되어야 한다.

의사나 환자라는 개념은 병원(病院)이라는 제도 내에서 수행되는 역할을 구분하는 데에 사용되는 일상적 용어이다. 그것은 병원과 관련된 우리의 사고를 대단히 편안하게 해주는 개념적 도구이다. 아마도 이들 개념이 없다면 우리의 사고는 상당한 불편을 감수해야 될 것이다. 그러나 그렇다고 해서 의사나 환자라는 개념이 의학(醫學)이라는 학문의 전문적인 개념이라 생각할 사람은 아무도 없다. 교사나 학생이라는 개념 역시 학교라는 제도에서 통용되는 일상어일 뿐이다. 이 점에서 그것은 의사나 환자라는 용어와 다를 바가 없다. 교사나 학생이라는 개념의 소중함은 이들 개념들을 사용하지 않고는 학교에 대해서 말하기가 사실상 불가능하다는 점을 생각하면 당장 알 수 있다. 그러나 의사나 환자가 그러한 것처럼 교사나 학생 역시 병원이나 학교와 같은 제도들과 관련된 역할을 규정하는 일상 용어일 뿐이지 어떠한 학문의 개념일 수는 없다. 그런데 일상어에 불과한 교사나 학생이라는 용어가 교육학에서는 마치 전문적인 개념인 것처럼 대접받고 있다.

이 장에서 우리는 교사와 학생에 대하여 이야기했다. 그리고 교사와 학생이라는 용어를 너무도 자주 사용했다. 그러나 정확히 말하면, 여기서 이야기하는 교사나 학생은 교수나 학습이 아니라, 가르치고 배우는 일, 오로지 그것을 제대로 수행하기 위하여 분투하는 사람을 가리킨다. 이는 우리가 흔히 이야기하는 학교의 교사나 학생과는 구분되어야 한다. 학교의 교사는 가르치는 일만 하지는 않는다. 그는 가르치는 자이자 동시에 학생들의 보호자이고, 상담자이며, 공직자이고, 학급의 관리자이며, 사회 봉사자이다. 아마도 교사의 역할은 여기서 하나 하나 모두 거론하기도 어려울 만큼 많을 것이다. 이 많은 일들을 수행해야 되는 존재가 교사이다. 따라서 학교의 교사는 가르치는 일만 잘 해서는 훌륭한 교사일 수 없다. 어쩌면 그는 가르치는 일은 제대로 못한다고 하더라도 나머지 다른 일들을 제대로 수행하면 좋은 교사로 평가받을 수도 있다. 이는 가상적인 이야기가 아니다. 학교에서 이루어지는 교사에 대한 평정(評定)이 실제로 이렇게 행해지고 있다.

우리는 초등교사(초급교사)를 가르치는 일을 제대로 수행하지 못하는 자로 규정하였지만, 이는 학교의 관행에 비추어 보면 사실이 아니다. 아무리 잘 가르친다고 하더라도 교사가 수행해야 되는 다른 역할들을 제대로 수행하지 못하면 그는 고등교사(고급교사)가 될 수 없다. 반면에 가르치는 일을 제대로 못하거나, 심지어 가르치는 일을 혐오하고 경멸한다고 하더라도, 교사가 수행해야 되는 다른 역할들을 충실히 해내면 그는 고급교사로 평가받을 수 있다. 여기서 짐작할 수 있듯이 이 글에서 지칭하고자 하는 교사와 학교에서 근무하는 교사는 동일한 존재일 수가 없다. 그리고 만약 이 글의 내용에 공감한 사람이라면, 교사라는 개념 역시 새롭게 개념화될 필요가 있다는 우리의 말에 충격을 받거나 크게 망설일 필요가 없을 것이다. 흔히 교직을 전문직이라 하지만, 무엇인가를 전담하여 깊이 있게 수행하는 것이 아니라, 학교라는 제도 속에서 온갖 다양한 일들을 모두 수행해야 되는 교사를 가리켜 전문직 종사자라 말하는 것은 상당히 어색하다. 병원이라는 제도 속에서 적어도 의사는 진료와 치료의 행위를 전담한다. 병원에서 이루어져야 하는 일이라고 해서 의사가 환자의 차트를 정리하고, 진료비를 수납하며, 입퇴원 관련 업무를 처리하고, 의료보험료를 청구하는 것 등과 같은 일들을 하지는 않는다. 여기서 볼 수 있듯이 의사는 곧 진료하고 치료하는 자이다. 그러나 아쉽게도 교사가 오로지 가르치는 자인 것만은 아니다. "교사 = 가르치는 자 + 상담자 + 보호자 + 공직자 + 관리자 + 봉사자 + …"인 것이다. 이러한 점들을 생각하면, 교사라는 개념 역시, 그것이 아무리 우리의 사고에 깊숙이 새겨져 있는 습관과도 같은 개념이라 할지라도, '가르치는 일을 하는 자'를 지칭하는 새로운 개념으로 대치될 필요가 있다. 혹은 대치되지는 않는다고 하더라도 최소한 가르치는 자와는 구분되는 존재로 인식되어야 한다.

학생이라는 용어 역시 사정은 마찬가지이다. 아니 오히려 더 심각할지도 모른다. 많은 경우에 학생을 학습하는 자를 지칭하는 개념으로 생각하지만, 반드시 그러한 것은 아니다. 학생은 일차적으로 학교에 적(籍)을 두고 있는 자를 지칭한다. 학습의 활동을 충실히 수행하고 있는 자라고 하더라도 학교에 적을 두고 있지 않다면 그는 학생이 아니다. 그리고 학교에 적을 두고 있기만 하면 실제로는 학습의 활동을 수행하지 않고 있다고 하더라도 그는 분명 학생이다. '학생 ≠ 학습자'인 것이다. 학생이라는 말은 학교에 다닐 것으로 짐작되는 연령층의 사람들을 부르는 일상적인 호칭으로 사용되는 경우도 많다. 어린 아동 다음에는 모두 학생이며, 학생 다음에는 모두 아저씨나 아줌마다. 학생이라는 용어는 나이가 있는 사람들이 자신보다는 나이가 어려 보이고 일반적으로 학교에 다닐 만한 나이로 짐작되는 사람들을 부르는 호칭일 뿐이다.

학생은 학습하는 자를 가리키는 개념이 아니라 학교에 적을 두고 있는 자를 지칭하는 개념이다. 그러나 학교에 다닐 것으로 짐작되거나, 아저씨·아줌마 등으로 부르기에는 아직 이른 듯한 사람들을 부르는 통속적인 호칭으로 사용되는 경우에는 '학교에 적을 두고 있는가'의 여부조차도 더 이상 문제가 되지 않는다. 그것은 배움이라는 활동과도 무관할 뿐만 아니라, 심한 경우에는 학교와도 무관한 개념이다. 이처럼 그것이 지칭하는 실체가 분명하지도 않고, 또 교육과 관련이 있다고 확언하기도 어려운 개념을 사용하여 학문적인 논의를 전개한다는 것은 있을 수 없다. 교육학은 학생이라는 개념을 사용하기보다는 오히려 그 불명료함을 지적하고 그것을 대체할 새로운 개념을 구상하는 것을 소임으로 삼아야 한다. 이는 초등교육을 드러낼 수 있는 새로운 개념체계를 모색하려는 우리에게도 예외가 아니다.

제 **5** 장

듀이의 순차적 교육과 초등교육과정

1. 세 가지 제도교육의 관계

흔히 제도교육을 형성하는 각급의 교육을 세 단계로 구분하고, 이들 각각을 일차적 교육(primary education), 이차적 교육(secondary education), 삼차적 교육(tertiary education)이라는 명칭으로 부르고 있다.[1] 물론 이들 세 가지 교육은 교육이라는 하나의 전체를 형성한다는 점에서 차이나 차별이 있을 수 없으며, 그 구분은 엄밀히 말하여

---

1) 최근에는 primary education 대신에 elementary education을, 그리고 tertiary education 대신에 higher education이라는 용어를 사용하는 것이 일반적인 추세이다. 그러나 elementary education이나 higher education은 각급 교육에서 다루는 교과지식의 높낮이가 곧 교육의 질이나 수준을 결정하는 것처럼 생각할 때, 통용될 수 있는 개념으로서, 앞의 제3장에서 지적한 것처럼, 교과의 가치와 교육의 가치를 혼동하고 있다. 수준 높은 교과지식을 다룬다고 해서 그 교육이 그렇지 않은 교육보다 '우월한'(higher) 교육, 고급스러운 교육인 것은 아니다. 또한 낮은 수준의 교과지식을 가르치고 배운다고 해서 어떤 교육이 곧바로 '초급의'(elementary) 교육인 것도 아니다. 교과의 수준과 그것을 가르치고 배우는 교육 활동의 질적 수준은 구분되는 것이다. 이 점에서 제도교육의 단계를 지칭하는 개념으로 elementary education이나 higher education이 primary education이나 tertiary education을 대신할 이유는 없을 뿐만 아니라, 오히려 각급 제도교육의 소임과 본질을 이해하는 데에 장애가 된다고 볼 수도 있다.

임의적인 성격을 지닌다고 볼 수 있다. 그러나 그렇기는 해도 제도교육의 단계를 셋으로 구분하고, 각각을 수식하는 용어로 primary, secondary, tertiary라는 말을 쓰고 있는 점을 감안하면, 이들 세 가지 교육은 하나로 합체(合體)됨으로써 전체 교육을 형성한다고는 하더라도, 어떠한 점에서는 차이를 지닌다고 볼 수 있다. 물론 그 차이는 primary, secondary, tertiary라는 용어 속에 함축되어 있을 것이다.

Primary, secondary, tertiary라는 용어가 갖는 의미를 인간의 활동과 관련지어 풀이하면 아마도 이러한 뜻이 될 것이다. 특정한 인간 활동이 장시간에 걸쳐 이루어지는 복잡한 것일 경우에 이를 주먹구구식으로 수행하는 것은 그 활동의 지속과 성공에 지장을 초래하게 된다. 이를 피하려면, 활동의 전체적인 계획을 수립할 필요가 있다. 계획을 수립하는 방식에는 여러 가지가 있을 수 있지만, 그 가운데 하나로 이러한 것을 생각해 볼 수 있다. 특정한 활동 A가 a1, a2, a3라는 국면 (局面)들로 구분되고, 시간적인 차원에서 이들 국면들이 따라야 하는 순서가 존재할 경우 또는 논리적인 차원에서 각각의 국면들이 따르지 않을 수 없는 순서가 존재할 경우, 이들 국면들에 각기 primary A(a1), secondary A(a2), tertiary A(a3)라는 수식어를 붙여 구분할 수 있다. 물론 이 경우에 primary A는 A라는 전체 활동의 출발점이자 그에 후속되는 활동들인 secondary A, tertiary A의 참조점이기도 하다. 무슨 말인가 하면, primary A가 그에 속하는 요소적인 활동들을 원활히 수행함으로써 성공적으로 진행되어야만 이를 토대로 하여 secondary A 가 나름대로의 모습을 갖고 출현할 수가 있으며 하나의 활동으로 수행될 수 있다. 물론 이러한 이야기는 secondary A와 tertiary A 간의 관계에도 동일하게 적용된다. 이러한 점에서 secondary A는 primary A 를 논리적으로 전제한다고 볼 수 있다. 물론 tertiary A 역시 secondary A를 논리적으로 전제한다. 이러한 활동의 계열에 있어서 전제에 해당하는 활동이 원활히 이루어지지 않는 경우에는 성격상 후속되는 활동이 정상적으로 수행될 수 없음은 물론이다. 아마도 이러한 것이 primary, secondary, tertiary라는 수식어가 담고 있는 의미일 것이다.

방금 위에서 논의한 내용은 거의 그대로 세 가지 형태의 제도교육에도 적용될 수 있다. 일차적인 교육이 나름대로 그 구체적인 됨됨이를 갖추어 가는 가운데 제대로 수행되어야만 이를 기반으로 하여 이차적인 교육이 스스로의 모습을 형성해 나갈 수 있다. 따라서 이차적인 교육이 어떠한 모습을 띠게 되는가는 상당 부분 일차적인 교육의 모습으로부터 영향을 받게 된다고 볼 수 있다. 물론 이 말은 일차적인 교육이 이차적인 교육의 모습을 완전히 결정한다는 의미는 아니다. 그렇기는 하지만, 일차적인 교육과는 무관하게 또는 일차적인 교육에 어긋나는 방식으로 이차적인 교육이 나올 수 없다는 점만은 비교적 분명하다. 아마도 양자의 관계를 좀 더 정확히 진술한다면, '이차적인 교육은 일차적인 교육을 이어받으면서 동시에 이를 지양(止揚)하는 가운데 스스로의 모습을 형성해 나간다'는 말이 될 것이다.

우리는 일차적인 교육, 이차적인 교육, 삼차적인 교육을 각기 '초등교육', '중등교육', '고등교육'이라는 이름으로 부르고 있다. 제도교육의 단계들을 어떠한 이름으로 부르든지 간에, 그것들의 성립 과정에서 삼자간의 관계를 어떻게 맺어야 하는가에 대한 교육학적인 고민이 뒤따랐을 것임은 어렵지 않게 짐작할 수 있다. 교육은 무엇인가를 소재(素材)로 삼아 이를 가르치고 배우는 활동이다. 따라서 무엇을 어떠한 방식으로 가르치고 배울 것인가는 교육을 생각할 때에 가장 핵심적인 질문이 된다. 제도교육은 어느 날 갑자기 하늘에서 뚝 떨어진 것이 아니다. 그것은 인간의 필요에 의하여 생겨난 것이며, 그 필요를 충족시킬 수 있도록 오랜 시간에 걸쳐 부단한 시행착오를 겪는 가운데 오늘날과 같은 모습으로 형성된 것이다. 이 점에서 그것은 완전하기보다는 여전히 불완전한 것이며, 지속적으로 개선되어야 하는 것에 속한다.

　모르긴 몰라도 제도교육의 필요가 자각되고 이를 위한 교육기관을 수립하고자 했을 때, 당시의 사람들은 전체 제도교육의 윤곽을 이리 저리 그려보면서 제도교육을 형성하는 특정 단계의 교육들을 어떻게 구분하고 상호 관련지어야 하는가를 고민했을 것이다. 물론 그러한 고민 가운데 무엇을 어떻게 가르치고 배워야 하는가에 대한 것이 가장 중요한 사항이었을 것임은 충분히 짐작할 수 있다. 실제로 당시의 사람들이 어떠한 고민을 하면서 제도교육의 구체적인 모습을 '왜 그러한 방식으로' 그려나갔는지는 체계적인 교육사(敎育史) 연구를 통하여 재연해 볼 수도 있을 것이다. 물론 이는 대단히 어려운 과제이다.

　그러나 실제 제도교육의 형성사 속에 나타난 당시 사람들의 생각과 논리를 보여주는 역사적 자료들을 수집하여 해석하는 길만이 각급 제도교육의 모습과 관계를 파악하는 유일한 방법인 것은 아니다. 우리는 세 가지 제도교육들의 논리적인 관계를 분석하면서 당시 사람들이 마땅히 품었어야 할 생각들과 교육적인 논리들을 추론할 수도 있다. 그리고 후자를 따르는 경우에 우리는 적어도 다음과 같은 점들을 이야기할 수 있다.

　무엇을 어떠한 방식으로 가르치고 배워야 하는지를 결정하는 것부터 시작하여 그 단계의 교육을 담당할 교육기관의 구체적인 모습을 정하는 데에 이르기까지 특정한 단계의 제도교육은 논리적으로 그것보다 앞서는 제도교육으로부터 많은 것을 받아들이면서 동시에 이를 발전시켜 다음 단계의 교육으로 넘겨주어야 한다. 구체적으로 말하면, 이차적인 교육은 일차적인 교육의 모습을 자세히 들여다보면서 후자가 '어떠한 교육적 소임'을, '무엇을 가지고', '어디까지', '어떠한 방식으로' 수행했는가를 분석할 수 있어야 한다. 그래야만 이차적인 교육은 자신이 어떠한 교육적인 소임을 수행해야 하는지를 알 수 있으며, 이 소임을 담당하기 위하여 무엇을 가지고 어디서부터 시작하여 어떻게 해 나가야 되는가를 설정할 수가 있다. 그렇지 않을 경우에 그 교육과 그것보다 앞서는 교육이 일차적 교육과 이차적 교육이라는 관계를 형성하면서 제도교육의 전체를 엮어 나간다는 것은 불가능하다. 물론 이러한 이야기는 이차적인 교육과 삼차적인 교육의 경우에도 그대로 성립한다.

그러나 이러한 방식으로 생각하면, 일차적인 교육에 해당하는 초등교육은 무엇을 가지고 어떠한 방식으로 가르치고 배워야 하는지를 모색함에 있어서 도움을 받을 만한 그 앞 단계의 제도교육을 분명한 형태로 지니고 있지 않다는 사실이 드러난다. 바로 이 점에서 초등교육의 전체적인 모습을 형성한다는 과제는 초등교육을 전제하는 다른 제도교육의 모습을 실현시켜 나가는 것에 비하면 상대적으로 어려운 일임을 충분히 짐작할 수 있다. 초등교육의 이러한 형편은 초등교육의 모습을 그려나가야 하는 사람들에게는 난감한 과제임과 동시에 책임을 수반하는 도전적인 과제이기도 하다.

형편이 어렵기는 하지만, 전체 제도교육의 출발점이자 다른 제도교육들의 참조점에 해당하는 초등교육의 모습을 형성해 나감에 있어 반드시 고려해야 되는 교육적인 원칙을 제시할 수는 있다. 그리고 이를 결정적인 계기로 삼아 초등교육의 성공적인 재출범을 도모해 볼 수도 있다. 그것은, 다른 것이 아니라, 무엇을 어떠한 방식으로 가르칠 것인가를 생각함에 있어서 학습자를 존중해야 한다는 너무나도 평범한 교육적 진실이다. 물론 학습자를 존중한다는 것은 그의 순간 순간의 욕구나 변덕스러운 의견을 존중한다는 뜻이 아니라, 학습자의 기존 학습 활동의 양상을 존중한다는 의미이다.

2. 초등교육의 굴절: 중 · 고등교육의 모방

초등학교에 입학하기 이전에도 학습자들은 나름대로 학습 활동을 수행한다. 갓난아이로 태어났을 당시와 비교하면, 초등학교에 발을 들여놓는 학습자들은 이미 어마어마한 존재로 성장해 있다. 그리고 그러한 성장은 단순한 생물학적 성숙에 의한 것이 아니라, 많은 경우에 학습 활동에 힘입은 것이다. 그러나 정작 우리는 초등학교 입학 이전에 이루어지는 아동학습자들의 학습 활동이 어떠한 양상을 지니는지에 대하여 아직도 잘 알지를 못한다. 교육대학에서 중요한 프로그램으로 수업 시간에 제공되는 아동 발달에 대한 수많은 연구들이 존재하기는 하지만, 대부분 그것은 교육과 무슨 관련이 있는지가 분명하지 않은 심리학적 탐구의 산물들이다(장상호, 1986; Egan, 1979, 1983, 2002; James, 1958). 이들로부터는 교육과 관련이 있는 학습자들에 대한 정보를 얻을 수가 없다.[2] 우리가 놓치고 있는 정보 가운데서도 대

---

2) 아동 발달에 대한 심리학의 지식으로부터 아동학습자에 대한 정보를 얻을 수 있다거나, 또 그러한 정보가 초등교육을 담당하는 교사의 전문적인 자질을 형성한다고 생각한다면, 다음과 같은 질문들에 스스로 대답해 보라. 피아제(J. Piaget), 콜버그(L. Kohlberg), 프로이트(S. Freud), 에릭슨(E. Erikson) 등이 제안한 그 수많은 발달이론들 가운데 도대체 어느 부분이 어떠한 방식으로 초등교육과 관련을 맺는다는 말인가? 일부분이 관련을 맺을 뿐이라면, 그것은 정확히 어떤 내용인가? 만약 모든 것이 관련이 있다면, 그러한 것들 모두를 고려하여 수업을 한다는 것이 과연 가능한 일인가? 아동 발달에 대한 심리학적 지식에 맞추어 가르쳐야 한다고 이야기하는 대학교수 본인은 정작 아동 발달에 대한 몇 가지 사실이라도 고려하여 일반인들과는 다르게 가르칠 수 있는가? 아동들에 대한 헤아릴 수도 없이 많은 사실들과 정보들이 거의 무차별적으로 초등교육에 도움이 된다는 억지 논리는 철회되어야 한다. 아동 발달에 관한 전문가들도 쉽게 하기 어려운 일을 예비교사들에게 요구하는 무리한 관행 역시 사라져야 한다. 아동에 대한 심리학적 지식과 관련하여 우리는 '교육학과 심리학은 서로 다른 학문이기 때문에 심리학으로부터 교육학을 끌어낼 수는 없다. 똑같은 이유에서 심리학의 지식을 열심히 가르치고 배운다고 해서 우수한 교사를 기를 수 있다거나 좋

표적인 것은 아동학습자들이 수행하고 있는 학습 활동에 대한 지식이다. 아동학습자가 인식하고 체험하는 세계들은 어떠한 모습을 띠고 있으며, 아동학습자는 주변의 세계들과 어떠한 방식으로 상호작용하여 이를 자신에게 의미 있는 세계로 전환시키고 있는가 등과 관련하여 우리가 갖고 있는 교육학적인 지식은 너무나도 보잘것없다. 그렇기는 하지만, 다음과 같은 몇 가지 점만은 다소간 확신을 갖고 이야기할 수 있다.

첫째, 성인의 그것과 비교하면, 아동의 세계는 상당히는 미분화된 전체에 해당한다. 아동이 세계를 구분하는 경우에도 그 구분 방식은 성인의 것과 다르다. 성인에게는 인간의 사회와 물리적인 자연이 구분되고, 인간의 사회는 다시 정치, 경제, 사회, 문화, 종교 등으로 끝없이 분화된다. 성인은 진, 선, 미 등의 가치를 차별적으로 체험하며, 이들 가치를 추구하는 세계들을 서로 다른 것으로 지각한다. 그러나 아동이 성인과 동일한 방식으로 세계를 구분하고 있다고 생각하면 이는 오산(誤算)이다. 성인의 현실이 아동에게는 허구이며, 성인에게는 허구이고 가상인 것이 아동에게는 너무도 여실한 현실이고 진상이다. 성인에게는 각기 차별적이고 이질적인 세계들이 아동에게는 천변만화(千變萬化)하는 만화경 속의 한 장면처럼, 또는 이상한 나라의 엘리스 속의 한 대목처럼 뚜렷한 경계가 없이 뒤섞여 있다. 아동은 축소판 성인이 아니며, 그 나름의 독특한 사고와 행동의 체계를 지니고, 그 나름의 특색 있는 세계 속에서 살아가는 것이다.

둘째, 미분화된 세계 속에서 살아가는 아동이다 보니, 성인에게는 대립적이라 할 만큼 이질적인 것들이 아동에게는 하나로 묶여 조화를 이루고 있는 경우가 많다. 그 가운데서도, 현재 우리의 관심과 관련하여, 주목의 대상이 되는 것은 놀이와 학습이다. 놀이와 학습이 아

은 교사가 될 수 있다는 보장은 어디에도 없다'는 윌리엄 제임스(James, 1958: 23-24)의 오래된 경고를 여전히 진지하게 경청할 필요가 있다.

동에게는 미분화 상태에 있다. 놀이가 학습이고, 학습이 곧 놀이인 것이다. 이러한 아동의 '놀이 겸 학습'에 해당하는 활동은, 정확히 말하면, 놀이와 학습이라는 성인의 구분 방식으로는 포착이 안 되는 아동만의 특유한 활동 세계라고 보는 편이 옳다. 그것은 놀이와 학습이라는 이분법적인 구분이 통용되지 않는 아동 나름의 단일한 활동 세계인 것이다. 학습에서 오는 권태와 피로를 해소하기 위하여 별도로 놀이를 즐겨야만 하는 성인들의 눈으로 보면, 학습을 하나의 유희(遊戲)처럼 즐기는 아동의 모습은 불가사의한 것으로 비칠 수도 있다.

셋째, 아동이 수행하는 활동들은 언제나 능동적인 것이다. 아동에게 수동적인 활동이란, 그럴 만한 강제나 이유가 없는 이상 대단히 부자연스러운 것에 속한다. 아동의 활동이 능동적이라는 말은 아동이 내재적인 흥미를 지니고 활동에 참여한다는 뜻이다. 아동의 세계에 외재적인 보상이나 가치를 얻기 위한 도구적 활동이란 사실상 존재하지 않는다. 외재적 보상이니 수단적 활동이니 하는 것들은 성인의 세계를 구성하는 것일 뿐이다. 아동이 참여하는 세계는 아동을 사로잡는 힘을 지니고 있으며, 이로 인하여 아동은 언제나 내재적인 흥미에 휩싸여 능동적으로 활동을 전개하는 것이다.

넷째, 아동은 활동을 능동적으로 수행하고 그 결과로 생생한 의미를 얻는다. 아동의 세계에 인위적인 기억이나 암기란 존재하지 않는다. 정확히 말하면, 아동에게는 아는 것과 모르는 것이 구분되지 않는다. 아동은 우주의 모든 것을 나름대로 남김없이 이해하고 있으며, 이 점에서 언제나 모든 것을 알고 있는 존재이다. 그가 모르는 것이란 그의 세계 내에서는 사실상 존재하지 않는 것과도 같다. 그리고 아동이 알고 있는 것은 거의 언제나 아동에게 생생한 의미를 지니는 진실된 앎이다. 아동의 앎은 그의 말과 사고와 행동에 그대로 반영된다. 어쩌면 아동은 앎과 삶이 일치하는 유일한 존재일지도 모른다.

다섯째, 아동이 다른 것에 관심을 빼앗기는 일이 일어나지 않는 이상, 특정한 활동에 대한 아동의 흥미는 사라지지 않고 지속된다. 바꾸어 말하면, 아동은 그 특정한 활동에 능동적으로 계속 참여한다. 그리고 아동의 흥미로 충만해 있는 그 활동이 얼마 동안이나 지속될 것인가는 성인으로서는 짐작하기도 어려울 정도이다. 그것은 상상하기도 힘들 만큼 대단히 길 수도 있고, 또 예상과는 달리 상당히 짧을 수도 있다.

초등교육의 개념상 초등교육의 대상이 반드시 아동으로만 국한되는 것은 아니다. 그러나 초등교육의 전형적인 경우에 해당하는 것은 현실적으로 초등학교 교육이며, 현재 초등학교 교육의 대상은 아동이다. 이처럼 초등학교가 아동학습자를 수용하여 이루어지는 제도교육의 첫 단계라면, 그것은 적어도 위에서 거론한 것과 같은 아동학습자의 특성을 고려하는 방식으로 교육과정과 교육방법, 교육평가 등을 모색해야만 한다. 이것은 새삼스러운 이야기가 아니라 당연히 준수되어야 하는 교육적 진실이자 교육적 상식인 것이다.

그러나 초등교육을 담당한다는 현재의 초등학교는 이러한 우리의 기대와는 다른 방향으로 가고 있다. 먼저 초등학교의 교과를 살펴보자. 국어, 수학, 사회, 과학 등과 같은 초등학교의 교과들은 어디서 온 것인가? 그것은 과연 아동학습자의 세계 구분 방식을 존중하면서 이를 좀 더 발전시키는 가운데 구성된 것인가? 아동학습자는 초등학교에 입학하기 이전에도 '무엇'인가를 학습한다. 그리고 그 무엇이 이 단계 아동들에게는 그들 나름의 교과인 것이다. 그렇다면 초등학교에서 가르치는 교과들은 이러한 아동들의 교과를 존중하면서 이를 좀 더 발전시킨 형태의 것이라야 한다. 그것이 바로 초등교육의 교과인 것이다. 그렇다면 국어, 수학, 사회, 과학 등과 같은 교과목들은 초등학교에 입학하기 이전의 아동이 '무엇'인가를 학습한다고 할 때, 그 무엇을 받아들여서 발전적으로 분화시킨 것들인가? 아동의 세계가 과연 성인의 세계와 마찬가지로 언어와 수, 인간과 자연, 소리와 색채 등처럼 경계가 분명하여 상호 배타적인 세계들로 세분화되어 있는가?

능동적인 활동으로 채워져 있던 아동의 학습이 초등학교부터는 상당 부분 언어와 같은 상징을 통한 학습으로 전환된다. 이러한 전환은 초등학교에 입학할 때쯤이면 아동학습자가 활동을 통한 학습 능력을 충분히 습득하고 있기 때문에 이제는 새로운 방식의 학습을 수행할 수도 있다는 교육적인 연구와 판단에 의하여 이루어지는 것인가? 초등학교 이전 단계의 학습에서는 알고 있는 모든 것에 대하여 생생한 의미를 파악하고 있던 아동학습자가 초등학교부터는 암기나 기억에 의존하게 되는 현상이 벌어진다. 다양한 활동들에 내재적인 흥미를 갖고 능동적으로 참여하면서 마치 놀이하듯 학습하던 아동들이 초등학교에 다니면서부터는 마지못해 수동적으로 학습에 임하는 일이 생겨난다. 이러한 현상은 어디에서 비롯되는 것인가? 그것은 혹시 활동을 통한 학습을 아직도 상당 기간 계속 해야 되는 아동학습자에게 무리하게 상징을 통한 학습을 요구하기 때문에 비롯되는 문제는 아닌가? 도대체 상징을 통한 학습은 어디에서 생겨난 것이며, 그러한 학습은 과연 아동학습자에게 적합한 것인가?

이러한 점도 생각해 보자. 초등학교에서는 40분 동안 수업을 하고 10분간 휴식을 취한다. 이러한 초등학교의 관행은 어디서 나온 것인가? 그것은 아동학습자들이 흥미를 지닌 채, 특정한 활동에 몰입할 수 있는 시간의 정도를 체계적으로 연구하여 세밀하게 설정된 것인가? 교육학에서 이루어지는 연구가 워낙에 방대하기 때문에 그 흐름을 모두 따라 가기는 어렵지만, 적어도 우리가 아는 범위 내에서 말하면, 그러한 종류의 연구가 이루어졌다는 보고는 어디서도 접하기가 어렵다. 그렇다면 이러한 초등학교의 관행은 도대체 어디서 유래한 것인가?

또 이러한 점도 생각할 수 있다. 초등학교에서는 1교시에 특정한 교과를 가르치고 배우다가, 잠깐 동안의 휴식 시간이 끝나면, 2교시에는 다른 교과를 가지고 수업을 진행한다. 이러한 교과의 전환은 급격히 이루어진다. 예를 들면 이렇다. 체육 수업을 받으면서 학습자가 한참 몰입할 만하면 수업 종료 종이 울리고 다음 시간에는 거의 느닷없이 수학을 배워야 한다. 그리고 그 다음 시간에는 미술을 배우면서 한참 산과 들을 그리다가 그림을 채 완성하지도 못한 가운데 종료 종과 함께 미술이 끝나 버린다. 다음 시간에는 국어 책을 펴들어야 한다. 다소 과장해서 말하기는 했지만, 이는 학창시절 누구나 겪어 본 적이 있는 경험일 것이다. 그렇다면 이러한 교과목의 급격한 전환은 아동이 내재적인 흥미를 유지하면서도 이러저러한 이질적인 활동들에 능동적으로 계속 참여할 수 있는지를 체계적으로 연구하고 도입한 교육방식인가?

이상과 같은 질문들에 대하여 우리들 대부분은 그렇지 않다는 생각을 하게 된다. 사실 현재의 초등학교 교과목의 분류 체계나 교육과정, 교육방법 등은 아동학습자로부터 나온 것이 아니다. 눈치가 빠른 사람은 이미 짐작했겠지만, 그것은 중등교육기관인 중·고등학교로부터 차용(借用)해 온 것이다. 물론 중·고등학교의 그것은 다시 대학교의 교육과정과 교육방법 등을 거의 그대로 모방한 것이다. 이 점에서 초등학교의 교육과정과 교육방법 등은 대학교의 그것을 차용하되, 아동학습자의 이해 수준에 맞도록 단순화하고 쉽게 꾸민 것이라 볼 수 있다.

교육사를 살펴보면, primary, secondary, tertiary라는 제도교육의 명칭과는 달리 실제 학교의 설립은 대학교, 중·고등학교, 초등학교의 순서로 이루어져 왔음을 알 수 있다. 새로운 형태의 제도교육기관이 신설되었을 때, 무엇을 어떻게 가르치고 배워야 하는지를 심각하게 고민하기보다는 먼저 설립되어 있는 제도교육기관의 그것을 모방하는 편이 훨씬 안전하고 손쉬운 해결책이 된다. 대학은 서양의 경우 이미 중세부터 그 기원을 찾을 수 있으며, 오랜 기간을 통하여 무엇을 어떻게 가르쳐야 하는지를 고민하는 가운데 대학의 이념과 이를 반영한 대학의 모습 및 제도 등을 형성해 왔다. 대학보다 한참 후에 생겨난 중·고등학교는 자신들이 맡아서 가르쳐야 하는 학습자들에 대한 세밀한 연구로부터 그들만의 교육과정과 교육방법을 구성하기 보다는 대학의 주요 교과들을, 대학에서 가르치는 방식대로 다루는 편한 길을 택했다. 물론 이 과정에서 45분 내지 50분 수업하고 10분 휴식하는 관행이라든지, 시간표상에 이질적인 교과목들을 배치하는 관행 등등 거의 모든 대학의 모습이 중·고등학교로 이식되었다. 여기에는 중·고등학교가 대학을 위한 준비교육기관이라는 인식도 큰 작용을 하였을 것이다. 그러나 그 결과로 중·고등학교는 유사대학 (quasi-university)의 모습을 갖추게 되었을 뿐, 진정한 중등교육을 실현할 수 있는 장(場)으로 출범할 기회는 상실하였다.[3] 비유를 들어 말하면, 중등교육의 출범은, 진수식과 함께 침몰해 버린 선박의 그것과도 같이, 허망한 것으로 끝나 버린 셈이다.

그런데 이러한 교육적인 불상사가 초등교육의 경우에도 거의 그대로 재연되었다. 초등학교는 제도교육의 첫 단계이면서도 실제로는 제도교육이 하나의 전체 체제를 갖추는 과정에서 제일 마지막으로 등장하였다. 그리고 초등학교에서 무엇을 어떠한 방식으로 가르치고 배워

---

3) 사범대학과는 분리되어 교육대학이 설립되어 있는 우리의 현실 때문인지는 몰라도 초등교육계에서는 항시 중등교육을 의식하면서 '초등교육이란 무엇인가'를 두고 고민한다. 여전히 초등교육의 정체성은 불완전한 편이지만, 오히려 중등교육의 그것에 비하면, 사정이 나쁜 것만은 아니다. 대학을 거의 그대로 모방한 현재와 같은 중·고등학교체제가 과연 중등교육에 적합한 것인지, 도대체 중등교육이란 어떠한 교육적 소임을 담당하는 교육인지 등은 제대로 논의되어 본 적이 없다. 그러나 한 가지 분명한 것은 중등교육을 대학교육을 위한 준비교육으로 보고 중·고등학교의 모습을 대학의 그것으로 만들고 있는 현재의 인식과 관행이 극복되지 않는 이상, 중등교육이 제도교육의 한 단계로 정체성을 확보한다는 것은 대단히 어려운 일이다. 표류하는 중등교육을 되살리는 일, 그것은 초등교육을 재출범시키는 일 못지 않게 또는 그 이상으로, 우리나라 제도교육의 성공적인 운영을 위해서 우리가 전력을 기울일 필요가 있는 중요한 과제이다.

야 하는가에 대한 진지한 고민은 다시 뒷전으로 밀리고, 그보다 앞서 설립되어 있던 교육기관의 그것을 답습하는 방식으로 초등학교의 모습이 형성되었다. 현재 우리가 보는 것과 같은 초등학교의 교과목이나 교육과정, 교육방법 등은 중·고등학교로부터, 정확히 말하면, 대학교로부터 이식(移植)된 것이다.

이러한 우리의 분석이 맞다면, 명분상으로는 초등교육이 primary education일지 몰라도, 실질적으로는 고등교육이 다른 제도교육의 참조점 노릇을 하는 primary education으로 기능하고 있는 셈이다. 오히려 초등교육이 tertiary education에 가깝게 변질되어 있는 형편이다. 각급 교육이 유기적으로 조화를 맺으면서 운영될 필요가 있으며, 그것의 구체적인 모습은 초등교육부터 시작하여 점진적으로 형성되어야 한다. 이 점을 감안하면, 초등교육과 중등교육이 모두 고등교육에 예속되어 있는 것 같은 현재의 형편은 제도교육 전체에 좋지 않은 영향을 가져올 수도 있다.

아닌 게 아니라 이상과 같은 제도교육의 전도(顚倒) 현상은 초등교육과 관련하여 문제를 초래하고 있다. 초등학교라는 새로운 세계에 대한 기대와 설렘을 안고 입학한 초등학생들이 불과 얼마 지나지 않아서 학교에 가는 것을 싫어하게 되는 이유는 무엇일까? 학교에 다니면 다닐수록 학습자들이 교육을 혐오하고, 틈만 나면 이로부터 탈출하려고 들게 되는 이유는 무엇인가? 물론 그 이유는 굉장히 다양할 것이며, 그러한 이유들 또한 상호작용하여 복잡한 원인을 파생시키고 있다. 그러나 그렇기는 해도 그 가운데 중요한 한 가지 이유로 위에서 살펴본 제도교육의 전도 현상을 들 수 있다. 학습자들에게 그들이 배울 수 있는 것을 교과로 설정하여 그들이 이해할 수 있는 방식으로 가르치기보다는 그들에게 낯선 교과들을 그들의 학습 양식과는 다른 교육방법과 학교의 관행을 통하여 가르치려 한다면, 학습자들이 이에 적응하지 못하고 당황하게 될 것은 분명하다. 아마도 이것이 세상 모

든 것에 대한 호기심으로 충만해 있는 아동학습자들이 단 하나 학교
에서 배우는 것만은 더 이상 흥미의 대상으로 대하지 못한다고 하는
기막힌 현실을 낳는 원인일 것이다.

　우리가 현재 접하고 있는 것과 같은 형태의 제도교육체제가 유일한
것은 아니다. 사실은 초등학교 중심의 초등교육 이전에도 하나의 제
도교육이 존재하고 있다. 그것은 바로 유아교육이다. 우리 사회의 경
우 아직 유아교육이 공교육 체제에 편입되지는 못하고 있지만, 실질
적으로 그것은 제도교육의 하나로 엄연히 기능하고 있다. 유아교육이
제도교육의 하나로 정식 인정될 경우, primary education의 외연은 유
아교육기관과 초등학교를 아우르는 것으로 확장될 것이다.

　유아교육과의 관련 속에서 제도교육의 새로운 형태를 생각해 보자.
무슨 말인가 하면, 초등교육이 중등교육 또는 고등교육의 모습을 모
방한 것은 참조할 만한 다른 형태의 교육이 없었기 때문으로 생각할
수도 있지만, 보기에 따라서는 유아교육이 바로 초등교육이 참조할
수 있는 바로 앞 단계의 교육이다. 따라서 초등교육은 유아교육으로
부터 무엇인가를 이어받으면서 이를 발전시키는 가운데 나름대로의
모습을 갖출 수도 있는 것이다. 이것이 바로 초등학교가 출범하면서
마땅히 한 번쯤 시도해 볼 필요가 있었음에도 불구하고 하지 못했던
일이다. 이제라도 우리가 이를 시도할 수 있다면, 이를 통하여 초등
교육의 면모를 일신(日新)할 수 있을 뿐만 아니라, 제도교육의 전도
현상을 바로 잡을 수 있는 실마리도 확보할 수 있을지 모른다.

3. 유아교육과 초등교육: 가깝고도 먼 교육

　유아교육과 고등교육을 양끝으로 하는 제도교육의 스펙트럼이 있

다고 할 때, 정상적인 경우에, 고등교육을 향해 가면 갈수록 그것은 초등교육의 모습으로부터 멀어지며, 방향을 돌려 유아교육 쪽으로 가면 갈수록 그것은 초등교육의 모습에 가까이 접근하게 된다. 물론 유아교육과 초등교육은 차이를 지니는 상이한 형태의 교육 단계들이라고 하더라도 양자 사이에는 다른 교육들에 비하여 상당한 정도의 유사성도 존재하는 것이다. 유아교육과 초등교육의 연계 운영이 끊임없이 거론되고 있는 것도 이러한 사정을 반영하고 있는 것으로 해석할 수 있다(나정 · 장명림, 1997: 이영석, 1989). 사실상 제도교육의 구분이 칼로 무 자르듯이 이루어지는 것이 아니라, 어느 정도 임의적인 판단을 수반할 수밖에 없다는 사실을 감안하면, 유아교육과 초등교육 사이에는 상당한 정도의 친화성이 존재할 가능성이 크다.

그러나 현재의 형편은 이와는 정반대이다. 초등교육은 중등교육이나 고등교육과는 상당한 정도로 친화성이 있는 반면에 유아교육과는 이질적인 상태에 있다. 심지어 초등교육이 유아교육이 아닌 중등교육, 더 나아가 고등교육과 연계성을 갖도록 운영해야 된다는 주장도 제기되고 있다(이은성 · 오은순, 1999). 7차교육과정에서 초등교육과 중등교육(고등학교 1학년까지)이 '국민공통기본교육과정'이라는 형태로 묶여 있음으로 인하여 초등교육과 중등교육의 연계 운영을 주장하는 목소리가 더욱 커지고 있다.

초등교육과 중등교육 사이의 친화성이 커지는 것만큼이나 유아교육과 초등교육 사이에는 건너기 어려운 간극이 나날이 심화되고 있다고 말해도 지나친 과장은 아니다. 보기에 따라서는 유아교육의 대상인 유아들과 초등교육의 주된 대상인 아동들 사이에 상당한 정도의 동질성이 존재함에도 불구하고, 유아교육과 초등교육 사이에는 교육과정과 교육방법, 교실의 환경 구성 등 모든 면에서 상당한 정도의 이질성이 자리잡고 있다(이원영 · 박찬옥 · 이대균, 1995). 무엇이 잘못된 것인가? 우리는 그 책임을 일차적으로는 초등교육의 잘못된 방향

설정에서 찾을 수 있다. 초등교육은 유아교육을 발전적으로 계승하거나 포섭 또는 포월(包越)함으로써 스스로를 primary education으로 정립하기보다는 기존의 중등교육이나 고등교육체제를 모방함으로써 스스로를 제도교육의 말단에 위치시키고 말았다. 그리고는 다음 단계의 제도교육을 준비하는 것이 자신의 소임이라고 자처하게 되었다.

정확하게 말하면, 유아교육은 초등교육보다 오랜 역사를 지니고 있으며, 루소 · 프뢰벨 · 몬테소리 등 쟁쟁한 유아교육이론가들이 구성해 놓은 탄탄한 유아교육이론으로 무장하고 있고, 이에 근거한 교육과정과 교육방법들을 정립해 놓고 있다. 아마도 초등교육은 물론이고 중등교육과 고등교육까지를 포함하여 유아교육만큼 이론적이거나 실제적인 기반을 내실 있게 갖추고 있는 교육도 드물 것이다. 초등교육은 바로 이 유아교육을 참조하면서 자신의 모습, 즉 초등교육에 맞는 교육과정과 교육방법, 학교의 교육적 운영 원리 등을 모색할 필요가 있었다. 그렇게 하지 못한 데서 중등교육의 출범과 함께 초래된 제도교육의 전도 현상이 더욱더 심화되고 만 것이다.

유아교육의 교육과정에는 다양한 형태들이 존재하고 있다. 유아교육의 교육과정도, 다른 모든 것들이 그러하듯이, 고정되어 있는 것이 아니라 끊임없이 변화하며 발전하고 있는 것이다. 그런데 최근 들어서는 유아교육 고유의 전통을 지키지 못하고, 중등교육 분야에서 거론되는 교육이론들을 차용하여 유아교육의 교육과정을 구성하거나 설명하려는 또 하나의 전도 현상이 초래되고 있다. 중등교육 분야에서 논의되어 온 교육과정의 여러 조류들을 수용하여 그것이 마치 유아교육과정에 대한 것이 될 수 있으며, 이를 통해 유아교육의 교육과정 영역이 발전할 수 있는 것처럼 논의가 이루어지기도 한다(양옥승, 1999). 이처럼 유아교육 분야마저도 난맥상을 보이고 있기는 하지만, 대체로 유아교육의 교육과정은 아동의 참여를 유도하는 놀이와 활동 중심의 교육을 위한 것이라는 기본적인 틀을 유지하고 있다. 예를 들자면, 아동의 신체와 감각 · 정서 등을 발달시키기 위하여 여러 가지 재료들을 이용한 쌓기 · 만들기 · 그리기 · 접기 · 자르기 등의 활동들, 자신의 신체를 통한 뛰기 · 구르기 등과 같은 활동들, 아동에게 익숙한 상황을 재연하도록 유도하는 역할 놀이들, 사고와 상상력 · 정서 등을 신장시키기 위한 동화구연, 노래부르기 등등이 유아교육과정을 구성한다. 짐작하기로는 국어, 수학, 사회, 자연 등과 같은 중 · 고등학교의 교과들을 차용하기보다는 유아교육과정 속에 들어 있는 다양한 활동들을 분석하는 경우에 오히려 더 적절하고 참신한 초등학교의 교과목들이 개발될 수 있을 것이다.

유아교육의 교육방법 역시 다양한 형태로 분화되고 발전하고 있다. 물론 이 과정에서, 유아교육과정이 그러하듯이, 중등교육이나 고등교육의 교육방법이 마치 유아교육의 방법으로도 충분히 전용(轉用)될 수 있는 것처럼 성급히 소개되고 도입되는 경향도 생겨나고 있다. 그렇기는 하지만, 많은 경우에 그것은 상징보다는 활동을 통한 체험적 인식을 존중하는 교육방법이라는 유아교육의 전통을 여전히 지켜 나가고 있다. 또한 유아교육기관에서도 나름대로의 시간표가 운영되고는 있지만, 이는 다른 어떠한 교육기관의 그것보다도 탄력성을 지니고 있다. 원칙상 그것은 그때그때의 유아의 흥미와 상황의 진전 양상을 고려하여 가변적으로 조절될 여지가 충분한 것이다. 만약 우리가 초등교육의 고유한 교육방법이나 초등학교의 운영 원리 등을 찾고자 한다면 중 · 고등학교만을 쳐다보던 지금까지의 시선을 돌려 유아교육의 현장을 바라볼 필요가 있다.

이상과 같은 유아교육이 과연 초등교육과 무리 없이 연결될 수 있는 것일까? 유아교육과 초등교육 사이의 간극을 좁혀야 한다는 인식에는 동의한다고 하더라도 유아교육으로부터 무엇인가를 발전적으로 받아들여 초등교육의 새롭고도 구체적인 모습을 재구성할 수 있는가에 대해서는 회의적일 수가 있다. 그것은 충분히 짐작할 수 있듯이 대단히 어려운 일임에 분명하다. 그러면서도 그것이 초등교육의 올바른 대안을 찾는 길이라는 확실한 보장도 없다. 그러니 선뜻 이 과제에 착수할 사람이 어디에 있겠는가? 그러나 그렇게 비관적으로만 볼 일은 아니다. 유아교육에 반영되어 있는 원리를 계승하여 발전시키는 가운데 초등교육을 재구성하려고 시도하고, 그럼으로써 현재의 초등교육과는 다른 초등교육의 모습을 보여준 인물이 있다. 그가 바로 존 듀이(John Dewey, 1859-1952)이다.

4. 듀이의 초등교육목적론: 메타학습

듀이는 프뢰벨(F. W. A. Fröbel, 1782-1852)의 유아교육사상으로부터 많은 영향을 받았다. 물론 그는 프뢰벨이 교육을 설명할 때 지나치게 추상적이고 상징적인 원리를 동원하고 있는 점에 대해서는 상당히 비판적이다. 그렇지만 동시에 그는 프뢰벨이 아동의 '능동적인 놀이와 활동들'에 주목하고 이를 유아교육에 활용하려 한 점에 대해서는 공감을 표하며, 이를 발전적으로 계승하여 초등교육에 적용하려고 노력하였다. 이는 프뢰벨의 교육이론을 단순히 응용하려는 시도는 물론 아니며, 기존 유아교육의 모습을 수용하여 초등학교에까지 무리하게 확대하려는 노력도 아니다(Dewey, 1899: 81-82). 사실 듀이가 유아교육을 관심 있게 들여다보면서 무엇인가를 배우고자 한 그 이면에는 교육에 대한 그의 가장 기본적인 입장이 작용하고 있다.

위로부터, 성인으로부터, 고등교육으로부터 무엇인가를 끌어내리거나 받아들여 초등교육을 포함한 각급 교육을 구성하려는 것이 듀이가 활동하던 당시의 일반적인 생각이었고, 이는 현재에도 여전히 마찬가지이다. 그런데 듀이는 이와 관련하여 '교육에서의 코페르니쿠

스적 전환'이라 할 만한 생각을 개진하였다. 그것은 다른 것이 아니라, 아래로부터, 아동으로부터, 유아교육으로부터 무엇인가를 받아들이면서 이를 발전시켜 나가는 가운데 각급 교육을 '순차적으로' (progressively) 구성하자는 아이디어였다. 듀이가 그러한 용어를 적극적으로 사용한 적이 없음에도 불구하고, 그가 제안한 새로운 형태의 교육을 진보적 교육 또는 순차적 교육(progressive education)이라고 사람들이 부르는 이유도 여기에 있다.

순차적 교육을 구상했기 때문이겠지만, 초등교육에 대하여 듀이 만큼 각별한 주의를 기울인 교육이론가도 드물다. 정확히 이야기하면, 듀이의 교육학적인 문제의식 자체가 이미 초등교육을 향하고 있다. 교육에 관한 그의 저작 중 대표작인『민주주의와 교육』의 1장에서 듀이가 고백하고 있듯이 '형식교육의 장인 학교에서도 비형식적 교육의 장인 삶 속에서처럼 능동적인 학습을 통한 생생한 의미의 습득이 이루어지도록 하려면 어떻게 해야 되는가'라는 것이 교육에 대한 그의 핵심적인 질문이었다(Dewey, 1916a: 11-13). 이러한 질문에 대하여 답을 구하려고 하면, 부득이하게, 형식교육의 문턱을 경계로 하여 바로 그 앞 단계의 비형식적인 교육과 그 이후 몇 년 동안의 초등교육을 들여다보지 않을 수 없다. 듀이가 한 일도 바로 이것이다. 여기서 알 수 있듯이 초등교육은 언제나 듀이의 관심을 사로잡고 있는 교육학적인 사유의 한 가운데에 위치해 있었다.

바로 이러한 점에서 교육에 대한 듀이의 발언은 거의 곧바로 초등교육을 향하고 있는 것으로 해석하여도 무방하다. 사실 듀이의 저작들 속에 나오는 '교육'이나 '학교'라는 말들을 '초등교육'이나 '초등학교'라는 말로 바꿔 쓰면 의미가 더 분명히 드러나는 경우가 많을 정도이다. 듀이 스스로도 자신의 교육이론이 특히 초등교육의 장면에서 커다란 성공을 거두고 있다고 평가하기도 한다(Dewey, 1938: 48). 이렇듯 듀이의 교육이론이 상당한 정도로 초등교육을 상정하고 있는 것이라면, 우리가 듀이의 교육이론을 이해하고 평가하는 데에 있어서도 이 점을 감안해야 된다. 그렇지 않으면, 그의 교육이론을 부당하게 오해할 가능성이 생긴다.

그런데 듀이의 교육이론에 대한 현재의 곱지 않은 시각들 가운데 많은 것이 바로 이러한 오류를 범하고 있다. 어떤 경우에는 순차적 교육의 관점에서 새롭게 초등교육을 논의하고 있는 듀이의 이야기를 제대로 이해하지 못한 채, 전통적인 학교체제에 이를 적용하려 든 시도들의 문제점들을 거론하면서 곧바로 듀이의 교육이론은 현실성과 타당성이 없는 것이라는 식으로 평가하고 만다(예를 들면, 황용길, 1999, 2001). 또 어떤 경우에는 대학 수준에서 이루어지는 학문적인 탐구 활동이나 지식교육을 설명하는 데에 유효한 교육이론의 틀로 듀이의 이론을 해석하려 들고는 후자가 학문이나 교과 또는 지식의 의의와 중요성을 부정하고 있다는 식으로 평가하기도 한다(이홍우, 1979, 1991; Dearden, 1968; Egan, 2002). 그러나 듀이에 대한 좀 더 공정한 평가는 그의 이론이 일차적으로는 순차적 교육의 관점에서 성립할 수 있는 초등교육을 모색하고 있는 것이라는 점을 감안하여 이루어질 필요가 있다.

위에서 논의한 것처럼 듀이의 교육이론이 새로운 형태의 초등교육을 모색하고 있는 것이라면, 그가 생각하는 초등교육의 목적은 무엇인가? 일반적인 의미의 교육목적 이외에 초등교육을 염두에 두거나, 특히 초등교육에 알맞은 교육목적을 듀이가 이야기하고 있는가? 이를 알아보기 위해서는 먼저 교육의 목적에 대한 듀이의 다음과 같은 유명한 발언을 다시 한 번 음미해 볼 필요가 있다.

> 삶은 발달이며, 발달 또는 성장이 곧 삶이다. 이것을 교육에 맞도록 고쳐 쓰면, 첫째로 '교육의 과정은 그것 자체가 목적으로서 그것을 넘어선 목적을 지니지 않는다'는 것과 둘째로 '교육의 과정이란 계속적인 재조직, 재구성, 변형의 과정이다'라는 것이 된다(Dewey, 1916a: 54). … 사실을 두고 말하면, 성장에는 더 성장한다는 것 이외에 다른 목적이 없다. 마찬

가지 이유로 교육의 경우에도 더 교육받는다는 것 이외에 교육이 봉사해야 할 다른 목적은 없다. … 학교교육의 목적은 성장을 가져올 수 있는 힘을 체계적으로 구비하도록 하여 교육이 지속되도록 하는 일이다(56). … 학교교육의 가치를 판단하는 기준은 그것이 계속적으로 성장하고자 하는 열망을 얼마나 불러일으키는가, 그리고 그러한 열망이 실제로 실현될 수 있도록 필요한 수단을 얼마나 제공하는가 하는 점이다(58). … 교육의 과정은 지속적인 성장의 과정이다. 그것은 성장의 각 단계마다 성장의 능력을 부가시켜 주는 일을 목적으로 갖는다(59). … 교육의 과정은 그 결과로서 더 교육받을 수 있는 능력을 가져온다(73).

듀이가 생각하는 교육목적이 무엇인가에 대해서는 의견이 분분하지만, 위의 인용문에서 우리는 적어도 이러한 점을 읽을 수 있다. 듀이는 교육이 도달해야 할 어떠한 상태를 상정하기보다는 경험이 계속적으로 재구성되는 성장의 과정 그 자체 속에서 교육의 목적을 찾고 있다. 바꾸어 말하면, 결과가 아니라 과정 속에서 목적을 구한다. 그렇다면, 교육의 과정 그 자체 속에 들어 있는 교육의 목적은 구체적으로 무엇인가? 듀이는 그것을 '더 교육받을 수 있도록 하는 능력', '성장을 가져올 수 있는 힘', '부가된 성장의 능력'처럼 여러 가지로 표현하고 있다. 이 표현들의 해석을 두고 논란이 있을 수는 있지만, 적어도 그것은 학습자가 자신의 경험을 새로운 수준으로 재구성할 수 있는 능력을 의미하는 것임에는 틀림없다. 경험의 재구성을 가져오는 활동에는 여러 가지가 있을 수 있지만, 그것은 듀이가 강조하듯이, 교육의 내부에 있는 것이라야 한다. 이렇게 생각할 때, 그것은 무엇보다도 '학습의 능력'을 가리킨다고 해석할 수 있다. 경험의 재구성은 저절로 이루어지는 것이 아니라, 우리가 그에 필요한 활동을 수행해야만 가능하다. 그리고 듀이에게 있어 경험의 재구성을 가져오는 활동은 교육이 겨냥해야 되는 목적에 해당하는 것으로서 교육의 과정 속에 내재하는 것이다. 바로 이 점에서 그것은 학습 활동을 지칭하는 것임에 분명하다. 따라서 듀이가 말하는 교육의 목적은 학습을 수행할 수 있는 능력을 신장시킴으로써 더 나은 수준의 학습을 계속적으로 해나갈 수 있도록 하는 데에 있다.

흔히 교육의 목적을 이야기할 때, 우리는 지식이나 예술, 도덕 등과 같은 교과를 학습함으로써 학습자가 도달하게 되는 지적이거나 심미적인 또는 도덕적인 상태를 떠올린다. 그리고는 이를 '교육받은 사람'이나 '교육받은 상태' 등과 같은 말로 표현한다. 그런데 듀이는 이러한 일반적인 생각과는 다른 아이디어를 제안하고 있는 것이다. 그는 학습 활동의 결과로 우리가 도달하게 되는 상태를 교육의 목적으로 보는 것이 아니라, 끝없이 계속되는 인간의 성장을 가져오는 원동력으로서 학습의 능력 신장 그 자체를 교육의 목적으로 보는 것이다. 듀이가 제안하는 교육의 목적은 평생에 걸친 자신의 학습을 스스로 주재(主宰)할 수 있는 학습 활동의 수행 능력을 기르는 데에 있으며, 더 나아가서는 학습의 보람을 알고 이를 추구하고자 하는 교육적인 열정을 갖는 데에 있다. 이는 '학교교육의 가치를 판단하는 기준은 그것이 계속적으로 성장하고자 하는 열망을 얼마나 불러일으키는가, 그리고 그러한 열망이 실제로 실현될 수 있도록 필요한 수단을 얼마나 제공하는가 하는 점이다'라는 듀이의 발언 속에 분명한 형태로 들어 있다(Dewey, 1916a: 58). 듀이에게 있어 성장은 곧 교육이자 학습이며, '계속적으로 성장하고자 하는 열망'이란 바로 학습하고자 하는 열망을 의미한다. 그리고 '학습하고자 하는 열망이 실제로 실현되도록 하는 수단'이란 바로 '학습 활동을 수행하는 능력'을 의미한다. 학습하고자 하는 열망이 있다고 해도 어떻게 학습을 해야 되는지를 모른다면, 그 열망은 실현될 수 없는 것이다. 바로 이 점에서 듀이가 생각하는 교육목적이란 '학습의 보람을 알고 이를 추구하기 위한 학습 활동을 수행할 수 있는 능력의 신장'을 말한다. 결국 교육을 받는다 또는 학습을 한다는 것은 학습을 더 잘하도록 하는 데에 그 목적이 있다는 것이다. 이러저러한 교과의 내용들과 관련하여 아무리 많은 것을 배웠다고 하더라도 정작 학습 활동의 수행 능력을 배우지 못했다면, 그것은 제대로 학습한 것이 아닌 셈이다.

교육목적에 대한 듀이의 발언은 특정한 교과의 내용을 학습함으로써 그 내용을 습득하게 되는 것이 목적이라기보다는 무엇을 학습하든지 간에 그 과정에서 '학습에 대하여 학습하는 것'이 목적이라는 뜻을 담고 있다. 어떻게 학습해야 되는지를 알도록 하고, 그 과정에서 학습의 가치를 체험함으로써 더 학습하고자 하는 성향을 갖도록 만드는 것이 좋은 학교교육인 것이다. 교과에 대한 학습과 구분하여 듀이가 말하는 '학습에 대한 학습'을 메타학습(metalearning)이라 표현한다면, 이것이 곧 듀이가 생각하는 교육목적을 형성한다. 그런데 앞에서도 이야기했던 것처럼, 듀이의 교육론이 초등교육을 향하고 있는 이상 이러한 듀이의 교육목적론은 거의 그대로 초등교육의 목적에 대한 것으로 바꿔 쓸 수 있다. 초등교육은 교과학습에 목적이 있는 것이 아니라, 메타학습에 목적이 있다. 그리고 좋은 초등학교란, 듀이가 말한 그대로, 학습자들로 하여금 학습의 보람을 알도록 하고, 이를 추구하는 데에 필요한 학습의 능력을 습득하도록 돕는 학교이다.

그렇다면, 학습 능력의 신장과 학습 보람의 체험 또는 여기서 우리가 사용한 용어로 메타학습에 대한 것이 왜 초등교육의 목적이 되어야 하는가? 이러한 것들을 초등교육의 목적이라고 말하는 데에는 무슨 심각한 이유가 있는가? 여기에는 어떠한 교육적 의의가 숨어 있는가? 듀이의 교육이론을 떠받치고 있는 사유 체계는, 잘 알려진 것처럼, 프래그머티즘(pragmatism)이다. 이를 우리는 흔히 실용주의(實用主義)로 번역하여 이해하고 있지만, 듀이 자신도 분명히 밝히고 있듯이, 이는 완전한 오역(誤譯)이고 오해이다(김동식, 2002; 김태길, 1990; 엄태동, 1999, 2001b; Dewey, 1916b). 물론 프래그머티즘은 '인간의 관념이나 아이디어는 유용한 도구여야 한다'라고 선언하며, 이 점에서 도구주의(instrumentalism)로도 불린다. 그렇기 때문에 그것은, 자칫하면, 실용주의에 상응하는 주장을 담고 있는 것으로 비치기 십상이다.

그러나 프래그머티즘이 말하는 유용성이나 도구는 실용주의가 연상시키듯이 '먹고 살아가는 데에 유용한 도구'를 지칭하는 것은 아니다. 프래그머티즘은 절대적이거나 확실한 인식의 가능성을 부정하는 사유 체계이다. 따라서 프래그머티즘은 지식의 가치나 지식을 서술하는 용어로 확실성이나 진리라는 말을 사용하지 않는다. 대신 이와는 다른 수식어를 찾으며, 그것이 유용성이나 도구라는 술어이다. 이는 무슨 뜻인가 하면, 절대적이거나 최종적인 지식이 없고 이 점에서 지식의 확실성이나 진리성을 거론하기는 어렵지만, 어떠한 지식이 좋은 것이라면, 그것은 거기에서 멈추기보다는 이를 토대로 삼아 새로운 지식으로 나아가는 데에 유용한 도구로 작동해야 된다는 의미이다.

이러한 프래그머티즘은 특정한 지식의 내용적 차원이나 그 지식의 수준을 중시하기보다는 하나의 지식을 도구로 삼아 새로운 지식으로 나아가는 과정을 주재할 수 있는 능력, 탐구의 능력 또는 듀이가 자주 사용하는 용어로, 문제해결력이나 반성적 사고의 능력을 중시한다(Dewey, 1916a, 1933). 이 점에서 프래그머티스트인 듀이가 학습의 수행 능력을 학습하는 것이 중요하다고 본 것은 어쩌면 너무도 당연한 일이다. 그리고 학습의 수행 능력은 교육을 시작하는 첫 단계에서 필요한 만큼 갖추어야 한다. 이것이 어느 정도라도 갖추어지지 않으면 제대로 된 학습의 수행은 계속 지연될 수밖에 없다. 교육의 입문 단계에서 습득되어야 하는 것으로서 학습의 수행 능력이 갖추어지지 않을 때, 이후의 교육이 제대로 수행될 수 없으리라는 점은 충분히 짐작할 수 있다. 학문이나, 예술 또는 도덕 등과 관련된 교과의 내용들을 자기의 것으로 소화하기 위하여 어떻게 학습 활동을 전개해야 되

는지를 모르고 있는 상태에서, 그것이 아무리 좋은 것이라고 하더라
도, 이러저러한 교과의 내용들을 제대로 습득한다는 것은 애초부터
기대하기 어려운 일이다. 바로 이 점에서 메타학습은 초등교육의 본
질적인 소임 가운데 하나로 자리잡아야 하며, 이와 관련된 것이 초등
교육의 목적을 형성하게 되는 것이다.

교육의 목적이 어떠한 결과에 도달하는 데에 있다기보다는 교육의
과정 속에 내재해 있다는 것, 바꾸어 말하면, 교육을 수행할 수 있는
활동의 역량을 갖추는 데에 있다는 것이 프래그머티스트로서 듀이가
우리에게 선사한 신선한 아이디어이다. 우리가 아는 범위 내에서 이야
기하자면, 듀이와 같은 방식으로, 결과가 아닌 과정 속에서 교육의 목
적을 구한 사상가는 대단히 드물다. '토끼를 겨냥해 총을 쏘는 비유'
를 통하여 듀이는 자신의 아이디어를 다음과 같이 설명하기도 한다.

우리가 하나의 활동을 규정할 수 있는 유일한 방법은 그 활동이 종결될
때에 도달하거나 생겨나는 결과적인 상태 또는 대상에 해당하는 '것', 예
를 들자면, 사격을 할 때에 총으로 겨냥하는 표적과 같은 것을 미리 떠올
려 보는 것이다. 그러나 이 경우 그 상태나 대상이란 우리가 수행하고자
하는 활동을 마음속으로 세밀하게 그려 보고자 할 때, 도움이 되는 표식이
나 표지에 불과하다는 사실을 결코 잊어서는 안 된다. 엄밀하게 말하면,
표적이 아니라 표적을 맞추는 것이 우리가 '실감 있게 예견할 수 있는 목
적'(end-in-view)이다. 사실 표적의 도움을 받아 겨냥한다고는 하지만, 실
상은 총의 가늠자 위로 눈을 위치시켰을 때, 시야에 들어오는 다양한 것들
의 도움을 받아 겨냥하는 것이다. 우리가 활동이 종결될 때를 생각하면서
떠올릴 수 있는 여러 가지 상태들이나 대상들은 그 활동을 어떻게 수행해
야 하는지를 안내하는 수단들이다. 예를 들어 총으로 토끼를 겨냥하고 있
다고 치자. 우리가 원하는 것은 특정한 종류의 활동을 수행하는 것이며,
이 경우에는, 똑바로 총을 쏘는 것이다. 혹은 우리가 원하는 것이 토끼라
고 하더라도, 그 토끼는 우리가 수행하는 사격 활동과는 무관하게 동떨어
져 있는 것이 아니라, 우리가 수행하는 사격 활동 속에 하나의 요소로서

들어와 있는 것이다. 토끼를 잡아서 먹으려고 하는 것이든, 사격 솜씨를 보여주기 위해서 하는 것이든 간에, 토끼를 갖고 무엇인가를 하기 위해서 총으로 토끼를 겨냥하는 것이다. 활동이 겨냥하는 상태나 대상 그 자체, 활동의 다른 요소들과는 동떨어져 있는 그것 자체가 아니라, 그것을 하나의 요소로 삼아 무엇인가를 하는 것이 우리의 목적이다. 활동이 종결되었을 때 도달하는 상태나 생겨나는 대상은 그 활동을 성공적으로 계속해 나간다고 하는 생동감 넘치는 목적의 한 국면일 뿐이다(Dewey, 1916a: 112).

위의 인용문에서 듀이가 말하고 있는 것처럼 사격을 하는 목적은 과녁에 있는 것이 아니라, 사격을 하는 나의 활동을 성공적으로 수행하는 데에 있다. 과녁이라는 것은 사격 활동을 성공적으로 수행하는 데에 필요한 하나의 요소일 뿐이다. 사격 선수가 과녁을 겨냥하여 수많은 총탄을 발사하면서 사격 연습을 하는 목적은 사격 활동을 수행하는 능력을 습득하고 이를 개선하는 데에 있는 것이다. 바꾸어 말하면, 사격의 목적은 사격을 더 잘 하는 데에 있으며, 그러한 사격 능력의 신장이 바로 사격하는 사람이 소망하는 바이다.

교육도 마찬가지이다. 교육의 활동이 종결되었을 때에 우리가 도달하게 되는 지적이거나 심미적인 또는 도덕적인 상태는 그 자체가 교육의 목적은 아니다. 교육의 목적은 교육의 활동을 수행하면서 우리가 겨냥하는 대상으로서의 교과에 있는 것이 아니다. 교과라든가 교과를 이해하게 된 상태는 우리가 교육의 활동을 좀 더 만족스러운 수준에서 계속해 나간다고 하는 목적을 실현하는 데에 동원되는 하나의 요소일 뿐이다. 듀이에게 있어 교육의 목적은 '것'에 있는 것이 아니라 '함'에 있으며, 이는 교육의 과정에 내재하는 것이다(김용옥, 1994: 327-330). 그리고 교육의 과정에 있는 '함'이란, 학습자를 중심으로 이야기할 경우, 학습의 활동을 지칭한다. '교육의 목적은 좀 더 교육을 잘 하게 되는 데에 있으며, 학습의 목적은 좀 더 학습을 잘 하게 되는 데에 있다'는 이 기발한 발상이 바로 듀이의 교육목적론의 핵심적 아이디어이다.[4] 그리고 이는 무엇보다도 일차적으로 초등교육이 겨냥해야 되는 목적을 형성하는 것이다. 초등교육의 단계에서 이러한 목적이 어느 정도라도 실현되지 않는다면, 그 다음 단계의 제도교육이 제대로 살아서 작동하리라 기대하기는 어렵다.

5. 듀이의 순차적인 교과의 조직: 아동의 교과와 성인의 교과

학문은 진리를 추구하지만, 불완전한 인간은 결코 진리에 도달할 수 없다. 이 점에서 학문은 부조리(不條理)한 인간 활동이라 할 수 있을지도 모른다. 교육학도 하나의 학문이다. 교육에 대한 진리를 탐구하는 것이 교육학의 소명이다. 그러면서도 이는 결코 도달할 수 없는 꿈이다. 그러나 그렇다고는 하더라도 교육에 대한 비교적 진실된 이야기는 현재로서도 몇 마디쯤 할 수 있을지도 모른다. 그런 이야기의 후보가 될 수 있을 만한 것 가운데 하나가 이러한 것이다. '누군가를 가르치려고 하면, 우리는 그가 보는 세상과 세상에 대한 이해 방식 등을 살핀 뒤, 그가 노력을 할 경우 배울 수 있을 만한 것을 가지고, 그가 이해할 수 있는 방식으로 가르쳐야 한다.' 만약 이 원칙에 커다란 하자가 없다면 모든 형태의 교육은, 그것이 어떤 것이든 간에, 자신이 담당해야 하는 학습자들로부터 그들에게 적합한 교육과정과 교

---

4) 교육의 목적에 대한 듀이의 발언은 '배우는 일이 어찌 염증날 수 있으며, 사람을 가르치는 일이 어찌 권태로울 수 있는가'(學而不厭 誨人不倦, 「論語」, 述而)라는 공자(孔子)의 말씀을 연상시킨다. 물론 학습을 하면 할수록 그것이 권태롭고 회피하고 싶은 것이 되어 버리는 우리의 흔한 경험에 비추어 보면, '학습을 하면 할수록 더 학습을 하고 싶고 실제로도 더 학습을 잘 하게 된다'는 듀이의 발언은 얼른 수긍하기 어려울 수도 있다. 그러나 정확하게 말하면, 우리가 수긍하기 어려운 만큼 우리는 교육이 추구해야 되는 목적으로부터는 멀리 떨어져 있는 삶, 교육적인 가치의 추구와는 거리가 있는 삶을 살고 있는 것이다.

육방법에 대한 정보를 끌어내야 한다. 초등교육도 이 점에서는 결코 예외가 아닐뿐더러, 제도교육의 첫 단계라는 점에서 그 당위성은 더욱 크다고 볼 수도 있다. 그렇다면, 초등학교의 교과목들은 아동의 세계 구분 방식을 존중하면서 그것으로부터 발전적으로 연역되거나 발생적으로 파생되는 것이라야 한다. 그래야만 방금 이야기한 교육적인 진실에 부합할 수 있는 것이다. 그런데 과연 그러한가?

아마도 듀이가 살아서 이 질문을 대한다면, 이에 대한 그의 대답은 상당히는 부정적일 것이다. 초등학교의 교과목들이나 그것으로 구성되는 교육과정에 대한 듀이의 의견을 한 마디로 표현한다면, '그것은 성인의 경험에 부합하는 성인이나 전문가의 교과로서 아동의 경험에는 맞지 않는다'는 것이다. 물론 성인의 교과는 장차 아동의 교과가 발전해 나감으로써 도달할 수 있는 상태이기는 하지만, 그 자체로는 아동의 경험과 조화를 이루지 못하며, 따라서 아동의 경험이 성장하도록 만드는 교육적 효과를 지니지 못한다. 듀이의 이러한 생각은 다음의 인용문 속에 직접적으로 나타나 있다.

> 아동의 삶에는 의식적인 개념적 분리나 구분이 존재하지 않는다. 그를 사로잡고 있는 것은 아동의 삶에 수반되는 개인적이거나 사회적인 관심의 통합성에 의하여 미분화된 전체로 결합되어 있다. 아동의 마음 속에 가장 먼저 떠오르는 것이 바로 그의 자아를 형성하며, 한동안은 아동의 전체 세계를 형성하는 것이다. 그러한 세계는 유동적이며 변화무쌍하다. 아동의 세계를 형성하는 내용들은 놀랄 만큼 신속히 해체되고 재형성된다. 그러나 어찌되었든, 그러한 것이 바로 아동 자신의 세계이며, 아동의 삶에 통합성과 완결성을 부여한다. (그런데) 아동이 학교에 다니면서 배우게 되는 다양한 교과들로 인하여 아동의 미분화된 전체로서의 세계가 분할되고 잘게 쪼개진다. 지리는 하나의 특정한 관점에서 일단의 사실들을 선정하고 추상화하며 분석한다. 산수 역시 또 하나의 칸막이를 만들며, 문법도 다른 것과 구분되는 과목을 형성한다. 이러한 분할은 거의 무한히 이루어진다.

더 나아가 학교에서는 이러한 다양한 교과목들 각각을 다시 학년별로 쪼개어 제공한다. 사실들은 그것들이 경험 속에서 원래 차지하고 있던 위치로부터 강제로 뜯겨져 나와 어떠한 일반적인 원리에 맞도록 재배열된다. 사태를 하나 하나 쪼개서 파악한다는 것은 아동들의 경험 속에서는 일어나지 않는 일이다. 사물들이 각기 별개의 것으로 분리된 채로 아동의 경험 속에 들어오는 법은 없다. 애정이라는 생생한 매듭과 활동이라는 연결고리가 아동의 다양한 개인적 경험을 하나로 묶어준다. 성인의 마음은 논리적으로 조직된 사실들이라는 관념에 상당히 친숙해 있기 때문에 직접적으로 경험되는 구체적인 사실들이 학습해야 할 추상적인 과목이나 교과로 변모되려면, 얼마나 많은 분리와 재조직의 과정을 거쳐야만 하는지를 깨닫지 못한다. 아니 정확히 말하면, 깨달을 수조차 없다. … 분류된 교과목은 아동의 경험이 아니라, 오랜 동안의 학문적 탐구의 산물에 해당한다(Dewey, 1902: 274－275).

위의 인용문에 들어 있는 듀이의 생각은 대단히 급진적인 것이다. 아동들이 초등학교에 입학하면 우리는 그들에게 국어, 수학, 사회, 과학 등과 같은 교과를 가르친다. 이는 너무도 당연한 일이기 때문에 우리가 왜 그래야 하는지에 대하여 의식적으로 질문을 던진다는 것은 거의 있을 수 없을 정도이다. 듀이는 이처럼 너무도 자연스럽고, 또 그런 점에서 당연시되어 왔던 초등학교의 교과목들에 대하여 '왜'라고 묻고 있는 것이며, 그것이 초등교육의 교과일 수 있는가 하는 질문을 제기하고 있는 것이다. 우리는 듀이의 이러한 문제제기가 상당히 충격적인 것이라는 점을 느낄 수 있어야 한다. 이것이 가져오는 충격이 얼마나 큰 것인지는 '만약 국어, 수학, 사회, 과학 등과 같은 기존의 교과들을 제외할 경우, 우리가 학습자들에게 가르칠 만한 것으로 과연 무엇이 있는가'를 상상해 보면 충분히 짐작할 수 있다. 그럼에도 불구하고 듀이는 그러한 교과들에 대하여 의문을 제기하고 있는 것이다.

듀이가 보기에 우리가 아동들에게 가르치는 국어, 수학, 사회, 과학 등과 같은 교과들은 아동들에게는 맞지 않는 것으로서 그 자체로

는 초등학교의 교과로 성립될 수 없다. 국어, 수학, 사회, 과학 등과
같은 교과들은 상호 이질적인 관심과 원리, 개념 등을 지니고 있으
며, 이에 근거하여 다양한 사실들을 선별하고 추상화한 뒤에 하나의
체계로 조직한다. 이러한 체계를 통하여 드러나는 것이 바로 각 교과
가 보여주는 세계들이며, 이 세계들은 각기 이질적인 것들이다. 국어
가 보여주는 언어의 세계, 수학이 보여주는 수의 세계, 사회과가 보
여주는 인간의 세계, 과학과가 보여주는 자연의 세계 등등은 서로 구
분되는 분명한 경계선을 갖고 있는 이질적인 세계들이다. 그렇다면
이러한 세계들은 아동들이 보고 있는 세계들과 유사한 것인가? 전자
는 후자를 발전적으로 세분화시킨 것으로서 조만간 아동의 세계로 의
미 있게 성립될 수 있는 것인가?

이 질문에 대한 듀이의 대답은 위의 인용문에도 시사되어 있는 것
처럼 다분히 회의적이다. 아동의 세계는 각 교과가 보여주는 것과 같
은 추상적인 원리나 법칙의 세계가 아니라 구체적인 사실들의 세계이
며, 그 사실들은 미분화된 전체로서 서로 엉켜 있다는 것이다. 아동
들은 주위의 세계를 그들이 애정을 갖고 이러저러한 활동을 할 수 있
는 세계로 경험하며, 사실들이 논리적으로 조직되어 있는 추상적인
세계로 구분하여 경험하지 못한다. 구체적인 사실들과 경험으로 형성
되어 있는 아동의 세계는 어떠한 구심점이나 중심을 갖고 있는 것이
아니라, 순간순간 이리저리 변화되는 유동적인 흐름의 세계인 것이
다. 바로 이 점에서 아동의 경험과 초등학교 교과가 담고 있는 경험
사이에는 이질적인 간극이 생겨나게 된다.[5]

---

5) 초등교육을 위한 교과로 몇 개의 이질적인 교과들을 하나로 묶는 이른바 '통합
교과'라는 것이 시행되고 있다. 그러나 상이한 교과들을 통합한다는 것이 과연
가능한 일인지는 분명하지 않다. 더 큰 문제는 성인의 세계 구분 방식에 의거하
여 분류되어 있는 기존의 교과들을 하나로 합치기만 하면, 그것이 곧 미분화된
전체로서의 아동의 세계에 상응하는 것이 될 수 있는지는 전혀 확실하지 않다는
점이다.

듀이에 따르면, 아동의 경험과는 부합하지 않는 교과를 제공하는 교육적 관행의 배후에는 성인과 아동의 마음이라는 것이 양적인 차이는 있을지 몰라도, 질적인 차이는 전혀 없는 동일한 실체라고 보는 낡은 심리학이 놓여 있다. 따라서 성인이나 아동이나 그들이 배워야 하는 것은 동일하며, 성인의 교과를 약간 쉽게 꾸며 놓기만 하면 그것은 거의 그대로 아동을 위한 교과와 교육과정이 된다는 식의 교육이론이 득세하게 된다.[6] 그러나 듀이가 보기에 이는 마음이란 고정된 실체가 아니라 성장하며 변화되는 것이라는 점, 따라서 마음을 성장시키는 데에 기여하려면 교과는 마음의 발달 단계를 고려해야 된다는 점을 간과하고 있는 것이다.

철두철미하게 기존의 교육과정은 낡은 심리학의 가정, 즉 '마음과 마음의 능력들은 아동기에서부터 성인기에 이르기까지 동일한 것이기 때문에 성인의 교과, 즉 논리적으로 조직된 사실과 원리들이 — 물론 그것들을 단순화하고 좀 더 쉽게 만들어야 한다고는 하더라도 — 거의 그대로 아동을 위한 자연스러운 교과가 된다'는 가정에 맞도록 구성되었다. … 그 결과로, 능력에 있어서 양적인 차이가 존재한다는 사실을 제외하면, 아동과

6) 서양의 전통적인 교육이론인 '형식도야이론'(形式陶冶論, formal discipline theory)을 가리키며, 바로 앞에서 거론된 낡은 심리학이란 형식도야이론의 심리학적 기초에 해당하는 '능력심리학'(faculty psychology)을 말한다. 능력심리학에 따르면, 인간의 마음은 지각, 기억, 상상, 추리, 의지 등과 같은 마음의 '능력들'(faculties)로 구성되어 있다. 이에는 남녀노소의 차이가 있을 수 없다. 그리고 이러한 마음의 능력들은, 마치 우리 신체의 근육들을 단련하는 것과 마찬가지로, 훈련을 통하여 발달시킬 수 있는 일종의 마음의 근육 또는 '심근'(心筋)이다. 형식도야이론은 이러한 심근들을 단련하기 위하여 각 심근들에 알맞은 교과들을 가르침으로써 마음의 능력을 도야한다는 취지의 교육이론이다. 그런데 인간의 마음 또는 그 마음을 구성하는 심근들은 누구에게나 동일한 것이기 때문에, 아직 충분히 개화되지 못했다는 점을 제외하면, 아동의 마음은 질적으로 성인의 그것과 완전히 같다. 아동은 미성숙한 성인일 뿐이다. 이처럼 아동과 성인의 마음이 동일한 이상, 성인의 마음에 적합한 교과들은, 그것을 다소간 쉽게만 꾸며 놓으면, 그대로 아동의 마음을 도야시키는 데에도 적합한 교과가 된다. 이것이 바로 듀이가 비판하고 있는 서양의 전통적인 교육이론의 기본적인 아이디어이다.

성인의 마음이 완전히 동일시되는 전통적인 교육과정이 출현하였다. 우리를 둘러싸고 있는 광대한 우주가 교과라고 불리는 것들로 구분되고, 다음에는 이 교과들이 몇 개의 부분들로 쪼개져 한 부분씩 특정한 학년에서 다루어야 하는 몫으로 할당되는 일이 생겨났다. 발달의 순서나 단계라는 관념은 인정받지 못했다. 교육과정의 앞 부분이 뒷 부분보다 좀 더 쉽게 만들어지기만 하면, 그것으로 충분한 것이었다(Dewey, 1899: 71~72).

잘 알려져 있는 것처럼 듀이는 '경험의 재구성'이라는 관념을 강조한다. 이 말이 그의 교육이론을 대표하는 구호처럼 사용될 정도이다. 그런데 인간의 마음이란 선험적인 본질이나 능력을 따로 지니고 있는 것이 아니라, 경험을 통하여 형성되는 것이다. 따라서 경험이 재구성된다는 말은 마음이 재구성된다는 의미를 담고 있으며, 이 과정에서 질적으로 상이한 마음들과 경험들이 생겨난다는 뜻을 지니고 있다. 이러한 듀이의 입장에서 보면, 아동의 마음과 성인의 마음은 동일한 것이 아니며, 이들 마음에 적합한 교과 역시 동일할 수가 없는 것이다. 성인의 마음을 형성하거나 성장시키는 데에 가치가 있는 교과라고 해서 그것이 곧 아동의 마음과 관련해서도 그러한 것은 아니다. 학습자가 도달해 있는 성장의 단계를 고려하지 않고, 어떠한 교과나 교육방법 등이 그 자체로 교육적 가치를 지닌다고 말할 수는 없다(Dewey, 1938: 26~27). 그렇다면 초등학교 교육과정의 문제는 무엇으로부터 생겨나는 것인가? 당연히 듀이는 초등학교의 교육과정이 아동의 교과에서 출발하지 않고 성인의 교과에서 출발하기 때문에 문제에 봉착하게 된다고 본다.

(교과가 담고 있는 경험은 아동의 경험이 재구성됨으로써 도달할 수 있는 것이기는 하지만) 그것이 아동의 경험과 동떨어져 있다는 것은 엄연한 사실이다. 따라서 학습자의 교과는 성인의 교과, 즉 책이나 예술작품 등에서 볼 수 있는 것처럼 형식을 갖추고 정련되어 있으며 체계를 이루고 있는 교과

와는 동일하지 않으며 그럴 수도 없다. 성인의 교과는 아동의 교과가 장차 도달할 수 있는 가능태를 나타내는 것이기는 해도 현재의 상태는 아니다. 그것은 전문가나 교사의 활동 속으로는 직접 들어올 수 있지만, 초보자나 학습자의 활동으로는 직접 들어올 수 없다. 교사와 학생 각자의 관점에서 볼 때, 그들의 교과가 다르다는 사실에 주목하지 못함으로써 교과서는 물론이고 현재의 지식을 표현하는 교과서 이외의 자료들을 사용함에 있어서도 상당한 잘못이 생겨나고 있다(Dewey, 1916a: 190).

그러나 이렇게 말한다고 해서 듀이가 성인의 교과, 즉 형식과 체계를 갖추고 있는 교과를 무시하는 것은 아니다. 우리가 아는 범위 내에서 이야기하자면, 듀이가 국어, 수학, 사회, 과학 등과 같은 교과는 가치가 없다거나 중요하지 않다는 말을 한 적은 한 번도 없다. 이러한 점에서 듀이가 교과를 무시한다거나 그 가치를 부정한다는 식으로 비판하는 것은 듀이에게는 상당히 부당한 무고(誣告)에 해당한다. 듀이가 말하고자 하는 것은 성인이나 전문가의 교과에 담겨 있는 경험이 아동학습자에게 의미를 지니려면, 그 자체로 제시되기보다는 그 교과와 관련이 있는 아동의 구체적인 경험과 관련을 맺는 형태로 제시되어야 한다는 것이다.

전문가가 아닌 사람들에게 (과학과 같은 체계적인 교과지식이 지니는) 완성된 형식은 걸림돌이 된다. 과학적 지식을 구성하는 자료들은 지식을 발전시킨다는 것을 그 자체의 목적으로 삼아 진술되어 있기 때문에 그것이 매일 매일의 삶 속에서 직면하게 되는 자료들과 맺고 있을 관련성을 보여주지 못하는 것이다. … 학습자의 입장에서 보면, 과학의 형식은 장차 성취해야 할 이상이기는 하지만, 거기서부터 과학 공부를 시작해야 되는 출발점은 아니다. 그럼에도 불구하고 과학적 지식이 지니는 형식을 약간 단순화시킨 것을 과학의 기초지식으로 삼아 수업을 시작하는 경우가 많다. 여기서 생기는 필연적인 결과는 과학이 의미 있는 경험과 유리되는 것이다. 학생은 그것이 무슨 의미를 지니는지를 조금도 알 수 없는 상징을 배우게 된다. 그는 전문적인 정보들을 습득하기는 하지만, 그러한 정보들이 그가 친숙하게 접하고 있는 대상들이나, 그러한 대상들을 조작하는 활동들과 맺고 있는 관련성을 추적할 수 있는 능력은 얻지 못한다. … 학생들은 그들이 일상적인 경험 속에서 친숙하게 접하는 자료들을 과학적으로 다루는 법을 배우는 것이 아니라, 말 그대로 과학을 배우게 된다. 전문적인 학자들의 탐구 방법이 대학에서 지식을 가르치는 방법을 지배하며, 대학에서 교과를 다루는 방법이 고등학교의 교육방법으로 전환된다는 식으로 각급 학교의 교육방법으로 내려온다. 다만 교과를 조금 더 쉽게 만들기 위하여 지나치게 어려운 내용을 생략할 뿐이다(Dewey, 1916a: 227-228).

듀이는 학자들이 따르는 사고의 순서에 의거한 논리적 방법이나 논리적 순서를 반영하는 교과의 형식보다는 학생의 생생한 경험에서부터 출발하여 학문적인 사고의 방법으로 나아가는 발생적 방법 (chronological method) 또는 심리적 순서에 의거한 교과의 형식을 추천한다. 학자들의 논리적인 방법은 학문적인 탐구의 최종적인 산물인 지식을, 탐구의 과정은 생략한 채, 하나의 정합적인 체계로 조직해 놓은 것을 의미한다. 반면에 발생적 방법은 탐구를 촉발시킨 구체적인 문제 사태부터 시작하여 그것이 거친 탐구의 과정을 가능한 만큼 재연하면서 최종적으로 체계화된 지식에 이르기까지 그 여정 (旅程)을 부각시키는 방식을 말한다. 따라서 전자보다 후자가 시간이 많이 걸리고 배우는 양이 적기는 하겠지만 학생들의 흥미를 유발하고 교과를 이해하도록 이끄는 데에 효과가 있다는 것이다. 앞에서도 논의한 바 있듯이, 교과의 진도나 성취수준보다는 문제해결력이나 반성적 사고 또는 학습의 능력을 기르는 일에서 교육의 목적을 구하려는 것이 듀이의 시각이다. 그리고 이에 따를 경우, 발생적 방법이나 심리적 순서에 따르는 교과의 형식이 교육의 목적에 부합하는 것이다. 탐구의 여정이 재연되는 발생적 방법 속에서 학습자는 자신의 구체적인 경험에서부터 출발하여 자신의 경험을 재구성하는 과정

을 직접 주재하는 가운데 체계화된 지식도 이해하게 되고, 무엇보다
도 학습에 대하여 학습할 수 있는 기회를 갖게 되는 것이다. 학습 능
력의 신장을 교육의 목적으로 보는 듀이에게 있어 논리적인 방법이
나 논리적인 순서는 해당 학문을 발전시키는 데에는 도움이 될지 몰
라도, 교육의 목적을 실현하는 데에는 대단히 부적합한 것이다.

교과를 발생적 방법에 의거하여 조직하는 문제와 관련하여 듀이는
교과의 진보적 조직 또는 순차적 조직(progressive organization of subject
matter)이라는 아이디어를 제시한다. 교과의 순차적 조직이란 전문가
나 성인의 완성된 체계적 지식을 그대로 아동에게 제공하는 것이 아
니라, 아동의 경험으로부터 출발하여 이를 점진적으로 발전시킴으로
써 전문가의 체계적 지식이 담고 있는 경험까지 아동을 안내하는 교
과의 조직 방식을 말한다. 이와 관련하여 듀이는 교과의 발달 단계를
셋으로 구분하여 논의하며, 전문가의 교과나 완성된 교과지식은 그러
한 발달 단계상 마지막에 해당하는 것으로 이해한다.

> 학습자의 경험 속에서 교과가 세 가지 상당히 전형적인 단계들을 거치
> 며 발달한다고 보고, 이들 단계들을 구분한다고 해서 이것이 터무니없을
> 만큼 근거 없는 시도는 아닐 것이다. 첫 번째 단계에서 지식은 지적인 능
> 력을 구사하거나, 무엇인가를 할 줄 아는 힘 등을 발휘한다고 할 때, 그러
> 한 능력 및 힘들이 적용되는 대상이나 내용으로 존재한다. 이러한 종류의
> 교과나 이미 알려진 자료는 사물에 대한 친숙성이나 직접적 인식을 통하
> 여 표현된다. 그러다가 다음 단계에서 이러한 자료들은 의사소통을 통하
> 여 습득한 지식이나 정보를 통하여 점차적으로 의미가 풍부해지고 심화
> 된다. 마지막 단계에서 그 자료는 좀 더 많은 것을 포괄하는 가운데 합리
> 적이거나 논리적인 방식으로 조직됨으로써 비교적 교과의 전문가라 할
> 만한 사람의 지식이 된다(Dewey, 1916a: 192).

아동의 경험과 상호작용하는 가운데 그 경험을 재구성하는 데에 도
움이 될 수 있는 것이라야 아동의 교과라 할 수 있다. 이러한 아동의

교과는 처음의 단계에서는 '무엇인가를 할 줄 아는 지식'이라는 형태로 나타난다. 예를 들면, 정원 가꾸기, 옷감 짜기, 재배하기, 목공활동, 물건 사고 팔기, 자전거 타기 등이 바로 아동의 교과, 듀이가 말하는 첫 단계의 교과이다.[7] 이러한 교과는 상징의 형태가 아니라 무엇인가를 할 줄 안다고 하는 식으로 구체적인 활동의 형태를 취하고 있어서 학교에 들어오기 이전에 아동이 수행하는 '능동적인 활동 중심의 학습'과 이질적이지도 않고, 아동에게 생소하지도 않다. 따라서 아동은 상징을 통하여 무엇인가를 배워야 하는 상황에 비하면, 훨씬 더 큰 흥미와 관심을 지니고 학습 활동에 참여할 수 있다는 것이다.

그러한 활동을 수행하는 가운데 아동들은 다양한 문제 사태에 봉착하게 되고, 이를 해결하는 데에 관심과 호기심을 지니게 된다. 물론 그 이면에는 아동들이 수행하는 활동을 안내하면서 그들이 나름대로의 문제를 찾도록 유도하는 교사의 노력이 숨어 있다. 이러한 교사의 노력과 아동의 능동적인 활동이 결합하는 가운데 아동은 그의 경험을 재구성하는 데에 도움이 되는 문제 사태에 직면하게 되는 것이다. 예를 들면, 정원 가꾸기로부터 식물학과 관련된 문제, 나무에 서식하는 곤충과 관련된 문제, 정원의 전체적인 조경과 관련된 문제 등 다양한 것들이 생겨날 수 있다. 정원 가꾸기를 하다가 식물이 성장하지 못하

---

7) 교과의 순차적 조직이라는 아이디어 속에서 듀이가 제시한 첫 단계의 교과, 즉 정원 가꾸기, 옷감 짜기, 재배하기, 목공활동 등은 성격상 실생활과 관련이 있는 것들이다. 바로 이 점에서 자칫하면 듀이의 교육론이 전형적인 실용적 색채를 지니고 있는 것이 아닌가 하는 의문이 생겨날 수도 있다. 그러나 이러한 의문은 첫 단계의 교과만을 따로 떼어내어 생각하는 경우에 생겨나는 것에 불과하다. 첫 단계의 교과들이 순차적으로 다음 단계의 교과들로 발전함으로써 지식이나 예술 또는 도덕 등으로 연결되어야 한다는 것이 듀이의 아이디어이다. 이렇게 생각하면, '듀이가 아동의 경험과 맞지 않는 지식이나 예술 등을 교육과정에서 제외해 버리는 오류를 범했으며, 진정한 해결책은 그러한 지식이나 예술 등이 아동에게 생생한 것이 되도록 만들 수 있는 방법을 찾는 데에 있는 것'이라는 에간의 비판(Egan, 2002: 141-148)은 타당한 것이 아니다. 오히려 듀이가 한 일은 바로 에간이 말한 해결책을 구체화하는 작업인 것이다.

고 시들어 버리는 사태에 부딪히면, 식물의 정상적인 성장과 관련된 조건들이 무엇인가에 대한 질문이 생겨난다. 또는 나무에 서식하는 곤충들을 발견하고 그 곤충들의 학명(學名)과 분류의 방식 등에 대한 질문을 떠올릴 수도 있다. 또는 정원 전체를 심미적으로 꾸미는 일과 관련된 조경학적인 질문이 생겨날 수도 있다. 이러한 다양한 문제 사태를 해결하거나 질문들에 대한 답을 구하는 데에 필요한 정보와 자료들이 두 번째 단계의 교과를 형성한다. 아동들이 모든 것을 다 해 볼 수는 없다. 대신 아동이 직면하여 사로잡혀 있는 문제와 관련이 있는 다른 사람들의 경험담을 통하여 간접경험을 할 수 있다. 다른 사람들의 경험담은 아동들이 쉽게 접하고 이해할 수 있는 간단한 읽을거리, 볼거리, 이야기 등을 통하여 제공될 수 있다. 그리고 이는 아동들에게 그들이 직면하고 있는 '그들 자신의 문제'를 해소하는 데에 기여할 수 있는 것으로 지각되어 내재적인 흥미와 관심을 수반하는 가운데 자발적으로 수용된다.

문제 사태와 그 해결의 과정 및 해답 등을 추상적인 개념과 용어로 정리하고 체계적으로 조직해 놓은 것이 바로 성인이나 전문가들의 교과로서 세 번째 단계의 교과이다. 아동이 문제에 직면하고 다양한 자료와 정보를 활용하여 사고하는 가운데 문제 해결에 성공하게 되면, 비로소 교사는 그 문제와 해결의 방법, 해답 등을 세련된 언어로 정리하여 제공할 수 있게 되는 것이다. 아동이 할 줄 알고 체험하게 된 바가 있다고 하더라도 그것이 적합한 언어로 포착되어 하나의 체계로 정리되거나 조직되지 못하면, 이는 어느 순간 소멸하거나 망각될 우려가 있다. 세 번째 단계의 교과는 아동의 구체적인 경험과 생생한 의미가 적절한 형식으로 자리잡을 수 있도록 하며, 그것이 다른 경험이나 지식들과 연결될 수 있도록 한다.

물론 교과의 발달 단계가 듀이가 제시한 것처럼 3단계뿐인가, 그리고 이들 단계들을 고려하여 교과를 순차적으로 조직하면, 아동들이

능동적인 활동을 통하여 생생한 의미를 파악할 수 있게 되는가 등등
과 관련하여 수많은 의문이 있을 수 있다(Egan, 2002). 그러나 듀이의
아이디어를 하나의 해답이 아니라, 새로운 방향으로 우리를 초대하는
것으로 해석하면, 지금 현 단계에서 듀이의 교육과정 조직 원리가 타
당한 것인가, 그렇지 않은 것인가를 결정하려는 것은 성급한 처사이
다. 듀이의 아이디어를 더욱 발전시켜 아동의 교과로부터 성인의 교
과로 나아가는 데에 몇 단계의 교과들이 더 있을 수 있는지, 이 단계
들을 어떻게 관련시켜야 교과의 순차적 조직이 제대로 될 수 있는 것
인지 등은 우리가 지금부터 탐구해 나가야 되는 문제에 속한다. 듀이
의 교육론은 수많은 교사들과 교육학자들의 입에 오르내렸으면서도,
정작 구체적인 교육의 실제에 본격적으로 접목된 적은 드물다. 특히
여기서 논의된 '교과의 순차적 조직'이라는 아이디어는 초등학교의
교육과정 구성에 제대로 반영된 적이 없다. 따라서 듀이의 순차적 조
직에 대한 통찰을 성급히 평가하기보다는 그것의 발전된 형태를 모색
하고자 시도하는 것이 현명하다.

지금까지 논의했던 것처럼 아동의 경험으로부터 시작하여 아동이
흥미를 지니고 참여하는 가운데 그 의미를 체득할 수 있도록 순차적
으로 경험을 재구성해 나가는 교육이 듀이가 말하는 진보적인 교육
또는 순차적인 교육이다. 여기서 듀이가 강조하는 아동 존중이나 흥
미라는 개념도 나오게 된다. 아동 존중이나 흥미란 결국 아동의 순간
적인 욕망이나 변덕을 존중하라는 말이 아니라, 아동이 지니고 있는
경험의 양상과 수준을 고려한 교과를 활용하여 점차적으로 아동을 성
장시켜야 한다는 의미이다.

진보적인 교육의 반대말로, 듀이는 흔히, 전통적인 교육(traditional
education)이나 보수적인 교육(conservative education)이라는 표현을 사
용한다. 그러나 정확히 이야기하면, 진보적 교육 또는 순차적 교육의
반대말은 '역순적 교육'(逆順的 敎育)이나 '역차적 교육'(逆次的 敎育)

을 의미하는 'retrogressive education'일 것이다. 순차적 교육이 아래
로부터, 아동으로부터 시작하여 무엇을 어떻게 가르치고 배워야 하는
가라는 문제를 단계적으로 풀어나간다면, 역차적 교육은 위로부터,
성인으로부터, 고등교육으로부터 교육과정과 교육방법, 학교의 운영
원리 등을 거꾸로 끌어내려 아래 단계의 교육들에 적용한다.

듀이가 활동할 당시는 물론이고 현재에 이르기까지 각급의 제도교
육의 모습을 그리는 경우에, 바꾸어 말하면, 각급 제도교육에서 무엇
을 어떻게 어떠한 형식으로 가르치고 배워야 하는가라는 문제에 답하
는 경우에 지배적인 관점으로 작용하는 것이 역차적 교육이라는 아이
디어이다. 앞에서 살펴본 것처럼 초등학교의 각급 교과목들의 설정,
이를 중심으로 한 초등학교의 교육과정, 이를 운영하는 학교의 틀에
이르기까지, 성인의 교과와 고등교육의 교육과정 및 교육방법 등이
중등교육으로, 그리고 다시 초등교육으로 내려오는 방식으로 결정되
고 있는 것이다. 이것이 바로 앞에서 우리가 논의했던 제도교육의 전
도 현상을 초래하며, 중등교육은 물론이고 초등교육의 정상적인 출범
을 저해하는 요인이다. 만약 제도교육의 전도 현상이 심각한 것이라
면, 또는 중등교육이 고등교육을 위한 준비교육으로 완전히 전락하여
교육적인 본질을 상실하고, 초등교육마저도 그러한 대열에 합류하여
또 다른 준비교육이 되어 버리는 일이 사소한 일이 아니라면, 우리는
지금까지와는 다른 시각에서 제도교육을 볼 수 있어야 한다. 그리고
이 경우에 듀이의 순차적 교육이라는 아이디어는 초등교육을 재개념
화하는 데에, 더 나아가서는 제도교육의 전체를 혁신하는 데에 참신
한 통찰을 제공할 것이다.

6. 초등교육과정의 대안적 패러다임

우리가 지금까지 논의해 온 내용을 가만히 들여다보면, 제도교육을 바라보는 두 가지 상이한 관점이 충돌하고 있음을 알 수 있다. 하나는 아동학습자로부터 출발하여 아래서부터 차근차근 제도교육의 모습을 그려나가는 접근법이라면, 다른 하나는 성인을 기점으로 삼아 위에서부터 거꾸로 제도교육의 모습을 그려나가는 접근법이다. 이들 각각을 우리는 순차적 교육과 역차적 교육이라는 용어로 지칭할 수 있다. 그리고 이미 분명해진 것처럼 어느 것을 택해서 제도교육을 바라보느냐에 따라 그 때 드러나는 제도교육의 모습은 완전히 상이한 것이 된다. 이 점에서 이 두 가지 관점은 교육을 바라보는 상이한 패러다임(paradigm)을 형성한다고 말할 수 있다.

현재 보는 것과 같은 각급 제도교육의 교육과정과 교육방법, 학교의 운영 원리 등은 역차적 교육이라는 아이디어에 부합하도록 그 위 단계의 제도교육들로부터 차용해 온 것이다. 이 경우에는 제도교육의 최정점을 차지하는 고등교육이 모든 단계의 교육이 지향해야 될 이상적인 교육으로 부각된다. 말 그대로 고급의 우월한 교육이 되는 것이다. 반면에 고등교육으로부터 멀어질수록 그것은 하급의 열등한 교육으로서 지양(止揚)의 대상으로 인식되고 만다. 그것이 어떠한 연유로 생긴 것이든지 간에, 현재 우리가 사용하고 있는 elementary education이나 higher education이라는 용어는, 역차적 교육이라는 아이디어를 받아들일 경우에 생생한 의미를 갖고 통용될 수 있는 개념일 것이다.

교육사를 살펴보면, 역차적 교육에 해당하는 교육관의 전형이라 할 만한 것으로 '교육을 성인의 삶이나 미래를 위한 준비로 보는 교육관', 이른바 '준비설'(準備說)이 있음을 알 수 있다. 물론 준비설이라고 하더라도, 성인으로 살아가는 데에 필요한 준비를 무엇으로 보느냐에 따라, 생활인으로서 갖추어야 하는 지식과 기능 등을 강조하는 입장이 있을 수도 있고, 학문과 예술과 도덕 등의 형식으로 인류가 성취해 온 정신적인 유산(遺産)을 강조하는 입장이 있을 수도 있다. 이처럼 같은 준비설 속에도 서로 이질적인 입장들이 혼재하는 것이다. 그러나 이러한 차이에도 불구하고, 일단 미성숙한 사회 성원을 성인으로 준비시키는 과정을 교육으로 규정하게 되면, 그러한 제도교육의 구체적인 모습을 그려나가는 데에는 다음과 같은 발상이 동원된다.

먼저 성숙한 사회 성원이 갖추어야 하는 지식이나 기능, 자질 등을 그 종류와 수준별로 설정한다. 그리고 그러한 지식이나 기능 가운데 가장 정점의 것, 높은 수준의 것을 대략 고등교육 4년 동안 다룰 수 있는 것만큼 떼어 내어 대학의 교과와 교육과정으로 설정한다. 대학의 교과와 교육과정을 이수하도록 하면 성숙한 사회 성원에 대한 준비가 제대로 이루어지는 셈이다. 다음으로는 고등학교가 대학을 위한 준비기관인 만큼 대학에서 가르치고 배우는 주요 교과목들을 별다른 문제가 없는 이상 고등학교의 교과목으로 채택한다. 그리고 대학 수준의 공부를 하는 데에 문제가 없도록 학습자들을 준비시키는 데에 필요한 내용들을 3년 정도에 다룰 수 있는 분량만큼 떼어내어 고등학교의 교과와 교육과정으로 설정한다. 물론 그 다음으로는 중학교가 고등학교를 위한 준비기관인 만큼 다시 고등학교에서 다루는 교과들을 중심으로 중학교의 교과목들을 정하고, 그 수준과 분량도 적절히 조정한다. 이렇게 하면 중학교의 교과와 교육과정이 마련되는 셈이다. 초등학교도 중학교를 위한 준비교육을 하는 기관이다. 따라서 교과목의 종류도 중학교의 교과를 참조하여 마련된다. 현재 초등학교의 교과 명칭에 '〜생활'이라는 것이 있지만, 이는 중·고등학교의 이질적인 교과들을 적당히 병치(竝置)시켜 놓은 것에 불과하다. 물론 초등학교에서 다루는 교과의 수준은 중학교에서 해당 교과를 배우는 데에 필요한 것으로, 그 분량은 6년 정도에 해당하는 것으로 설정된다. 이것이 바로 교육을 무엇에 대한 준비로 보는 일반적인 생각에 기초하여 현재 운영되고 있는 제도교육의 교육과정 실태이다.

그러나 교육을 준비로 보고 준비라는 관념에 맞도록 각급 학교의 교육과정을 마련한다는 생각에는 다음과 같은 문제가 있다. 첫째로 준비설은 성인(기성세대)의 현재로 아동(어린 세대)의 미래를 규정하려는 오류를 범하고 있다. 지금 현재 성인이 갖출 필요가 있는 지식이나 기능·덕목 등을 중심으로, 각급 제도교육의 교육과정을 아무리 완벽하게 구성하여 아동들을 준비시킨다고 하더라도, 그것이 장차 아동들이 성인이 되었을 때 필요한 것들이 되리라는 보장은 어디에도 없다. 그렇다고 해서 아동들이 장차 성인이 되었을 때의 모습을 예상해 보면서 그들을 준비시킨다고 하는 것도 무리이기는 마찬가지이다. 어차피 그것은 성인들이 예상하는 미래일 뿐이며, 아동의 미래는 아닌 것이다. 이 점에서 준비설은 자칫하면 기성세대가 어린 세대의 미래를 훼손하는 잘못으로 이어질 수도 있다.

둘째로 준비설에 따르면, 학습자는 지금 현재 그의 역량으로는 보이지 않는 것을 준비해야 되며, 이로 인하여 학습을 수행하는 당사자인 그가 자신의 목표와 방향감을 상실한 채 표류할 위험이 있다. 바람직한 경우라면, 학습자가 자신의 학습 활동에 흥미를 갖고 참여하면서 학습 자체로부터 내재적인 보람을 느끼고 학습의 의의를 체감할 수 있어야 한다. 그러나 그렇지 못할 때, 또는 준비해야 되는 것이 학습자가 체감하기에는 너무도 먼 미래의 것일 때, 이와 관련된 것을 학습해야 하는 이유나 의의를 파악할 수가 없으며, 이로 인하여 학습에 참여하지 않거나 수동적으로 임하게 된다. 각급 학교에서 학습자를 학습에 참여시키는 일이 하나의 커다란 과제가 되고 있으며, 이를 위하여 다양한 외재적 보상과 처벌이 동원되고 있다는 사실은 준비설이 가져오는 문제점을 반증하는 것으로 해석할 수 있다.

셋째로 준비설은 성인이 세상을 보는 방식과 틀에 해당하는 교과를 아동에게 제공함으로써 아동의 의미 있는 세계 이해와 그것의 점진적인 발전을 가로막는 잘못을 범할 수 있다. 앞에서 지적한 것처럼 아동과 성인이 질적으로 다른 존재임을 간과하고, 성인의 교과를 성인에게 적합한 방식으로 제공하게 되면, 아동은 정상적으로 이를 학습하기가 대단히 어려워진다. 그럼에도 불구하고 이를 토대로 전체 제도교육의 체제를 구축할 때, 그것은 제도교육의 전도 현상을 초래하게 된다.

이상과 같은 문제점이 사소한 것이라고 느낀다면 어쩔 수 없겠지만, 그렇지 않다면, 즉 준비설적인 교육관이나 역차적인 교육이라는 아이디어가 교육의 전반에 걸쳐 초래하는 바가 심각한 것이라 생각한다면, 이와는 다른 교육관이나 아이디어를 모색할 필요가 있다. 이러한 경우에 우리가 당장 고려할 수 있는 것은 교육을 준비가 아니라 '성장'(成長)으로 보는 관점이다. 물론 이 때의 성장이란 아동의 내면에 들어 있는 무엇인가가 저절로 개화되도록 기다린다거나, 제멋대로 발현되도록 방임하는 것을 지칭하지는 않는다. 또한 여기서 말하는 성장이 안내(案內)라든가, 지도(指導)라는 관념과 상충하는 것도 아니다. 그것은 아동의 내면에 있는 무엇인가가 좀 더 나은 방향으로 나아갈 수 있도록 점진적으로 이끈다는 의미를 갖는다. 아마도 이러한 의미에서의 성장의 개념을 제대로 피력한 교육이론가가 존 듀이일 것이다. 그리고 그가 주창한 순차적 교육이라는 아이디어도 바로 이러한 성장의 개념에서 자연스럽게 파생되는 것이다.

제도교육의 세 가지 형태를 지칭하기 위하여 primary, secondary, tertiary라는 수식어를 사용하게 된 연유가 어떠한 것이든지 간에, 그것은 상당 부분 교육을 성장으로 보는 관점 또는 듀이식의 순차적 교육이라는 아이디어와 부합하는 것으로 해석될 수 있다. 아동학습자의 세계 구분과 세계 이해의 방식을 토대로 하여 무엇을 어떠한 방식으로 가르칠 것인가를 모색하여 한 단계의 제도교육을 형성한다. 그리고 이를 토대로 하여 다음 단계의 제도교육은 무엇을 가지고 어떻게 해야 하는가를 모색함으로써 각급의 제도교육이 차별화되면서도 서로 유기적인 조화를 맺도록 한다. 이것이 세 가지 제도교육 사이를 흐르는 교육적인 원리이며, 이를 존중하는 방식으로 전체 제도교육의 개선 방안을 찾을 수 있을 것이다.

이러한 대안적인 관점이 성립된다면, 각급 제도교육의 교육과정과 교육방법, 학교의 운영 원리 등은 지금과는 다른 어떤 것으로 재형성될 수 있을 것이다. 이 점에서 이 관점은 제도교육 일반을 다시 바라보게 하는 대안적인 패러다임이다. 그러나 그러한 경우에 가장 먼저 재형성됨으로써 다른 제도교육의 단계들에 참조점을 제공하는 것이 초등교육이라는 점을 감안하면, 이는 무엇보다도 초등교육을 바라보는 새로운 패러다임이라 해도 무방할 것이다. 듀이의 교육이론은 그러한 패러다임을 이미 예고하고 어느 정도 실현한 선구적인 것이었다. 그것이 올바로 평가받지 못함으로써, 특히 초등교육과 관련하여 적극적으로 해석되지 못함으로써, 우리는 교육에 대한 소중한 통찰을 옆에 두고도 알아보지 못한 채, 너무도 오랜 시간을 허비해 온 셈이다.

지금까지 우리는 초등교육보다 먼저 제도화된 교육들을 바라보면서 초등교육에 대하여 이야기하고 이를 실천하는 길을 걸어왔다. 이는 우리에게 익숙하며, 익숙한 만큼 편안한 길이기도 하다. 그러나 이 길을 통해서는 정작 초등교육의 실체에 접근하기도 어렵고, 심한 경우에는 초등교육을 초등교육 아닌 것으로 변모시킬 우려도 있다는 점을 자각해야 된다. 초등교육을 다음 단계의 교육을 위한 준비교육으로 보고, 역차적 교육이라는 아이디어에 근거하여 그 모습을 그려 나가는 이상, 초등교육은 다른 제도교육과 의미 있게 구분될 수가 없다. 그것은 중등교육, 궁극적으로는 고등교육의 재판(再版)에 그칠 뿐이다. 반면에 여기서 우리가 그 윤곽을 더듬어 본 것과 같은 새로운 패러다임에 근거하여 초등교육을 이론화하고 그 실제를 마련하는 일은 대단히 험난한 여정이 될 것이다. 그것은 어쩌면 우리 당대에서는 결코 끝나지 않을 공산이 크다. 그만큼 대공사(大工事)인 것이다. 그러나 이 길은, 비록 험난하다고는 하더라도, 초등교육을 명실 상부한 primary education으로 성립시킬 수 있는 가능성이 있는 길이다. 그리고 이는, 지금 우리가 생각할 수 있는 한에서는, 제도교육의 첫 단계인 초등교육을 제대로 출범시킴으로써 그 다음 단계의 교육들도 자기 자리를 올바로 찾도록 안내할 수 있는 거의 유일한 길이기도 하다. 우리가 우리 앞에 놓인 편한 길과 험한 길 가운데 무엇을 선택하느냐에 따라 초등교육은 지금보다도 더 심하게 굴절될 수도 있고, 제도교육 전체의 방향을 정하는 초석(礎石)으로 재정립될 수도 있다. 우리는 이제 그 가운데 하나를 선택해야만 한다.

재개념화를 위한 단상

많은 경우에 교육은 교과를 가르치고 배우는 활동으로 규정된다. 따라서 그것은 '교과'와 그것을 다루는 '가르침'과 '배움'이라는 활동으로 구성된다고 볼 수 있다. 그러나 지금까지 교육학에서 중시되어 온 것은 '교과란 무엇인가' 하는 질문이며, 가르침과 배움이라는 활동의 실체를 드러내는 일은 상대적으로 소홀히 취급되어 왔다. 물론 교수-학습이론이라는 것이 있기는 하지만, 앞에서도 이야기했듯이, 그것은 심리학의 교수-학습 개념이 드러내는 것을 보여줄 뿐, 가르침과 배움의 현상을 밝히는 데에는 한계가 있다. 심리학의 교수이론과 학습이론이 가르치고 배우는 교육의 활동을 해명해 준다고 믿는 교육학도가 아직도 있다면, 그는 교육에 대해서 안타까울 만큼 감각이 무딘 사람이다. 교육은 그러한 무딘 감각으로는 포착되지 않는다.

교과는 흔히 교육내용으로 지칭된다. 이로 인해서인지는 몰라도 교과는 교육의 알맹이처럼 취급되고 있고, 그것의 가치가 곧 교육의 가치인 것처럼 대접받고 있다. 교육의 목적을 논함에 있어서 교과에 대한 고려가 빠지는 경우란 거의 없다. 가르치고 배우는 교육의 활동은 이러한 교과의 가치를 전달하고 전달받기 위한 도구나 방법으로 대접받고 있다. 적은 노력으로 빠른 시간 내에 교과의 내용을 전달하고 습득할 수 있는 교육의 방법이 강구되고 있다. 교육학에서 교수전략이니 학습전략이니 하는 용어들을 아무런 거리낌없이 사용하고 있는 가슴 아픈 현실도 이러한 사정에서 기인한다.

화가(畵家)가 사과를 앞에 두고 정물화를 그리고 있다고 가정하자. 그가 전개하는 미술의 내용이 있다면, 그것은 무엇일까? 아마도 사과라고 대답하는 사람은 거의 없을 것이다. 그것은 미술의 소재일 뿐이며, 꼭 사과만이 미술의 소재인 것도 아니다. 미술의 소재는 그야말로 무한하다. 그렇다면 미술의 내용은 무엇인가? 화가는 사과라는 미적인 대상으로부터 그가 느낀 미적인 체험을 화폭에 표현하는 활동을 하는 존재이다. 이를 위하여 그는 원근을 고려하고 명암을 생각하며, 물감을 섞어 최적의 색채를 만들고, 붓의 미묘한 사용을 통하여 그가 체험한 사과를 화폭에 재현한다. 미술의 내용이 있다면, 화가가 전개하는 이러한 복잡한 미적 표현의 활동들 바로 그것이다. 그리고 화가가 연마해야 할 것, 목적으로 삼아야 할 것이 있다면, 이러한 활동들을 자신의 것으로 체득하는 일이다.

교과도 가르치고 배우기 위한 소재이다. 그것은 학습자의 소질과 능력을 고려하여 선택되는 것이다. 이 점에서 그것은 교육을 가능하게 하는 조건이나 도구에 해당된다고 볼 수 있다. 교육의 내용이 있다면 그것은 교과가 아니라 가르치고 배우는 활동 그 자체이다. 이렇게 생각할 때, 우리는 '교과가 교육의 목적은 아니며, 교육의 목적은 교육의 과정에 내재한다'는 듀이의 말을 제대로 해석할 수 있게 된다. 그리고 이처럼 교과를 교육의 도구나 소재로 볼 수 있어야만 교과의 가치가 교육의 가치나 질을 규정한다는 낡은 사고에서 벗어날 수 있다. 이 때 비로소 우리는 교과의 가치와 구분되는 것으로서 교육의 가치라는 것을 떠올릴 수 있으며, 이를 토대로 교육을 생각할 수 있다. 그리고 이는 이 책에서 줄곧 강조해 왔듯이 초등교육을 재개념화하는 데에 필수불가결한 출발점이다.

제**6**장

초등교육의
교육본위론적 재서술

1. 교육학도의 상심

교육이란 도대체 무엇일까? 인간이 교육에 대해 관심을 갖기 시작한 이래로 지금까지 수많은 의견이 제시되어 왔지만, 교육의 정체를 보여주는 만족할 만한 해답은 찾아보기가 어렵다. 짐작하기로 이러한 사정이 조만간 해소될 것 같지도 않다. 그만큼 교육은 우리의 좁은 인식의 범위를 벗어나 있는 미지의 세계이다. 그러나 교육에 대하여 적어도 이러한 말은 할 수 있을 것이다. 비록 정체가 분명하지는 않지만, 교육이 우리 주위에 존재한다는 것은 부정할 수 없고 아마도 그것은 이 세상의 다른 어떤 것들과 비교하더라도 조금도 뒤지지 않을 만큼 소망스럽고 아름다운 면모를 지니고 있을 것이다. 그렇기 때문에 다른 수많은 학문들을 제쳐두고 교육학을 선택하여 평생 학문 활동을 전개하는 교육학자들의 대열이 끊임없이 이어지고 있는 것이다. 다른 무엇보다도 소망스러운 교육이라고 하는 인간적인 삶의 세계를 대상으로 하여 학문적인 탐구를 진행하고, 이를 통하여 교육의 아름다운 면모를 좀 더 여실하게 체험하는 일, 그것은 분명 매력적인 선택지임에 틀림없다. 바로 이것이 사범대학의 교육학과에 입학하는 교육학도들 그리고 그들보다 앞선 수많은 선배 교육학자들이 지니고 있는 공통된 믿음이고 선택일 것이다.

교육학의 이러저러한 강좌들을 수강하다가 교육학도들 가운데 상당수가 곧바로 직면하게 되는 놀라움은 교육학이 가장 전형적인 응용학문들 가운데 하나라는 점이다. 이는 적어도 두 가지 측면에서 당혹스러운 것일 수가 있다. 첫째는 교육학이 응용해야 될 학문들이 하나둘이 아니라는 사실이다. 교육철학, 교육사, 교육심리학, 교육사회학, 교육행정학, 교육인류학, 교육통계학, 교육경제학, 교육정치학, 교육공학 등등이 교육학과에서 접할 수 있는 교육학의 과목들이다.[1) 이들 교과목 명칭에서 '교육'이라는 수식어를 제외했을 때 남게 되는 학문들이 바로 교육학이 어느 하나 빠뜨리지 않고 응용해야 될 학문들이다. 이는 거의 청천벽력(靑天霹靂)과도 같은 일로 느껴질 수도 있다. 철학, 심리학, 사회학, 행정학 등과 같은 학문들은 서로의 공통분모를 찾기가 어려울 만큼 이질적인 학문들이다. 그런데 교육을 이해하기 위하여 이들 학문들을 모두 총동원해야 된다면, 이는 사실상 어느 누구에게도 불가능한 일이 아닌가? 이들 학문들 모두에 해박하지 않은 이상에는 이 세상 어느 교육학자도 교육을 이해할 입장에 있는 것이 아니지 않은가? 이러한 질문들이 교육학에 갓 입문한 교육학도들이 나누는 대화의 주제 가운데 한 자리를 차지하고 있으며, 이는 별다른 변화가 없는 이상 앞으로도 마찬가지일 것이다.

둘째는 교육학의 고유한 지식이 존재하지 않는다는 사실이다. 교육

---

1) 교육학을 구성하고 있는 학과목들이나 분과학문들의 종류에 대한 국가간 비교 연구에 따르면, 교육학의 학과목들에는, 여기서 제시한 것 이외에도, '교육사회심리학', '교육생리학', '교육인구통계학'(educational demography), '교육민족지학'(educational ethnology) 등과 같이 이름조차 생소한 것들도 모두 포함된다 (Mialaret, 1985). 그리고 지금 현재에도 교육학의 다양한 분과학문들이 계속 생성되고 있다.

학의 모든 분과학문들을 남김 없이 공부하기는 현실적으로 어렵기 때문에 교육학도들은 그 가운데 몇 개, 예를 들어 교육철학이나 교육심리학 등을 집중적으로 공부하는 방식을 취한다. 그런데 그 과정에서 교육학도들은 순수한 철학이나 심리학의 지식들을 제외할 경우, 이들 분과학문들에 남게 되는 교육학만의 지식이라 할 수 있는 것들이 거의 없다는 점을 발견하게 된다. 도대체 응용학문이라고 하더라도 철학이나 심리학을 교육에 적용하는 가운데 철학이나 심리학의 그것과는 구분되는 교육철학이나 교육심리학의 지식이라고 할 만한 것들이 조금은 생산되어야 하지 않는가? 그러나 짤막짤막할 뿐만 아니라, 내용도 그다지 신기할 것이 없는 이야기들이 교육적인 시사나 함의(含意)라는 식으로 실려 있을 뿐이며, 그것마저도 교육이란 무엇인가에 대한 교육학도들의 의문을 채워주기에는 턱없이 부족하다. 물론 이러한 형편은 교육철학이나 교육심리학만이 아니라 교육학의 모든 분과학문들의 경우에도 마찬가지이다.

　교육학을 공부하는 사람들이라면 한 번쯤은 느끼게 될 것이지만, 종합대학 내에서 교육학의 학문적인 위상은 그다지 높지가 않다. 교육학이 응용하고자 하는 철학이나 심리학, 사회학 등과 같은 학문들, 즉 교육에 응용되어야 하는 다른 학문들을 가리켜 흔히 '모학문'(母學問, mother discipline)이라 한다. 교육학이 이들 모학문들을 응용하는 학문인 이상, 교육학의 학문적인 위상은 모학문들의 그것에 비하면 언제나 낮을 수밖에 없는 것이다. 교육학이 제시하는 교육적인 시사나 함의라는 것도 사실은 모학문들 속에 직접적이거나 간접적인 형태로 이미 들어있는 경우가 허다하다.

　교육학을 공부하는 교육학과 학생들은 3학년이나 4학년이 되면, 직접 모학문들을 공부하기 위하여 철학과나 심리학과 또는 사회학과의 문을 두드린다. 그런데 철학과나 심리학과 또는 사회학과 등에서 개설하는 강좌들을 직접 수강하는 가운데 새삼 깨닫게 되는 것이 있다. 그것은 교육이란 다양한 모학문들의 지식을 응용함으로써 그 정체가 드러나는 것이라고 전제하고 있으면서도 도대체 교육이라는 것이 무엇이기에 다른 모학문들의 지식을 요청하는지에 대하여 조금이라도 알고 있는 교육학도들은 드물다는 사실이다. 대학에 입학하여 2년이나 3년 이상 교육학을 공부한 경우라고 하더라도 교육학과 학생들의 머릿속에 교육에 대한 희미한 생각일망정 나름대로 정립되어 있는 경우는 찾아보기가 어려운 것이다.

자신의 강좌에 참석한 교육학과 학생들을 발견하면, 철학 교수나 심리학 교수가 철학이나 심리학의 지식이 교육학에 응용된다고 하는데, 실제로 어떻게 응용될 수 있는지를 말해 보라고 요구하는 경우가 종종 있다. 그들 자신도 궁금하다는 것이다. 교육학과 학생들에게 이는 대단히 부담스러운 요구이지만, 나름대로 책임감도 있고 해서, 교육학의 이러저러한 논의들을 정리하고 자신이 생각한 점도 곁들여 발표를 한다. 물론 그 내용은 대부분 구체적인 교실 수업에서 사용되는 교수방법에 대한 것이거나 교육과정을 조직하는 방식 등과 관련된 것들이다. 그러나 이러한 발표를 듣고 '잘 알았다. 수고했다'라고 말하는 교수들은 별반 없다. 철학과나 심리학과의 교수들은 추가적으로 '나는 교육이 무엇인지에 대하여 너만큼 알지를 못한다. 그래서 지금 네가 말하는 교육적인 시사라는 것이 구체적으로 무슨 의미인지를 알기가 어렵다. 그러니 교육적인 시사를 이야기하기 이전에 먼저 철학이나 심리학의 지식이 유익한 시사를 준다고 하는 그 교육이 무엇인지부터 설명해 달라'고 요구를 한다. 아마 이 글을 쓰고 있는 지금 이 순간에도 수많은 교육학도들이 이러한 요구에 시달리고 있을 것이다. 그러나 교육학도들은 솔직히 이 질문에 제대로 답을 할 수가 없다. 교육학을 공부해 본 사람들이라면, 그 이유를 짐작하기가 그다지 어렵지만은 않을 것이다. 이리저리 대답을 한다고 하더라도 그것은 교육에 대해서 문외한(門外漢)이라 자처하는 사람들이 이야기할 수 있는 교육

제4장

키에르케고르의 간접전달과 초등교사의 교수 활동

1. 쉬운 것은 누구나 가르칠 수 있다는 통념

교육만큼 중요한 사회적 관심사도 드물다. 누구든 직접적이거나 간접적인 방식으로 교육에 참여하고 있다. 그래서인지는 몰라도 우리는 교육에 관한 한 모두가 전문가인 듯 말하고 행동한다. '교육이란 무엇이며, 어떻게 해야 되는가'라는 문제를 두고 권위를 인정받는 전문가 집단은 이제 거의 존재하지 않는다. 교육학자나 교사가 교육에 대한 경청할 만한 목소리를 내는 전문가로 대접받지 못하게 된지는 이미 오래 되었다. 오히려 '수요자 중심 교육'이니 '소비자 주권'이니 하는 정체 모를 구호 밑에서 학부모나 학생들이 교육에 대하여 빈번하게 발언하고 이를 관철시키기 위한 힘을 행사하는 경우가 많다.[1]

---

1) 교육학은 교육을 이론적으로 해명하고 이에 근거하여 실천의 방향을 안내하는 소임을 갖고 있다. 그러나 지금의 교육학이 일반인들의 교육에 대한 인식을 개선하는 데에 만족할 만한 성과를 거둘 만큼 충분히 발전해 있다고 말하기는 어렵다. 이는 교육이론이라 할 만한 학문적 성과가 축적되어 있지 않은 교육학의 속사정에서 기인하는 일이다. 이와 관련하여 한 가지 우려할 만한 일은 학부모 집단의 구미에 맞는 목소리를 냄으로써 학문적인 권위의 공백을 대중적인 인기로 만회하려는 경향이 일부 교육학자들 사이에 퍼지고 있다는 점이다. 교육에

물론 교육과 같은 중요한 사회적 문제에 많은 사람들이 관심을 보이며 참여하고 있다는 것은 환영할 만한 일일 수도 있다. 그러나 자칫하면 일반인들이 교육에 대하여 갖고 있는 세속적인 기대나 상식적인 통념에 기초하여 교육을 바라보고 운영하게 될지도 모른다는 점에서 한편으로는 각별히 주의를 기울일 필요가 있다.

아닌 게 아니라 일반인들이 교육에 대하여 갖고 있는 통념으로 인하여 교육의 이론과 실제가 그 올바른 궤도에서 이탈하는 우려할 만한 일들이 여기저기서 발생하고 있다. 그 가운데서도 대표적인 것이 있다면 그것은 초등교육의 의미와 교육적인 역할에 대한 오해, 그리고 이로 인한 초등교육 현장의 방향 상실일 것이다. 정확히 말하면, 초등교육에 대한 편견과 오해는 교육학자들이나 교사들 사이에도 팽배해 있어서 그것을 일반인들의 상식적인 의견이나 무지라고만 말하기도 어려운 형편이다. 물론 교육학자나 교사들은 교육에 대하여 일반인들보다는 좀 더 고급스러운 견해를 지니고 있어야 한다. 그럼에도 불구하고 일반인들처럼 상식적인 견해에 빠져 있다면, 이를 놓고 정상적인 경우라고 평가하기는 어려울 것이다.

일반인들부터 교사와 교육학자들에 이르기까지 초등교육에 대한 몰이해가 팽배해 있기는 하지만, 그 가운데서도 시급히 교정되어야 하는 것이 있다. 그것은 '초등교사의 교수 활동은 사실상 누구나 할 수 있는 일이 아닌가' 하는 세간(世間)의 평가로 집약하여 표현할 수 있다. 이 말은 무슨 뜻인가 하면, '초등교육의 장면에서 초등교사가 가르치는 지식은 초급지식에 해당하는데, 이는 웬만한 성인들이라면 누구나 알고 있는 정도의 지식으로서, 그럴 만한 여건이 갖추어질 경

대한 일반인들의 상식적인 생각에 영합하거나 이를 옹호하는 온갖 종류의 대중적인 발언과 처세가 넘쳐 나고 있다. 그러나 그러면 그럴수록 교육학은 교육을 연구하는 학문적 소임으로부터는 더욱더 멀어지고, 갈수록 일반인들의 의견과 상식으로 그 내용이 채워지게 될 것이다. 그리고 그러한 상식의 바다에서 교육은 영원히 표류할 것이다.

라 심리학, 사회학, 행정학, 인류학 등의 지식을 교육에 응용하는 모든 경우에 해당된다. 이것이 바로 철학과나 심리학과의 교수가 철학이나 심리학의 지식을 응용하겠다고 나서는 교육학과 학생들에게, 아무리 소박한 것이라고 하더라도, 먼저 교육이란 무엇인가부터 말해 보라고 요구하는 이유가 아니겠는가?

여기서 이러한 것을 알 수 있다. 교육학이 응용학문이라고 하더라도 그러한 응용이 건실하게 이루어지려면, 먼저 우리는 교육의 개념을 정립하고 그것에 근거하여 모학문의 지식들을 수용해야만 한다. 그런데 이러한 생각의 이면에는 교육학이 가장 본질적인 면에서는 응용학문일 수 없다는 자각이 숨어 있다. 모학문의 지식들을 응용하려면, 응용 이전에 교육학은 먼저 '교육이란 무엇인가'에 대한 나름대로의 선이해(先理解)를 확보하고 있어야 하며, 이것을 체(screen)로 삼아 모학문의 지식을 수용하는 가운데 그 선이해 자체를 발전시켜야 하는 것이다. 그렇다면 그 선이해는 어디에 존재하는가? 그것은 철학이나 심리학, 사회학 등과 같은 모학문들로부터 나오는 것이 아니다. 교육이란 무엇인가에 대한 대답은 교육학으로부터 나올 수밖에 없다. 교육이란 무엇인가를 궁리하고 이를 개념화하여 체계화하는 가운데 교육에 대한 선이해가 하나의 교육이론으로 정립되는 것이다. 그리고 이러한 일을 하는 교육학은 응용학문일 수 없으며, 그 자체가 하나의 순수학문이며 자율적인 학문이어야 한다.

아마도 이러한 점들에 생각이 도달하게 되면, 그때부터 '교육이란 무엇인가'라는 질문은 일종의 화두(話頭)처럼 교육학도들에게 다가설 것이다. 그리고 그들의 교육학 공부는 바로 이 질문을 붙잡고 이루어지는 것이라야 마땅하다. 그러나 교육학의 속사정을 어느 정도라도 알고 있는 사람들이라면, 이것이 현재의 교육학과에서는 사실상 불가능한 일이라는 점을 어렵지 않게 짐작할 수 있다. 먼저 교육의 정체를 해명하려면, 교육학은 상당히는 이론 지향적인 학문이라야 한다.

물론 그 이론이라는 것은 다른 학문들의 단순한 응용이라는 차원을 넘어서는 교육학 고유의 지식을 의미하는 것이다. 그러나 현재의 교육학이 그러한 고유한 지식이나 이론을 확보하고 있지도 못할 뿐만 아니라, 더 심각하게는 그러한 노력을 권장하고 보호하는 풍토도 확립하고 있지 못하다. 여기에는 모학문의 지식들로 교육학을 채우는 것 이외에 교육학의 자생적인 이론을 구성하는 일은 그다지 중요하지 않다고 보는 오래된 타성이 강하게 작용하고 있다.

그러나 교육학의 고유한 이론을 모색하는 데에 더 큰 장애는 다른 데에 있다. 그것은 교육학을 실천 지향적 학문으로 보는 풍토이다. 이러한 풍토 속에서는 교육이란 무엇인가에 대한 이론적인 탐구가 아니라, 흔히 교육 현장으로 거론되는 학교와 관련된 온갖 문제들을 다루는 연구들이 득세한다. 그 문제들도 교육학자들이 학교를 들여다보면서 스스로 발굴한 것이 아니라, 대개의 경우 교사, 학부모, 기업인, 정치인 등등이 중요하다고 외치는 것들로 채워진다. 교육학자들은 이들이 요청하는 문제를 해결해주는 일종의 기능인들인 셈이다. 이른바 '프로젝트'라는 이름으로 현안이 되고 있는 문제들을 다루는 연구들이 여기저기서 진행된다. 그러면서도 많은 경우에 좋은 소리를 듣지는 못한다. 사회가 교육문제라고 지적한 것들을 교육학자들이 나서서 만족스럽게 해결해 준 전례는 거의 없다. 사실은 교육학자들로부터 학교를 개선하는 데에 도움이 되는 이야기를 듣기 위하여 귀를 기울이는 일반인들도 별로 없다. 교육학자들끼리도 자신들의 프로젝트 보고서가 가시적인 실제적 효과를 가져올 것이라 기대하지 않는다. 그 보고서들은 교육에 대한 일반인들의 관심이 다른 문제로 향하면, 사람들의 기억에서 사라진 채 소리 없이 폐기될 뿐이다. 이러한 형편에서는 학교와 관련된 실제적인 지식이라 할 만한 것도 축적될 여지가 없다.

젊은 교육학도들 가운데 상당수는 교육의 정체를 밝히는 교육학 고유의 이론이 필요하며, 바로 이를 연구해야 된다는 문제의식을 어느 순간 지니게 된다. 그러나 시간이 흐를수록 그들도 모학문들을 응용하여 그때그때 현안이 되는 학교의 문제를 해결하는 데에 힘을 쏟는 교육학자들로 변모되고 만다. 그러면서도 그들의 가슴 한쪽에는 자신들이 교육학에 입문하면서 소망하던 것, 즉 교육의 아름다운 면모를 바라보고 싶다는 애초의 기대가 자리잡고 있다. 무엇인가를 보려면, 그것을 드러낼 수 있는 개념체계가 있어야 한다. 지동설이 드러낸 것과 같은 천체 현상은 태고적부터 우리 옆에 존재하고 있었다. 그러나 우리가 그것을 대면하게 된 것은 지동설이라는 개념체계가 구성된 후의 일이다. 교육을 교육답게 보려면, 그것을 보여줄 수 있는 교육학의 고유한 개념체계가 있어야 한다. 이 일을 철학이나 심리학, 또는 사회학 등과 같은 다른 학문들의 개념체계가 대행해 주지는 못한다. 이들 학문들은 교육학이 교육의 개념을 먼저 정립하였을 때, 그 개념을 정교하게 가다듬는 데에 도움이 될 수는 있어도, 교육의 개념 자체를 제공해 주는 것은 아니기 때문이다. 더욱이 이들 다른 학문들을 동원하여 학교와 관련된 온갖 문제들을 다루는 이상, 교육을 교육답게 인식한다는 교육학도들의 소망은 더 큰 좌절에 빠지게 된다. 학교에서 벌어지는 모든 문제가 교육의 문제는 아님에도 불구하고, 이들 모두를 교육으로 보게 되면, 그 순간 교육의 정체성은 극도의 혼미 상태에 빠지게 된다. 교육을 사랑하고, 그것을 제대로 인식하고 싶어서 교육학을 공부하기로 선택했지만, 오히려 이로 인하여 교육을 놓치게 된다는 이 현실은 젊은 교육학도들에게는 커다란 상심(傷心)을 불러일으키는 것일 수밖에 없다.

2. 개념적 혼미 속의 초등교육

교육학도의 상심에 대한 이야기는 아무런 근거도 없이 꾸며낸 것은 아니다. 교육학을 공부하면서 그러한 상심을 목격하는 경우는 결코 드물지가 않다. 그리고 적어도 그것은 나에게 아주 리얼한 현실이었다. 사범대학의 교육학과에 입학한 때부터 치면 나는 거의 20여 년 동안 교육학을 공부하고 있다. 학문적인 연륜으로만 보면 그다지 길다고 말하기는 어려운 세월이지만, 앞에서 이야기한 교육학도의 상심은 이 기간 동안 나에게서 한순간도 떠나지를 않고 있다. 이러 저러한 노력을 통하여 교육이론이라 할 만한 것을 찾으려는 노력을 전개하고는 있지만, 조만간 이러한 상심에서 벗어날 수 있을 것 같지도 않다.

그런데 교육의 개념이 부재하다는 자각에서 온 상심은 내가 교육대학의 선생이 된 이래로 더욱더 깊어지고 있다. 이제는 상심 정도가 아니라, 아주 크나 큰 통증으로 와 닿고 있다. 그것은 교육의 개념 부재로 인하여 비롯되는 교육의 정체 혼미와 왜곡 현상이 초등교육의 경우에 더 심각하다는 데서 기인하고 있다. 교육의 개념 부재로 인한 초등교육의 정체 혼미와 왜곡에 대해서는 앞의 글들에서도 이미 지적한 바가 있지만, 그것을 다시 한 번 정리하면 다음과 같다.

1) 초등교육: 잘못된 작명

초등교육이라는 말이 있다. 이는 제도교육의 시작 단계를 지칭하는 용어로 광범위하게 사용되고 있다. 바꾸어 말하면, 제도교육의 한 시기를 가리키는 단순한 명칭으로 통용되고 있는 것이다. 그러나 우리가 별다른 생각 없이 사용하는 이 명칭은 교육에 대한 온갖 그릇된 발상의 원천이 되고 있다. '초등교육'이라는 말을 반복해서 되뇌다가 보면, 그것이 제도교육의 한 단계를 지칭하는 가치중립적인 용어가 아니라, 교육의 질과 수준을 평정(評定)하는 가치부여적인 용어임을 직감할 수 있다. 말하자면, 교육의 등급을 매기는 용어인 것이다. 초등, 중등, 고등이라는 용어는 무엇인가에 대한 단순한 명칭이 아니라, 그 무엇을 어떠한 척도에 비추어 평정하고 등급을 부여하는 데에 사용되는 것이다.

이러한 이야기에 대하여 그것은 공연한 말장난에 불과하다고 생각할지도 모른다. 그러나 그렇지가 않다. 많은 경우에 사람들이 초등교육이라는 말을 들을 때에 연상하게 되는 것은 '손쉬운 교육', '기초적인 교육', '상대적으로 중요성이 떨어지는 교육', '다음 단계의 본격적인 교육을 준비하는 교육' 등등이다. 이러한 것들이 초등교육이라는 말을 사용하는 경우에 우리의 머릿속에 직접적이거나 간접적인 방식으로 떠오르는 생각들이다. 바로 이러한 생각들로 인하여 초등교육에 대한 일반인들의 인식이 오도(誤導)된다. 초등교육을 중등교육이나 고등교육과 비교하여 그 가치와 의의를 높게 평가하는 경우는 극히 드물다.

심지어 이러한 인식은 초등교육을 담당한다는 현직 교사들에게서도 발견된다. 그들 자신마저도 스스로 중등교사에 비하여 격(格)이 떨어지는 교육을 담당하는 존재로 생각하는 것이다. 본격적인 교육은 어차피 중등교육 단계에서 이루어지는 것이니까 초등교사는 아동들을 물리적으로 잘 보살피고, 혹시 있을지도 모르는 심리적인 문제들이나 해결해 주면 된다고 생각하는 경우도 있다. 그래서인지는 몰라도 초등학교는 일정한 시간 동안 부모들 대신에 아동들을 맡아서 안전 사고 등이 생기지 않도록 배려하면 되는 것이고, 초등교사는 생활지도나 잘 하면 된다는 식의 인식이 교단에 팽배해 있다. 이러한 풍토 속에서 초등학교는 교육이 이루어지는 곳이라는 명분마저 상실하고, 탁아소나 놀이방 정도로 전락하고 있다. '유치원에서는 종일반이라는 것을 운영하여 아이들을 하루 동안 맡아주고 있는데 왜 초등학교에서는 아이들을 일찍 귀가시키는가'라고 따지는 맞벌이 학부모들의 항의도 심심찮게 발견된다. 교육대학에 입학하는 학생들도, 교육

대학을 졸업할 경우 상대적으로 교직에 진출하기가 용이하다는 점을
제외하면, 초등교육이 여러모로 중등교육의 그것에 비하여 위상이 낮
다는 인식을 지니고 있다. 이로 인하여 학창시절 내내 방황하는 경우
도 많다. 이러한 현상은 초등교육이라는 말이 곧 초급교육을 연상시
키는 데에서 빚어지는 것으로 볼 수 있다.

그런데 초등교육이라는 말이 초급교육을 연상시킨다고 해서 실제
초등교육으로 지칭되는 교육이 당연히 초급교육인 것은 결코 아니며
또 그래서도 안 된다. 초급교육이라는 말을 사용할 수 있다면, 그것
은 교육 활동의 질과 수준이 높지 않은 교육을 가리키는 것으로 이해
해야 된다. 그리고 교육 활동의 질과 수준이 낮다는 것은 특정한 교
과의 내용을 가르치고 배움에 있어서 그 가르치는 활동과 배우는 활
동의 질과 수준이 낮은 경우를 뜻한다. 이는 다시 가르치고 배우는
활동을 하기는 하지만, 그 활동이 따라야 하는 교육적인 원리에 충실
하지 못함을 의미하는 것이다. 이렇게 생각할 때, 초급교육, 그리고
그것과 함께 성립하는 것으로서 중급교육이나 고급교육이라는 것은
제도교육의 단계별로 성립하는 것이 아니라, 동일한 수준의 제도교육
기관 내에서도 언제나 병존(竝存)하는 것이다. 바꾸어 말하면, 초등학
교 내에서도 초급교육, 중급교육, 고급교육이 함께 이루어질 수 있으
며, 중·고등학교나 대학교에서도 초급교육, 중급교육, 고급교육이
동시에 전개될 수 있는 것이다. 그것은 특정한 단계의 제도교육을 한
정하여 지칭하려는 목적으로 사용될 수 있는 개념이 아니다.

그럼에도 불구하고 초등교육, 중등교육, 고등교육은 각기 특정한
단계의 제도교육을 지칭하는 것으로 통용되고 있다. 이러한 언어적
관행에는 교육 활동의 질과 수준을 교육 활동이 아니라 다른 것을 척
도로 삼아 판정하는 오류가 숨어 있다. 각급 제도교육에서 다루는 교
과의 지식을 초급, 중급, 고급으로 구분한 후에, 그것을 어떻게 가르
치고 배우든지 간에, 초급지식을 다루면 초등교육, 중급지식을 다루

면 중등교육, 고급지식을 다루면 고등교육으로 판정하고 있는 것이다. 그러나 교과지식의 수준이나 가치가 곧바로 교육의 수준이나 가치는 아니다. 바로 이 점에서 이른바 초급지식을 갖고 충실히 가르치고 배움으로써 고급교육을 수행하는 교사와 학생도 있을 수 있고, 고급지식을 갖고 부실하게 가르치고 배움으로써 초급교육에 머무르고 마는 교사와 학생도 있을 수 있는 것이다. 이러한 사실을 생각할 때, 교육 활동의 충실성은 따지지 않은 채, 교과지식의 수준을 갖고 교육을 초등, 중등, 고등으로 구분하는 발상은 그릇된 것이다. 이러한 발상에는 교육의 가치와 교과의 가치에 대한 체계적인 혼동이 자리잡고 있다.

2) 교육의 가치와 교과의 가치 혼동

교육의 가치라는 말이 흔하게 사용되고 있다. 물론 교육은 여러 가지 점에서 가치 있는 활동이기 때문에 이러한 말이 사용된다고 해서 이상할 것은 전혀 없다. 그러나 교육이 지니고 있는 고유한 가치를 떠올리기 위하여 이 말을 사용하고 있다고 생각하면 오산(誤算)이다. 현재 교육학에서 거론되는 교육의 가치는 크게 두 가지 종류로 구분이 가능하다.

첫째는 교육의 결과로 생겨나는 사회 · 경제적인 가치들을 교육이 추구해야 되는 가치로 생각하는 경우이다. 개인들은 자신들이 소망하는 직업이나 지위, 사회적인 영예 등을 얻기 위하여 교육을 받는다. 만약 교육을 받았음에도 불구하고 그에 상응하는 직업이나 지위, 사회적인 영예 등을 얻지 못한다면, 이는 무엇인가 문제가 있는 상황으로 인식된다. 이른바 과잉교육(over-education)이라는 개념도 이러한 배경에서 등장하였다. 사회가 교육에 투자하는 경우에도 교육의 결과로 그 사회가 얻게 될 경제적인 발전 등이 교육의 가치로 부각된다.

만약 자신들의 교육이 다른 사회의 교육과 비교하여 경쟁력이 없는 것으로 드러나면, 온갖 형태의 교육 개혁안이 마련되는 등 한바탕 소동이 벌어진다. 교육의 국제 경쟁력이라는 구호도 실상은 교육이 가져올 수 있는 사회·경제적인 가치의 크기를 따지는 발상에서 비롯되는 것이다.

그러나 이러한 식으로 교육의 가치를 생각하는 것은 교육이 가져올 수 있는 특정한 종류의 결과나 기능을 교육의 가치 또는 교육이 추구해야 되는 목적으로 생각하는 오류를 범하게 된다. 사회·경제적인 가치를 실현하는 데에 교육이 가장 좋은 통로라는 증거는 없으며, 또 사회·경제적인 가치를 실현시킨다고 해서 그 교육이 교육의 본질을 제대로 구현하고 있다고 말할 수도 없다. 이러한 입장은 흔히 교육의 외재적 가치(extrinsic value)에 주목하는 것으로 지적되고 있으며, 이 경우 교육은 교육 바깥에 존재하는 가치를 추구하는 데에 동원되는 수단이나 도구로 취급된다(엄태동, 2000a; 장상호, 1997a, 2000a). 그리고 교육이 도구인 이상, 그것은 원래 의도했던 목적, 즉 사회·경제적인 가치가 어느 정도 실현되면, 관심 밖으로 밀려나거나 버림받는 역설적인 처지에 놓이게 된다.

둘째는 교육의 가치를 교육의 바깥에서 구하는 것이 아니라, 교육의 안쪽에서 구해야 된다고 보는 입장이 있다. 이는 첫 번째 입장과는 달리 교육의 내재적 가치(intrinsic value)에 주목하는 것으로 자처하고 있고, 또 외관상으로만 보면, 그렇다고 생각할 수도 있다. 그런데 이 두 번째 입장을 견지하는 대부분의 사람들이 교육의 가치로 제시하는 것은 이른바 교과들이 지니고 있는 가치들이다(이홍우, 1987, 1991; Peters, 1966). 그들이 보기에 교과는 학문이나 예술 또는 도덕 등으로 구성되며, 따라서 교과의 가치란 학문과 예술과 도덕이 추구하는 진, 선, 미라는 가치로 상정된다. 이들은 학문이나 예술이나 도덕 등을 가르치고 배우는 이유가 사회·경제적인 가치를 추구하는 데에 있는 것이 아니라, 학문이나 예술 또는 도덕 등에 붙박혀 있는 고유한 가치에 있다고 보는 점에서 진보된 견해를 피력하고 있다고 평가할 수 있다.

그러나 이 입장에도 난점이 있다. 만약 진, 선, 미 등이 교육이 추구해야 되는 내재적 가치에 해당된다면, 가장 이상적인 교육은 그러한 가치의 실현에 좀 더 다가서 있는 교육이라야 한다. 그리고 그러한 교육이란 가장 수준이 높은 최고 최신의 학문이나 예술이나 도덕 등을 가르치고 배우는 교육을 의미한다. 그러한 교육이라야 교육의 가치에 충실한 것으로서 고급의 교육이나 고등의 교육이라는 찬사를 받을 수가 있다. 반면에 고급교육의 그것보다 낮은 수준의 교과들을 다루는 교육들은 중급의 교육이나 초급의 교육으로 판정을 받게 된다. 그러나 이러한 식으로 교육의 내재적 가치를 생각하는 것은 교과의 수준과는 무관하게 충실히 가르치고 배울 수 있으며, 이 경우 그 교육은 고급의 교육일 수 있다는 점을 설명하지 못한다(엄태동, 2000a, 2000b, 2001a, 2003a). 초급 수준의 교과들을 갖고도 고급의 교육을 수행할 수 있으며, 고급 수준의 교과들을 갖고도 초급의 교육에 머무를 수 있는 것이다. 이 점에서 다양한 교과들에 내재해 있는 가치들은 그것을 다루는 과정에서 나름대로 체험될 수 있는 가치들이기는 해도, 그것이 곧바로 교육의 내재적 가치에 해당한다고 말하기는 어렵다. 교과의 가치를 그다지 높은 수준에서 구현하고 있다고 보기 어려운 내용들을 갖고도 충실히 가르치고 배워서 그 자체로 자족적인 성장의 기쁨과 조력의 보람을 체험할 수 있다. 그리고 이 경우 교육의 내재적 가치는 교과의 수준이 아니라 그 교육 활동에 수반되는 자족적인 체험에 깃들어 있는 것으로 상정되어야 할 것이다.

초등교육은 앞에서 이야기한 두 가지 종류의 가치들 모두에 있어서 중등교육이나 고등교육에 비하여 말 그대로 초급의 위치에 있다고 볼 수도 있다. 초등교육이 사회 · 경제적인 가치나 실용적인 가치를 실현

하는 데에 중등교육이나 고등교육보다 우월한 위치에 있다고 보기는
어렵다. 또한 교과의 가치를 추구하는 데에 있어서도 중등교육이나
고등교육에 비하여 유리한 위치에 있다고 말하기도 어렵다. 그러나
이들 가치가 교육과 관련하여 우리가 생각할 수 있고, 또 추구해야 되
는 가치들의 전부는 아니다. 사회 · 경제적인 가치와 구분될 뿐만 아
니라, 교과의 가치와도 같지가 않은 교육의 가치, 즉 가르치고 배우는
활동 자체에서 비롯하는 가치들이 있다(장상호, 1997a, 2000a). 이러한
교육의 내재적 가치는 우리의 체험을 반성해 보면, 그 실체를 느낄 수
있다. 실용적인 가치가 있다고 보기도 어렵고, 해당 교과의 수준으로
보더라도 그다지 높은 위치에 있다고 말하기 어려운 교과의 내용이지
만, 이것을 갖고 가르치고 배우는 활동을 전개하면서 다른 무엇과도
비교하기 어려울 만큼 값진 체험을 하는 경우가 종종 있다. 그 때 우
리가 체험한 것이 바로 교육의 내재적 가치에 해당하는 것이다.

　지금까지 교육학은 이러한 교육의 내재적 가치에 제대로 주목해 오
지 못했다. 그래서인지는 몰라도 교과의 수준, 그리고 그 수준에 상
응하는 교과의 가치를 척도로 하여 교육의 질과 수준을 판정하는 관
행이 득세해 왔다. 그러나 교육의 내재적 가치에 주목하면, 우리는
다른 식으로 제도교육의 각 단계들을 생각할 수도 있다. 모르긴 해도
그것은 초등학교에서는 초급교육, 중 · 고등학교에서는 중급교육, 대
학교에서는 고급교육이 이루어진다는 식의 발상과는 근본적으로 다
른 어떤 것이다.

3) 외래적인 개념들의 만연: 교육의 잠식

　개념은 우리가 세상을 어떠한 것으로 바라보기 위하여 의존하는 일
종의 안경과도 같다. 붉은 색 렌즈로 된 안경을 통해 보면, 세상은 온
통 붉게 보인다. 파란 색 렌즈의 안경을 통해서는 파란 세상만을 볼

수 있다. 렌즈의 색과는 다른 색채를 지닌 세상을 본다는 것은 불가
능하다. 이와 마찬가지로 우리가 세상을 바라보기 위하여 어떠한 개
념들을 동원하느냐에 따라 그 때 보이는 세상은 천차만별(千差萬別)
일 수밖에 없다. 동쪽에서 태양이 떠오르는 동일한 광경을 바라보고
있다고 하더라도 천동설의 개념체계를 지닌 자는 그것을 태양이 지구
를 중심으로 회전하는 것으로 지각한다. 반면 지동설의 개념체계를
가진 자는 이를 지구가 태양을 중심으로 자전과 공전 운동을 하는 증
거로 받아들인다. 상이한 개념을 지니고 있으면, 설사 동일한 현상을
관찰한다고 하더라도, 전혀 다른 현상을 보게 되는 것이다.

교육은 분명 우리의 주위에 존재하는 현상이다. 그것은 인간이 이
땅 위에 출현한 이래로 인간의 곁에서 함께 생성·발전해 왔을 것이
다. 그러나 그것은 우리 모두의 눈에 동일한 것으로 지각되는 자명하
고도 단일한 현상은 아니다. 다른 모든 현상들과 마찬가지로 그것도
그것을 조망할 수 있는 개념의 체계를 요청하며, 이를 통해서 실체를
드러내게 된다. 물론 그것은 일상적인 개념이나 상식을 통해서도 파
악될 수 있는 다면적인 실체이다. 이 점에서 일반인들이 그들의 상식
적인 개념을 통해서 교육을 보고, 그에 대한 다양한 의견을 피력하는
것은 당연한 일이다. 그러나 그것은 교육의 피상적인 모습만을 보여
줄 가능성이 크다. 교육의 좀 더 여실한 모습을 보고 싶다면, 우리는
학문적인 개념에 호소할 필요가 있다. 학문은 상식으로는 포착하기
어려운 현상의 진실을 보여주는 힘을 지니고 있다. 교육학은 바로 상
식 차원의 이해를 넘어서 교육에 대한 학적인 인식을 제공하는 역할
을 담당한다. 물론 교육학이 이 일을 제대로 수행하려면, 교육을 교
육답게 드러낼 수 있는 수준 높은 고유의 개념을 제공할 수 있어야
한다.

앞에서도 이야기했던 것처럼 교육학은 전형적인 응용학문 가운데
하나이다. 그러나 응용이라는 것이 자신의 관심사를 조망하는 관점이

나 이론적인 안목은 정립하지 못한 채, 다른 학문의 인식적 관심이나 개념체계를 그대로 차용하여 이루어지는 것은 아니다. 이러한 상태에서는 비록 응용학문이라는 명칭으로라도 그것을 '학문'으로 인정할 수 있는 것인지가 의문이다. 교육학을 응용학문이라고 하는 경우에도 마찬가지이다. 그러나 현재의 교육학은 다른 학문들로부터 개념들과 이론들을 수용할 경우에 그것을 걸러낼 수 있는 체로 사용하는 데에 충분할 만큼 교육의 개념을 마련하고 있지 못하다. 이로 인하여 빚어지는 현상은 모학문들에서 최신의 이론으로 대두되고 있는 것들을 거의 아무런 여과장치도 없이 받아들이는 일이다. 교육학의 발전은 관련 모학문들의 지식을 얼마나 빨리 수용하느냐에 달려 있는 것처럼 보일 정도이다. 모학문의 최신 지식으로 무장되어 있을수록 일류 교육학자로 대접을 받는 풍토가 너무도 자연스럽게 조성되어 있다.

그러나 이러한 교육학의 관행은 그것이 교육을 제대로 보여줄 수 있는 것인지조차 검증되지 않은 외래 개념들의 만연을 불러왔다. 교육학자들은 모학문들의 관점을 통하여 다양한 학문적 개념들을 구사해 가며, 교육에 대한 논의를 전개하고 있다. 외양적으로 보면, 분명 교육에 대한 연구와 논의에 헌신하고 있다. 이를 부정할 생각은 없다. 그러나 그들의 그러한 헌신이 교육에 대한 제대로 된 학적 인식으로 이어지고 있다고 말하기는 어렵다. 어떠한 모학문의 관점을 택하고 있느냐에 따라 교육학자들 사이에도 곧잘 논쟁이 벌어진다(이규호, 1974; 이돈희, 1974; 이홍우, 1983; 정범모, 1974). 교육철학자들이 보기에 교육심리학자들이나 교육공학자들의 논의는 교육의 성격을 가장 근본적인 면에서 그릇되게 파악하고 있는 것으로 비친다. 교육공학자들이나 교육행정학자들의 눈으로 보면, 교육철학자들이나 교육사회학자들의 이야기는 교육의 효율성에는 전혀 귀를 기울이지 않는 사변적이고 공허한 담론일 뿐이다.

학문 내에서 논쟁이 전개된다는 것은 해당 학문의 발전에 필수적인 것이고, 회피하기보다는 오히려 권장되어야 할 일이다. 그러나 교육학의 속사정은 이러한 기대와는 딴판으로 돌아가고 있다. 그들 사이의 논쟁이 교육의 정체를 해명하는 데에 생산적으로 기여한 적은 별로 없다. 서로 의혹에 찬 눈으로 바라보다가 외면해 버릴 뿐이다. 오히려 그들은 자신들이 택하고 있는 모학문의 학자들로부터 위안을 얻고 자신들의 생각이 옳다고 보는 일종의 강화(reinforcement)를 받는다. 무슨 말인가 하면, 교육철학자들이 교육을 보는 관점과 교육을 설명하는 개념 등은 철학자들의 그것과 대동소이하며, 교육심리학자들의 그것은 다시 심리학자들의 그것과 너무도 동일하고, 교육행정학자들의 생각은 행정학자들의 그것을 그대로 재연하고 있다. 교육학자들은 자신들이 택하고 있는 모학문의 학자들과 동일한 관점에서 비슷한 이야기를 하고 있다는 사실을 그들의 탐구 활동이 제대로 이루어지고 있다는 증거로 받아들이고 안도한다. 교육학자들 사이에 존재하는 견해의 차이는 그들과 모학문의 학자들 사이에 존재하는 유사성에 비하면 별다른 의미를 지니지 못하는 것으로 간주되어 버린다. 이러한 형편에서는 교육학 내에서의 논쟁이 교육학 자체의 발전으로 이어지기 어렵다.

사실 교육에 대한 교육학자들의 관점과 개념은 철학자나 심리학자, 행정학자들의 그것을 그대로 교육에 대한 것으로 옮겨 놓았을 뿐이다. 교육에 대한 교육학자들의 논의라는 것도 해당 모학문의 학자들이 조금만 관심을 갖고 애를 쓰면, 그들의 지식으로부터 곧장 끌어낼 수 있는 것들이다. 이 점은 교육학자들이 보는 교육이라는 것이 실상은 철학이나 심리학 또는 행정학이나 사회학 등의 관점에서 볼 수 있는 교육이라는 사실을 의미한다. 그러나 철학자나 심리학자, 사회학자나 행정학자들은 그것을 교육이라는 이름으로 부르는 것이 아니라, 철학적 현상이거나 심리적 현상, 사회현상이나 행정현상으로 본다. 교육학이 아닌 자신들 학문의 관점과 개념으로 포착된 것을 그들이 관심을 갖고 연구하는 현상이 아닌 교육현상으로 간주할 모학문의 학자들은 없다. 이러한 사실은, 다시 말하면, 교육학자들이 보여주는 것은 교육학의 관점에서 드러날 수 있는 교육이 아니라, 다른 학문의 학자들이 볼 수 있는 것으로서 교육과는 구분되는 어떤 것이라는 점을 의미한다. 그것은 교육현상이 아니라 사회현상, 심리현상, 행정현상, 경제현상, 문화현상 등인 것이다. 교육학은 교육 아닌 다른 현상들을 모두 보여주면서도 정작 그들이 보여주어야 할 교육현상은 충분히 밝혀주지 못하고 있는 것이다(장상호, 1986, 1990). 그러면서도 이들 현상들을 한꺼번에 교육현상으로 총칭(總稱)함으로써 교육이 아닌 것을 교육으로 보도록 만드는 체계적인 오류를 범하고 있다.

교육이 교육 아닌 다른 것으로 바뀌어 버린다는 문제도 심각한 것이지만, 이것 못지 않게 크나 큰 문제도 초래된다. 외래 학문들의 개념을 통하여 교육을 바라봄으로써 '교육은 가치 있는 어떤 것'이라는 교육학도의 가장 기본적인 믿음마저도 무너져 버리는 불상사가 생겨나는 것이다. 교육은 불평등을 정당화하는 사회적 기제라든지, 종사하는 직업 수준 이상으로 교육받는 것은 과잉교육에 불과하다든지 하는 주장들 속에서 교육은 그 자체로 추구할 만한 인간적인 삶의 형식이기는커녕 부조리하고 병리적인 사회현상으로 매도되고 만다. 더 나아가 이전에 하지 않던 행동을 하기만 하면, 그것이 공격적인 행동이든, 침을 흘리는 행동이든, 소매치기 기술이든 간에 모두 학습의 결과라는 주장들 속에서 교육은 무엇인지도 모를 추하고 악한 활동으로 전락되어 버린다(엄태동, 2000a). 교육학을 공부하면 할수록 교육의 소망스럽고 가치로운 면모가 조금씩 드러나기는커녕 혐오스럽고 필요악과도 같은 어떤 것이라는 인상이 교육학도의 머릿속에 자리잡게 된다. '배울 만한 가치가 있는 것은 마땅히 시간을 내어 자신의 것으로 익혀야 하며, 이는 세상 무엇보다도 가치 있는 일이다. 또한 먼길을 마다하지 않고 제자가 찾아와 가르침을 청하면, 그에게 자신이 익힌 것을 가르칠 수 있으며, 이 또한 배우는 일 못지 않게 가치 있는 일이다'.[2] 선인들이 자신들의 교육적 체험을 담아 후대에 전해준 이러한 소중한 교육학적 통찰은 이제 교육학도들에게 별다른 의미와 감흥을 주지 못한다.

교육학의 학문적 성격에서 비롯되는 문제, 즉 교육이 교육 아닌 것으로 뒤바뀌고, 교육이 가치 지향적인 세계라는 가장 기본적인 믿음마저도 흔들리는 문제는 결코 사소한 것이 아니다. 이로 인하여 교육이 교육 아닌 것에 의하여 잠식되는 현상이 초래될 우려가 상당히 큰 것이다(Egan, 1983; Nyberg & Egan, 1981). 다른 학문들로부터 개념들과 이론들을 들여오는 것과 관련된 문제는 종합대학 내의 사범대학에서도 심각한 것이지만, 특히 교육대학의 경우에는 상당히 우려할 만한 것이 된다. 종합대학 내의 사범대학은 모학문의 개념들을 사용하는 데에 교육대학보다는 상대적으로 신중하다. 그것은 모학문의 학자들이 바로 옆에 있어서 그들의 개념들이나 이론들을 차용하는 경우에 그것에 대한 정확한 이해를 담보로 하지 않을 수 없기 때문이다. 적어도 모학문의 논의 수준 정도는 따라가야만 모학문으로부터 지적을 당하지 않는 것이다. 더욱이 사범대학의 교육학 강좌에는, 드물긴 하지만, 철학과나 심리학과, 행정학과의 학생들도 수강생 자격으로 출석하고 있다.

그러나 교육대학에는 모학문으로부터 개념들과 이론들을 도입하여 교육에 대한 논의를 전개하는 데에 제동을 걸 만한 다른 단과대학들

---

2) '學而時習之不亦說乎, 有朋自遠方來不亦樂乎'(「論語」, 學而). 이 구절에서 붕(朋)은 사회적 교제의 대상인 친구가 아니라, 가르치고 배우는 교육적 교제의 대상인 제자로 읽어야 한다. 그래야만 뒤의 '有朋自遠方來不亦樂乎'는 바로 앞의 '學而時習之不亦說乎'가 그리고 있는 배움의 가치와 대구(對句)를 형성하는 구절, 즉 가르침의 가치를 노래하는 구절로 정상적으로 이해될 수 있다. '멀리서 친구가 찾아오면 이 또한 즐겁지 아니한가'라는 식의 통상적인 해석은 이 구절을 '배우고 마땅히 익히면 이것이 어찌 기쁘지 않겠는가'라는 앞의 구절과는 아무런 관련이 없는 것으로 보게 만드는 난센스를 초래한다.

이나 학문들이 없다. 그렇다보니까 모학문의 개념들을 차용하는 과정이나 이를 사용하여 논의를 전개하는 과정에 있어서 상대적으로 신중함이 떨어질 우려가 있다. 더욱이 단과대학 규모인 교육대학의 위상은 종합대학 내에 위치하고 있는 사범대학의 그것보다 높지가 않다. 그래서인지는 몰라도 모학문들로부터 최신의 개념이나 이론을 들여오는 데에는 교육대학이 사범대학보다 결코 느리다고 보기 어렵다. 사범대학보다 발 빠르게 행동하지 않으면 교육대학의 위상을 사범대학의 그것 이상으로 높일 수 없다는 생각도 작용할 것이다. 철학, 사회학, 심리학, 행정학 등을 담당하는 교수들이 없기 때문에 교육학과의 교수들이 이들 과목들을 교양과정에서 가르치는 일도 벌어진다. 그러나 이로 인하여 초래되는 외래 개념들의 득세와 교육의 잠식은 더 이상 그리 만만하게 볼 일이 아니다.

교육대학에서는 외래학문의 개념과 이론을 들여오는 일에 교육학과 교수들보다 오히려 교과교육을 담당하는 교수들이 앞장을 서는 일마저 벌어지고 있다. 사범대학도 마찬가지 형편이지만, 교육대학의 경우에도 교사교육의 주도권을 놓고 교육학과와 교과교육과들 사이에 해묵은 알력과 갈등이 존재한다. '교육의 전반적인 과정에 대한 이론적인 이해와 운영의 원리 등을 모르고 어떻게 교사가 될 수 있는가'라는 주장과 '교과를 담당하지 않는 사람들이 어떻게 실제 교육현장에 대한 이론적이거나 방법적인 논의를 전개할 수 있는가'라는 반론이 맞서고 있는 것이다. 교과교육과들이 담당하는 해당 학문들, 즉 국문학, 영문학, 수학, 물리학 등으로부터 오는 압력이 상대적으로 적기 때문에 교육대학의 교과교육과 교수들은 대신 시선을 교육학이나 교육학의 모학문들에 돌린다. 경우에 따라서는 교육학이나 교육학의 모학문들에서 유행하거나 통용되는 개념들 및 이론들을 교육학교수들보다 먼저 도입하기도 한다. 교과를 모르는 상태에서 전개되는 교육에 대한 논의는 추상적인 것일 수밖에 없으므로 교육학의 특정

영역은 자신들이 담당하는 것이 효과적이라고 이야기하기도 한다. 예를 들어 국어교육사회학, 과학교육철학, 수학교육평가, 교과교사교육, 교과교육과정, 교과교육사 등을 자신들이 개척하여 담당할 수 있으니 이와 관련된 교육학 강좌를 양도하라는 것이다. 이 글은 이러한 논쟁을 다루기 위한 것이 아니며, 이들 주장들 가운데 어느 편을 들기 위한 것도 아니다. 그러나 이러한 와중에서 교육을 드러내는 데에 한계가 있을 수밖에 없는 개념들이 교육대학에 만연하게 되며, 이는 교육의 잠식이라는 면에서 결코 환영할 만한 일은 아니다.

4) 교사양성기관: 교육과 학교태(學校態)의 혼동

교육대학이나 사범대학은 모두 교사 양성을 표방하고 있다. 특히 특정한 과목을 전공으로 하는 사범대학과는 달리 10여 개의 교과를 모두 다루어야 하는 교육대학의 경우에는 졸업생들이 교직이 아니면, 다른 직종으로 취업하기가 현실적으로 어렵다. 이처럼 졸업생들이 거의 100% 교직으로 진출하다 보니 교육대학 교수들의 학문적인 관심사나 강좌에서 다루는 내용 등은 모두 학교 현장과 관련된 것 일색으로 채워지게 된다. 교육대학 학생들도 학교 현장에 즉각적으로 적용될 수 있는 것들을 제공해 달라고 요구한다. 학교에서 교사로 일하는 가운데 필요한 것들을 다루는 강좌에는 수강생들이 몰려들지만, 교육에 대하여 근본적인 질문을 제기하고 이에 대한 해답을 모색하는 강좌에는 소수의 학생들만이 출석할 뿐이다. 그러나 장차 교직에 종사하는 데에 필요한 것들을 가르치고 배우는 직업교육을 위한 것으로 교육대학의 각종 연구나 교육과정이 흐르면 흐를수록 교육의 본질은 나날이 흐려지는 역설적인 일이 벌어진다.

학교는 교육을 목적으로 하는 기관이다. 물론 학교가 교육을 전담하는 것은 아니며, 학교 밖에서도 교육이 이루어지고 있고, 경우에 따라서는 학교에서보다도 더 양질의 교육이 전개된다. 그렇기는 하지만, 학교가 마치 교육의 전당(殿堂)인 것처럼 행세하고 있고, 또 그렇게 인정받고 있는 것이 현실이다. 그러나 학교와 교육의 관계를 생각할 때에 반드시 유념해야 될 사실이 있다. 그것은 학교에서 벌어지는 일이라고 해서 그것이 모두 교육이거나 교육과 관련된 것이라고 생각해서는 안 된다는 점이다. 교육이 무엇인지는 아직 알 수가 없다고 하더라도 그것은 기본적으로 가르치고 배우는 활동의 세계임에는 분명한 듯하다. 가르치고 배우는 활동과의 관련을 떠나서 교육에 대하여 생각하거나 이야기하기는 어렵다. 적어도 그러한 것은 교육일 수가 없다.

학교에서는 이러한 의미에서의 교육만 이루어지지는 않는다. 학교는 수많은 교사들과 학생들이 생활하는 공간이다. 다양한 사람들이 생활하다 보니 그곳에서는 구성원간의 심리적인 갈등도 생겨나고, 경우에 따라서는 물리적인 충돌도 발생한다. 체벌이나 왕따, 절도, 혹은 학교폭력처럼 사람들이 우려하는 일들도 부지기수로 생겨난다. 학교는 이러한 일들도 통제해야 된다. 가정적인 문제로 학교에 출석하지 않거나 가출하는 학생들도 많다. 이러한 가정들을 관리하고 해당 학생들을 학교에 출석하도록 하는 것도 학교가 수행하는 일이다. 학생들의 안전을 강구하고 급식을 챙겨주는 것도 학교의 중요한 일 가운데 하나이다. 깨끗한 환경을 꾸미기 위하여 학교의 시설이나 교실을 가꾸고 청소하는 일들도 학교의 소임이다. 학생들의 소풍이나 수학여행 등과 관련하여 일정을 계획하며, 여행사와 계약하고 여행지의 숙소를 물색하는 것 등도 학교가 하는 일이다. 학교를 유지하고 운영하는 데에는 많은 인력과 재정이 소요된다. 필요한 인력을 채용하여 배치하고, 학교 운영에 소요되는 비용을 책정하여 국가로부터 지원을 받아내며 학생들로부터 수업료를 징수하는 것도 중요한 일이다. 하나의 공공기관으로서 학교는 상급기관에서 내려오거나 외부에서 의뢰

하는 다양한 행정사무들도 처리해야 된다.

학교는 가르치고 배우는 일도 하지만, 여기서 잠깐 살펴본 것처럼, 가르치고 배우는 일이 아닌 다른 많은 일들도 수행하고 있다. 학교가 수행하거나 학교 내에서 벌어지는 활동 및 일들을 총칭하여 '학교태' (schooling)라 부를 수 있다(장상호, 1986, 1990). 그 속에는 교육도 포함되지만, 분명 교육 아닌 것들도 들어 있다. 이 점에서 교육과 학교태는 동일한 것이 아니다. 가르치고 배우는 활동을 제외하면, 학교에서 벌어지거나 학교가 수행하는 일들은 가정, 직장, 군대, 사회 등에서도 벌어지는 것들이다. 그것은 성격상 사람 사는 곳에서는 언제나 따라다니는 일들인 것이다.

교사는 무슨 일을 하는 존재인가? 이 질문에 사람들은 누구나 가르치는 일을 하는 사람, 말 그대로 교육자라고 답을 할 것이다. 교사는 가르치는 일(teaching)을 하는 'teacher'가 아닌가? 이 점에서 이 질문은 우문(愚問)처럼 들린다. 그러나 교육대학에서 교사를 양성한다는 명분하에 그들에게 갖추기를 요구하는 것은 가르치는 일을 수행하는 능력만이 아니다. 유능한 교사란 학교태로 부를 수 있는 수많은 일들을 모두 제대로 수행할 수 있는 자를 뜻한다. 그렇기 때문에 교육대학에서는 학교태에 대처하거나 이를 관리하는 것과 관련된 각종의 기법과 기능 등을 예비교사들에게 가르친다. 예비교사들도 이를 당연시한다. 교육대학 구성원들인 교수들이나 교육대학 학생들에게는 학교태가 곧바로 교육인 것이다. 물론 이는 사범대학의 경우에도 마찬가지이다.

'교육=학교태'라는 등식을 당연한 것으로 전제하고 교사교육을 하는 것은 정당하다고 생각할 수도 있다. 여기서 교육과는 구분되는 것으로 학교태를 논의하고 있지만, 이는 틀린 이야기라고 말하는 사람도 있을 수 있다. 아닌 게 아니라, 체벌이니 왕따니 학교폭력이니 하는 것들은 바로 교육의 문제라고 흔히들 생각한다. 심지어는 가출이나 인터넷 중독, 노후화된 학교시설, 불결한 학교급식과 이로 인한 식중독 등도 교육의 문제로 치부되고 있다. 교사의 잡무 부담, 경제적인 처우, 재정의 악화로 인한 학교의 파산 등도 모두 교육의 문제이다. 그러나 이런 식으로 생각하면, 이 세상에서 교육이 아닌 것은 하나도 없게 된다. 교육의 문제라고 생각하는 그것들은, 정확히 말하면, 학교 내에서 일어나는 사회현상, 경제현상, 행정현상, 위생문제, 환경문제, 정신건강 등에 해당한다.

가정 폭력이 심각해지면서 부부간의 폭력을 더 이상 가정의 문제로 보아서는 안 된다는 목소리가 높아지고 있다. 이는 법적인 제재가 요구되는 병리적인 사회현상이라는 것이다. 가장의 실직이나 가족 간 종교갈등 등으로 인하여 가정이 붕괴되는 현상도 더 이상 가정의 문제로만 치부되지는 않는다. 그것은 경제적인 지원과 해결책을 요청하는 경제문제로 간주된다. 또는 종교에 대한 잘못된 자세와 맹목적인 수용으로 인한 종교문제로 해석된다. 이는 가정에서 이루어지는 일이라고 하더라도, 그것을 사회현상이나 경제현상 또는 종교현상 등으로 분별하여 볼 정도로 우리 사회의 인식이 성숙했다는 증거이다.

그러나 일반 사회에서도 이루어지고 있는 이러한 분별 있는 인식이 '교육=학교태'를 전제하는 교사양성기관에서는 좀처럼 생겨날 기미를 보이지 않는다. 그도 그럴 것이 교육과 교육 아닌 것을 차별화하여 교육에 대한 좀 더 고급스러운 인식을 제공해야 할 교육학자들부터가 그러한 분별 있는 인식을 추구할 만한 입장에 있지 않다. 앞에서도 이야기했듯이 교육학자들은 그들이 택하고 있는 모학문의 관점과 개념들로 무장하고 있다. 따라서 그들이 학교를 들여다 볼 경우에 드러나는 것은 학교 내의 교육현상이 아니라 심리현상이나 사회현상, 행정현상 또는 경제현상 등일 뿐이다. 심리학이나 사회학, 행정학이나 경제학 등과 같은 다른 학문들을 통하여 교육현상을 볼 도리는 없는 것이다. 교육학적인 관점과 개념의 부재라는 문제는 학교태를 곧 교육으로 보는 관행과 맞물려 서로가 서로를 부추기는 가운데 종국에는 교육 아닌 것을 교육으로 보고, 정작 교육에 해당하는 것은 놓쳐 버리는 불상사로 계속 이어지고 있는 것이다.

교육의 정체는 혼미 상태에 있지만, 이는 초등교육의 경우에 더욱 심각한 듯하다. 교육의 질과 수준을 평정하는 교육적 가치 기준의 부재, 교육학의 응용학문적 성격에서 비롯되는 교육과 교육 아닌 것의 혼동, 이를 부채질하는 '교육=학교태'라는 전제 등에서 초래되는 문제들이 초등교육의 경우에는 더욱 증폭되고 있는 것이다. 그러나 혼미의 정도가 심각하다는 점을 제외하면, 초등교육의 장에서 발생하는 문제는 초등교육에만 한정되는 것이 아니라, 교육 일반의 문제로 보는 것이 옳다. 그리고 그 문제가 심각한 것만큼 이는 시급한 해결을 요하는 것이기도 하다.

문제의 해법은 어디에 있는가? 나는 그것이 교육학의 고유한 관점과 개념체계의 구성에 달려있다고 생각한다. 여기서 지적한 문제는 교육을 교육 아닌 다른 것들과 차별화하여 인식할 수 있는 개념적인 틀이나 안목의 부재에서 비롯되는 것이기 때문이다. 교육적인 안목과 개념의 부재는 교육의 가치를 제대로 포착하는 데에 있어 문제를 불러왔으며, 여기서 초등교육이니 중등교육이니 하는 그릇된 작명이 초래되었다. 그리고 그것은 학교태를 곧 교육이라 보는 관점을 마치 당연한 것인 양 정착시켰다. 이러한 나의 생각이 맞다면, 우리는 어딘가에 있을지도 모를 교육학의 고유한 관점과 개념체계를 찾거나, 찾을 수 없다면 직접 만들어서라도 이를 통해 교육을 새롭게 조망하는 일에 나서야 한다. 여기서 내가 하고 있는 일은 외형적으로는 그러한 교육학의 관점과 개념을 동원하여 초등교육을 재개념화하는 형식을 취하고 있지만, 정확히 말하면, 이는 초등교육이니 중등교육이니 하는 구분을 떠나 있는 일이다. 그것은 우리에게 아직도 미지의 세계로 남아있는 교육의 정체를 드러낼 수 있도록 교육학을 구성하는 작업이다.

3. 교육본위론의 선택

교육학의 관점에서 교육학의 개념으로 초등교육을 새롭게 서술하기 위하여 내가 선택한 것이 '교육본위론'(教育本位論)이다. 이는 나름대로의 교육이론을 만들기에는 학문적인 능력과 연륜이 모자라는 나로서는 불가피한 선택이다. 그러나 이러한 선택에 대해서는 몇 마디의 보충 설명이 필요할지도 모른다. 교육본위론은 내 스승이신 장상호 선생님이 거의 20여 년에 걸쳐 구성한 새로운 교육학이다. 나는 교육본위론을 선택하면서 한참을 망설여야만 했다. 이는 나와 선생님의 개인적인 인연이나 학문적인 관계를 잘 아는 사람들로부터 불필요한 오해를 살지도 모른다는 생각에서가 아니었다. 내가 보기에, 아마도 듀이의 경우를 제외하면, 교육학의 관점을 모색하여 교육을 새롭게 조망하려는 시도를 한 교육학자는 장상호 교수가 거의 유일한 분이다. 이렇게 말하면, 왜 듀이의 교육이론을 택하지 않고, 교육본위론인가 하는 의문이 들지도 모른다.

그러나 듀이가 교육학적인 관점을 정립하여 교육을 바라본 것은 사실이지만, 그는 교육학의 고유한 개념을 구안하기보다는 교육에 대한 통상적인 개념들을 재정의하여 교육을 드러내는 방식을 취하고 있다. 이로 인하여 그의 교육이론은 개념의 불명료함이라는 문제에 시달리고 있으며, 그에 대한 해석과 평가가 크게 엇갈리고 있는 현재의 형편도 여기서 기인하는 듯하다(엄태동, 2001b, 2003b). 따라서 듀이의 교육이론을 통하여 교육을 새롭게 조망하는 일은 생각하는 것처럼 그렇게 간단하지가 않다. 자칫하면 그의 개념을 통상적인 방식으로 이해하여 우리가 늘 생각하는 교육만을 보게 될 우려도 있다.[3]

---

3) 아닌 게 아니라 이러한 우려는 현실화되고 있다. 듀이의 교육이론을 실용적인

이에 반하여 장상호 교수의 교육본위론은 교육학의 관점을 부각시키는 데에 있어서나 이를 통해 드러나는 교육을 교육학의 용어로 개념화하는 데에 있어서 강점이 있다. 바로 이러한 이유에서 교육본위론을 택한 것이다. 그러나 내가 망설일 수밖에 없었던 가장 큰 이유는 지금 나의 형편으로는 장상호 교수의 교육본위론을 제대로 이해하여 소개하거나, 이를 통하여 교육을 새롭게 조망할 능력이 턱없이 부족하다는 데에 있다. 자칫하면, 이는 애써 출범한 교육본위론의 진의를 훼손할 뿐만 아니라, 내 스승의 영예(榮譽)를 해칠 우려가 있는 것이다. 바로 이 점에서 나는 한동안 주춤할 수밖에 없었다. 그러나 초등교육, 정확하게 말하면 교육이 어쩌면 나의 망설임으로 인하여 영원히 미궁에 빠져버릴 수도 있다는 생각에 힘입어 이 일에 착수하지 않을 수 없었다. 어느 누구라도 나서지 않으면 이 일은 시작도 되지 않을 것이기 때문에, 비록 능력이 부족함에도 불구하고, 시작할 수밖에 없었다.

이 글을 읽는 분들에게 분명히 하고 싶은 것이 있다. 여기 3절에서 제시되는 교육본위론은, 일일이 출전을 따로 표시하지는 않았지만, 어디까지나 장상호 교수의 교육학을 내가 이해한 범위 내에서 최대한 요약하면서 설명한 것이라는 점이다. 어차피 나에게 방대한 분량의 교육본위론을 짧은 요약으로 압축할 능력이 없는 바에야 오해를 막기 위하여 어렵다고 생각되는 부분을 조금 자세하게 풀어쓰려고 시도하였다. 그러나 이로 인하여 교육본위론에 대한 소개는 원전에서 볼 수 있는 교육본위론의 참모습으로부터 크게 이탈해 버렸는지도 모를 일이다.[4]

발상에 근거하고 있는 것으로 해석하여 이를 지지하고 학교에 적용함으로써 듀이가 생각하는 교육을 일종의 '생활적응교육'으로 둔갑시키는 일이 실제로 벌어진 것이다. 교육은 먹고 살아가는 데에 도움이 되는 것이라야 한다는 통상적인 생각에 맞도록 듀이의 교육이론이 변질되어 버린 것이다. 이는 교육학사(教育學史)에서 대단히 불행한 사건으로 기록되어야 한다.

4) 교육본위론을 직접 접하고 싶은 분들에게는 이 책의 말미에 참고문헌으로 제시되어 있는 장상호 교수의 논문들과 저서들을 구하여 읽어볼 것을 권한다. 특히

1) 세속계와 수도계 그리고 교육계

우리를 둘러싸고 있거나 우리가 참여하고 있는 세계는 단일한 실체로 이루어져 있지 않다. 그것은 서로 구분되어야 할 이질적인 세계들로 구성되어 있다. 각각의 세계들은 그것이 추구하는 고유한 목적과 가치를 지니고 있으며, 이를 실현하는 독특한 방식과 활동을 갖고 있다. 이 세계들은 서로 관련을 맺는 가운데 어느 하나가 다른 것을 보강하거나 지원함으로써 공존할 수도 있고, 경우에 따라서는 각자의 목적 실현을 놓고 다른 것들과 갈등하거나 충돌을 빚을 수도 있다. 이러한 다양한 세계들을 구분하는 고정된 방식은 없으며, 이들 세계들 자체도 생성과 소멸을 거듭하고 있다. 우리는 다양한 세계들 모두를 대상으로 동시에 발을 들여놓을 수는 없으며, 우리의 관심과 필요에 따라 하나를 선택하여 그 세계의 양상을 체험할 수밖에 없다. 이때 우리가 선택한 세계가 전경(前景)으로 등장하고 다른 세계들은 배경(背景)으로 물러서게 된다. 우리는 전경으로 다가선 세계에 참여하는 가운데 그 세계를 중심으로 모든 것을 생각하고 판단하며 살아가게 된다. 이처럼 어느 특정한 세계를 선택하여 그 세계를 중심에 놓고, 이에 근거하여 다른 모든 것을 지각하고 인식하며 체험하려는 의도적인 노력을 가리켜 '본위화'(本位化)라 한다.

세계의 구분은 그 구분을 시도하는 사람의 관심과 필요에 의한 것이지만, 많은 경우에, 정치, 경제, 사회, 문화, 종교, 교육 등과 같은 범주들을 사용하여 세계를 나누고 있다. 정치에 관심이 있는 사람은 정치를 본위로 하여 그것에 참여하는 가운데 정치를 중심으로 다른 세계들을 바라볼 것이다. 경제에 관심이 있는 사람은 경제 본위로 살

『학문과 교육(상): 학문이란 무엇인가』와 『학문과 교육(하): 교육적 인식론이란 무엇인가』는 교육본위론의 전체적인 윤곽을 파악하려면, 반드시 읽어보아야 하는 저작이다.

것이고, 종교에 관심이 있는 사람은 종교 본위로 삶을 영위하는 가운데 다른 세계들이 종교를 지원하고 보강할 수 있는 길을 모색할 것이다. 우리가 교육에 관심이 있다면, 우리는 다양한 세계들 가운데 당연히 교육을 선택하여 교육적인 삶을 영위하려 들 것이며, 그럼으로써 교육의 실체를 체험하려고 노력할 것이다. 그리고 다른 세계들이 그러한 교육적인 삶을 보장하고 후원할 수 있는 길을 찾으려 들 것이다. 이것이 교육본위적인 삶이다. 그러나 교육본위적인 삶이 곧 교육본위론은 아니다. 교육본위적인 삶을 통하여 체험하게 되는 교육의 실체를 인식하려고 노력함으로써 교육적인 삶 속에 흐르고 있을 교육의 가치와 활동의 양상과 원리 등을 학문적으로 탐구하려는 인식적인 활동의 산물이 교육본위론이다. 교육본위적인 삶과 교육본위론은 각각 교육과 교육학의 구분에 상응한다고 볼 수 있다.

교육본위론은 교육을 중심에 놓고 교육과 관계 맺는 다양한 세계들을 세속계(世俗界)와 수도계(修道界)라는 두 개의 범주로 정리하여 구분한다. 물론 이는 교육에 대한 이론적인 탐구를 목적으로 하는 임의적인 세계 구분 방식이다. 세속계와 수도계는 교육을 가능하게 하는 조건이거나 아니면 교육을 통하여 생겨나는 결과라는 식으로 교육과 밀접한 관련을 맺고 있다. 그러나 세속계와 수도계는 교육의 바깥에 존재하는 세계로서 그것이 교육의 내용이나 본질을 형성하는 것일 수는 없다. 세속계와 수도계는 나름대로의 본질과 내용을 지니고 있으며, 양자의 그것은 서로 다르다. 마찬가지로 교육도 세속계나 수도계의 본질이나 내용과는 질적으로 구분되는 것을 지니고 있다. 물론 교육의 그러한 본질이나 내용을 드러내는 것이 교육학의 진정한 소임이다.

세속계는 하나의 생물적 존재로서 이 세상을 살아갈 수밖에 없는 인간이 그들의 평온한 일상과 생존을 위하여 형성한 다양한 종류의 생활세계들로 이루어져 있다. 인간의 사회에서 생성되는 권력을 획득하고 배분하며 유지하는 것과 관련된 정치적 세계가 이 속에 들어 있으며, 인간의 삶에 필요한 다양한 종류의 물질과 재화와 서비스를 생산하고 교환하며 소비하는 것과 관련된 경제적 세계도 포함된다. 또한 사회 속에서 더불어 살아가는 일이 가능하도록 제도화된 역할의 유형과 역할의 수행 및 교섭의 방식, 통제 및 관리의 위계 구조 등과 관련된 사회적 세계도 세속계에 속한다. 같은 세속계에 들어 있다고는 하지만, 이들 세계들은 각자 추구하는 가치와 활동의 방식 등을 달리하면서, 협조하기도 하고 갈등하기도 한다. 그렇기는 하지만, 이들 세계들은 다음과 같은 공통점을 지닌다는 점에서 하나로 묶어 세속계로 분류할 수 있다.

첫째, 세속계는 사회적인 존재로서 한 개인이 이 세상에 태어나기 이전부터 존속하고 있으며, 사회적인 삶의 영위를 목적으로 하는 특정한 관습과 제도와 규칙을 근간으로 운영되고 있다. 물론 그것은 자연적인 세계와는 달리 인간적인 기원을 갖는 것으로서 어떠한 시점에 인간에 의하여 구성되어 누대에 걸쳐 전해 내려오고 있는 것이며, 지금 현재에도 여전히 형성·변화되고 있는 세계이다. 그러나 이 세계는 이제 사회적인 존재로서 살아가야 하는 개인에게 그의 힘으로는 함부로 어찌할 수 없는 나름대로의 흐름과 질서를 지닌 세계로 다가선다.

둘째, 특정한 사회 속에서 출생하여 그를 둘러싸고 있는 세속계에 참여하는 가운데 생존을 도모할 수밖에 없는 개인은 그들 세계의 규칙과 교섭의 방식, 기준 등을 수용하여 그것에 적응할 수 있어야 한다. 세속계에 스스로를 맞추지 않고는 사회적으로 일탈하게 되며, 이는 세속계로부터의 통제와 처벌과 격리 등을 초래하게 된다. 세속계에 대한 적응은 '사회화'(socialization)의 과정을 통하여 이루어지며, 이는 개인의 의식적인 노력에 힘입어 진행되기도 하지만, 출생하는 그 순간부터 개인의 희망이나 의도 또는 의식의 여부 등과는 관계없이 진행되기도 한다. 사회화는 한 사회가 규정하거나 요구하는 사회

구성원으로서의 자질과 능력 등을 제공하지만, 그것이 곧바로 인간다움의 고양(高揚)이나 위대성의 실현으로 이어지는 것은 아니다.[5]

셋째, 세속계에 대한 적응의 장면에서 일차적으로 요청되는 것은 그 세계의 기준과 활동의 방식에 대한 외양적인 동조나 기능적인 순응이며, 그에 대한 내면적인 이해나 진정한 수락의 여부가 아니다. 후자가 충족된다고 하더라도 전자가 수반되지 못할 때, 해당 개인은 부적응, 불능, 일탈 등의 낙인이 찍혀 외부의 압력이나 사회적인 통제에 시달리게 된다. 따라서 외부의 시선과 평가가 적응의 여부를 판정하는 기준이 되며, 사회적인 인정을 끌어낼 수 있는 다양한 방략들이 이른바 처세술(處世術)이라는 이름으로 동원되기도 한다.

넷째, 정치적이거나 경제적 또는 사회적인 가치를 갖는 권력, 물질, 재화, 지위, 위세, 영예 등은 그것을 추구하는 사회 구성원들을 모두 충족시키기에 언제나 제한되어 있다. 그러한 것들은 희소하다는 점에서 더 큰 가치를 부여받는다. 이로 인하여 구성원들 사이의 경쟁이 유발되며, 공정성이나 정의(正義)가 이를 관리하는 원칙으로 등장한다. 이 원칙이 준수되든 되지 않든 간에, 이들 가치의 획득 여부와 그 정도를 기준으로 많이 가진 자와 그렇지 못한 자, 힘이 있는 자와 없는 자 등이 생겨나며, 후자보다는 전자가 세속계적으로 좋은 삶의 기준이 된다.

세속계는 인간이라면 누구나 어떤 형태로든 참여하고 있는 세계이다. 흔히 세속적이라 하면, 이를 저급한 것을 지칭하는 표현처럼 받아들이는 경향이 있지만, 우리의 노력 여하에 따라 그것은 정의롭고

---

5) 세계 2차대전 당시의 독일 사회나 일본 사회에서도 어린 세대를 기존의 규범과 가치관에 맞도록 사회화하는 일이 벌어졌다. 그러나 그 사회의 기준이 병든 것이었다는 점에서 그것은 인간다움의 고양이나 위대성의 실현 등과는 거리가 멀 뿐만 아니라, 오히려 이를 배반하는 걸림돌이 되었다. 그럼에도 불구하고 그것은 사회화의 한 가지 양상이다. 이에 주목하면, 사회화를 곧바로 교육이라고 생각하는 데에는 상당한 정도로 신중할 필요가 있음을 알 수 있다.

합리적으로 운영되는 가치 있는 세계가 될 가능성이 언제나 있다. 현실적으로 세속계가 사회적 존재인 인간의 생존 기반인 이상, 그것을 건전한 사회로 승화시켜야 할 책무가 누구에게나 있다. 이러한 점에서 세속계를 모든 점에서 폄하하거나 백안시하는 것은 올바른 태도가 아니다. 우리들 대부분은 세속계에 속하는 다양한 생활세계들을 기반으로 삼아 살아가는 존재이지, 이를 초탈한 성자(聖者)나 은자(隱者)가 아닌 것이다. 그렇기는 하지만, 세속계적인 삶이 인간에게 허용된 유일한 삶은 아니다. 인간은 세속계적인 삶과는 구분되는 다른 종류의 삶을 추구해 왔고, 진정한 인간다움은 바로 이런 세계와의 관련 속에서 출현한다고 볼 수도 있다. 그러한 세계를 대표하는 것이 바로 수도계이다.

수도계는 인간의 내면에 잠재되어 있는 가능성을 주체적으로 실험하고 실현시켜 나가는 일과 관련된 세계이다.[6] 인간 속에 내재되어 있는 가능성의 종류와 그 높이가 어느 정도인지는 누구도 영원히 알 수 없다. 그것은 인간적인 가능성과 한계를 탐색하고 헌신적으로 추구하는 그 만큼만 우리에게 드러날 뿐이다. 세속계는 이러한 수도계를 지원하고 후원하는 조건이 될 수도 있고, 경우에 따라서는 수도계를 억압하고 저해하는 세력도 될 수 있다. 역사상 수도계는 세속계로부터 상당한 정도의 영향을 받아 왔으며, 경우에 따라서는 세속계에 의하여 그 진로(進路)가 바뀌기도 하였다. 그러나 그렇다고 해서 세속

---

6) 교육본위론에서 이야기하는 세속계와 수도계의 구분을 놓고 여러 가지 이야기가 오가고 있다고 한다. 그 가운데 어떤 이는 '수도계'를 구청(區廳)의 행정조직에 빗대어서 "그것이 '상수도계'(上水道係)를 말하는 것이냐, '하수도계'(下水道係)를 말하는 것이냐"는 식으로 농담을 한다고 들었다. 이것이 출처가 없는 낭설이기를 바라지만, 만약 그렇지 않다면, 이에 대해서는 이런 말 밖에 할 수가 없다. 만약 누군가가 진지하게 교육본위론을 공부하고 그 취지를 이해하려는 노력을 하는 가운데 그저 장난삼아, 말 그대로, 농담 삼아 한 이야기가 아니라면 몰라도 그렇지 않다면, 우리는 그러한 사람을 결코 학자라고 불러서는 안 된다. 다른 학자의 이론적인 논의를 그런 식으로 이야기하는 천박함과 학문하는 일은 공존할 수가 없는 것이다.

계가 곧 수도계인 것은 아니며, 수도계를 대신할 수도 없다. 수도계가 세속계에 의하여 부당하게 억압될 경우, 그 종사자들은 세속계와 단절하거나 세속계의 영향이 미치지 않는 곳에 수도계를 숨겨 보호하기도 하였다. 그만큼 수도계는 세속계와는 질적으로 다른 세계인 것이다.

수도계도 세속계가 그러하듯이 그 속에 다양한 하위세계들을 담고 있다. 학문, 예술, 도덕 등은 일반인들에게도 그 이름이 친숙한 수도계들이다. 그러나 수도계에는 이러한 세계들 이외에도 기도(棋道), 검도, 궁도, 유도, 서도(書道), 다도(茶道), 선(禪), 유가(儒家), 도가(道家) 등 수많은 세계들이 속해 있다. 지금도 수도계로 분류될 수 있는 다양한 세계들이 끊임없이 생성되고 발전하고 있다. 수도계는 종류만이 아니라 그 높이 또한 확정되어 있지 않다. 수도계의 양상은 하루가 다르게 발전하고 있어서 어느 것을 특정 수도계의 대표적인 수준으로 거론할 수가 없을 정도이다. 이처럼 수도계는 종류에 있어서나 높이에 있어서 또는 횡적(橫的)인 차원에 있어서나 종적(縱的)인 차원에 있어서, 끊임없이 발전하고 있기 때문에 그것을 몇 마디 언어로 고정시켜 이야기한다는 것 자체가 무리이다. 그렇기는 하지만, 수도계로 분류될 수 있는 세계들은 다음과 같은 특징들을 공통적으로 지니고 있다.

첫째, 수도계는 주체의 당사자적인 참여를 통해서만 그 실재성을 접할 수 있는 세계이다. 특정한 종류나 높이의 어떠한 수도계에 대한 간접적인 보고를 통하여 그 수도계의 진면모를 체험할 수 있는 비법은 없다. '학문에 왕도(王道)는 없다'는 말은 수도계의 이러한 속성을 지칭한다. 수도계를 추구하고자 한다면, 누구나 해당 수도계가 요청하는 활동들을 그 활동들이 따르는 원리를 준수하면서 직접 실천해야 된다. 이러한 수도계적인 실천을 통하여 주체 스스로가 변하지 않고는 그 수도계가 줄 수 있는 인간다운 삶의 양상과 가치 있는 체험을 자신의 것으로 삼을 수가 없다.

둘째, 수도계가 추구하는 가치는 내재성(內在性)을 특징으로 한다. 그것은 두 가지 점에서 내재적이다. 하나는 특정한 수도계가 지향하는 가치는 해당 수도계의 밖이 아니라, 안쪽에 들어있다는 점에서 내재적이다. 바깥에 있는 가치들은 그 수도계가 자체의 정상적인 진로를 따라 진행되는 가운데 자연스럽게 그 결과로 따라오는 것이 아닌 이상, 외재적이고 부차적인 것으로 간주된다. 다른 하나는 수도계의 가치가 주체의 당사자적 체험을 통하여 그 자체로 자족적인 가치로 수용된다는 점에서 내재적이다. 수도계가 제공하는 가치의 체험은 그것만으로도 주체에게는 충분한 보상이 되며, 따라서 주체는 일차적으로 수도계의 내재적 가치를 지향할 뿐, 수도계를 통하여 얻을 수 있는 외재적 가치에 연연해하지 않는다.

셋째, 수도계는 고정되어 있는 것이 아니라, 그 세계에 참여하는 주체들의 헌신적인 실천을 통하여 끊임없이 질적인 변전을 거듭한다. 어느 시점에서 수도계의 정점(頂點)을 차지하고 있던 것은 그것을 넘어서는 새로운 단계의 출현으로 말미암아 부정되고 가치를 상실한다. 이전의 것과 이후의 것은 동일한 수도계에 위치하고 있는 것들이면서도 전자를 확장해서는 후자를 포섭하거나 설명하거나 또는 도달할 수 없는 것이 된다. 수도계의 위계를 형성하는 각 단계들 사이에는 건널 수 없는 질적인 간극이 자리잡는다.[7]

넷째, 수도계에서는 정점의 자리를 차지하고 있는 단계만이 해당

---

7) 수도계의 이전 수준과 이후 수준 사이에 질적인 간극이 존재한다는 말을 제대로 이해하려면, 이러한 점을 생각하는 것이 도움이 된다. 쿤은 학문의 전개 과정에서 이전의 이론체계와 이후의 이론체계 사이에는 논리적인 단절이 존재하기 때문에 양자는 질적으로 전혀 다른 것이 된다는 점을 논증하면서 이를 '불가공약성'(不可公約性, incommensurability)이라는 말로 개념화하고 있다(Kuhn, 1970). 예를 들면, 천동설과 지동설 사이에는 불가공약성이 자리잡고 있어서 전자를 수정하거나 개선하는 방식으로는 후자에 도달할 수 없다는 것이다. 수도계의 단계들 간에는 질적인 간극이 존재한다는 말은 이러한 의미로 이해될 필요가 있다. 물론 그러한 현상은 학문의 전개 과정에서만 나타나는 것이 아니라, 한 개인의 지적인 발달 과정에서도 그대로 재연된다(예컨대, Piaget, 1958, 1972 참조).

수도계의 진면목을 대표하며, 그 수도계에 참여하는 사람들이 지향하는 표적이 된다. 아래의 단계들은 위의 단계를 향해 나아가는 발판이자 사다리로서의 의미를 지닐 뿐이다. 그렇기는 하지만, 아래의 단계들을 충실히 거치지 않고는 위의 단계로 오를 수가 없다. 정상을 지향하고 가급적 신속히 그곳에 도달하기를 소망하지만, 거쳐야 할 단계들을 생략하거나 건너뛸 수는 없으며 이에 필요한 시간과 노력을 기울일 수밖에 없다는 데에 수도계의 묘미가 있다.

세속계와 수도계는 이질적인 목적과 가치 그리고 그것을 추구하는 방식을 지니고 있다. 세속계는 수도계의 발전을 위한 환경이나 조건으로 작동할 수가 있다. 수도계의 자율적인 진로 탐색과 발전을 보장하는 정치적인 보호막이 될 수가 있으며, 수도계의 원활한 운영과 유지를 위한 경제적인 지원 세력이 될 수도 있고, 수도계적인 활동의 능률적인 수행과 관리를 위한 제도적인 장치를 제공할 수도 있다. 반대로 수도계는 그 성과를 세속계에 제공함으로써 사회적인 삶과는 구분되는 인간다운 삶의 면모를 사회 구성원들이 경험하도록 도울 수 있다. 사회 구성원들에게 수도계적인 체험은 삶의 활력소로 작용하며, 이는 결과적으로 세속계의 유지와 발전에도 기여하게 된다. 그러나 세속계와 수도계는 이질적인 세계들로서 각기 자율적으로 운영되는 가운데 협응(協應)해야 되며, 어느 하나를 중심에 놓고 다른 것을 일방적으로 그것을 위한 수단이나 도구로 삼을 경우, 협조적 공존은 파기되고 만다.

교육계는 수도계와 공존하면서도 수도계의 그것과는 구분되는 목적과 활동의 수행 방식 등을 지니고 있는 자율적인 세계이다. 앞에서도 설명했던 것처럼 수도계는 다양한 하위 수도계들로 구분되며, 특정한 하나의 수도계는 다시 위계를 형성하는 수많은 수준이나 단계들로 이루어져 있다. 교육본위론에서는 이러한 수도계의 수준이나 단계를 '품위'(品位)라는 개념으로 지칭한다. 수도계의 위계를 형성하는 수준이나 단계들은 각각이 하나의 구조로 되어 있으며, 그 아래나 위의 것들과는 양적인 차이나 정교함의 차이가 아니라 질적이거나 구조적인 차이를 지닌다. 동일한 수도계에 참여하고 있다고 하더라도 수준이나 단계를 달리하는 사람들은 전혀 다른 것을 보고 인식하며, 전혀 다르게 사고하고 행동한다. 또한 수도계의 수준이나 단계는 그것에 도달해 있는 주체의 바깥에 존재하는 것이 아니라, 주체의 내면에 침투하여 수도계 종사자로서 그의 사람됨이나 인격을 형성하고 있다. 한 마디로 그것은 그 수준이나 단계에 도달한 사람 그 자체라고 할 수도 있다.

그런데 일상적인 용어인 수준이나 단계라는 말로는 수도계의 각 위계들이 지니고 있는 이러한 특징들을 제대로 개념화하기가 어렵다. 수준이나 단계라는 개념은 각 위계가 갖고 있는 구조성이나 그것이 참여자의 사람됨을 형성한다는 뜻에서의 '인격성'(人格性)이라는 특징을 담고 있지 못한 것이다. 품위라는 개념은 이러한 일상어의 한계를 넘어서기 위하여 사용된다. 품위라는 말이, 일상적인 장면에서 어떻게 사용되고 있든지 간에, 품(品)이라는 말은 어떠한 것이 다른 것과는 구분되는 경계를 형성하면서도 그 경계 안에 들어오는 것들을 하나로 묶는다는 뜻을 지니며 이 점에서 구조성이라는 속성을 담고 있다. 또한 품은, 품격(品格)이나 품성(品性)이라는 말에서 짐작할 수 있는 것처럼, 특정인의 사람됨을 이루는 것으로서 주체와 혼연일체가 된 상태를 나타내고 있다. 더욱이 품위라는 말에서 위(位)는 특정한 기준에 의하여 높고 낮음으로 구분될 수 있음을 의미한다. 이러한 점에 주목하면, 교육본위론에서 말하는 품위라는 개념은 수도계의 특정한 위계들이 갖는 특징들을 그 안에 온전히 담고 있다고 볼 수 있다.

다양한 종류의 수도계들이 횡적으로 존재할 뿐만 아니라, 특정한 수도계는 다시 종적으로도 무수히 많은 품위들로 나뉘어 있다. 우리는 수도계의 횡적인 차원과 종적인 차원으로 형성되는 좌표(座標) 어디인가에 위치하고 있다. 말하자면, 특정한 수도계의 발전 과정에서 생성된 위계 가운데 어느 것을 각자의 품위로 지니고 있다. 나보다 높은 품위를 차지하고 있는 '선진'(先進)이 있는가 하면, 나보다 낮은 품위를 지니고 있는 '후진'(後進)도 존재한다. 높고 낮음의 차이는 있지만, 어떠한 품위도 완전한 것은 아니다. 우리가 어느 수도계에 참여하든지 간에, 끊임없이 발전하는 수도계의 속성상, 우리는 각자의 품위를 부단히 쇄신해 나가야 한다. 교육계는 수도계의 이러한 속성과 결부되어 각각의 품위를 매개하고 연결하며 끌어올리고 돕는 과정적 실재로 출현한다. 우리는 보다 높은 품위를 겨냥하여 배움의 활동을 전개하거나, 선진으로부터 직접적인 도움을 받아가면서 배움의 활동을 수행한다. 또한 우리보다 낮은 품위의 후진을 자신의 품위 쪽으로 이끌기 위하여 가르침의 활동을 전개해 나간다.

수도계의 각 품위를 매개하는 과정적 실재로서의 교육과 관련하여 우리는 '가르침'이나 '배움'이라는 용어를 자주 사용한다. 그러나 이러한 일상적인 용어들은 수도계의 품위 향상과 관련된 과정적 실재인 교육계의 면모를 제대로 드러내는 데에 한계가 있다. 일상적인 장면에서 가르침과 배움이라는 용어는 단순한 기능이나 기술 등을 가르치고 배운다는 식으로 사용되는 경우가 많다. '연필 잡는 법을 가르친다', '커피 자판기 사용법을 가르친다', '신발 끈 매는 법을 배운다', '도구 사용법을 가르치고 배운다'든가 하는 표현이 그것이다. 이러한 경우에 가르침이나 배움은 위에서 설명했던 것처럼 '수도계의 품위를 놓고 가르치고 배운다'고 할 때와는 전혀 다른 의미로 사용되고 있는 것이다. 일상어로서의 가르침과 배움에는 그것이 다루는 내용이 구조성과 위계성을 지니고 있는 수도계의 한 가지 발전 단계에 해당한다는 뜻이 들어 있지 않다. 더욱이 일상적인 장면에서 가르침이나 배움이라는 개념은 '소매치기 기술을 가르치고 배운다', '욕설을 배운다', '술이나 담배를 배운다' 등과 같은 경우에도 사용된다. 이 때 가르침이나 배움은 그것이 다루는 내용이 인간이 추구할 만한 가치를 지닌 것인지의 여부와는 전혀 관계없는 개념이 되어 버린다.

단순한 기능이나 기술을 습득하는 경우를 두고 가르치고 배운다고 한다든가, 인간의 성장과는 방향이 정반대에 해당하는 가치 파괴적인 내용을 다루는 경우를 두고 가르치고 배운다는 식으로 생각해서는 교육의 실체에 접근할 수가 없다. 그런데 이러한 문제는 일상적 개념인 가르침과 배움에만 국한되는 것이 아니라, 교육학에서 흔히 사용하는 '교수'와 '학습'이라는 개념의 경우에도 거의 그대로 생겨난다. 교수는 학습자가 학업 성취도 평가에서 높은 득점을 하는 데에 도움이 되도록 내용을 조직하여 전달하는 기법을 가리키는 개념으로 사용된다. 많은 경우에 그것은 학습자가 내용을 비교적 쉽게 장시간 기억할 수 있도록 하는 방법을 뜻한다. 심한 경우에는, 가르침이라는 일상적 개념이 그러하듯이, 인간이 추구하는 가치와는 무관하거나 오히려 그러한 가치 추구에 위배되는 내용이라고 할지라도 이를 상대방이 쉽게 습득하도록 전달하는 활동을 의미하기도 한다.

학습의 경우에도 마찬가지이다. 행동주의 학습이론에서 볼 수 있듯이 '개가 종소리를 듣고 침을 흘리는 행동을 하는 것'도 학습으로 지칭되며, 인지적 학습이론에서 보듯이 '아동이 폭력적인 TV 프로그램을 시청한 결과로 공격적인 행동을 하게 되는 것'도 학습으로 간주된다. 과연 침을 흘리는 것과 같은 이상한 행동을 하게 되는 것을 두고 학습이라고 말할 수 있는지도 의심스러우며, 공격적인 행동을 한다는 것은 인간의 성장이라기보다는 인성의 파괴에 해당하는 데도 이를 두고 학습이라 할 수 있는지는 도대체 분명하지가 않다. 대개의 경우 이는 우리가 교육과 관련하여 무엇인가를 배우는 활동을 의미한다기보다는 훈련이나 습관의 형성 등을 학습으로 간주하고 있는 것이다. 최근에 거론되는 정보처리이론에서도 단기기억이나 장기기억의 방식으로 특정한 내용을 파지(把持)하고 있다가, 적절한 상황에서 이를 산출하는 과정 정도를 학습으로 보고 있다. 그러나 이는 말 그대로 기억이나 암기일 뿐, 교육과는 한참 거리가 있는 것이다(엄태동, 2000a). 바로 이러한 점에서 교수와 학습은 교육본위론을 통하여 우리가 주목하고자 하는 교육계를 형성하는 활동의 명칭일 수가 없다.

교육본위론에서는 특정한 수도계의 품위를 거점으로 후진이 선진의 품위를 추구해 나가는 활동과 선진이 후진의 성장을 돕기 위하여 전개하는 활동을 각각 '상구'(上求)와 '하화'(下化)라는 개념으로 지칭한다. 이는 불교라는 수도계에서 석가가 열어 놓은 품위를 놓고 서로 가르치고 배우는 가운데 생겨난 용어인 '상구보리 하화중생'[上求菩提 下化衆生]에서 따온 개념들이다. '위로는 깨달음을 추구하고, 아래로는 사람들을 가르친다'는 뜻인 상구보리 하화중생은 수도계의 품위를 놓고 가르치고 배우는 교육계의 양상을 묘사하는 데에 적절한 개념이다. 그러나 상구와 하화라는 개념은 비단 불교만이 아니라 모든 수도계에 적용될 수 있으며, 수도계와 공존하는 교육계의 두 가지 과정적 활동의 양상을 그리고 있는 것으로 이해할 필요가 있다.

교육계는 수도계의 품위를 전제하며, 거의 언제나 수도계와 더불어 공존한다. 그러나 교육계는 수도계와는 다른 생리를 지닌 별도의 세계이다. 수도계의 발전은 정점에 위치하고 있던 품위를 지양하고 그것과는 질적으로 다른 새로운 품위를 개척함으로써 이루어진다. 새로운 품위가 출현하면 그것이 수도계의 가치를 대표하게 되며, 그것보다 낮은 위치에 있는 이전의 품위들은 수도계 발전의 역사 속에서 하나의 징검다리로 기념될 수는 있어도, 더 이상 수도계의 가치를 대변하는 것으로 인정받지는 못한다. 심한 경우 그것들은 하나의 오류로 치부되어 폐기처분되기도 한다. 이처럼 수도계에서는 최고의 품위만이 가치를 인정받기 때문에 소수만이 일류가 되고 그 밑의 다수는 이류나 삼류에 머무르고 만다. 최고의 품위에 도달하기 위한 수도계 종사자들간의 경쟁은 일반인이 상상하는 것 이상으로 치열하다. 그러나 수도계는 최고의 품위를 지향하면서도 그곳에 도달하려면 그 밑의 품위들을 충실히 거칠 것을 요구한다. 이전의 품위를 논리적으로 확장하거나 양적으로 풍부하게 함으로써 이후의 품위에 도달할 수는 없다. 그렇기는 하지만 이전의 품위를 충실히 자신의 것으로 소화하지 않고서는 그것을 넘어서는 품위로 도약할 수도 없다. 결과상 최고의 자리에 올라야 하지만 동시에 필요한 모든 품위들을 하나 하나 거치는 과정적 충실성이 수반되어야 한다는 이 역설적인 상황을 피할 수는 없다.

교육계는 수도계가 요청하는 과정적인 충실성을 보장해 줌으로써 종국에는 수도계의 발전을 가져오는 원동력이 된다. 이 점에서 수도계는 교육계의 가능 조건이지만, 동시에 교육계에 힘입어 발전하는 세계이기도 하다. 그러나 수도계와는 달리 교육계는 품위의 높낮이를 중시하는 세계가 아니다. 교육은 불완전하고 개선의 여지가 있는 인간이 자신의 부족을 극복해 나가는 과정 속에 존재한다. 도달한 품위의 높이가 중요한 것이 아니라, 도달하기 위한 과정적 활동의 충실성과 그것에 깃들어 있는 성장의 체험이 소중한 것이다. 전자는 수도계가 추구하는 가치와 목적을 형성한다면, 후자는 교육계가 지향하는 가치 있는 목적이 된다. 이 점에서 수도계가 오류로 판정하여 폐기처분의 대상으로 삼는 품위들도 교육계의 입장에서는 최고의 품위와 마찬가지로 귀중한 교육적 가치를 지닌다.

고귀한 수도계적 체험은 높은 품위를 요구하며, 이에 도달할 수 있는 자는 소수이다. 그러나 고귀한 교육계적 체험은 어떤 종류의 수도계, 어떤 수준의 품위에서든, 누구에게나 개방되어 있다. 수도계에서의 대가(大家)와 교육계에서의 대가가 반드시 일치하지는 않는다. 아무리 높은 품위를 지니고 있다고 하더라도 그 품위에 안주하여 정체 상태에 있는 사람은, 비록 수도계의 대가일 수는 있어도, 충실한 교육계적 체험을 하고 있다고 보기는 어렵다. 오히려 낮은 품위에 머물러 있다고 하더라도 부단히 자신을 개선하려는 노력을 전개해 나가는 가운데 그 과정에서 보람을 체험하는 자가 교육계에서는 높은 평가를 받게 된다. 이러한 점에서 교육계의 위계와 수도계의 위계는 구분되어야 한다.[8]

수도계가 그러한 것처럼 세속계 역시도 교육계가 다루어야 되는 품위나 교육의 소재를 제공한다고 생각하는 사람들이 있을 수 있다. 세속계에서 충실한 삶을 영위하기 위해서도 가르치고 배워야 할 내용들이 있으며, 따라서 교육계는 수도계만이 아니라 세속계와 결부되어서도 이루어진다고 생각하는 것이다. 그러나 세속계에서의 충실한 삶은 교육을 통한다기보다는 사회화나 문화화, 훈련이나 인독트리네이션 (indoctrination), 암기와 주입, 모방 등을 통하여 이루어진다. 물론 현재의 교육학 이론들 가운데는 이러한 것들을 교육으로 간주하고 교육이 세속계와 밀접한 관련이 있을 뿐만 아니라, 세속적인 의미에서의 좋은 삶을 가능하게 한다는 식으로 교육을 정당화하는 것들도 있다. 그러나 이러한 활동들을 모두 교육으로 본다는 것은 그만큼 교육과 교육 아닌 것들을 체계적으로 혼동하고 있다는 반증일 뿐이다. 더 심각한 것은 이들 활동들이 속성상 교육과는 무관할 뿐만 아니라, 경우에 따라서는 교육과 양립할 수 없는 것들이라는 점이다. 그럼에도 불구하고 사회화나 문화화, 훈련이나 인독트리네이션, 암기와 주입, 모방 등을 교육으로 보는 그 순간 정작 교육에 해당하는 것이 교육의 밖으로 밀려나는 불상사가 생겨난다.

한 가지 오해해서는 안 될 것은 그렇다고 해서 교육이 세속계와 아무런 관련도 없다는 뜻으로 해석해서는 안 된다는 점이다. 이 세상에

---

8) 교육본위론의 이러한 통찰과 수도계에 해당하는 교과지식의 수준 또는 학문이나 예술 등의 수준을 근거로 교육의 위계를 판정하는 기존 교육학의 관점을 비교해 보라. 초급교과를 다루면 초등교육, 중급교과를 다루면 중등교육, 고급교과를 다루면 고등교육이라고 보는 기존 교육학의 시각은, 교육본위론의 관점에서 보면, 수도계와 교육계를 구분하지 못하고 혼동하는 오류를 범하고 있다.

다른 것들과는 하등의 관련도 없이 혼자 독존(獨存)하는 것은 없다. 교육은 그 결과로 세속계적인 좋은 삶을 가져올 수도 있다. 그러나 이 말을 세속계적인 좋은 삶을 가져오는 것이 바로 교육이라는 식으로 읽어서는 안 된다. 그렇게 해석하는 순간 다시 교육은 사회화나 문화화, 훈련이나 인독트리네이션, 암기와 주입, 모방 등으로 대치되고 만다. 교육이 교육계의 생리에 맞도록 운영됨으로써 생겨날 수 있는 부수적인 결과들은 무수히 많다. 그 가운데 하나가 세속계적인 좋은 삶일 수도 있다. 헤아린다는 것이 의미가 없을 정도로 무수히 많은 교육의 부수적인 결과들 가운데 하나를 들어 그러한 기능을 하는 것이 바로 교육이라는 식으로 생각하는 것은 교육의 실체를 이해하는 데에 별다른 도움을 주지 못한다. 교육의 부수적인 결과나 세속적인 기능이 교육계가 추구해야 되는 목적은 아니며, 교육의 목적은 이러한 것들과 구분되는 것으로서 교육 자체 속에 들어 있다. 교육계는 바로 이 교육 내재적인 목적을 추구하며, 그것이 가져오는 결과나 기능은 교육본위론의 입장에서 보면 부차적인 것에 속한다.

2) 교육 활동의 구조: 교육의 수레바퀴

교육은 특정한 수도계의 어느 한 품위를 거점으로 시작되어 그것을 넘어서는 다음 단계의 품위에서 일단락되는 과정을 반복하며 이루어진다. 그것은 수도계의 한 품위와 다음 품위를 연결하는 과정적인 활동의 세계이다. 그 과정적인 활동의 양상은 그것과 결합되는 수도계의 종류나 수준과는 무관하게 동일한 구조로 전개된다. 교육의 과정이 시작될 때와 일단락될 때 출현하는 결과는 다르다고 하더라도 시작과 끝을 연결하는 교육의 과정은 동일한 것이다. 바꾸어 말하면, 어느 수도계의 어떤 품위들을 연결하면서 이루어지는 것이든, 언제나 동일하게 이루어지는 과정적인 활동이 바로 교육인 것이다.

교육계는 다시 '상구계'(上求界)와 '하화계'(下化界)로 구분된다. 상구계는 주체가 자신의 현재의 품위가 불완전한 것임을 알고 이를 넘어서는 다음의 품위를 탐색하고 추구해 나가는 것과 관련된 활동들로 이루어져 있다. 이는 자신의 성장을 목적으로 하는 세계이다. 반면에 하화계는 자신이 현재 점유(占有, appropriation)하고 있는 품위보다도 낮은 품위를 점유하고 있는 후진에게 이를 넘어서 상위의 품위를 향해 나아가도록 촉구하고 조력하는 것과 관련된 활동들로 구성되어 있다. 이는 타인의 상구를 조력하는 데서 생겨나는 독특한 삶의 보람을 겨냥하는 세계이다. 이처럼 상구계와 하화계는 서로 구분되는 목적과 이를 추구하는 활동의 방식을 지니고 있는 이질적인 세계이면서도 절묘한 조화를 이루어 교육계를 창출한다.

상구계와 하화계를 구성하는 요소들과 그들이 서로 결합함으로써 교육계를 창출하는 방식을 교육본위론은 〔그림 6-1〕로 제시된 '교육

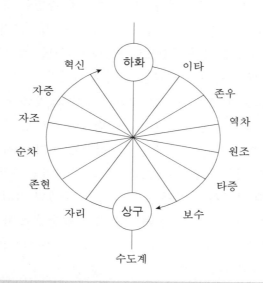

[그림 6-1] 교육의 수레바퀴

의 수레바퀴'를 통하여 설명하고 있다. 다만 이 그림으로 제시된 것은 교육 활동의 구조를 완전한 형태로 보여주는 것이라기보다는 지금까지의 교육학적인 탐색의 과정을 통하여 발견한 잠정적인 성과를 예시하는 것으로 이해할 필요가 있다. 교육계도 끊임없이 성장하는 세계이기 때문에 어느 시점에서 포착한 그것의 구조적인 양상은 다음 순간 교육계의 발전에 의하여 지양되는 것이다. 교육의 수레바퀴 모형에 따르면, 상구와 하화는 서로 대비되는 6개의 요소들로 구성되어 있으며, 이들 요소들은 맞은 편의 다른 요소들과 협응함으로써 교육이라는 공조 체제를 형성한다.

(1) 자리와 이타: 행위의 동기

상구와 하화는 우리의 내면에 잠재되어 있는 각자의 인간적인 가능성을 탐색하는 가운데 이를 실현하고 공유하려는 열정과 책임이라는 행위의 동기를 갖는다. 그것은 언뜻 보면 수도계적인 행위의 동기와도 유사하다. 그러나 수도계가 참여자들간의 경합을 통하여 자신의 인간적인 가능성을 수도계의 최정점 수준까지 끌어올리려는 동기에서 비롯되는 최고에 대한 동경으로 채워져 있다면, 상구는 각자가 자신의 현재 품위를 넘어서 새로운 품위로 나아가는 과정적인 흐름을 충실히 향유하고자 하는 동기를 갖는다. 그것은 반드시 최고에 대한 동경에서 비롯되는 것일 필요가 없다. 더욱이 하화는 자신의 품위 향상이 아니라 후진의 품위 향상을 조력하려는 동기를 지니고 있으며, 이는 타자와의 경합을 통하여 수도계의 최고 자리를 추구하려는 수도계적인 동기와 충돌하고 갈등할 수도 있다. 최고의 자리에 있는 자신을 꿈꾸는 수도계 종사자에게 하화란 그의 향상에 투자해야 할 시간과 노력을 침해하는 일종의 낭비일 수도 있고, 자신의 품위를 경쟁자에게 넘겨주는 우(愚)를 범하는 것일 수도 있다.

상구와 하화는 수도계의 그것과는 구분되는 동기를 지니지만, 서로 간에도 '자리'(自利)와 '이타'(利他)라는 내용상의 차이를 갖고 있다. 상구는 누구나 '어제와는 다른 오늘의 자기, 또 오늘과는 다른 내일의 자기'를 꿈꾸는 가운데 수행되는 것으로서 자기 사랑이라는 동기를 지닌다. 반면에 하화는 과거의 자신처럼 살아가는 후진에 대한 연민을 그 후진의 상구를 조력하려는 헌신으로 승화시키는 타자에 대한 사랑이라는 동기를 갖고 있다. 그러나 이타로 지칭될 수 있는 하화의 동기는 하화가 거듭되는 가운데 순전히 이타로만 서술하기 어려운 것으로 변모되기도 한다. 후진을 타자로 보기보다는 과거의 자신이나 또 다른 자신의 분신(分身)으로 보는 가운데 선진은 후진을 자신의 확대된 자아로 해석함으로써 이타는 더 넓은 의미에서의 자리로 승화된다. 또한 선진은 하화의 과정에서 후진에 대한 이타적 사랑이라는 차원에서는 설명하기가 어려울 뿐만 아니라, 그 자체가 하화에 대한 충분한 보상이 되는 가치와 보람을 체험하기도 한다. 선진은 하화 자체를 추구할 만한 가치를 지닌 또 다른 삶의 방식으로 체험하여 하화에 지속적으로 헌신하게 되는 것이다. 이러한 상태 속에서도 하화의 동기는 자리나 이타라는 대립을 초월하는 것으로 승화된다. 하화가 초기에는 이타라는 동기를 갖다가 점차 그것을 초월하는 새로운 차원의 동기로 변모되는 이러한 양상은 하화 자체의 발전이라는 측면에서 설명될 필요가 있다. 아마도 이는 하나의 활동으로서 하화 자체도 끊임없이 발전해 나가는 세계라는 점을 고려하는 가운데 밝혀질 수 있는 탐구의 주제일 것이다.

(2) 존현과 존우: 상대주의적 조망

우리는 누구나 자기 나름의 품위를 지니고 있다. 그리고 그러한 품위를 기반으로 하여 세상을 인식하고 체험하며 행동한다. 자신의 품위가 보여주는 것 이상의 진리나 아름다움, 선함 등은 그에게 존재하지 않는 것이나 다름이 없다. 아인슈타인의 상대성 이론이 보여주는 세계에 대한 인식이나 바하의 작품이 들려주는 아름다운 선율 등은, 그것이 아무리 위대한 품위에 해당한다고 하더라도, 그것을 볼 수 없고 감상할 수 없는 자에게는 별다른 의미를 지니지 못한다. 또한 자신도 한때 거쳐왔던 것이라고 하더라도, 자신의 현재 품위보다 낮은 품위는 유치하고 조잡하며 엉성하게 보이기 마련이다. 컵의 형태가 변했을 뿐인데도 컵 속의 주스도 그 양이 함께 변한 것이라고 사고하는 전조작기 동생의 반응은 구체적 조작기인 형의 눈으로 보면, 믿기 어려울 정도로 어리석고 유치하다. '병든 어머니를 살리기 위해서 필요하다면, 치료약을 훔쳐야 한다'는 신통한 대답에 감동을 받아 그 이유를 물었을 때, '엄마가 없으면 밥을 해줄 사람이 없으니까…'라고 답하는 아동의 도덕 판단은 성인의 눈으로 보면, 황당하다 못해 처량하기까지 하다.

이처럼 우리는 자기 품위의 한계 내에서 살아갈 수밖에 없지만, 교육의 장면에서 상구와 하화를 제대로 수행하고자 하면, 이러한 한계로 인하여 생겨날 수 있는 독단(獨斷)을 피해야 한다. 자신의 품위만을 고집하고 상대의 품위를 외면하거나 경시해서는 상구와 하화가 불가능하다. 여기서 필요한 것이 '존현'(尊賢)과 '존우'(尊愚)의 태도이다. 후진의 위치에 있는 상구자(上求者)는 자기 앞에 있는 선진의 높은 품위를 이해하거나 공감할 수 없을 뿐만 아니라 알아볼 수조차 없다. 그러나 자신이 납득할 수 없고 공감할 수 없는 것이라고 해서 자신의 품위를 통하여 선진을 해석해 버리거나 평가절하해서는 안 된다. 상구자는 모든 것이 자신의 부족함으로 인하여 생겨난다는 자각 속에서 자신의 품위를 유보하고, 지금 당장은 납득할 수 없다고 하더라도, 선진을 존중하고 그로부터 상구하려는 태도를 보일 수 있어야 한다. 반면 하화자(下化者)는 후진의 품위가 어리석고 유치한 것이라고 하더라도, 이를 경시하거나 외면하기보다, 한동안은 존중하는 태도를 보여야 한다. 선진의 눈으로 보면, 후진의 품위는 어리석기 그

지없는 것이라고 하더라도, 정작 당사자에게는 있을 수 있는 최선의 것이다. 후진의 최선을 무시하고 경멸하는 태도는 공연히 후진의 반발을 초래하게 되며 선진 자신의 정상적인 하화도 가로막는다.

(3) 순차와 역차: 단계적 배열

교육은 선진과 후진 사이에 존재하는 품위의 간극을 좁히려는 활동이다. 그러나 그렇다고 해서 그 간극을 신속하게 일시에 좁히려고 시도해서는 안 된다. 높은 품위에 도달하려면 그 밑의 품위들을 단계적으로 충실히 밟아 나가는 과정을 거쳐야 한다. 교육은 바로 그러한 과정적 활동이다. 결과에 도달하는 것만을 염두에 두고 과정을 부실하게 거치거나 이를 생략하려 드는 것은, 그 과정 속에 교육이 존재한다는 점에서, 교육적인 자세가 아니다. 뿐만 아니라 과정에 충실하지 못하면, 제대로 된 품위의 향상도 기대하기 어렵다는 점에서 이는 효과적인 접근법일 수도 없다.

상구는 '순차적'(順次的)으로 진행되어야 한다. 상구자는 최선의 품위를 겨냥하기보다는 그가 한 단계의 상구를 통하여 접근할 수 있을 정도로 차선의 품위를 모색하여 나아가야 한다. 수도계를 기준으로 생각하면, 최선의 품위는 최고의 수도계적 가치를 지니며, 상구자가 선택한 차선의 품위는 상대적으로 수도계적인 가치가 떨어진다. 그러나 수도계적인 가치로 충만한 품위가 교육적으로도 최고의 가치를 지니는 것은 아니다. 오히려 수도계적으로 가치가 있는 최선의 품위는 현재 상구자의 능력으로는 접근할 수 없는 것이라는 점에서 그의 상구 활동을 가로막는 장애물이 될 수도 있다. 상구자는 자신의 품위를 기준으로 차선의 품위들을 설정하고 이를 하나씩 순차적으로 상구함으로써 최선의 품위를 겨냥해야 된다. 그러한 차선의 품위들이야말로 특정한 상구자와의 관계 속에서 그에게 가장 유익한 것이며 교육적인 가치를 지닌다.

상구가 순차적으로 이루어진다면, 그것과의 관계 속에서 수행되는 하화는 '역차적'(逆次的)으로 전개될 필요가 있다. 하화자는 자신의 현재 품위를 소재로 삼아 후진을 인도하려는 조급함을 버리고, 후진의 품위를 진단하여 그곳까지 하강(下降)한 뒤에 이를 출발점으로 삼아 하화를 진행해야 된다. 상구자가 자신의 품위에서 출발하여 그에게 차선이 되는 품위들을 하나씩 예측하여 나아간다면, 하화자는 자신의 현재 품위로부터 하나씩 아래로 내려가면서 상구자가 거쳐야 하는 품위들을 모색하고 이를 역(逆)으로 배열함으로써 자신의 품위와 상구자의 품위를 연결해야 된다.[9]

(4) 자조와 원조: 변형적 활동의 형식

선진의 품위와 후진의 품위는 양적인 차이나 풍부함의 차이를 갖는 것이 아니라, 질적인 차이와 구조적인 차이를 갖는다. 따라서 어느 하나의 품위를 논리적으로 확장하거나 정교화함으로써 다른 품위에 도달할 수는 없다. 이 점에서 상이한 품위들을 연결하는 상구와 하화는 형식논리를 초월하는 방식으로 진행되어야 한다. '아는 것은 이미 알고 있기 때문에 배울 필요가 없고, 모르는 것은 알 수가 없기 때문에 배우는 것이 불가능하다'는 식의 메논의 역설은 형식논리로만 성립할 뿐,

---

9) 앞장에서는 듀이의 '순차적인 교육'(progressive education)과 대비시켜 전통적인 교육을 '역차적인 교육'(retrogressive education)으로 명명하였다. 그러나 이때의 역차와 지금 여기서 말하는 역차는 같은 것이 아니다. 전통적인 교육에서는 가장 상위의 지식, 듀이가 성인의 교과라고 말한 것을 그 내용은 그대로 두고 좀 더 쉽게 꾸미는 방식으로 아동의 교과를 구성하였다. 이 점에서 전통적인 역차적 교육에서는, 내용을 조금씩 쉽게 꾸몄다는 점을 제외하면, 성인의 교과를 누구나 배워야 하는 단일한 교과로 간주한 셈이다. 반면에 하화자가 역차적으로 배열하는 품위들은 하나의 품위를 쉽게 꾸며서 양적인 차이가 생겨나도록 한 것이 아니라, 상이한 구조들을 발생적으로 배열하여 질적인 차이가 존재하도록 만든 것이다. 전통적인 역차적 교육은 하나의 교과(a_1)와 그것을 좀 더 쉽게 꾸민 교과들($a_2 ≒ a_3 ≒ a_4$)을 설정하여 이를 '$a_1 ← a_2 ← a_3 ← a_4 \cdots$'라는 식으로 계열화한다. 반면에 하화자의 역차적인 접근은 상이한 품위들($a ≠ b ≠ c ≠ d \cdots$)을 상구자가 순차적으로 밟아 나아갈 수 있도록 '$a → b → c → d \cdots$'로 배열한다.

상구와 하화라는 교육 활동을 통하여 너무도 자연스럽게 해소된다.

상구는 모르는 것을 알기 위한 활동이며, 이에 종사하는 상구자는 현재의 품위를 해체하고 새로운 품위를 구성해야 된다. 이러한 해체와 구성의 과정은 문제의 발견, 단서와 자료들의 수집, 장애가 되는 요소들의 배제와 생략, 해결책의 잠정적 모색, 품위의 재구성 등과 같은 복잡한 활동들을 수반한다. 또한 이 과정에는 상상, 직관, 추측 등과 같은 형식논리를 벗어나는 지적인 능력들은 물론이고 기대, 의지, 열정 등과 같은 요소들이 복합적으로 작용한다. 이러한 능력들과 요소들을 동원하는 가운데 상구자는 전진적인 '자조'(自助)의 활동을 수행함으로써 새로운 품위를 구성한다. 그것은 상구자가 주인이 되어 스스로 수행해야 되는 것이라는 점에서 자조의 활동이며, 현재의 품위를 넘어서는 상위의 품위를 겨냥한다는 점에서 전진적이다.

반면에 자신은 알고 있고 자명하게 받아들이는 것을 아직도 모르고 있고 기이하게 여기는 사람과 대면하여 그도 알 수 있도록 이끄는 활동이 하화이다. 선진이 자신의 품위를 언어로 적나라하게 표현하고 자세히 설명해 준다고 하더라도 후진은 그것을 해석할 수 있는 품위를 지니고 있지 못하기 때문에 부득이 하화는 언어적인 전달을 초월하는 활동으로 진행된다. 하화자는 상구자가 전진적인 자조의 활동을 수행하도록 자극하고 격려하며 지도하고 조언하는 활동을 통하여 그에게 도움을 제공한다. 이 점에서 그것은 '원조적'(援助的)인 활동이다. 여기에는 후진의 품위에 대한 진단과 그곳으로의 하강, 후진에 대한 반박, 문제의 암시, 아는 것을 모르는 척 하는 아이러니의 연출, 자료의 제시, 해결책의 촉구, 방향의 시사 등과 같은 활동들이 들어 있다. 원조적인 활동들은 하강과 역차적인 접근 등에서 볼 수 있는 것처럼 선진이 과거의 품위로 회귀하는 과정을 요청한다는 점에서 퇴행적이다.[10]

---

10) 물론 그것은, '작전상 후퇴'라는 말도 있듯이, 하화를 위한 퇴행일 뿐이다. 하화

(5) 자증과 타증: 증명의 방식

특정한 수도계에서 품위를 달리 하는 사람들이 각자 그들의 품위에 머물러 있으면서 품위의 우열을 판가름할 수 있는 제3의 기준이나 절차는 없다. 흔히 그러한 객관적 기준으로 정합성(coherence)이나 대응성(correspondence)을 거론하기도 한다. 그러나 각 단계의 모든 품위는 하나의 구조로서 동등한 정도의 완결성을 지니고 있다는 점에서, 그리고 각자는 언제나 그들의 품위에 근거하여 세계를 바라보기 때문에 그들의 품위는 각자에게 모두 세계와 대응하는 것으로 드러난다는 점에서 이러한 것들은 품위 판정의 근거가 되기 어렵다. 그렇다고 해서 다수의 합의나 물리적인 강제력의 동원 등을 통하여 수도계에 속하는 품위의 우열을 가릴 수도 없다. 이러한 것들은 세속계적인 갈등을 해소하는 방책은 될 수 있을지 몰라도 수도계의 이질적인 품위에서 비롯되는 문제의 해소책은 될 수 없다.

교육은 인간을 변화시켜 품위와 품위를 이어주는 가운데 선진의 품위와 후진의 품위가 자연스럽게 드러나도록 하는 '자증'(自證)과 '타증'(他證)이라는 절차를 내장하고 있다. 수도계의 품위는 우리가 추구하고 헌신할 만한 가치의 보고(寶庫)이다. 따라서 그것은 주체에게 가치로운 진면목이 절실히 체험되고 참된 것으로 확인되는 과정에서 자발적으로 수용되어야 한다. 품위에 대한 동의가 강제되거나 강요된다는 것은 있을 수 없다. 자증은 상구자가 자신의 것보다 한 단계 높은 품위를 구성하여 자신의 것으로 점유하는 과정에서 그것이 이전의 것보다 상대적으로 고귀하고 소중한 것임을 체험함으로써 자발적으로 그 우월함을 승인하는 것을 말한다. 타증은 선진이 후진을 조력하여 자신의 품위 쪽으로 향상하도록 이끌면서 그 향상의 과정에서 얻은 품위가 후진의 이전 품위보다 고귀한 것임을 깨닫도록 하는 것을 말

___
를 수행하는 과정에서 선진의 품위가 실제로 그 밑의 품위로 퇴행해 버린다는 의미는 아니다.

한다. 이는 후진의 자증을 유도하면서 후진이 자신의 것보다 높은 품위에 '심열성복'(心悅誠服)[11]하도록 만드는 것이다. 상구를 통한 자증과 하화를 통한 타증의 절차를 통하여 수도계의 품위는 좀 더 많은 사람들에게 헌신적으로 추구할 만한 가치로 인정받게 된다.

(6) 혁신과 보수: 결과의 주체적 의미

수도계는 최정상의 높은 품위를 가장 가치로운 것으로 인정하는 세계이다. 최정상의 자리에 설 수 있는 품위의 개척만이 창조로 평가받고 혁신적인 것으로 수용된다. 반면에 교육계에서는 자신의 현재 품위를 뛰어넘어 습득한 품위는, 그것이 이미 다른 사람들에 의하여 개척되거나 창조된 것이었다고 하더라도, 당사자들에게는 모두 창조이고 혁신에 해당하는 것으로 인정한다. 이 점에서 어떤 수도계의 어떤 품위를 소재로 삼아 상구를 수행하든지 간에 상구자가 새롭게 점유한 품위는 그에게 '혁신'(革新)으로서 의미를 지닌다. 반면에 상구자의 혁신을 조력하는 하화 활동의 결과는 하화자에게 이미 습득하고 있던 품위를 좀 더 견고한 것으로 만든 '보수'(保守)로서 의미를 갖는다. 후진과 선진이 조우하여 한쪽은 상구를 통해 혁신에 도달하고 다른 쪽은 하화하여 보수를 이루는 이상, 그들의 상구와 하화는 최적의 조화를 이루어 교육의 수레바퀴를 굴리게 된다.

---

11) 심열성복은 「맹자(孟子)」에 나오는 '덕으로 사람들을 따르게 하면, 그들은 마음 속에서 우러나오는 진심과 기쁨을 갖고 복종한다'(以德服人者 中心悅而誠服也, 公孫丑章句)는 구절에서 유래한 개념이다. 교육본위론에서 심열성복은 외부적인 권위나 압력 또는 물리적인 강제력 등에 의해서가 아니라, 특정한 품위를 진정 자신의 것으로 체득하는 과정을 통하여 이것의 우월함을 깨닫고 진심으로 승인하며 따른다는 뜻을 갖는 것으로 사용된다.

4. 새로운 교육의 조망

바로 앞의 3절에서 소개한 것들이 내가 이해한 범위 내에서 교육본위론의 대강을 짧게 요약한 것이다. 언제나 그러하듯이 요약은 원본(原本)을 대신할 수가 없다. 요약은 그것이 요약하고자 한 것의 윤곽만을 보여주는 데에 그칠 뿐이다. 교육본위론은 그 방대한 분량으로만 본다고 하더라도 이처럼 요약될 수 있는 것이 아니다. 더욱이 요약의 과정에는 어쩔 수 없이 요약하는 사람의 이해력이 개입할 수밖에 없어서 어쩌면 앞의 소개는 도대체 교육본위론에 대한 요약이 될 수 없을지도 모른다. 이로 인하여 생겨나는 오해를 완전히 차단할 길은 없을 것이다.

여기서는 교육본위론이 보여주고 있는 교육의 양상을 좀 더 구체적으로 드러내는 일을 시도하고자 한다. 이는 앞의 요약이 교육본위론을 지나치게 축약함으로써 유발하는 난해함을 조금이라도 완화하기위한 것이다. 교육본위론의 기본적인 골격만을 더듬은 앞의 요약에살을 붙여서 교육본위론이 이 글을 읽는 사람들에게 좀 더 가시적인것으로 드러나기를 바라는 마음이지만, 이를 통하여 오히려 교육본위론의 진의가 훼손될지도 모를 일이다. 그러나 교육본위론을 이해하는데에 도움이 될지, 아니면 교육본위론을 왜곡하는 것이 될지는 지금으로서 도저히 판단하기가 어렵다. 다만 교육본위론에 살을 붙이기에앞서서 교육본위론이 상정하고 있는 교육의 전체적인 이미지가 이 글을 읽는 사람들 머릿속에 좀 더 선명하게 떠오르도록 교육과 관련이있는 것으로 보이는 시 한 편을 방편(方便)으로 삼아 새로운 교육에대한 커다란 밑그림을 먼저 그려보고자 한다.

1) 교육을 위한 서시(序詩)

교육본위론은 지금까지의 교육학이 보여주던 것과는 전혀 다른 교육의 모습을 우리에게 제공하고 있다. 이 경우 교육본위론이 보여주는 교육의 모습은, 이전의 교육학을 통하여 우리가 떠올릴 수 있었던 교육과 비교하면, 어느 한 부분이 아니라 그 전체적인 윤곽에 있어서 차이를 지닌다. 물론 교육본위론도 다양하게 해석이 가능한 다면적 실체이다. 따라서 그것을 접하는 사람마다 교육본위론을 상이하게 해석할 수도 있다. 그렇기는 하지만, 교육본위론이 우리에게 제공하는 교육의 이미지는 어느 정도의 수렴성(收斂性)을 지닌다고 볼 수 있다. 이 점에서 그것은 다양한 해석을 허용하기는 하지만, 그렇다고 해서 아무렇게나 해석될 수 있는 것도 아니다. 그렇다면 교육본위론이 제공하는 교육의 전체적인 이미지는 어떠한 것인가? 다음의 시가 제공하는 하나의 전체적인 이미지는 교육본위론을 통하여 우리가 머릿속에 떠올릴 수 있는 교육에 대한 그림과 상당한 정도의 구조적 유사성을 지니고 있다.

내가 그의 이름을 불러주기 전에는
그는 다만
하나의 몸짓에 지나지 않았다.

내가 그의 이름을 불러 주었을 때
그는 나에게로 와서
꽃이 되었다.

내가 그의 이름을 불러준 것처럼
나의 이 빛깔과 향기에 알맞은
누가 나의 이름을 불러다오.
그에게로 가서 나도

그의 꽃이 되고 싶다.

우리들은 모두
무엇이 되고 싶다.
나는 너에게 너는 나에게
잊혀지지 않는 하나의 의미가 되고 싶다.

위의 시가 김춘수 시인의 '꽃'이라는 작품임을 모르는 사람은 거의 없을 것이다. 우리나라 사람들이 즐겨 암송하는 대표적인 시 가운데 하나를 꼽는다면, 이 시가 결코 빠지지 않는다. 그만큼 그것은 수많은 사람들에 의하여 회자(膾炙)되고 있다. 김춘수 시인이 애초에 이 시를 쓸 당시 어떠한 시상(詩想)을 지니고 있었으며, 그 시의 이면에 어떠한 동기나 의도를 감추어 놓고 있는지는 알 수가 없다. 세상 사람들이 이 시를 즐겨 읊는 이유가 무엇인지도 알 도리는 없다. 아마도 김춘수 시인이 이 시를 통하여 노래하고자 한 것은 물론이고, 세상 사람들이 이 시를 통하여 떠올리고 있는 것도 교육은 아닐 가능성이 크다. 이 시를 교육과 관련지어 해석하려는 시도는 접해 본 적이 없다. 그러나 이 시를 읽을 때마다 나의 가슴 속에는 교육본위론이 보여주는 교육에 대한 이미지가 너무도 선명하게 떠오르곤 한다. 그래서 나는 이 시를 교육을 노래하고 있는 시로, 그것도 새로운 교육을 그리고 있는 서시로 해석하여도 별다른 무리가 없다고 생각하고 있다.

꽃이라는 이 시를 교육을 위한 서시로 해석하는 것은 엉뚱한 시도일 수도 있다. 아마도 시의 작가인 김춘수 시인조차 이러한 시도에는 동의하지 않을지도 모른다. 그러나 하나의 해석이 나름대로의 타당성을 지니고 있다면, 작가의 원래 의도와는 무관하게 그것은 시라는 텍스트에 대한 하나의 해석으로 성립할 수 있다. 먼저 시의 1연과 2연은 몸짓이 꽃으로 바뀌는 장면을 노래하고 있다. 몸짓으로 지칭되던

'그'가 나에게 다가와 꽃으로 변모되는 것이다. 그러나 정확히 말하면, 바뀐 것은 그가 아니라 '나'이다. 그는 이전부터도 꽃이었고, 지금도 여전히 꽃이다. 다만 이전의 나는 아름다운 꽃을 꽃으로 보지 못하고, 아무런 의미도 없는 몸짓으로 보았을 뿐이다.

그렇다면 '꽃'이라는 상징으로 지칭되고 있는 것의 실체는 무엇인가? 우리를 둘러싸고 있는 세계들 가운데는 실상 대단히 아름답고 진리로우며 소망스러운 것임에도 불구하고 우리에게 그러한 것으로 인식되거나 체험되지 못하는 것들이 너무도 많다. 하루가 다르게 발전하면서 끝없이 창조되고 있는 학문적인 지식들이 있으며, 인간과 세상을 통하여 체험한 아름다움을 색이나 소리나 형태로 드러내고 있는 각종의 예술 작품들이 있다. 인간적인 한계에 도전하면서 모색되고 있는 위대한 능력과 활동의 세계들도 부지기수이다. 이러한 세계들이 아마도 꽃이라는 말로 상징화되고 있을 것이다. 꽃이라는 표현이 연상시키듯이 그러한 세계들은 우리가 추구할 만한 가치를 지니고 있는 소망스러운 세계들에 해당됨은 물론이다.

교육본위론에서는 그러한 소망스러운 세계들을 수도계로 부르고 있다. 우리는 각종의 수도계를 우리의 환경이나 세계로 지니고 있다. 우리 주변에는 이루 헤아릴 수도 없을 만큼 수많은 수도계가 존재한다. 그러나 그러한 수도계가 우리와 동시대에 같은 공간을 점하고 있다고 해서 그것이 저절로 우리의 것이 되지는 않는다. 우리의 능력이 그것을 인식하고 체험하며 향유할 만한 수준에 있지 못하면, 각종의 수도계는 우리에게 아무런 의미도 없는 물리적인 환경 이상의 것이 될 수 없다. 이러한 사태는 누가 보더라도 불행한 일이다. 아름답고 소망스러우며 진리로운 세계를 접하고도 그것을 알아보지 못하고 사는 우리의 삶은 그 만큼 왜소한 것일 수밖에 없다.

이러한 형편에서 벗어나고자 한다면, 무엇보다도 우리 자신이 바뀌어야 한다. 아름다운 것을 아름다운 것으로 보고, 진리로운 것을 진

리로 인식하며, 소망스러운 것을 소망스러운 것으로 체험할 수 있는
존재로 우리 자신이 거듭나야 하는 것이다. 우리 자신이 변모하지 않
는 이상, 수도계는 꽃이 아니라 언제나 몸짓으로 밖에는 보이지 않는
다. 수도계의 진정한 면모를 체험하기 위하여 우리가 스스로를 변모
시키는 활동에는 어떠한 것들이 있는가? 위의 시에서 나의 변모를 가
져온 직접적인 계기는 '그의 이름을 부르는 행위'로 묘사되어 있다.
'이름을 부르는 행위'라는 것은 대단히 추상적인 표현이며, 그것은
관점에 따라 여러 가지 다양한 행위를 가리키는 것으로 해석될 수가
있다. 그러나 이름을 부르는 행위 가운데 하나로 우리가 생각해 볼
수 있는 것이 배움의 행위, 교육본위론의 용어로 표현하면, 상구의
활동이다. 나를 둘러싸고 있는 수도계를 대상으로 상구의 활동을 전
개함으로써 그것이 무엇인지를 알게 되었을 때, 그동안 나의 시야를
벗어나 있던 수도계의 아름답고 진리로우며 소망스러운 면모가 나의
것으로 다가서게 된다. 어쩌면 상구의 활동을 제외하고는 이 시에서
이야기하는 이름을 부르는 행위의 정체를 생각하기조차 어려울지도
모른다.

 1연과 2연에서 노래하고 있듯이 상구의 활동을 통한 나의 변모와
함께 그것으로 지칭되던 수도계는 몸짓에서 꽃으로 질적인 변화를 겪
게 된다. 이는 상구의 활동을 통한 우리의 성장이 우리가 이전부터
지니고 있던 품위의 양적인 팽창이나 그것의 논리적인 확장이 아니
라, 질적이며 구조적인 변전(變轉)을 수반한다는 사실을 보여준다. 그
로 지칭되는 수도계의 특정한 품위를 소재로 삼아 상구의 활동을 전
개하기 이전의 나의 품위에서 그것은 몸짓에 지나지 않았다. 그러나
상구의 활동이 일단락되었을 때, 내가 도달한 품위에서 그것은 꽃으
로 질적인 변화를 겪는다. 상구의 활동에 착수하기 이전에 바라보던
것이나 상구의 활동을 전개하고 난 이후에 바라보는 것이나 동일한
현상이며 세상이다. 이처럼 우리가 동일한 현상이나 세상을 접하고

있음에도 불구하고 상구를 통한 품위의 상승으로 인하여 그것은 완전히 다른 현상이나 세상으로 우리 앞에 등장한다. 그러나 바뀐 것은 바깥에 존재하는 현상이나 세상이 아니라 나 자신이며, 더 정확히 말하면, 나의 품위이다. 품위의 변화로 인하여 우리가 접하는 세상 자체가 질적으로 달라지는 것이다. 이 장면에서 우리는 교육본위론이 말하는 이질적인 품위들 간의 구조적인 간극(間隙)을 보게 된다.

더욱이 꽃으로 상징되는 수도계의 특정한 품위에 도달한 순간 그것은 더 이상 나의 바깥에 존재하는 것이 아니라, 나와 혼연일체(渾然一體)가 되는 것으로 변모한다. 3연의 2행에서 노래하고 있듯이 나 자신이 변모하였을 때, 그로 지칭되는 꽃은 나의 밖에 존재하는 것이 아니라, 그것 자체가 바로 내가 된다. 나 자신이 바로 꽃으로 바뀌어 꽃이 갖고 있는 빛깔과 향기를 지니는 존재가 되는 것이다. 상구의 활동을 통하여 우리가 습득하는 품위는 그것 자체가 우리라고 할 수 있을 만큼 우리의 인간다움을 형성하는 실체가 된다. 상구의 결과로 얻게 된 수도계의 품위 자체가 나의 자아가 되어 그것과 나 사이의 구분이 사라지는 것이다. 이는 수도계의 특정한 품위가 상구의 활동을 통하여 우리에게 체득(體得)됨으로써 우리의 인격성을 형성한다는 교육본위론의 취지를 너무도 절묘하게 묘사하고 있다.

이 시의 1연과 2연, 그리고 3연의 1행과 2행이 그리고 있는 장면을 통하여 상구의 내재적 가치를 볼 수도 있다. 몸짓이 꽃으로 바뀌는 그 순간은 이를 체험하는 나에게 그 자체로 충분한 보상이 될 만큼 대단히 소망스러운 보람과 열정을 제공한다. 상구의 활동이 가져오는 세속적인 이익에서 상구 활동의 의의(意義)를 구하는 것과 같은 세속계적인 발상은 이 장면에 조금도 발을 붙일 수가 없다. 더욱이 나와 혼연일체가 된 그 꽃이 다른 꽃들과 비교하여 얼마나 아름답고 소망스러운 것인가 역시 문제가 되지 않는다. 누구나 각자의 꽃을 갖고 있다. 꽃을 몸짓으로 밖에는 볼 수 없었던 우리의 현존하는 품위의 제약으로부터 벗어나기 위하여 상구의 활동을 수행하고 이를 통하여 우리가 체득하게 되는 한 단계 더 높은 차선의 품위들은 누구에게나 그 순간 그 자신의 꽃으로 상구자를 매료시킨다. 그 꽃이 가장 완벽하며 최고의 소망스러움을 담고 있는 '절대적이며 최종적인 꽃'인가 하는 점은 상구자가 체험하는 보람의 깊이와는 관계가 없다. 이는 교육본위론이 강조하고 있듯이 상구의 결과로 도달하게 되는 품위의 수준과는 무관하게 상구의 과정에서 비롯되는 고유한 보람과 흥취에 해당되는 것이다. 누구나 자신의 품위에서 꿈꿀 수 있는 나름대로의 꽃을 지니고 있으며, 그 꽃을 자신의 품위로 체득하는 과정에서 상구의 내재적 가치를 향유할 수 있다. 물론 그 꽃은 다시 몸짓으로 변모하고, 그것보다 한 단계 높은 차선의 품위를 꽃으로 겨냥하는 데에 필요한 발판이 된다. 이처럼 몸짓을 꽃으로 체험하고, 다시 그 꽃을 몸짓으로 바꾸어 버리는 새로운 꽃을 향해 나아가는 끝없는 상구의 과정 속에서 우리는 다른 어떠한 것과도 비교할 수 없는 상구의 가치를 맛보는 것이다.

이름을 부르는 행위를 노래하던 시는 3연의 3행에서부터는 자신의 이름을 부르는 상대방에게 '나아가는 행위'를 노래하는 것으로 곡조(曲調)가 바뀐다. 나는 상구의 활동을 통하여 나의 품위를 향상시킴으로써 나의 품위에 상응하는 수도계를 더 이상 몸짓이 아닌 꽃으로 향유하게 되었다. 그러나 나의 주변에는 이전의 내가 그러했던 것처럼 꽃을 아직도 몸짓으로 보고 있는 사람들이 존재하고 있다. 그들이 나의 빛깔과 향기를 알아보지 못하는 것은 그들의 사람됨의 결함이 아니라 상구 활동의 부재에서 비롯되는 일일 뿐이다. 몸짓을 꽃으로 보게 된 나는 그들과의 관계에서 내가 선진이며 그들은 후진이라는 점을 너무도 잘 알고 있다. 선진인 나는 후진인 그들과 교육적인 관계를 맺으려고 시도해야 된다. 내가 과거에 그렇게 했던 것처럼 후진들도 상구의 활동을 통하여 한 차원 높은 품위를 습득할 필요가 있는 것이다.

이러한 필요와 그 필요를 충족시키는 활동을 이 시에서는 '나의 이름을 불러다오'라는 구절로 노래하고 있다. 이는 후진을 상대로 상구의 활동을 수행하도록 촉구하는 '청학'(請學)이자, 선진인 자신에게와서 하화의 활동을 청하라는 '청교'(請教)에 대한 요구이기도 하다. 청학이 되었든 청교가 되었든 나는 그에게, 즉 후진에게로 가서 그의 꽃이 되고 싶다는 것이다. 동일한 실체를 어떤 이는 몸짓으로 보고 어떤 이는 꽃으로 본다고 할 때, 이러한 상이한 인식과 체험을 낳는 그들간의 품위의 차이는 엄청난 갈등과 충돌의 소지를 안고 있다. 이러한 충돌과 갈등은 다수에 의한 합의나 물리적인 강제력을 통하여 해소될 수 있는 것이 아니다. 꽃을 몸짓으로 보자고 다수가 합의하거나 강제한다고 해서 꽃을 꽃으로 보게 된 나의 품위가 사라지는 것은 아니다. 그렇다고 해서 내가 그들에게 그것은 몸짓이 아니라 꽃이라고 항변한다고 해서 꽃을 몸짓으로 밖에는 볼 수 없는 그들의 품위가 개선되는 것도 아니다. 여기에는 이름을 부르고 그에 화답하여 그들에게 나아가는 활동이 개입해야 된다. 교육본위론의 용어로 말하면, 상구의 활동과 하화의 활동이 필요한 것이다. 이 시에서는 이를 '부른다', '간다'라는 식의 행위에 대한 요청으로 묘사하고 있다. 물론 그것은 교육 활동에 대한 요청으로 충분히 해석할 수 있다.

3연을 교육본위론적으로 해석하면, 후진을 상대로 하화하여 꽃을 몸짓이 아닌 꽃으로 보도록 그들의 품위 향상을 돕고 싶다는 절실한 심정이 그대로 표출되고 있다. 하화를 수행하고자 하는 이러한 절실한 심정 속에 하화의 내재적 가치가 선명하게 들어 있다. 어떠한 세속계적인 보상을 원하는 것이 아니다. 다만 후진에게 자신의 품위가 몸짓이 아니라 꽃이라는 점을 타증하려는 하화자의 순수한 동기가 담겨 있을 뿐이다. 이 때 하화자가 지니고 있는 꽃이 수도계의 위계상 어느 정도의 수준을 점하고 있는 품위인가는 중요하지 않다. 하화자의 품위가 그다지 높지 않다고 하더라도 그의 것을 소재로 삼아 상구할 수 있는 후진이 있는 이상, 그는 그 후진과의 관계 속에서 자신의 품위가 지니는 상대적인 우월성을 입증하는 행위에 임할 수 있는 것이다. 여기서 우리는 하화의 활동 그 자체가 하화자에게 충분한 보상이 된다는 점, 즉 하화의 활동이 그 자체로 내재적인 가치를 지닌다는 점을 감지(感知)할 수 있다.

마지막 4연은 위로는 상구하고 아래로는 하화하는 교육적인 삶을 노래하고 있는 것으로 해석이 가능하다. '우리는 모두 무엇이 되고 싶다'는 구절에는 인간의 내면에 잠재되어 있는 가능성을 실험하는 가운데 이를 향유하거나 공유하려는 교육적인 소망이 들어 있다. '나는 너에게 너는 나에게'라는 구절에서 엿볼 수 있는 것처럼 서로와의 관계 속에서 선진에게는 상구하고 후진에게는 하화하여 교육적인 관계를 형성하려는 동기가 묘사되고 있다. 우리가 상구하고 하화하는 그 꽃이, 또는 품위가 세속계적으로 얼마나 가치가 있는 것이든, 수도계적으로 얼마나 높은 수준에 있는 것이든 그것과는 무관하게, 교육의 소재로 충분히 성립할 수 있다. 그럼으로써 그것은 우리뿐만이 아니라 우리 뒤에 오는 사람들에게도 그들이 상구하고 하화할 수 있는 교육적으로 의미 있는 품위로 계승될 수 있는 것이다. 수도계에서는 최고의 품위를 보존하고 그 이전의 것을 폐기하지만, 교육계에서는 수도계의 어떠한 품위든지 간에 이를 놓고 상구하고 하화할 수 있는 여지가 있는 이상, 이를 보존하여 남겨 놓는다.

설사 자신이 상구하여 개척한 품위가 아무리 전인미답의 최고 품위에 해당한다고 하더라도 후진과 교육적 관계를 형성하여 서로 하화하고 상구하는 활동을 수행하지 않는 이상, 그것은 계승되거나 보전되지 못하고 소멸하게 된다. 수도계의 최정점에서 상구의 활동을 진행하고 있는 경우에도 자신의 품위를 후진과의 관계 속에서 서로 하화하고 상구함으로써 후진의 내면에 살아 있도록 만들어야 된다. 그래야만 수도계 최정점의 품위도 그것을 개척한 상구자의 생물학적인 소멸과는 무관하게 수도계의 품위로 계승되어 발전할 수 있는 것이다.

우리의 주변에는 현재에도 수많은 수도계가 탄생하고 발전하고 있을 뿐만 아니라, 끝없이 소멸하고 있기도 하다. 이러한 수도계의 생멸과 발전의 이면에는 교육계가 작동하고 있다. 수도계에 종사하고 있는 사람들이 각자의 품위를 거점으로 삼아 위로는 상구하고 아래로는 하화하는 활동을 수행하는 이상, 그들의 수도계는 의미 없는 몸짓으로 잊혀지는 것이 아니라 모두가 소망하는 꽃으로 존속하고 발전할 수 있다. 그러나 그들이 각자와의 관계 속에서 선진이나 후진이 되어 나름대로 상구하고 하화하는 삶을 영위하지 않는 이상, 아무리 가치롭고 소망스러운 수도계라고 하더라도, 그것은 꽃이 아닌 몸짓으로 변모하고, 종국에는 모든 이들의 기억 속에서 사라지고 만다.

몸짓이 꽃으로 바뀌는 자증의 체험을 통하여, 꽃을 꽃으로 입증하는 타증의 체험을 통하여 상구와 하화는 누구나 그 자체로 소망스럽게 생각하는 세계로 성립할 수 있다. 이렇게 되면, 누구나 교육의 세계에 참여하는 가운데 상구하고 하화함으로써 교육의 내재적 가치를 추구하게 된다. 우리들은 모두 상구하고 하화하고 싶은 것이다. 이를 통하여 교육계는 하나의 발전하는 세계로 존속하게 된다. 그리고 이러한 교육계에 힘입어 각종의 수도계는 그것을 몸짓이 아니라 꽃으로 보는 사람들을 확보함으로써 잊혀지거나 소멸하기보다는 하나의 의미 있는 세계로 발전해 나갈 수 있다.

앞에서도 이야기했던 것처럼 꽃이라는 시에 대한 이러한 해석은 시인이 이 시를 노래한 원래의 의도가 아닐 뿐만 아니라, 세상 사람들이 이 시를 음미하고 있는 이유도 아닐 것이다. 그러나 여기서 중요한 것은 시인의 의도나 세상의 통상적인 해석이 아니다. 시란 원래 자신이 나름대로 의미를 부여하여 해석하는 것이고, 그 해석이 공감을 받을 수 있을 만한 부분을 지니고 있는 것만큼 하나의 해석으로

성립하는 것이다. 만약 우리가 교육본위론을 통한 이 시의 해석에 공
감하고 수긍할 수 있다면, 그것은 꽃이라는 시 해석의 지평(地平)을
넓히는 일일 뿐만 아니라, 무엇보다도 그러한 해석을 가능하게 해주
는 교육본위론의 의의를 보여주는 일이기도 하다. 교육본위론을 통하
여 꽃이라는 시를 교육을 노래하고 있는 것으로 풀이한 이 해석은 문
학이나 미학은 물론이고 철학이나 심리학 또는 사회학이나 인류학 등
을 통하여 가능한 해석들과도 동일한 것일 수가 없다. 이 점에서 그
것은 새로운 관점에서 가능한 해석이다. 그리고 그 관점이 교육학의
관점이라는 점, 더욱이 이는 기존의 교육학에서는 도저히 구할 수 없
는 새로운 관점이라는 점에서 하나의 자율적인 교육이론으로서 교육
본위론의 의의를 반증하는 것으로 볼 수 있다.

2) 교육의 가치와 목적

'교육이 추구하는 가치가 무엇인가', 혹은 '교육이 실현하는 목적
이 무엇인가'에 대하여 수많은 대답이 있을 수 있다. 그 가운데 대표
적인 것은 교육이 개인적인 차원에서나 사회적인 차원에서 세속계적
인 삶의 향상에 기여해야 되며, 따라서 세속계적인 가치가 교육이 마
땅히 실현해야 되는 목적을 형성한다는 생각이다. 사회·경제적인 지
위, 사회적인 위세와 권력, 국가의 경제적인 발전 등이 바로 교육의
목적이라는 것이다. 그러나 이는 교육이 이루어짐으로써 기대할 수
있는 교육의 기능이거나 결과적인 산물 가운데 하나일 수는 있어도
교육의 가치나 목적일 수는 없다. 교육본위론은 교육의 결과로 생겨
나거나 실현될 수 있는 무수히 많은 것들을 교육의 가치나 목적으로
는 보지 않는다. 교육의 가치와 목적은 교육에 내재하며, 교육이 이
러한 내재적인 가치와 목적을 제대로 실현할 수 있는 방향으로 진행
될 때, 사람들이 기대하는 세속계적인 결과나 효과도 생겨날 수 있다

고 볼 뿐이다.

 교육본위론이 교육에 내재하는 가치와 목적을 드러내고자 한다는 말을 들으면, 많은 사람들은 교과의 내재적 가치를 떠올릴 가능성이 있다. 교육학 논의에서 교육의 내재적 가치를 이야기하는 학자들은 거의 예외 없이 교과의 내재적 가치에 주목하고 있기 때문이다. 그러나 교육본위론의 관점에서 보면, 교과의 내재적 가치란 수도계적인 가치에 해당되는 것이다. 흔히 교과라는 이름으로 거론되는 것은 학문이나 예술 또는 도덕 등이며, 이것들이 추구하는 진, 선, 미 등의 가치는 교육의 내재적 가치가 아니라 수도계의 가치일 뿐이다. 수도계의 가치는 품위가 향상될수록 고양되기 마련이며, 수도계 종사자들은 최정상의 품위를 높고 경합한다.

 반면에 교육의 가치는 결과로서 도달하는 품위의 높낮이와는 무관하게 수도계의 어떤 품위를 소재로 삼아 이루어지든 동등하게 체험될 수 있다. 품위의 높이와는 무관하게 교육 활동이 앞에서 소개한 교육의 수레바퀴 모형에 맞도록 진행되면, 교육의 가치는 고양되는 것이다. 더욱이 정상의 자리를 놓고 경합하는 수도계에서 잠재적인 경쟁자에게 자신의 품위를 전해준다는 것은 생각하기가 어렵지만, 교육계에서는 하화를 통하여 후진을 향상시켜 종국에는 후진이 하화자의 품위를 넘어서도록 하는 것이 '청출어람'(靑出於藍)으로 칭송된다.

 그리스 신화에 나오는 다이달로스(Daedalus) 이야기는 수도계가 추구하는 가치와 교육계가 추구하는 가치가 그 방향과 생리를 달리하는 것임을 짐작하는 데에 도움이 되는 내용을 담고 있다.

 다이달로스는 대장장이 신인 헤파이스토스의 자손이었다. 그는 무엇인가를 발명하고 만드는 데에 특히 재주가 있었다. 인간을 각별히 사랑하여 그들에게 지식과 지혜를 전수해 주던 여신(女神) 아테네는 다이달로스를 제자로 받아들여 각종의 기술을 가르쳤다. 다이달로스는 아테네로부터 배운 것들을 활용하여 도끼나 송곳, 자 등과 같은 많은 연장들을 발명하였고, 위대한 건축물을 남겼으며, 오늘날에도 다이달로스 양식이라는 이름으로 거론되는 뛰어난 조각 작품들을 만들었다. 그는 그리스의 전설적인 장인(匠人)이자 조각가로 성장하였으며, 훗날 소크라테스조차 대화편에서 그가 만든 조각상(彫刻像)은 마치 살아 있는 것과도 같다고 칭송할 정도였다. 다이달로스는 자신의 재능에 엄청난 긍지와 자부심을 갖고 있었다.

어느 날 그의 조카인 페르딕스가 다이달로스를 찾아와 가르침을 청했으며 그는 이를 받아들여 조카를 가르쳤다. 페르딕스 역시 조상의 핏줄을 이어받아서인지 재능이 있었으며, 무엇인가를 배우는 데에 열심이었다. 그는 해변가를 거닐다가 우연히 발견한 물고기의 등뼈에서 착안하여 인류 역사상 처음으로 톱을 발명하였다. 또한 페르딕스는 두 개의 막대를 이어 붙여 한쪽에는 못을 박고 반대쪽은 뾰족하게 만든 뒤에 막대를 벌려서 원을 그리는 컴퍼스(compass)를 발명하였다. 페르딕스의 재능에 놀란 아테네 사람들은 그를 찬양하였다. 어떤 이는 그의 재능이 스승 다이달로스를 넘어선다고 이야기하기도 하였다. 다이달로스는 자신과 어깨를 겨룰 자가 있다는 현실을 받아들일 수 없었으며, 더욱이 그 자가 자신이 가르친 조카 페르딕스라는 사실에 견딜 수 없을 만큼 분노했다. 그는 어느 날 조카 페르딕스를 높은 탑으로 데리고 가 탑의 창문 아래를 바라보게 했다. 그리고 페르딕스가 몸을 숙이는 순간 그를 창문 너머 아테네 광장 위로 떨어뜨려 죽이고 말았다.[12]

위의 이야기는 수도계 본위로 해석할 수도 있고, 교육계 본위로 해석할 수도 있다. 먼저 수도계 본위로 해석하면, 다이달로스는 특정한 수도계의 최정상 품위를 점유하고 있는 대가이며, 조카 페르딕스는 다이달로스의 자리를 위협할 수도 있는 수도계상의 경쟁자이다. 수도

---

12) 이 이야기는 오비디우스(Publius Ovidius)의 *Metamorphoses*(이윤기 역, 『변신이야기』, 서울: 민음사)와 토마스 벌핀치(Thomas Bulfinch)의 *Myths of Greece and Rome*(이윤기 역, 『그리스와 로마의 신화』, 서울: 대원사)에 나오는 다이달로스 이야기를 관련 자료들을 중심으로 각색한 것이다.

계는 최고의 품위를 지향하는 세계이다. 최고의 품위가 해당 수도계의 가치를 대변하며, 이를 제외한 나머지 품위들은 의미를 상실한다. 다이달로스에게 최고의 자리를 제외하면, 그 어떤 것도 가치로운 것이 아니다. 이러한 수도계의 경쟁에서 상대방에게 자신의 품위를 전해준다는 것은 생각하기도 어렵다. 전해주기는커녕 빼앗기지 않도록 숨겨야 한다. 다이달로스는 이 점에서 일생일대의 실수를 범했다. 그는 조카 페르딕스에게 자신의 품위를 전수함으로써 최고의 자리를 놓치는 우를 범하고 만 것이다.

반면에 이 동일한 이야기를 교육계 본위로 해석하면 그 의미는 완전히 달라진다. 여신 아테네는 다이달로스를 상대로 자신에게 한 번 배워 볼 것을 청한다(請學). 다이달로스는 아테네로부터 배워 자신의 품위를 부단히 향상시키며 이윽고 최고의 품위에까지 도달한다. 그러나 최고의 품위는 하나의 결과일 뿐, 다이달로스에게는 그가 소질이 있는 수도계에서 자신의 품위를 하나하나 개선해 나가는 과정 자체가 소망스러운 체험이다. 최고의 품위를 목표로 한다면, 그 과정은 견딜 수 없을 만큼 무미건조할 것이며, 아마 다이달로스는 중간에 수도계에서 이탈하게 될 것이다. 어느 날 조카 페르딕스가 찾아와 다이달로스에게 가르쳐 달라고 청한다(請敎). 다이달로스는 이를 받아들여 하화하고, 페르딕스는 상구한다. 그들은 교육의 수레바퀴 모형이 보여주는 것과 같은 교육의 활동을 활발히 전개한다. 페르딕스가 최고의 품위 부근까지 향상한 것을 보면, 다이달로스와 페르딕스는 각자 충실히 하화하고 상구한 것이 분명하며, 이 과정에서 그들은 각자 하화의 내재적 가치와 상구의 내재적 가치를 체험한 것이 확실하다. 하화에 몰입하여 그 가치에 빠지지 않고서야 다이달로스가 자신의 작품은 하나도 만들지 못하면서까지 페르딕스의 상구를 돕는 데에 그렇게 매진할 이유가 없다. 상구에 몰입하여 그 가치에 사로잡히지 않고서야 페르딕스가 이탈하지 않고 어마어마하게 높은 다이달로스의 품위까지 나아가는 그 길고도 험난한 과정을 견디어 낼 수가 없다.

　교육본위론에서 상구나 하화의 가치로 이야기하는 것은 실상 수도계 속에서도 찾아볼 수 있는 것이고, 바로 이 점에서 그것은 수도계의 가치에 해당하는 것이 아닌가라고 생각할 수도 있다. 교육의 내재적 가치로 거론하고 있는 것은 수도계와 관련하여 수도계 내에서 발견된다는 것이다. 그러나 앞에서도 이야기했듯이 교육계는 수도계의 품위를 소재로 삼아 수도계와 공생하면서 전개되고 있다. 지금 막 거론한 반론은 순수하게 수도계에 주목하고 있는 것이 아니라, 이미 교육계의 도움을 받아 발전하고 있는 수도계를 문제 삼고 있는 것이다. 따라서 그러한 관점에서는 수도계의 가치와 교육계의 가치가 분리되지 못한 채, 후자가 전자로 환원되어 인식되고 있는 것이다. 수도계는 필요한 모든 단계들을 충실히 거치면서도 종국에는 최고의 품위에 내재되어 있는 가치를 지향하는 세계이며, 이를 둘러싼 경쟁에서 남에게 뒤지지 않으려는 다이달로스적인 강박 관념이 자연스러운 것으로 받아들여지는 세계이다. 반면에 교육계는 최고의 품위를 지향하는 것이 아니라 각자가 자신이 점유하고 있는 품위를 개선하여 새로운 품위로 나아가는 상구 활동을 수행하는 가운데 거기서 비롯되는 보람과 가치를 추구한다. 또한 그것은 최고의 자리를 놓고 경쟁하기보다는 자신의 품위를 중심으로 후진에게 하화함으로써 청출어람으로 표현되는 가치를 향유하려는 세계이다. 교육본위론이 부각시키고자 하는 것은 이러한 이질적인 세계들, 즉 수도계와 교육계를 분리하여 인식하고, 수도계의 가치는 수도계에 돌려주며 교육계의 가치는 교육계에 귀속시키는 일이다.

　세속계를 본위로 하면, 교육의 목적은 세속계적인 삶의 장면에서 좋게 평가되는 가치들을 실현하는 것이다. 수도계를 본위로 생각하면, 교육의 목적은 수도계의 최고 품위에 도달하는 데에 있다. 그러나 교육계를 본위로 하면, 교육의 수레바퀴로 묘사된 교육의 내재율

(內在律)을 충실히 따르면서 교육 활동에 내재되어 있는 가치를 실현하는 것이 바로 교육의 목적이다. 수도계적인 성취나 세속계적인 성공은 바로 이러한 교육의 목적이 제대로 실현되었을 경우에 기대할 수 있는 결과에 해당한다. 교육본위론의 입장에서 말하면, 교육의 가치는 상구와 하화의 과정적 활동 속에 내재되어 있으며, 교육의 목적은 교육의 내재율에 맞도록 잘 가르치고 잘 배우는 것 이외에 다른 것이 아니다.[13)

3) 수도계와 교육의 소재

학문이나 예술 또는 도덕 등과 같은 교과가 바로 교육의 내용이며, 교육이 추구하거나 실현해야 할 가치나 목적은 모두 이들 교과로부터 비롯된다고 생각하는 사람들이 많다. 그리고 아마도 이들은 교과가 바로 교육본위론에서 말하는 수도계에 해당한다고 볼 것이다. 그러나 교육학에서 마치 교육학의 고유한 개념이라도 되는 것처럼 통용되고 있는 이른바 '교과'(subject matter)라는 것이 무엇을 가리키는 말인지는 분명하지가 않다. 교과서가 교과의 구체적인 대용물이라고 생각하는 사람이 있을지도 모르지만, 만약 그렇다면, 이 때의 교과는 도대체 정체가 불분명한 이상한 것이 되고 만다. 교과서가 담고 있는 지식이나 앎이라는 것은 학문이나 예술이나 도덕 등의 세계에서 공인된 이른바 정설(定說)에 해당한다고 이야기한다. 그러나 교과서에 들어

---

13) 『민주주의와 교육』에서 교육의 목적을 이야기하는 가운데 듀이는 '교육의 과정은 그것을 넘어서는 다른 목적을 지니지 않으며, 교육 그 자체가 목적이다' (Dewey, 1916a: 54), 또는 '성장에는 더 성장한다는 것을 제외하면 다른 목적이 없는 것처럼, 교육의 경우에도 더 교육받는 것 이외에 교육이 기여해야 되는 목적은 없다'(56)라고 말한다. 이는 교육본위론에서 이야기하는 교육의 목적과 일맥상통하는 견해이다. 그럼에도 불구하고 그가 교육의 목적과 가치는 실생활에의 유용성 같은 세속계적인 것에서 구해야 된다고 말한 것으로 평가받고 있는 사정은 이해하기 어려운 아이러니이다.

있는 것들이 학문이나 예술, 또는 도덕 그 자체도 아닐뿐더러, 이들 세계에 속한다고 하더라도, 최고의 품위가 아닌 그 밑의 품위들을 반영하고 있는 경우가 대부분이다. 수도계의 속성상 최고의 품위라고 하더라도 그것은 정설일 수가 없다. 수도계의 최고 품위는 그것을 점유하고 있는 사람들도 소수일 뿐만 아니라, 지금 현재에도 변화의 과정에 있기 때문에 누가 보더라도 이의를 제기하기 어려울 만큼의 정설로 포착되거나 고정될 수가 없다. 그럼에도 불구하고 교과서에 들어있는 내용들이 누가 보더라도 타당한 정설이고 정답에 해당한다면, 이는 특정 수도계가 이미 거쳐 지나간 과거의 품위들일 가능성이 높다. 그러나 다시 이들 과거의 품위들을 정답이나 정설로 보는 것은 과거의 품위들을 지양하고 최고·최신의 품위를 지향하는 수도계의 속성상 용납되기가 어렵다. 이렇게 보면, 교과서에 들어있는 내용들은 수도계의 최고 품위도 아니고 그것보다 아래의 품위도 아닌 이상한 것이 되어 버린다.

교과서가 교과가 아니라면, 교과란 도대체 어떤 것인가? 이에 대하여 가능한 대답은 학문, 예술, 도덕 등이 바로 교과라고 말하는 것 이외에는 다른 답이 없을 것이다. 아닌 게 아니라 교과를 이야기하다가 은연중에 이 말을 학문이라는 말로 바꾸어 논의하는 경우가 많은 것을 보면, 교과는 바로 학문, 더 나아가 예술·도덕 등을 가리키는 말인 것 같다. 그렇다면 이 학문이라는 것은 무엇인가? 그것은 누구의 학문을 이야기하는 것이며, 학문을 가르친다는 것은 어떻게 가르쳐야 한다는 뜻인가? 교육학에서 학문이라는 말이 등장할 때마다 거론되는 대표적인 인물이 브루너(J. S. Bruner)이다. 그에 따르면, 학문은 해당 학문의 최전선에서 활동하는 학자들의 탐구의 방식과 그 산물로서의 지식을 가리킨다. 그리고 학문을 가르친다는 것은 바로 학문을 학문답게 가르친다는 의미로서 학자들이 수행하는 학문 활동을 수행하도록 하면서 가르친다는 의미라는 것이다(이홍우, 1993: 78-80;

Bruner, 1977: 14). 이렇게 보면 그것은 아마도 학문이나 예술이나 도덕 같은 수도계의 최고 품위를 그 성격을 훼손하지 않으면서 가르쳐야 한다는 뜻일 것이다. 결국 교과는 수도계의 최고 품위와 그 품위를 통하여 세상을 설명하고 체험하며 행동하는 능력을 가리키는 셈이다.

그런데 이것이 과연 교과인가? 교과가 이러한 것이라면, 이른바 교사는 수도계의 최고 품위를 점유하고 있는 자라야 한다. 그런 존재라야만 최고 품위를 최고 품위답게 가르칠 수 있는 것이다. 교과를 이렇게 해석하는 교육학자들은 그래야 한다고 믿는지도 모른다. 그들이 이야기하는 교사는 학문의 최전선에서 학자들이 다루고 있는 지식을 그 학자들이 다루는 것과 동일한 방식으로 다룰 수 있는 자라야 하며, 이 점에서 교사는 곧 학자라는 것이다. 그리고 다시 학생 역시도 최전선에서 학자들이 탐구하고 있는 지식을 바로 학자들이 하는 것과 동일한 방식으로 탐구하는 존재이다. 이 점에서 가르치는 자는 곧 배우는 자이며, 그들이 하는 일은 성격상 학자들이 하는 일과 동일하다는 것이다(이홍우, 1987: 99-120). 이러한 논의는 실제의 교사가 그러한 위치에 있는가와는 무관하게, 그리고 학생들이 그러한 활동을 수행하는 것이 실제로 가능한지의 여부와도 관계없이 대단히 달콤한 찬사로 들린다. 적어도 논의의 전개 과정에서 논리적인 비약이나 모순도 범하지 않는 것처럼 보인다. 그것은 교육을 무엇인가 가치 있는 것으로 보고 이를 공부하고자 하는 많은 교육학도들을 사로잡기도 한다. 이러한 매력적인 논의에 빠지지 않을 사람은 거의 없을 것이다.

그러나 이 논의는 교육의 가장 기본적인 생리를 간과하고 있다. 교육본위론에 따르면, 우리는 특정한 수도계의 어떠한 품위를 점유하고 있다. 그리고 우리의 현재 품위를 중심으로 그것보다 한 단계 위의 품위를 겨냥하여 상구하며, 그보다 낮은 품위의 점유자인 후진을 대상으로 하화한다. 이러한 교육 활동은 누구나 자신의 품위를 거점으로 전개할 수 있으며, 또 실제로 전개하고 있다. 그리고 문제가 되고

284 제6장 초등교육의 교육본위론적 재서술

있는 품위의 높낮이와는 관계없이 우리가 얼마나 충실하게 상구하고 하화하는가에 따라 우리는 교육적 가치로 충만한 삶을 영위할 수 있다. 그런데 교과를 수도계의 최고 품위로 한정하고 가르치는 자를 최고 품위의 점유자로 규정해 버리면, 이는 누구나 자신의 삶 속에서 수행할 수 있는 삶의 형식 가운데 하나인 하화를 우리로부터 박탈해 버리는 셈이 된다. 이러한 논의는 우리의 삶 속에서 보편적인 인간 활동으로 이루어지고 있는 하화의 활동을 제대로 설명하지 못한다는 점에서, 비록 매력적이기는 해도, 그대로 받아들이기는 어렵다.

교과를 최고 품위로 생각하는 것은 이른바 학습자들이 최고 품위를 학습할 가능성이 크지 않다는 점에서도 성립할 수가 없다. 교과란 무엇인지가 확실하지 않기는 하지만, 무엇인가를 교과라고 부르려면, 그리고 교과가 학문이나 예술 또는 도덕 등과 관련이 있다고 이야기하려면, 그것을 교육의 장면으로 끌고 들어와서 교육의 생리에 맞도록 구성할 필요가 있다. 그렇지 않고 교육과 무관하게 성립하는 것으로서 학문, 예술, 도덕 등을 이야기하는 것이라면 그것을 굳이 교과라고 불러야 할 하등의 이유가 없다. 학문이나 예술 또는 도덕 등이 그 자체로 교과인 것이 아니라, 이를 교육의 활동이 제대로 수행되도록 보장하는 소재가 될 수 있게 교육의 원리에 맞추어 재구성한 것이 교과라야 한다.

교육본위론의 관점에서 해석할 때, 교과라는 것이 만약 있다면 그것은 적어도 상구자의 차선의 품위들과 관련된 것이라야 한다. 브루너가 소망하는 것처럼 수도계의 최고 품위를 직접 겨냥하여 상구하고 하화할 수는 없다. 그러한 시도는 기껏해야 화이트헤드(Whitehead, 1929)가 이야기하는 것처럼 상구자에게 그 의미가 불분명하여 어떻게 이해하고 받아들여야 하는 것인지를 알 수 없는 '무기력한 관념'(inert idea)을 낳을 뿐이다. 교육본위론에서는 상구자에게 최선의 것이 아니라 차선에 해당하는 것들을 순차적으로 배열하거나, 하화자 입장에서 먼 과거에 거쳐온 품위들부터 그의 현재 품위에 이르기까지 역차적으로 계열화함으로써 상구와 하화를 진행해 나가야 한다고 본다. 그러나 이러한 품위의 배열이나 계열화의 형태는 학문이나 예술 또는 도덕 등과 같은 수도계의 전형적인 모습일 수가 없다. 그것은 수도계의 아래에서 위로 올라가거나 이끄는 데에 활용되는 교육적인 계단일 뿐이며, 그 조직의 방식과 배열이 수도계의 품위가 형성하고 있는 위계의 양상과 동일한 것일 수는 없다. 또한 그것은 수도계를 대표하는 정상의 품위까지 이어질 수는 있어도 수도계의 정상 품위 그 자체도 아니다. 이처럼 수도계를 교육의 생리에 맞도록 조직하고 배열하는 방식은 수도계의 논리에 따르는 것이 아니라 일차적으로 교육의 내재율에 따른다. 만약 우리가 교과라는 개념을 쓸 수 있다면, 그것은 이런 경우를 두고 말하는 것이라야 한다.

그러나 이런 뜻에서의 교과는 교육의 내용이 아니라 교육의 소재(素材)이다. 흔히 이야기하듯이 학문이나 예술 또는 도덕 등을 교과라고 하고, 이 교과가 곧 교육의 내용이라고 생각한다면, 교육은 학문과 예술과 도덕 등을 모두 포함하는, 너무나도 거대할 뿐만 아니라, 기이하기 그지없는 실체가 되고 말 것이다. 교육의 내용이라고 하면, 내용(內容)이라는 말 그대로 교육의 경계 안에 들어 와 있는 무엇을 지칭하며, 그 무엇은 다른 것이 아니라 상구와 하화의 활동들이다. 교육적으로 계열화된 수도계의 품위들은 상구자의 품위를 고려하여 상구자 자신이나 하화자가 선택한 교육의 소재이며, 이러한 소재에 상구와 하화라는 교육의 활동이 결합하는 것이다.

물론 교육의 소재를 선택하는 데에는 상구자의 품위 수준뿐만이 아니라, 그의 소질과 적성도 고려해야 된다. 전자가 교육을 위하여 수도계의 품위 수준을 선택하는 데에 작용한다면, 후자는 수도계의 종류를 선택하는 데에 기준으로 작용한다. 상구자의 품위와 어울리지 않는 수준의 품위는 그의 상구를 유발하지 못하는 것처럼 상구자의

소질과 어긋나는 수도계 역시 그의 상구를 가로막는다. 상구자의 소
질과 부합하는 수도계이면서, 그 수도계에서 상구자가 점유하고 있는
현재의 품위에 대하여 차선에 해당하는 품위가 상구의 활동을 유발하
는 힘을 지닌 교육적인 소재일 수 있다.

4) 교육의 활동과 메타교육

교육은 활동의 세계이다. 그 대체적인 양상은 앞에서 교육의 수레
바퀴를 통하여 소개하였다. 물론 이는 교육의 활동에 대한 하나의 완
결된 논의일 수가 없다. 교육을 형성하는 세세한 활동들이 더 탐구되
고 그것들간의 복잡한 상호작용의 양상들이 더 자세하게 해명되어야
한다. 뿐만 아니라 교육계도 다른 세계들과 마찬가지로 끊임없이 발
전하고 있어서 이를 어느 시점에서 어떤 이론으로 포착한다고 하더라
도 그것은 잠정적일 수밖에 없다.

교육이 발전하는 세계라는 점은 그동안 우리가 주목해 오지 못했던
새로운 형태의 교육이 성립할 수 있음을 시사한다. 대개의 경우 교육
은 학문이나 예술 또는 도덕 등을 가르치고 배우는 활동으로 이해된
다. 이를 흔히 교과교육이라 부른다. 지금까지 여기서 소개된 교육본
위론도 수도계의 품위를 소재로 하여 이루어지는 교육의 형태를 상정
하고 교육에 대한 논의를 전개해 왔다. 그러나 교육은 수도계와 마찬
가지로 발전하는 세계이며, 그 발전의 양상은 교육을 구성하는 활동
들이 더욱 더 세분화되고 새로운 활동들이 추가되면서 이전과는 다른
활동의 구조를 생성하는 방식으로 이루어진다. 한 단계의 교육의 활
동은 그것을 지양하는 새로운 교육의 활동으로 대치되며, 이들간에는
질적이며 구조적인 간극이 형성된다. 여기서 우리는 교육도 수도계적
인 면모를 지닐 수 있음을 짐작할 수 있다.

무슨 말인가 하면, 교육의 활동들도 발전하면서 그 때마다 하나의

새로운 품위를 끊임없이 생성시킨다는 것이다. 수도계에 품위가 있고 위계가 있듯이 교육계에도 교육의 품위가 있고 위계가 있다. 초급교육으로 지칭할 수 있는 낮은 품위의 교육도 있고, 고급교육으로 불러야 할 높은 품위의 교육도 있는 것이다. 앞에서도 이야기했던 것처럼 교육은 품위를 소재로 하여 이루어진다. 그렇다면 당장 우리는 수도계의 품위를 소재로 하는 교육과는 구분되는 것으로서 교육계의 품위를 소재로 하여 이루어지는 교육을 생각할 수도 있다. 교육본위론에서는 이를 '메타교육'(meta education)이라 부른다.

메타교육은 한마디로 말하면, 교육에 대한 교육 또는 교육을 소재로 하여 전개되는 교육이다. 그것은 네 가지의 복잡한 양태를 취한다. '상구에 대한 상구', '상구에 대한 하화', '하화에 대한 상구', '하화에 대한 하화'가 바로 그것이다. 상구계는 여러 가지 요소적인 활동들로 구성되는 하나의 세계이다. 그리고 그것은 상구의 내재율에 맞도록 진행될 경우, 상구자에게 그가 헌신할 만한 내재적 가치를 제공한다. 그런데 상구는 하나의 양태로 고착되어 있는 정태적인 활동의 세계가 아니다. 그것은 여러 가지 요소들로 이루어지는 구조적인 활동의 형태를 취하고 있다가, 새로운 요소들이 추가되고 몇몇 낡은 요소들이 배제되는 가운데, 기존의 요소들과 새로운 요소들이 상호작용하여 이전의 것과는 질적으로 다른 활동으로 변모한다. 이것이 상구계의 발전이며, 이 과정에서 질적으로 상이한 상구의 품위들이 생성된다. 우리는 다양한 소재를 통해 상구 활동을 전개하다가 자신의 상구 활동에 어떠한 문제가 있음을 알고, 상구의 과정 전반에 대한 반성적인 성찰을 진행할 수가 있다. 자신이 지니고 있던 상구의 동기, 그러한 동기를 실현하기 위하여 동원한 상구의 요소적인 활동들, 그리고 그 요소적인 활동들의 유기적인 결합의 양상 등을 반성적으로 점검하면서 문제가 있는 부분들을 고쳐나갈 수 있다. 이를 통하여 우리의 상구 활동은 좀 더 고급의 것으로 발전하며, 이것은 새로운 상구의 품위를 낳는다.

상구자들은 동일한 품위의 상구 활동을 전개하는 것이 아니라, 상이한 품위의 상구 활동을 수행한다. 상구계의 내재율에 맞도록 자신의 상구 활동을 전개해 나가는 사람이 있는가 하면, 필요한 요소적인 활동을 결여하고 있거나 요소적인 활동들을 유기적으로 연결하지 못함으로써 전체적인 상구의 활동에 부족함과 부조화를 초래하는 사람들도 있다. 이들간에 서로의 상구 품위를 소재로 하여 상구에 대하여 상구하고 하화하는 삶이 가능하다. 고귀한 상구의 가치를 체험하려면, 상구의 품위가 높아야 한다. 상구의 품위가 낮은 사람은 한 단계 높은 상구의 품위를 습득하기 위하여 상구를 전개하며, 반대로 상구의 품위가 높은 사람은 낮은 사람을 대상으로 하화를 전개할 수가 있다. 그럼으로써 그들은 수도계의 품위를 소재로 하여 상구하고 하화하는 가운데 그러한 것처럼 상구계의 품위를 소재로 삼아 상구하고 하화함으로써 교육의 수레바퀴를 돌릴 수 있는 것이다.

위에서 상구계에 대하여 말한 모든 것들은 거의 그대로 하화계에도 적용이 가능하다. 하화계도 발전하는 세계로서 그 도상(途上)에 질적으로 상이한 하화의 품위들을 낳는다. 하화는 그것에 고유한 하화의 가치를 지니고 있으며, 이는 인간이 추구하고 소망하기에 충분한 것이다. 그러나 상구가 그러하듯이 고귀한 하화의 가치는 높은 하화의 품위를 요구한다. 하화의 품위가 낮은 사람은 한 단계 높은 하화의 품위를 소재로 하여 상구에 착수하고, 높은 하화의 품위를 지닌 자는 그렇지 못한 자를 후진으로 삼아 하화를 진행한다. 그들도 하화계를 소재로 삼아 교육의 내재율에 맞도록 상구하고 하화함으로써 교육계의 발전에 참여한다.

메타교육은 교육을 통하여 교육을 개선함으로써 종국적으로는 교육의 발전을 가져오는 한 가지 길이다(신기현, 2002; 장상호, 1997b, 2003). 흔히 교육의 발전을 학교 체제에 대한 행·재정적인 지원을 강화하거나 학교와 관련된 제도 등을 혁신함으로써 가능한 것으로 파악한다. '공교육의 내실화'나 '학교교육의 정상화' 등과 같은 표현이 의미하는 바가 바로 이것이다. 그러나 이러한 조처들은 교육 발전의 조건일 수는 있어도 그것 자체가 교육의 발전을 가져오는 것은 아니다. 아무리 지원을 강화하고 제도를 혁신한다고 하더라도 그 속에서 상구하고 하화하는 자들의 교육적인 품위가 낮아서 저급의 상구와 하화를 수행한다면, 그것은 고급의 교육이 아니라 저급의 교육을 가져올 뿐이다.[14] 진정한 교육의 발전은 상구와 하화의 과정적인 활동 양상을 반성하면서 이를 개선하는 가운데 각자의 상구 품위와 하화 품위를 놓고 서로 상구하고 하화하는 메타교육의 활동을 통하여 가능하다.

5) 교육평가의 본질과 기능

우리 사회가 교육에 대하여 보이는 지대한 관심이 가장 집약적으로 나타나는 장면이 바로 교육평가이다. 해마다 수학능력시험을 둘러싸고 논란이 끊이지 않는다. 어렵게 출제되어도 문제이고 쉽게 출제되어도 문제이다. 잡음을 줄이려고 '수학능력시험 모의고사'를 국가가 주관하여 출제하는 진풍경도 연출된다. 왜 이처럼 교육평가에 목을 매고 있는가? 교육열이 높은 사회인 만큼 우리의 교육이 제대로 되고 있는지를 확인하고, 문제점이 있다면 이를 찾아 개선함으로써 더 좋은 교육이 이루어지도록 하려는 마음에서일지도 모른다. 그러나 이

---

14) 초등교육, 중등교육, 고등교육이라는 표현 또는 초급교육, 중급교육, 고급교육이라는 말을 써야 한다면, 그것은 여기에 사용되어야 한다. 어떤 학교의 체제에서든, '그곳이 초등학교인가, 중·고등학교인가, 아니면 대학교인가'와는 무관하게 상구와 하화의 품위가 낮은 교육이 이루어지면 그것이 바로 초급교육이며, 중간 수준이면 중급교육, 높은 수준이면 고급교육인 것이다. 이러한 사실을 간과하고 이들 용어들을 아무렇게나 사용하는 그러한 관행적인 사고로부터 내실 있는 교육을 가능하게 하는 교육적인 조치를 구한다는 것은 불가능하다.

와 관련하여 솔직하고도 철저한 자기 반성이 필요하다. 그것은 교육을 위하는 마음이나 교육에 대한 열정 때문이 아니라, 명문대학으로의 진학 또는 사회적인 선발, 더 정확하게는 제한된 사회·경제적 지위를 놓고 경쟁적으로 이를 차지하기 위한 세속적인 욕망 때문이다. 가장 좋은 교육평가는 자기 자녀의 진학에 유리하고, 실제로 이를 가능하게 하는 평가 방식을 말한다. 그러나 이는 도대체 교육평가일 수가 없다. 실제로 이루어진 교육 활동의 질과 수준을 재는 것이 교육평가라면, 지금 현재 우리의 교육평가는 제한된 사회·경제적 지위를 차지할 만한 태도를 지니고 이에 필요한 갖가지 노력을 경주했는가를 재는 세속계적 삶의 자격 평가이다.

현재의 교육평가는, 교육 활동의 질을 재고 문제점을 개선한다는 평가의 근본적인 취지를 훼손하고 있을 뿐만 아니라, 교육의 이름으로 교육이 아닌 다른 것을 재고 있다는 점에서, 교육의 본질을 크게 왜곡하고 있기도 하다. 우리는 교육평가라는 이름으로 학교에서 습득한 교과지식들을 중심으로 이른바 학업 성취도를 측정하고 있다. 그러나 이는 아무리 좋게 본다고 하더라도, 교육이 아닌 수도계의 품위를 재고 있는 것에 불과하다. 앞에서도 수차례 강조했던 것처럼 교육은 그 결과로서 특정한 수도계의 품위를 가져오기는 하지만, 그것 자체가 교육은 아니다. 교육은 하나의 품위에서 그것보다 한 단계 높은 품위로 나아가고 이끄는 것과 관련된 과정적인 활동이다. 그것은 결과로서 수도계의 특정한 품위를 가져오지만, 그 품위의 높낮이를 문제삼지는 않는다. 높은 품위에 도달했다고 해서 과정적인 활동으로서의 교육이 높은 수준에서 이루어졌다고 볼 수는 없다. 결과상 낮은 품위에 도달하는 데에 그쳤다고 하더라도 그 과정에서 수준 높은 교육이 이루어졌을 가능성은 언제나 존재한다.

교육본위론의 입장에서 보면, 교육평가란 말 그대로 교육을 평가하는 것을 말한다. 교육을 평가한다는 것은 교육을 통하여 도달하게 된 결과를 잰다는 뜻이 아니라 교육의 과정 그 자체를 평가한다는 의미이다. 이를 간과하고 학업 성취도를 재는 것을 교육평가라고 보면, 교육평가가 교육을 추방하는 불상사가 초래된다. 학업 성취도 평가에서 높은 성적을 받는 데에는 교육보다 훈련, 암기, 주입, 세뇌, 외양만을 꾸미는 연극(show), 강제, 순응, 인독트리네이션 등이 훨씬 효과적이다. 아닌 게 아니라 학업 성취도에 집착하는 교사, 학부모, 그리고 학생들은 현재 학교에서 상구하고 하화하는 활동에 힘쓰고 있는 것이 아니라, 교육이 아닌 활동들에 몰두하고 있다.[15] 이로 인하여 교육이 교육 아닌 것들에 밀려날 뿐만 아니라, 교육을 밀어낸 교육 아닌 활동들을 교육이라고 생각하는 착각이 생겨난다. 자신들이 교육을 내쫓고 교육 아닌 활동들에 매달리고 있으면서 다시 그 활동들을 가리켜 '잘못된 교육', '병든 교육', '질식할 것만 같은 입시교육'이라고 불평하는 일이 벌어진다. 교육에 대한 이러한 체계적인 오해 속에서 교육의 내재적 가치라든가, 교육이 보람 있는 삶의 하나로 성립할 가능성에 대한 논의 등은 아예 들어설 여지도 확보하지 못한다.

물론 단순한 학업 성취도가 아니라 학생들이 수행하는 학습 활동의 과정적인 양상을 측정하자는 뜻에서 이른바 '수행평가'(遂行評價, performance assessment)가 도입되어 시행되기도 한다(백순근, 2000). 이는 교육본위론적으로 해석하면, 결과가 아닌 과정을 평가하는 것으로서 교육평가를 원래의 자리로 되돌려 놓을 가능성을 지니고 있다. 그러나 학교 현장에서 수행평가는 교육의 과정을 평가하고 개선함으로써 양질의 교육에서 누릴 수 있는 가치와 보람을 향유하게 되는 일

---

15) 학교에서 배우는 특정한 교과의 내용을 이해하기가 어려워서 여러 차례에 걸쳐 질문을 하는 학생에게 '모르면 외우기라도 해라'라는 식으로 답변하는 교사가 있다고 한다. 또한 학생들의 이해를 돕기 위하여 필요한 내용을 자세히 설명하는 교사에게 '그것이 시험에 나오나요? 진도 나가지요'라는 식으로 반응하는 학생들도 있다고 한다. 이러한 학교 속에서 이루어지는 것은 교육이 아니라, 입시에서 좋은 성적을 얻기 위한 암기나 주입 또는 강제와 순응일 뿐이다.

과는 거리가 멀게 운영되고 있다. 오히려 이전에는 한 단위의 수업이 종료되면 시행하던 결과상의 성취도 평가를 수업이 진행되는 과정을 잘게 쪼개어 매 순간 시행한다는 악순환이 초래되고 있다. 학업 성취도 평가가 그 근본에서는 변화하지 않은 채, 일회(一回) 시행에서 다회(多回) 시행으로 변화된 것뿐이다.

교육본위론에 입각하여 새로운 교육을 도모한다면, 교육평가는 현재와 같은 모습에서 크게 탈피해야 된다. 새로운 교육평가의 전체적인 양상은 계속 연구될 문제이지만, 지금 현재로서도 생각할 수 있는 몇 가지 원칙을 제시한다면, 이러한 것들이 있을 수 있다. 첫째로, 교육평가는 상구와 하화 활동의 전체적인 양상이 교육의 내재율에 맞게 이루어지는지를 반성하고 문제점을 찾아 개선함으로써 좀 더 높은 품위의 상구와 하화가 이루어지도록 하는 것이라야 한다. 이러한 교육평가 속에서는 훈련, 암기, 주입, 세뇌, 연극, 강제, 순응, 인독트리네이션 등이 교육의 자리를 차지하는 일이 벌어질 수 없다. 이러한 활동들은 상구와 하화의 활동 속으로 포섭될 수 없을 뿐만 아니라, 상구와 하화의 내재율에 맞도록 수행될 수도 없다. 새로운 교육평가는 교육 아닌 활동들을 찾아내어 교육의 바깥으로 추방함으로써 교육의 행세를 하지 못하도록 막는다. 교육평가라면 저급의 교육과 고급의 교육을 감별할 뿐만 아니라, 교육과 교육 아닌 것을 감식할 수 있어야 하는 것이다.

둘째로, 새로운 교육평가는 상구자와 하화자가 스스로 자신들의 활동을 평가하고 개선할 수 있는 역량을 갖추는 데에 기여할 수 있어야 한다. 흔히 교육평가를 외부의 전문가가 교사나 학생의 교육 활동을 평가해 주는 것으로 생각하지만, 새로운 교육평가는 이를 지양해야 된다. 인간은 누구나 자기가 수행하는 활동의 주체이며, 그 활동의 원활한 진행 여부를 누구보다도 제대로 감식할 수 있는 당사자이다. 교육평가는 상구자와 하화자로 하여금 자신들의 교육 활동을 반성하고 문제점을 발견하며 이를 해소하는 방식 등과 관련하여 평가의 기준과 안목, 평가의 결과를 교육에 반영하는 능력 등을 길러줄 수 있어야 한다. 이렇게 교육평가를 생각할 때, 이 과정에는 앞에서 논의했던 메타교육이 필수적인 것으로 수반된다.

현재의 교육평가는 학습자는 물론이고 교사와 학부모 등을 포함한 모든 사람들에게 부담스러운 것이다. 이로 인한 중압감 때문에 있어서는 안 되는 불행한 일들이 간혹 벌어지기도 한다. 그러나 새로운 교육평가의 경우에는 그렇지가 않다. 그것은 교육의 과정을 평가하여 이를 개선함으로써 좀 더 보람 있는 교육의 활동을 영위하기 위한 것이다. 교육평가가 이러한 방식으로 이루어질 때, 그것은 상구자나 하화자에게 부담스러운 것이 아니라, 오히려 그들로 하여금 자신들의 교육 활동을 개선하여 좀 더 높은 수준에서 교육의 내재적 가치를 향유할 수 있도록 해주는 것으로 환대(歡待)를 받을 수도 있다.

6) 학교의 교육 독점과 교육 아마추어리즘

하나의 제도로서 학교가 설립된 데에는 다양한 동기들이 작용하고 있다. 학교가 오직 교육적인 동기에 힘입어 성립되고 운영되는 것은 아니다. 여기에는 정치적인 동기나 경제적인 고려, 사회적인 이유 등 수많은 것들이 개입한다. 그렇기는 해도 학교는 교육을 위한 제도이고, 교육과 관련하여 수많은 공헌을 해 왔다. 이것까지 부정할 필요는 없다. 그러나 학교가 출현하여 교육기관으로 제도화되는 과정에서 많은 부작용도 생겨났다.

학교가 초래한 부작용 가운데서 주목할 필요가 있는 것은 학교가 교육을 독점(獨占)하기 시작하였다는 점이다. 학교에 다니지 않으면 교육을 받지 않는 것이 된다. 학교를 떠나고 싶어도 그럴 경우에는 자신이나 자녀의 교육을 어떻게 해야 되는지를 도대체 알 수가 없다.

학교와 같은 교육기관에 학생으로 등록해야만 안도할 수 있다. 학교를 벗어나서는 교육적인 지원을 받을 도리가 없다. 당국으로부터 인가를 받지 않은 곳에서는 교육이 금지된다. 현실적으로 학교 밖에서 자신의 교육적인 성장을 도모할 수가 없다. 그만큼 학교는 교육과 관련하여 우리에게 다른 선택지를 남겨 놓지 않고 있다.

학교 밖에서 제 아무리 노력하여 높은 수준의 지식을 습득하거나 기능을 익혀도 이는 학력(學歷)으로 인정받지 못한다. 반면에 학교에 등록하여 졸업장이나 수료증 등을 받기만 하면, 설사 제대로 학습활동을 수행하지 않았다고 하더라도, 능력이 있는 것으로 간주된다. 남에게 전해줄 만한 나름대로의 앎을 지니고 있어도 자격증이 없으면 가르치는 일을 수행할 수가 없다. 경우에 따라서 이는 법적인 제재를 받기도 한다. 교육의 활동은 누구나 수행할 수 있는 것이고, 이를 통하여 교육적인 삶을 영위할 수 있는 것임에도 불구하고, 현실적으로 그렇게 하기는 대단히 어렵다. 그만큼 학교는 교육과 관련하여 독점적인 지위를 차지하고 있다.

학교를 중심으로 가르치는 일에 전문적으로 종사하는 교사 집단이 생겨나고 자격증으로 무장한 이들 교사들을 중심으로 가르치는 활동을 전문직의 소임으로 정착시키려는 시도가 이루어진다. 이는 그들만이 잘 가르칠 수 있고, 또 가르쳐야 한다는 생각으로 이어질 수도 있다는 점에서 또 하나의 교육 독점에 해당한다. 학생은 그가 실제로 학습을 하고 있는가와는 무관하게 학습과 관련된 모든 것을 독차지한다. 상급학교에 진학할 자격도 거의 전부가 그들에게 주어진다. 학습을 장려하고 지원하기 위한 각종의 보조금이나 시설 및 자원 등도 학교에 등록한 학생들의 몫이다.

이처럼 학교와 교사 또는 학생들은 교육을 자신들이 전문적으로 수행하는 일로 고착시키고, 각종의 수혜를 독차지하려고 든다. 그러면서도 그들이 교육의 활동을 모범적으로 수행하고 있다거나 교육의 가치와 보람을 만끽하고 있는 것도 아니다. 학교에서 이루어지는 일을 교육으로 간주하다 보니 교사의 설명을 수동적으로 받아들이고 이를 적어서 기억하였다가 재생하는 활동이 곧 배우는 일이고, 교과서의 내용을 요약하여 판서(板書)하고 설명하는 활동이 바로 가르치는 일이라는 생각이 굳어지고 있다. 이로 인하여 삶 속에서 이루어지는 교육의 활동이 지니고 있던 능동성, 적극성, 몰입, 흥미, 열정 등은 사라져 버리고 수동성, 무관심, 언어적인 전달과 암송 등이 교육의 특징으로 자리잡는다.

교육본위론에 따르면, 교육은 보편적인 인간적 삶의 양식으로서 그것 나름의 가치를 내장하고 있다. 누구나 자신의 품위를 중심으로 하여 위로는 상구하고 아래로는 하화하는 삶을 영위하고 있다. 그리고 이를 통하여 교육적인 삶의 보람과 가치를 향유할 수 있다. 교육이란 원래 그러한 것이다. 그러나 오늘날의 학교교육은 이러한 모습에서 너무도 멀어지고 있다. 이는 학교가 교육을 자신의 전문적인 소관 사항으로 독점하므로 인하여 벌어진 현상이다. 이를 개선하려면 원래의 교육이 지니고 있는 생리에 맞도록 교육에 참여할 수 있는 기회가 마련되어야 한다. 교육에 필요한 것은 프로페셔널리즘이 아니라 아마추어리즘이다.

아마추어(amateur)란 흔히 체육이나 스포츠 분야에서 그것을 본업으로 삼아 전문적으로 종사하는 사람을 지칭하는 프로페셔널(pro-fessional)과 대립되는 용어로 사용된다. 체육이나 스포츠를 하나의 취미로서 사랑하고 즐기는 자가 곧 아마추어라는 것이다. 그러나 원래 아마추어란 '무엇인가를 사랑하는 사람'을 뜻하는 라틴어 amator에서 유래한 것이다. 따라서 그것은 반드시 체육이나 스포츠와 관련해서 사용해야 되는 용어는 아니다. 무엇이 되었든지 간에 어떠한 활동을 그 자체로 좋아하기 때문에 수행하는 사람, 이른바 '애호가'(愛好家)가 곧 아마추어이다. 지금 교육에서 필요한 것이 바로 이들 아마추어이고, 그러한 사람들의 교육적인 삶의 기본 자세이며 태도인 교육 아마추어리즘이다.

교육을 그 자체로 좋아하는 교육 애호가가 있을 수 있다는 생각은 많은 사람들의 눈으로 보면 도저히 믿어지지 않는 것일지도 모른다. 교육은 일종의 고역(苦役)과도 같은 것이지만, 이를 통하여 얻을 수 있는 물질적인 보상이나 지위, 명예 등을 위하여 참고 견뎌야 한다는 우리의 흔한 생각에 비추어 보면, 교육 애호가라는 것은 있을 수가 없는 것이다. 그러나 '배우는 일이 어찌 염증날 수가 있으며, 사람을 가르치는 일이 어찌 권태로울 수가 있겠는가'(學而不厭 誨人不倦)라는 교육적인 삶에 대한 공자의 고백이 남아 있다. '위로는 진리를 구하고, 아래로는 사람들을 가르치는 일'(上求菩提 下化衆生)에 평생을 헌신한 석가의 행적이 있다. 모르고 있던 것을 발견하는 일은 우리를 사로잡는 '발견의 열정'(heuristic passion)을 담고 있으며, 자신이 알게 된 것을 모르고 있는 사람들에게 가르치는 일 또한 이에 못지 않은 '설득의 열정'(persuasive passion)을 제공한다는 체험적 주장도 발견할 수 있다(Polanyi, 1958). 이러한 단편들 속에서 우리는 교육의 내재적 가치에 감응하고 있는 교육 애호가들을 만날 수 있다. 이는 결코 몇몇 뛰어난 사람들의 전유물이 아니다. 새롭고 기이한 것을 만나면 그 옆을 떠나지 못한 채 어른들에게 성가실 정도로 질문을 퍼붓고, 자신이 최선을 다한 조그마한 성취에도 흡족해하고 내심 이를 자랑스러워하는 어린 아이 속에도 교육의 내재적 가치가 살아 숨쉬고 있다. 문제는 교육의 보람과 가치가 있고 평생을 걸고 추구할 만한 교육적인 삶이 있음에도 불구하고 이를 자각하거나 체험하지 못하는 우리에게 있다.

아마추어로서 교육을 그 자체로 사랑하는 교육 아마추어리즘은 우리가 교육에 대한 인식을 바꾸고 이에 맞추어 교육의 활동을 전개하면 누구에게나 그의 것이 될 수 있다. 교육본위론을 통해 보면, 바로 그러한 새로운 교육에 대한 전망을 얻을 수 있다. 자신의 품위를 거점으로 하여 한 단계 높은 품위를 추구하는 상구의 활동을 전개하고, 자신보다 낮은 품위에 있는 사람을 대상으로 하여 하화의 활동을 전개할 수 있다. 교육의 활동을 교육의 내재율에 맞도록 수행하는 가운데 우리는 교육만이 줄 수 있는 고유한 보람과 흥취를 체험하고 이에 헌신하는 교육적인 삶을 영위할 수 있다.

5. 초등교육의 재서술

교육본위론에 대한 소개를 다소 장황하게 늘어놓은 것에 대하여 불만을 가질 사람이 있을지도 모른다. '초등교육을 새롭게 재개념화하는 일'과 '교육학의 속사정을 논하고 이를 넘어서기 위한 새로운 시도로서 교육본위론이라는 것이 무엇인지를 소개하는 일'은 엄연히 다른 일이라고 생각할 수가 있는 것이다. 그러나 그렇지가 않다. 우리가 초등교육의 정체에 대하여 현재 별다른 이해를 확보하고 있지 못한 속사정은 물론이고 심한 경우에 초등교육을 오해하고 있는 형편도 현존하는 교육학의 지식들이나 관점들로부터 상당 부분 기인하는 것이다. 따라서 그것을 해소하고 새로운 초등교육을 모색하는 일은 교육본위론의 문제의식이나 교육본위론의 이론적인 내용들을 이해하는 일에서부터 시작할 수밖에 없다. 지금 있는 교육학을 넘어서기 위하여 우리가 의존할 수 있는 교육의 이론이 교육본위론을 제외하면 거의 전무(全無)하다는 점에서 이는 불가피한 조치이다.

지금부터 여기서 시도하려는 것은 교육본위론의 관점에서 초등교육이 어떠한 형태의 교육일 수 있는지를 가능한 만큼 이야기하는 일이다. 그러나 이 이야기를 하는 데에는 한 가지 규칙이 있다. 그것은 교육본위론의 용어를 사용한다는 점이다. 교육을 제대로 드러내는 데에 문제가 있는 개념들을 사용하여 새로운 이야기를 할 수는 없다. 이 이야기를 읽는 사람들은 그 용어의 의미를 아무렇게나 짐작해서는 안 된다. 의미를 알기가 어려울 때에는 바로 앞에서 소개한 교육본위론을 다시 읽으면서 그 의미를 파악하려는 작업을 해야만 한다. 가능한 만큼 소개하려고 애를 쓰기는 했지만, 앞에서 소개한 교육본위론만 가지고는 여전히 그 의미가 이해되지 않을 때에는, 교육본위론의 원래 저자인 장상호 교수의 논문과 저작들을 참고할 수밖에 없을 것이다.

1) 초등교육과 일차교육

우리가 현재 운영하고 있는 제도교육은 우리의 것이 아니다. 그것은 우리 근대사의 전개 과정에서 유입된 서구의 교육 제도이다. 우리는 그러한 제도교육의 단계들을 초등교육, 중등교육, 고등교육으로 부르고 있다. 이들 용어들은 서구의 제도교육을 통하여 유입된 서로 구분이 가능한 교육들을 지칭하는 서구의 용어들을 우리 나름대로 옮긴 번역어들이다. 번역은 아무렇게나 하는 것이 아니다. 원래의 서구식 용어가 담고 있는 의미를 최대한 살릴 수 있는 방식으로 번역해야 된다. 그리고 그 번역의 충실성 여부는 원래 서구 용어가 지니는 의미가 얼마나 살아나는가에 비추어 결정된다. 그렇다면 초등교육은 무엇의 번역어인가?

초등교육은 primary education의 번역어이다. 이와 연결되는 서구식 용어는 secondary education과 tertiary education이다. 물론 초등교육을 elementary education의 번역어로 볼 수도 있다. 그러나 이 용어는 higher education과 짝을 이룰 뿐, 우리말의 중등교육에 해당하는 표현을 지니고 있지 않다. 뿐만 아니라 elementary education이나

higher education이라는 표현은 교육의 소재에 해당하는 특정한 수도
계의 품위와 교육의 품위를 혼동하고 있다. 높은 수준의 품위를 소재
로 삼아 교육을 한다고 해서 그것을 higher education이라고, 즉 교육
의 품위가 높은 것이라고 말할 수는 없다. 이 점에서 elementary edu-
cation이나 higher education이라는 용어는 우리가 찾는 초등교육, 중
등교육, 고등교육의 원래 서구식 표현으로 보기가 어렵다.

그러나 primary education은 물론이고 secondary education이나
tertiary education을 초등교육, 중등교육 그리고 고등교육으로 번역할
수는 없다. 이들 표현들은 교육이 순차적으로 진행된다고 할 때, 선
행하는 교육과 그것을 뒤따르는 교육이라는 의미는 담고 있지만, 그
자체 속에 교육이 초급이라거나 중급이라는, 또는 고급이라는 식의
뉘앙스는 담고 있지 않은 것이다. 이 점에서 초등교육, 중등교육, 고
등교육은 국적 불명의 오역(誤譯)일 가능성이 높다. 이들 용어들은 그
교육에서 다루는 교육의 소재가 지니는 품위를 기준으로 교육의 품위
를 규정하는 오류를 범하고 있을 뿐이다. 이로 인하여 각급 제도교육
을 생각하는 데에 있어 건전한 착상을 오도(誤導)하는 경향이 강하다.
이처럼 득보다는 실이 많은 개념이라고 하면, 우리가 그것을 견지해
야 될 이유가 없다.

그렇다면 primary education, secondary education, tertiary education
을 무엇으로 바꾸어 불러야 하는가? 이들 용어들에 대한 적절한 번역
어를 찾는다는 것은 쉽지가 않다. 번역이 안 되는 경우에는 원래의
용어를 소리나는 대로 우리말로 옮기는 것이 정석이다. 그러나 '프라
이머리 에듀케이션', '세컨더리 에듀케이션', '터씨어리 에듀케이션'
이라고 말하는 것은 상당히 어색할 뿐만 아니라 불편하기까지 하다.
그래서 굳이 번역을 해야 된다면, 이를 원래의 의미에 충실하도록,
각각 '일차교육', '이차교육', '삼차교육'이라 하는 편이 좋을 것이다.
물론 조심해야 될 것은 일차교육, 이차교육, 삼차교육이라는 표현을

일차교육이 가장 중요하고, 이차교육이나 삼차교육은 그것보다 상대적으로 중요도가 떨어진다는 의미로 이해해서는 안 된다는 점이다. 교육 가운데 중요하지 않은 것이 어디 있겠는가? 모든 교육은 그 나름으로 다 소중한 교육이다. 이러한 점은 여기서 누누이 강조한 바가 있으며, 이 글을 읽는 사람들도 이미 충분히 알고 있을 것으로 기대한다.

일차교육, 이차교육, 삼차교육이라는 말을 중요도의 순서로 보기보다는 교육이 순차적으로(progressively) 이루어진다고 할 때, 그러한 순차적인 흐름 속에서 논리적으로나 사실적으로 선행하고 후행하는 교육들을 지칭하는 것으로 볼 필요가 있다. 이러한 뜻 이외에 어떠한 다른 의미를 첨가하려는 것은 초등교육, 중등교육, 고등교육이라는 표현의 경우만큼이나 교육의 본질을 흐려 놓을 우려가 있다. 우리는 이를 특히 경계해야 된다. 이들 표현들은 듀이가 아래에서부터, 또는 아동으로부터 시작하여 단계적으로 교육의 형태를 그려나가려고 시도하면서 이야기한 순차적 교육(progressive education)이나 교육본위론에서 상구의 활동이 순차적으로 이루어져야 한다고 보면서 그에 맞도록 품위의 단계적 배열을 논하는 장면과 관련지어 그 의미를 부여하는 것이 차라리 적절하다. 물론 이것보다 더 적합한 번역어가 있다면, 이들 표현들을 언제나 그것으로 대치할 수 있다. 이는 초등교육, 중등교육, 고등교육이라는 용어가 불러일으키는 그릇된 이미지를 피하기 위한 조치일 뿐이다. 초등교육, 중등교육, 고등교육을 각각 일차교육, 이차교육, 삼차교육으로 바꾸어 부른다면, 일관성을 기하기 위하여 초등학교, 중·고등학교, 대학교도 일차학교, 이차학교, 삼차학교라고 불러야 할 것이다. 물론 이 표현도 잠정적인 것이다.

이 밖에도 우리가 고쳐야 할 언어적인 관행이 있다. 그것은 교사와 학생에 대한 것이다. 교육본위론을 통하여 충분히 짐작할 수 있었겠지만, 교사(教師)와 하화자(下化者)는 엄연히 구분되는 개념이다. 교

사가 곧 하화자는 아니다. 물론 교사도 교육본위론에서 말하는 하화
활동을 수행하고 있다. 이를 부정할 생각은 없다. 그러나 교사가 수
행하는 활동은 하화만이 아니다. 그는 성인으로서 학습자들을 보호해
야 되는 소임도 지니고 있고, 공직자로서 수행해야 되는 각종의 행정
사무도 지니고 있으며, 학급의 경영자로서 맡아야 하는 관리의 업무
도 지니고 있다. 뿐만 아니라 사회 봉사의 소임도 있고, 생활지도와
선도의 업무도 담당하며, 학교 운영과 관련된 여러 가지 일들을 맡거
나 협조해야 될 소임도 있다. 이 밖에도 교사의 업무는 이루 열거하
기가 어려울 정도로 많다. 가르치는 일에만 전념하기가 불가능할 만
큼 교사가 수행해야 될 일들이 너무도 많다는 하소연은 어제 오늘의
이야기가 아니다. 이런 다양한 일들을 모두 수행해야 될 뿐만 아니
라, 경우에 따라서는 하화 활동을 희생하고라도 이들 일에 매달릴 수
밖에 없는 것이 교사라고 하면, 교사를 곧 하화자라고 생각할 수는
없다. 교사는 그 소임 가운데 하나로 하화의 활동을 맡고 있을 뿐이
다. 이렇게 보면, 교사라는 개념은 학교라는 제도와 관련된 것일 수
는 있어도 교육과 관련된 개념일 수는 없다.

바로 이러한 점에서 우리는 과감하게 교사라는 용어를 버리고 하화
자라는 개념을 사용할 필요가 있다. 이렇게 하는 것이 교사를 위해서
도 바람직하다. 교사가 teacher라면, 그는 이 표현에 맞도록 'teaching'에
만 몰두할 수 있어야 한다. 교육본위론의 개념으로 바꾸어 말하자면,
그는 하화 활동에만 전념할 수 있어야 한다. 그것을 제외한 나머지 일
들은 하화자로서의 교사의 소임이 아니다. 학교와 관련된 다른 일들은
가능한 한 이것을 맡아서 제대로 수행할 수 있는 사람들에게 넘기는
것이 좋다. 학교가 교육을 위한 곳이라면, 그리고 그 속에서 교사가 하
화를 하는 사람이라면, 이는 너무도 당연한 조치이고 너무도 당연한
요구이다. 교사를 하화자로 바꾸고 그 소임도 하화의 수행에 대한 것
으로 생각한 연후에는 초등교사, 중등교사, 대학교수라는 표현을 각각

일차하화자, 이차하화자, 삼차하화자로 할 수 있을 것이다.

학생(學生)이라는 표현은 영어 student의 번역어이다. Student는 '열망'과 '헌신'을 뜻하는 라틴어 studøum 또는 그것의 형용사인 studobsus에서 파생된 말로 '학습을 사랑하는 자'라는 의미를 갖는다. 그러나 이 말이 학교라는 제도와 관련된 것으로 사용되는 과정에서 그것이 갖고 있던 의미는 거의 완전히 소멸되고 말았다. 이제 학생이라는 말은 학교에 등록하고 있는 사람을 통칭하는 말로 사용되고 있다. 그가 설사 학습을 사랑하기는커녕 학습의 활동을 조금도 수행하고 있지 않아도, 학교에 적(籍)을 두고 있으면, 그는 엄연히 학생이다. 반면에 학습을 사랑하고 이에 헌신하고 있다 하더라도 학교에 등록하고 있지 않으면 그는 학생이 아니다. 학생이라는 말은 교육에의 참여와 헌신이라는 차원이 아니라, 학교라는 제도 속으로의 공식적인 참여라는 차원에서 사용되는 말로 의미가 완전히 변질된 것이다. 뿐만 아니라 우리 사회에서 학생이라는 말은 더 커다란 의미의 변화를 겪었다. 학교에 등록하여 다니고 있는가와는 무관하게 일정한 연령대의 사람들을 통칭하는 말로 사용되고 있는 것이다. 학교에 다니고 있을 나이로 짐작되면서 아직 아저씨나 아주머니라고 부르기는 이른 것 같고, 그렇다고 해서 총각이나 아가씨라고 부르기도 어색한 연령대의 사람들을 부르는 말이 바로 학생이다. 이러한 점들을 고려할 때, 학생이라는 용어는 교육학의 개념도 아니고 교육의 토착적인 용어도 아닐 뿐만 아니라, 심지어는 학교와 관련된 말도 아니다.

학생이라는 용어 대신에 학습자라는 표현의 사용을 고려해 볼 수도 있다. 그렇지만 학습이라는 말은 외부의 자극에 대하여 수동적으로 반응하는 가운데 외현적인 변화를 가져오는 활동을 의미하는 것으로 사용되고 있다. 종소리에 반응하여 침을 흘리는 행동을 하게 되는 것이 학습이며, 교사의 언어적인 설명을 수용한 뒤에 외부의 요구나 자극이 있을 때에 이를 재생해 내는 것이 학습이다. 그것은 습관의 형성이나 행동의 변화, 상징의 기억 등을 의미한다. 이는 심리학적인 개념일 수는 있어도 교육학의 개념일 수는 없다. 학습이라는 말은 교육과 관련하여 우리 조상들이나 현재의 우리가 비록 막연하게나마 배움이라는 말로 떠올리려는 활동조차도 지칭하지 못한다.

교육본위론에 따르면, 학생이나 학습자라는 표현은 상구자(上求者)라는 개념으로 변경되어야 한다. 이것이 일상어로서의 학생이나 심리학의 개념인 학습자를 대신하는 교육학의 개념이다. 상구자는 그가 습득하는 품위의 수준과는 무관하게 하나의 품위에서 다음 품위로 나아가는 데에 필요한 과정적 활동인 상구의 활동을 수행한다. 그리고 이러한 상구의 활동을 상구의 내재율에 맞도록 조율하면서 제대로 수행하는 자가, 굳이 이야기하자면, 고등상구자(高等上求者) 또는 고급상구자(高級上求者)이다. 물론 이를 제대로 못하는 자가 바로 초등상구자(初等上求者)이며, 초급상구자(初級上求者)이다. 이것이 교육의 소재가 갖는 수준을 근거로 초등학생, 중등학생, 고등학생을 가르는 편법보다는 훨씬 교육적이다. 이러한 점들을 생각할 때, 초등학생, 중등학생, 대학생이라는 현재의 표현을 일차상구자, 이차상구자, 삼차상구자로 바꿀 필요가 있다.

이처럼 새로운 개념을 사용하는 것과 관련하여 오해해서는 안 될 점이 있다. 일차교육, 일차학교, 일차하화자, 일차상구자 등과 같은 개념들을 제안하는 것은 이들 개념들이 실제 제도교육의 장면에서 사용되어야 한다고 주장하기 위해서가 아니다. 제도교육의 현장에서 어떠한 용어나 개념들을 사용할 것인지가 우리의 직접적인 관심사는 아닐 뿐만 아니라, 이는 제도교육에 관여하고 있는 현장 종사자들이 결정할 문제이기도 하다. 여기서 제안하는 개념들은 제도교육을 제대로 이해하고 설명하며 그에 대한 학문적인 논의를 전개하는 데에 도움이 될 수 있는 이론적인 개념들이다. 이를 통하여 제도교육의 실천을 개선하거나 혁신하기 위한 것이 아니다. 이는 바꾸어 말하면 이들 이론적인 개념들이 실제로 제도교육을 실천하거나 개선하는 데에 유용하지 않다거나 번거롭다고 해서 그릇된 것으로 보아서는 안 된다는 뜻이기도 하다. 실천의 장면에는 그 장면에 맞는 용어가 있을 수 있으며, 실천을 대상으로 삼아 전개되는 이론적인 장면에는 이에 맞는 용어들이 있을 수 있다.

그러나 한 가지 분명한 것은 제도교육을 대상으로 교육학적인 사고를 전개하고 이론적인 논의를 하는 경우에는 제도교육의 실천과 관련된 현장의 용어들이 아니라 그에 적절한 이론적인 개념들이 필요하다는 점이다. 일상적인 용어들이나 제도적인 개념들을 갖고 교육에 대하여 이론적으로 사고할 수는 없기 때문이다. 일차교육, 일차학교, 일차하화자, 일차상구자 등과 같은 개념들은 제도교육에 대한 이론적인 사고와 논의를 위한 것들이며, 그 의의는 바로 여기서 확보되는 것이다. 물론 그것이 제도교육의 실천을 개선하는 데에 도움이 될 수도 있고, 실천 장면에서도 통용될 수 있는 개념들로 정착할 가능성이 있지만, 이는 이론적인 의의에 비하면 부차적인 것이다.

2) 일차교육의 소임

일차교육, 이차교육, 삼차교육은 순차적으로 진행되는 교육의 단계들을 형성하고 있으면서 동시에 서로 구분이 가능한 세 가지 교육의 양상들을 이론적으로 상정하는 개념들이다. 이 개념들이 의미를 지니려면, 이들 세 가지 교육의 양상들이 각기 어떠한 것이며, 이들이 서로 관련을 맺어 공조 체제를 형성함으로써 순차적인 교육을 창출하는지 등이 논의되어야 한다. 그렇지 못할 경우, 이들 개념들은 공허한 것이 되고 만다.

그렇다면 제도교육을 형성하는 첫 단계의 교육인 일차교육은 어떠한 교육인가? '초등교육의 개념'이라는 장(章)에서도 설명했듯이 일차교육은 '메타교육'과 '소질의 탐색'을 중심으로 한다. 외형적으로 는 다양한 교육의 소재들을 상구하고 하화하는 '소재교육'의 형식을 취하고 있지만, 그 이면에서 일차교육은 상구에 대하여 상구하고 하 화하는 '메타교육'의 한 가지 양상으로 전개되고 있는 것이다. 교육 의 세계에 이제 막 입문한 일차상구자들은 자신들에게 제공된 특정한 소재들을 갖고 어떻게 상구 활동을 전개해 나가야 하는지를 알지 못 한다. 그들에게 절실히 필요한 것은 평생에 걸쳐 이루어질 그들의 상 구 활동이 어떠한 원리에 맞추어 어떠한 요소적 활동들을 수행하면서 전개되어야 하는가에 대한 앎이다. 물론 이러한 앎은 언어적인 지식 의 형태로 습득되는 것이 아니라, 실제 상구 활동을 전개하면서 그 과정을 반성적으로 성찰하는 활동을 통하여 습득된다. 다양한 교육의 소재들은 이러한 메타교육을 위한 도구이다. 일차상구자의 맞은 편에 서 일차하화자들은 소재의 품위 내용을 전수하는 데에 관심을 갖는 것이 아니라, 이를 소재로 하여 이루어지는 상구에 대하여 하화하는 데에 관심을 갖는다. 일차상구자들이 상구에 대하여 상구할 수 있도 록 그들의 상구 활동을 살피면서 조언하고 지시하고 처방하며 격려하 는 것과 같은 상구에 대한 하화 활동을 전개하는 것이 일차하화자들 의 소임이다. 물론 이는 일차교육에서 종료되는 것이 아니라 모든 단 계의 교육에서 어떤 형태로든지 간에 이루어지는 것이다. 일차교육의 장면에서는 메타교육이 전경이 되고 소재교육은 배경으로 자리잡으 며, 이차교육이나 삼차교육에서는 이러한 양상이 다른 방식으로 재정 립된다.

일차교육이 메타교육의 양상으로 전개되는 데에는 중요한 의미가 있다. 제도교육의 장면에 들어서기 이전에도 누구나 나름대로 상구 활동을 수행한다. 그리고 많은 경우에 그것은 주체를 사로잡는 매력 과 흥미의 원천이다. 이를 통하여 우리는 나름대로 상구의 내재적 가 치를 체험한다. 그런데 제도교육의 장면에 들어서면 이러한 교육의 보람과 매력이 사라지면서 오히려 교육이 헌신할 만한 가치가 있는 것이라기보다는 일종의 고역과도 같은 것으로 전락하고 만다. 이는 정상적인 일이 아니다. 특히 제도교육의 첫 단계라고 할 수 있는 일차교육에서부터 이러한 일이 생긴다면, 그 다음 교육들의 경우에는 그 영향이 더욱 증폭되고 만다. 일차교육의 장면에서 메타교육은 자신의 상구 활동을 반성적으로 성찰하는 가운데 문제점을 찾아 개선함으로써 좀 더 높은 품위의 상구를 모색하는 활동이다. 이를 통하여 상구자들은 자신들의 상구 활동으로부터 고유한 보람과 흥취를 느낄 수 있고 이것이 상구의 가치에 해당한다. 제도교육의 첫 단계인 일차교육에서부터 상구자들이 상구의 가치를 제대로 체험할 수 있을 때, 일차교육은 물론이고 그 다음에 이어지는 이차교육이나 삼차교육도 탄력을 받아 원활히 진행될 수 있다. 이 점에서 상구의 가치를 체험할 수 있도록 하는 것으로서의 메타교육은 전체 제도교육과 관련하여 중요한 의의를 지닌다.

일차교육의 소임은 메타교육에만 있는 것이 아니다. 상구자들이 자신들의 소질이나 적성에 맞는 교육의 소재들을 탐색할 수 있도록 하는 것도 일차교육의 중요한 소임이다. 교육의 소재가 될 수 있고, 이를 통하여 우리의 성장을 도모할 수 있는 세계는 무수히 많다. 그리고 이들 세계들은 인간이 추구할 만한 나름대로의 고유한 가치를 내장하고 있다. 이 점에서 다양한 세계들을 접하고 이를 소재로 삼아 상구의 활동을 전개한다는 것은 권장할 만한 일이다. 그렇기는 하지만 하나의 주체가 이 모든 세계에 대하여 소질과 적성을 지니고 있을 수는 없으며, 모든 세계에 걸쳐 균등한 품위의 향상을 도모할 수도 없다. 이 점에서 다양한 세계들을 접하면서 자신의 소질과 적성에 부합하여 적절한 상구 활동의 소재가 될 만한 세계를 탐색하는 과정은 소홀히 할 수 없는 일이다. 물론 이러한 일은 일차교육만이 아니라 그 다음 단계의 교육에서도 진행되는 일일 뿐만 아니라, 실제로 일차교육을 통하여 자신의 소질과 적성에 맞는 소재를 아주 구체적인 수준까지 세밀하게 탐색하기도 어렵다. 그러나 적어도 상구의 활동을 적절히 수행할 수 있는 소재들의 커다란 방향성을 확인하는 일은 일차교육의 중요한 소임이다.

다양한 소재들을 접하는 가운데 메타교육을 통하여 상구의 능력을 신장시키고 자신의 소질에 맞는 소재들을 찾는 일을 중심으로 일차교육의 모습을 그릴 수 있다. 이러한 일차교육과의 관계 속에서 이차교육은 다음과 같은 양상으로 진행된다. 이차교육은 일차교육을 통하여 확인된 상구자의 소질과 부합하는 소재들을 중심으로 '심화소재교육'(深化素材教育)을 진행한다. 좀 더 많은 시간을 이에 투입하고 좀 더 깊이 있는 내용들을 좀 더 높은 수준에 이르기까지 다룬다. 그러나 이차교육이 심화소재교육을 통하여 다룰 수 있는 소재들만을 제공하는 것은 아니다. 심화소재교육에 포함되지 않는 다른 소재들도 상구자에게 교양 수준으로 제공하는 '교양소재교육'(教養素材教育)이 있을 수 있는 것이다. 이차교육이 수행하는 이러한 소재교육은 일차교육을 통하여 상구자의 소질과 부합하는 소재들의 커다란 윤곽이 확인되었을 때 가능하다. 그리고 이러한 두 가지 소재교육을 진행할 수 있는 것은 일차교육이 메타교육을 통하여 상구자들에게 상구의 역량을 배양시켰기 때문에 가능한 것이다. 물론 이차교육에서도 메타교육은 이루어지지만, 이 경우에는 일차교육과는 달리 심화소재교육과 교양소재교육이 전경이 되고 메타교육은 배경이 되는 양상으로 진행된다.

이차교육이 이렇게 진행될 때, 이와 관련하여 삼차교육의 윤곽이 나타날 수 있다. 삼차교육은 이차교육이 심화의 형태로 제공했던 소재를 좀 더 구체적이고 세밀한 수준에서 다루는 전공교육의 형태를 띠게 된다. 예를 들어 이차교육에서 상구자의 소질을 고려하여 과학이라는 수도계를 심화소재교육의 형태로 다루었다면, 삼차교육에서는 과학 가운데서도 상구자가 더 흥미와 관심을 갖는 분야, 즉 천체 물리학이나 유기화학, 미생물학 등에 주력하는 '전공소재교육'(專攻素材教育)을 수행한다. 그리고 이들 분야를 제외한 과학 분야들은 그 관련성을 고려하여 다른 소재들과 함께 교양소재교육의 형태로 재구성된다. 이러한 삼차교육이 가능하려면, 일차교육에서 상구자가 지니고 있는 소질의 대체적인 방향이 확인되고, 이차교육에서 그 방향에 부합하는 소재들을 중심으로 심화소재교육을 수행해야만 한다. 물론 이러한 형태의 전공소재교육의 이면에는, 이차교육의 경우와 마찬가지로, 메타교육이 자리잡고 있다.

일차교육이든, 이차교육이든, 아니면 삼차교육이든 간에 그것들이 모두 교육인 이상에는 교육이 따라야 하는 교육의 내재율, 예를 들자면, 교육본위론에서 말하는 교육의 수레바퀴를 형성하는 원리들을 따라야 한다. 그리고 메타교육이든 소재교육이든 간에 이를 형성하는 상구와 하화의 양상은 동일하다. 그렇기는 하지만 이들 교육들은 지금 여기서 이야기한 것과 같은 차이를 지니기도 한다. 물론 그러한 차이는 교육으로서 이들이 지니는 근본적인 동일성에 기반을 둔 차이이다. 그리고 그러한 차이들은 각기 개별적으로 공존하기보다는 서로 결합하여 공조 체제를 형성함으로써 하나의 제도교육을 순차적으로 구성하게 된다. 이러한 제도교육의 틀 속에서 일차상구자나 일차하화자가 그러한 것처럼 이차상구자나 이차하화자, 그리고 삼차상구자나 삼차하화자가 수행하는 교육 활동의 성격과 양상도 모색될 수 있을 것이다.

3) 일차교육의 소재와 평가

일차교육을 살아가는 데에 필요한 가장 기초적인 지식이나 기능, 예를 들면 독(讀), 서(書), 산(算)의 지적 기능들을 가르치고 배우는 교육이라고 생각할 필요는 없다. 이는 일차교육을 생각하는 경우에 너무도 흔하게 우리가 떠올리고 있는 생각이며, 동시에 일차교육과 관련된 가장 오래된 편견이기도 하다. 그러나 과거에는 어떠했을지 몰라도 이러한 지적인 기능이 현대를 살아가는 데에도 가장 기초적인 기능이라고 보는 것은 너무도 시대착오적(時代錯誤的)이다. 또한 교육을 살아가는 데에 필요한 능력을 기르는 것으로 보는 실용적인 발상은 교육의 실체를 드러내는 데에 충분하지도 않을 뿐만 아니라, 교육의 내재적 가치를 완전히 무효화시키는 부작용마저 낳게 된다. 교육의 기능들을 열거하는 방식으로 교육의 본질을 해명하려는 시도는 옳지 않을 뿐만 아니라, 정작 교육의 본질적인 가치마저도 훼손하는 것이다. 더욱이 가장 중요하게는 그러한 일차교육에 참여하고 있는 일차상구자들이 자신들이 받고 있는 교육의 성격을 살아가는 데에 필요한 기초적인 지적 기능을 습득하는 것으로 생각하고 있다는 보장도 없다. 일차상구자들이 그렇게 생각하고 있을 리도 만무하다.

일차교육을 다음 단계의 이차교육이나 삼차교육을 위한 준비교육으로 보는 관점 역시 넘어설 필요가 있다. 이러한 관점을 견지하게 되면, 일차교육은 그 내용과 형식 등 모든 점들이 다음 단계를 위한 것으로 변질되어 자체의 본질을 상실하게 된다. 물론 일차교육이 제대로 이루어지는 가운데 그것은 결과적으로 이차교육이나 삼차교육이 원활히 이루어지도록 도움을 줄 수는 있다. 아마도 이것이 일차교육이 이차교육이나 삼차교육을 위한 준비가 된다는 말의 정확한 의미일 것이다. 그러나 이러한 뜻에서의 준비가 이루어지도록 하려면, 그것은 일차교육이 그 나름의 본질을 구현하는 가운데 순리(順理)대로 다음 단계의 교육으로 이어진다고 생각해야 된다.

일차교육의 소재는 기초적인 삶에 필요한 지식이나 기능이 아니며, 다음 단계의 교육을 받는 데에 필요한 내용들을 쉽게 꾸며 놓은 것으로 규정될 수도 없다. 앞에서도 여러 번 강조하였던 것처럼 일차교육은 다양한 교육의 소재들을 활용하여 상구자들의 소질과 적성에 부합하는 그러한 종류의 소재들을 찾고, 동시에 어떻게 상구해야 되는지에 대한 상구와 하화로서의 메타교육을 수행한다. 일차교육이 이러한 소임을 수행하는 교육이라고 보면, 그것이 다루는 교육의 소재나 평가의 방식 등과 관련하여 새로운 착상을 시도할 수 있다.

먼저 일차교육의 소재를 특정한 것으로 한정할 필요가 없으며, 이차교육의 소재를 차용하거나 끌어오는 방식으로 일차교육의 소재를 결정해야 될 이유도 없다. 무엇을 일차교육의 소재로 삼아야 하는지는 일차교육의 본질로부터 연역되는 것이라야 옳다. 일차교육의 소재는 상구자들이 자신들의 내면에 잠재해 있는 교육적인 소질과 적성의 방향을 확인하는 데에 도움이 될 수 있도록 다양화되어야 한다. 인간은 누구나 상구의 활동을 향유할 수 있으며, 자신의 소질과 적성에 부합하는 세계에서 그들이 할 수 있는 만큼 최선의 성장을 도모할 수 있다. 이 점에서 교육의 세계에는 '학습장애'나 '학습부진'이라는 말로 지칭되는 현상이 존재할 수가 없다. 특히 일차교육의 경우 상구자가 상구의 활동을 제대로 수행하지 못한다거나 그가 다른 상구자들보다 성취의 정도가 미미하다고 해서 그를 비난하는 것은 올바른 일이 아니다. 오히려 해당 상구자도 나름대로 상구하고 성장할 몫이 있음에도 불구하고 그의 소질이나 적성에 부합하는 교육의 소재를 제공하지 못하고 있기 때문에 문제가 빚어지고 있는 것은 아닌가를 고민해야 된다. 다소 강하게 말하면, 일차상구자 모두가 나름대로 자신의 소질과 적성에 맞는 그러한 종류의 교육 소재들을 접할 수 있도록 일차교육은 다양한 교육의 소재들을 제공할 수 있어야 한다. 만약 일차상구자가 나름대로 성장할 수 있는 세계를 찾아 상구의 활동을 진행하고 있지 못하다면, 문제의 원인을 상구자가 아닌 하화자에게서 구하여 해소하는 것이 옳다.

또한 일차교육은 상구자들이 자신의 교육적인 소질이나 적성에 부합하는 교육의 소재들을 접하게 되었다고 하는 경우에도 이들 소재들의 다양한 내용들을 습득하도록 하는 데에 일차적인 강조점을 두지는 않는다. 오히려 그러한 소재들을 다루는 가운데 어떻게 상구해야 하는지를 습득하도록 하는 데에 관심을 기울여야 한다. 이는 일차교육의 중요한 소임 가운데 하나가 메타교육이기 때문이다. 이와 관련하여 일차교육의 소재는 그 범위를 한정하지 말고 다양화하되, 상구자들이 상구의 내재율에 맞도록 다양한 상구의 활동들을 수행해 볼 수 있도록 조직될 필요가 있다.

흔히 한 단위의 수업을 위하여 교과를 다룰 적에도 교과 내용들간의 논리적인 일관성을 앞세움으로써 도입 부분부터 결론 부분까지 수미일관(首尾一貫)한 방식으로 조직하는 경우가 많다. 그러나 이러한 조직 방식은 처음과 끝을 관통하는 논리적인 구성을 가져올지는 몰라도, 실제 탐구의 과정이나 문제해결의 과정을 담는 데에는 한계를 지니게 된다. 일차상구자는 탐구의 결과에 도달하는 것을 목표로 하기보다는 문제의 발견에서부터 있을 수 있는 다양한 해결의 방식들을 나름대로 강구하고 이를 실험해보는 과정을 충실히 거치는 것을 목표로 한다. 그가 습득해야 되는 것은 특정한 품위가 아니라, 하나의 품위에서 다음의 품위로 나아가는 과정을 주재할 수 있는 능력이기 때문이다. 탐구의 과정을 나름대로 체험하는 가운데 일차상구자는 상구에 대하여 상구할 수 있는 기회를 얻게 되는 것이다.

예를 들어 학문과 같은 수도계의 경우에는 최고의 품위를 중심으로 그것과 양립할 수 있거나 그것에 도달하는 데에 도움이 되는 것들을 하나로 묶어서 최고의 품위를 정당화하는 방식으로 품위들을 선정하고 조직할 수가 있다. 이는 품위의 학문적인 조직에 해당한다. 여기서는 많은 경우에 언어적인 설명과 논증의 방식이 사용된다. 그러나 학문을 소재로 하는 교육의 경우에는 상구자의 현재의 품위를 거점으로 삼아 그것을 적용할 수 있는 다양한 사례들과 함께 상구자의 품위로는 포섭할 수 없는 사례들을 함께 조직한다. 상구자가 자신의 품위

로 설명이 되지 않는 일종의 '변칙 사례'(anomaly)에 접하도록 유도함
으로써 스스로 문제를 인지할 수 있도록 조치하는 것이다. 이와 함께
상구자가 지적인 당혹감을 해소하는 데에 필요한 다양한 단서들과 이
들을 활용하여 문제를 해결하는 데에 도움이 되는 문제해결 활동들이
소개된다. 학문적 조직에서는 품위의 내용을 설명하는 언어가 사용된
다면, 교육적 조직에서는 이 장면과 관련하여 '무엇 무엇을 해보라'
라는 식의 상구 활동을 처방하고 권고하는 언어가 활용된다. 이러한
상구의 활동을 통하여 도달하게 되는 품위는 상구자의 원래 품위보다
한 단계 높은 것으로서 그것은 해당 수도계의 최고 품위일 필요가 없
으며, 그것마저도 상구자가 새로운 품위를 행해 나아가는 데에 활용
되어야 하는 징검다리나 발판으로서 의미를 지닌다.[16] 물론 이러한
방식으로 일차교육의 소재를 선정하여 조직하는 방식에 대해서는 현
재 알려진 바가 많지 않다. 이 점에서 이는 일차교육과 관련하여 많
은 연구와 논의가 이루어져야 할 주제에 해당한다.

일차교육이 상구자들의 소질과 부합하는 소재들을 탐색하고, 이를
통하여 메타교육을 수행하는 소임을 지니고 있다면, 일차교육의 소재
선정과 조직의 방식만이 아니라, 일차교육의 공과(功過)를 평가하는
방식도 지금과는 달라야 한다. 지금 현재 모든 형태의 교육에 통용되
고 있는 평가의 방식은 교육의 결과로 이른바 학습자가 도달하거나
습득하게 된 교과의 성취도를 재는 학업 성취도 평가이다. 학습자가
특정한 수준의 성취를 보일 경우, 그러한 결과를 가져오는 과정이라
볼 수 있는 교육의 활동이 제대로 수행된 것으로 간주된다. 교육이

---

16) 프래그머티즘(pragmatism)의 지식관은 흔히 '지식은 도구다'라는 말로 요약된
다. 그런데 이 때 지식이 도구라는 말은 그것이 실생활에 대한 도구가 된다는 뜻
이라기보다는 새로운 지식을 향해 나아가는 데에 도구가 된다는 의미를 지닌다.
이를 간과할 경우, 프래그머티즘을 실용주의로 해석하게 되지만, 이는 프래그머
티즘의 원래 의미를 오해하는 것이다. 듀이의 교육이론은 이러한 관점에서 다시
해석되어야 한다.

다루는 다양한 형태의 앎이 온전히 전수되고 습득되었는지를 특정한 기법을 동원하여 측정할 수 있는지도 의문이지만, 이러한 학업 성취도 평가가 곧바로 교육의 평가일 수는 없다.

교육본위론의 용어로 말하자면, 현재의 학업 성취도 평가가 재는 것은 교육의 결과로 우리가 습득하거나 도달하게 되는 수도계의 품위일 뿐이다. 물론 교육의 활동이 원활히 이루어질 경우, 상구자는 그 결과로 특정한 수준의 품위에 이르게 된다. 그러나 품위 그 자체는 교육이 아니다. 교육은 하나의 품위에서 다음의 품위로 나아가는 활동과 그러한 활동을 조력하는 활동이다. 만약 우리가 교육을 평가해야 된다면, 그것은 교육의 결과인 품위가 아니라 교육의 활동 그 자체를 평가하는 것이라야 한다. 교육의 활동이 충실하게 이루어졌다고 하더라도, 그 결과로 도달하게 되는 품위는 그다지 높지 않은 것일 수가 있다. 반대로 교육의 활동이 부실하게 전개되었음에도 불구하고 그 결과로 주어지는 품위는 높은 것일 수가 있다. 이러한 점을 고려할 때, 품위를 측정한 결과를 가지고 교육의 활동에 대한 평가를 대신하기는 어렵다.

현재의 학업 성취도 평가는 특히 현재 우리가 관심을 갖고 이야기하고 있는 일차교육을 위한 것일 수가 없다. 앞에서도 논의한 것처럼 일차교육은 다양한 소재들을 다루는 가운데 상구자가 자신의 소질에 맞는 소재를 탐색하고, 이 과정에서 상구하는 능력을 상구하도록 하는 데에 그 목적이 있다. 이러한 일차교육의 장면에서 상구자가 얼마나 높은 품위에 도달했는가 하는 것은 그가 자신에게 맞는 소재를 발굴하여 상구하는 가운데 좀 더 높은 수준의 상구 활동을 전개하게 되었는가 하는 것에 비하면 부차적인 문제이다. 일차교육이 이러한 것이라면 현재의 학업 성취도 평가는 일차교육을 위한 것일 수가 없다. 일차교육의 본질적인 측면을 재는 것이 아니라 부차적인 측면을 측정하고 있으면서 이를 일차교육의 평가라고 말할 수는 없는 것이다.

물론 일차교육의 평가가 어떻게 이루어져야 하는가를 여기서 확정적으로 보여주기는 어렵다. 일차교육의 모든 것들이 그러하듯이 일차교육의 평가 역시 제대로 탐구된 적이 없는 처녀지(處女地)이다. 그렇기는 하지만, 일차교육의 평가가 지향해야 되는 바와 관련하여 현재로서도 이러한 말은 할 수가 있다. 일차교육의 평가는 품위의 수준을 재는 것이 아니라, 품위의 상승을 위하여 상구자가 수행하는 상구 활동 자체의 질을 재는 것이라야 한다. 무슨 말인가 하면, 일차상구자가 상구의 내재율에 부합하도록 상구의 다양한 활동들을 충실히 수행하고 있는지를 재는 것이 바로 일차교육의 평가일 수 있다. 이는 일차교육의 본질이 상구에 대한 상구와 하화라는 점에서 자연히 따라 나오는 것이다.

이와 함께 일차교육의 평가는 하화자가 수행하는 '상구에 대한 하화의 활동'도 평가의 범위 속에 포함한다. 교육이 상구와 하화로 구성되는 것인 이상, 교육의 평가는 상구의 활동뿐만이 아니라, 하화의 활동도 평가하는 것이라야 한다. 현행의 교육평가는 학습자의 학업 성취도 평가를 상구에 대한 평가로 대신하고 있을 뿐만 아니라, 학업 성취도 수준의 높낮이를 통하여 하화 활동의 충실도를 평가하고 있다. 학습자의 학업 성취도가 높으면 잘 가르친 것이고, 낮으면 못 가르친 것으로 보고 있는 셈이다. 그러나 학업 성취도를 좌우하는 것은 교수 활동의 질만이 아니다. 여기에는 학습 활동의 질, 학습자의 건강 상태, 학급의 분위기, 가정 환경과 부모의 관심도, 순간 순간의 온갖 우연적인 요인들이 복합적으로 작용한다. 잘 가르쳤다고 하더라도 다른 요인들에 문제가 있으면 학습자의 학업 성취도는 낮게 나오기 마련이며, 설사 못 가르쳤다고 하더라도 다른 요인들이 제대로 작용하면 학습자의 학업 성취도가 높을 수도 있다. 바로 이 점에서 학업 성취도를 근거로 삼아 교수 활동에 대한 평가를 대신할 수는 없다.

일차교육의 평가는 교육의 결과로 상구자가 도달하게 되는 품위의 수준을 재는 방식이 아니라, 하화자의 하화 활동과 상구자의 상구 활동이 각기 하화와 상구의 내재율을 충족시키면서 조화를 이루어 전개되는가를 재는 방식이라야 한다. 즉, 교육의 결과 가운데 하나를 재는 것이 아니라, 교육의 과정 그 자체를 재는 것이 교육의 평가인 것이다. 그리고 교육을 평가하는 이유는 다른 데에 있는 것이 아니라, 교육 활동의 문제점을 찾아 이를 개선하는 데에 활용하기 위해서이다. 따라서 상구자들끼리, 또는 하화자들끼리 상대적으로 비교하는 방식이 아니라, 상구자와 하화자 각자가 이전에 수행하던 교육 활동과 현재의 교육 활동을 비교하여 재는 방식이 동원된다. 각자가 자신의 이전 상구 활동이나 하화 활동에 비하여 현재의 활동을 교육의 내재율에 맞도록 전개하고 있으면 이는 개선이고 진보로 평가된다. 반면 이전의 활동보다 현재의 활동이 교육의 내재율을 위배하고 있다면, 이는 문제로 진단되고, 이를 해소하는 방안이 탐색된다. 여기서 볼 수 있듯이 교육본위론에서 말하는 교육의 평가는 평가의 목적, 평가의 대상, 평가의 준거, 평가의 방법 등에 있어 기존의 학업 성취도 평가와는 완전히 다른 것이다. 그리고 우리가 탐색하려는 일차교육의 평가는 후자가 아니라 전자를 닮아야 한다.

4) 일차교육과 일차학교

여기서 우리는 일차교육과 이차교육 또는 삼차교육을 주로 제도교육과 관련하여 논의하는 방식을 취하고 있다. 이는 일차교육과 이차교육 또는 삼차교육 등으로 번역된 primary education, secondary education, tertiary education 등이 제도적인 형식교육을 지칭하고 있다는 점에서 당연한 것일지도 모른다. 그러나 일차교육, 이차교육, 삼차교육 등에 대한 논의가 바로 제도교육의 세 가지 형태를 의미하는 것으로만 생각할 이유는 없다. 교육은 학교와 함께 시작되는 것도 아니고 학교와 함께 끝나는 것도 아니며, 학교 밖에서도 교육이 나름대로 전개되고 있다. 학교교육이 학교 바깥의 교육보다 교육의 내재율을 더 충실히 충족시키고 있다는 증거도 없다. 여기서 말하는 일차교육은 정확히 말하면, 일차학교에서 이루어지는 교육을 지칭하는 것이 아니라, 한 개인의 삶에 있어서 교육이 시작되는 시점부터 교육적인 소질의 탐색과 상구를 소재로 한 메타교육이 어느 정도 완결되는 시점까지 진행되는 교육을 말한다. 어쩌면 그것은 태교(胎敎)로부터 시작되어, 필요하다면, 인간의 삶의 상당 기간 동안에 걸쳐서 이루어질 수도 있다.

이렇게 생각할 때, 일차학교는 일차교육을 담당하기는 하지만 전담하는 것은 아니다. 일차교육은 분명 일차학교의 외연을 넘어서 전개되는 교육이다. 물론 일차학교는 일차교육을 자체의 목적으로 삼을 수 있다. 그러나 이 경우에는 일차교육의 생리와 본질이 제대로 살아날 수 있도록 일차학교의 모습이 현재 초등학교에서 볼 수 있는 것과는 크게 달라져야 한다. 여기서 논의되고 있는 일차교육을 현재와 같은 초등학교 속에 집어넣으려는 것은 일차교육의 모습을 변질시킬 우려가 있다.

그렇다면 일차학교는 어떠한 모습을 지녀야 하는가? 먼저 일차학교는 학교 안에서는 물론이고 학교 밖에서도 메타교육과 교육적 소질의 탐색에 필요한 모든 종류와 수준의 소재를 발굴하여 활용할 수 있어야 한다. 현재와 같은 10여 개의 교과들이 일차교육의 원활한 전개를 가능하게 하는 충분한 소재가 될 수는 없다. 일차상구자의 소질과 적성은 10여 개로 한정할 수 없을 만큼 그 종류가 무한하며, 따라서 가능한 한 일차학교는 일차상구자에게 다양한 소재를 접할 수 있는 기회를 제공할 수 있어야 한다. 이러한 일이 가능하려면, 학교의 안과 밖을 가르는 담장을 해체시킬 필요가 있다. 일차상구자의 소질과 적성에 맞는 소재가 학교 밖에 존재한다면, 이를 발굴하거나 찾아서 일차상구자가 접할 수 있도록 하는 것이 일차학교의 소임이다. 일차상구자가 메타교육을 수행하는 데에 더 적절한 장소와 공간이 학교 바깥에 존재한다면, 이를 적극적으로 활용할 수 있어야 한다.

일차학교의 담장을 없애야 할 뿐만 아니라, 일차교육의 소임을 일차학교 하화자의 전유물로 삼아서도 안 된다. 일차학교의 하화자가 초인(超人)이 아닌 이상, 그가 자신에게 배우는 모든 일차상구자들의 소질과 적성에 부합하는 다양한 세계들에 널리 능통하고 있을 수는 없다. 자신의 능력을 벗어난 세계가 일차상구자의 소질과 적성에 부합한다면, 그는 일차학교의 바깥에서 상구자를 도울 수 있는 일차하화자를 찾아 해당 상구자와 결합시켜 주어야 한다. 이는 일차학교의 하화자들로부터 교육적인 역할을 박탈하는 것이 아니다. 학교 밖의 일차하화자를 찾아 그가 상구자와 만나 하화할 수 있도록 조치를 취하는 것은 결코 만만한 과제가 아닐뿐더러, 이 역시도 대단히 소중한 교육적 역할이고 과제이다. 경우에 따라서는 일차학교에 출석하는 상구자들 가운데서도 동료 상구자의 소질과 적성에 부합하는 세계와 관련하여 일차학교의 하화자보다 품위가 높은 자가 있다. 일차학교의 하화자는 필요하다면, 당연히 이들이 서로 만나서 하화하고 상구하도록 조처를 취하고 지원할 수 있어야 한다. 이도 반드시 필요한 교육적 소임일 뿐만 아니라, 제대로 수행하기가 어려운 활동이기도 하다. 여기서 제안하는 일차교육의 논리가 일차학교를 해체하거나 일차학교 하화자들의 역할을 축소시킨다고 생각하는 것은 오해이다.

일차학교의 하화자는 필요한 경우, 학교 안이나 밖의 일차하화자를 발굴하여 상구자의 일차상구를 위하여 활용해야 될 뿐만 아니라, 일차학교 내에서도 하화 활동과 무관한 활동들은 과감하게 다른 사람들에게 양도할 수 있어야 한다. 일차학교 안에도 그가 상구자로 삼아 하화 활동을 전개해야 되는 일차상구자들이 여전히 많다. 이 일을 제대로 하는 데에도 시간과 능력이 부족하기 마련이다. 따라서 일차학교의 하화자가 일차학교 속에서 일차하화를 제대로 수행하면서 동시에 일차학교의 운영과 관련된 다양한 일들을 모두 수행할 수는 없다. 학교의 운영과 관련된 행·재정적인 활동들, 학교 제도와 관련된 갖가지 공적인 업무들, 상구자가 일상적인 삶 속에서 겪는 심리적이거나 사회적인 문제들을 상담하고 필요한 조처를 취하는 일들, 상구자의 학교 생활이 쾌적하도록 만드는 환경 조성, 급식, 의료 등의 활동들은 일차학교의 하화자가 담당하기보다는 이 일을 잘 할 수 있는 전문 인력의 도움을 받아야 하며, 당연히 그들의 업무로 돌려주어야 한다. 이 일 저 일을 모두 수행한다고 해서 훌륭한 하화자인 것은 아니다. 그는 자신이 전념해야 되는 활동을 수행해야 되며, 그렇지 않은 일들은 다른 사람의 도움을 받아야 하고, 실제로 학교가 그러한 모습을 갖추도록 요구하고 촉구해야 된다.

6. 재서술에 대한 변명

위에서 논의한 것이 교육본위론을 통하여 일차교육을 새롭게 조망하는 일과 관련하여 현재 내가 할 수 있는 최선이다. 물론 그것은 보잘것없는 진전에 불과하지만, 적어도 새로운 방향으로 한 걸음을 내딛었다는 점에서 나름대로 의의를 지닐 수 있다. 이 글에 공감한다면, 우리는 이 마지막 장의 개념과 논리에 근거하여 1장부터 5장까지의 내용들을 새롭게 재작성할 필요가 있다. 무슨 말인가 하면, 앞의 장들에서 논의를 전개하는 가운데 동원했던 기존 교육학의 개념들을 이 마지막 장에서 소개한 개념들로 대치하면서 다시 써야 하는 것이다. 그러나 이 작업은 이 글을 읽는 독자들의 몫으로 남겨 두고자 한다.

성과가 미미하기는 하지만, 우리가 여기서 시도하고자 한 것은 현존하는 초등교육을 새롭게 재개념화하는 일이었다. 재개념화라는 말이 시사하듯이 그것은 지금 사용되거나 통용되는 것과는 다른 개념들을 구안하여 교육을 설명함으로써 이전 개념들로는 포착할 수 없었던 교육의 숨은 양상들을 드러낼 수 있어야 한다. 외견상 지금까지 우리가 수행한 것은, 특히 이 마지막 장에서 수행한 것은, 바로 이러한 의미에서의 재개념화에 해당한다고 볼 수도 있다. 그러나 이 정도의 성과를 놓고 우리가 원래 약속했던 바가 제대로 이루어졌다고 평가하기는 어렵다.

초등교육을 일차교육으로 재개념화하고 관련된 개념들을 새로운 것으로 대치하는 가운데 우리는 이전의 개념들로는 도저히 드러내어 설명할 수 없었던 일차교육의 숨겨진 측면들을 밝히고 그것에 새로운 의미를 부여하였다. 그러나 이러한 작업은 우리가 나름대로 구안한 개념의 체계를 통하여 수행된 것이 아니라, 교육본위론이라고 하는 교육학의 새로운 개념체계를 원용하는 방식을 통하였다. 물론 교육본위론은 우리가 넘어서려고 하는 기존의 교육학 개념체계를 발전적으로 해체하여 새롭게 구안된 것으로서 우리가 하고자 하는 일과 전혀 무관한 것은 아니다. 무관하기는커녕, 보기에 따라서, 그것은 우리가 마땅히 참조해야 되는 거의 유일한 교육학의 개념체계에 해당한다. 바로 이 점에서 우리가 교육본위론을 원용하거나 참조한 것은 그다지 커다란 잘못이 아닐 뿐만 아니라, 현재로서 취할 수 있는 불가피한 접근 방식이기도 하다.

그러나 우리가 여기서 시도한 것은 교육본위론을 참조하여 일차교육을 재서술한 것일 뿐, 이를 새롭게 재개념화하는 작업에 해당한다고 보기는 어렵다. 일차교육을 제대로 개념화하는 일, 그것은 결국 일차교육을 포함하여 교육 일반을 설명할 수 있는 새로운 교육이론을 구성하는 일로 연결된다. 우리는 여기서 이러한 데까지는 이르지 못했다. 물론 새로운 교육이론을 만드는 일은 일회적인 시도를 통하여 가능한 것이 아니다. 이 점에서 우리가 수행한 작업의 한계는 충분히 양해될 수도 있다. 그렇기는 해도 우리는 새로운 교육이론의 단초를 제공한다거나, 아니면 교육본위론을 새롭게 발전시킬 수 있는 실마리를 찾는다거나 하는 성과에는 도달하지도 못했다. 교육본위론의 관점으로 일차교육을 재서술하는 데에 그쳤으며, 그러한 재서술마저도 교육본위론의 근본 취지를 충실히 따르고 있다고 확언하기가 어렵다. 이 점에서 우리의 작업은 교육을 재개념화하기 위하여 처음에 섰던 여정의 출발선상에서 그다지 크게 나아간 것이 못 된다.

이러한 한계가 있기는 하지만, 한 가지 변명할 점은 있다. 그것은 일차교육을 재개념화하는 일이 처음에 생각했던 것과는 달리 일차교육만이 아니라 전체 교육을 새롭게 재개념화하는 일과 함께 진행되어야 한다는 사실이다. 따라서 그것은 완결될 수 있는 일이 아닐 뿐만 아니라, 학문적 역량이 뒤떨어지는 나로서는 한 걸음을 내딛기도 상당히 힘에 부치는 과제에 해당한다. 이러한 형편은 조만간 개선될 수 있는 문제가 아니다. 누구보다도 이를 잘 아는 나로서는 완주(完走)를 중단하고 재개념화 작업을 한동안 미루어두고자 한다. 지금은 학문적인 역량을 축적하는 것이 나에게 더 급선무이다. 충분한 준비가 되었을 때 일차교육, 더 나아가 교육의 전체를 재개념화하는 과제에 도전할 수 있을 것이다. 그 때에는 형편이 지금보다는 덜 부끄러운 것이기를 바랄 뿐이다.

참고문헌

김동식(2002). 프래그머티즘. 서울: 아카넷.

김용옥(1994). 도올 선생 중용 강의. 서울: 통나무.

김종무 역(1989). 논어신해. 서울: 민음사.

김태길(1990). 존 듀이의 사회철학. 서울: 명문당.

나정 · 장명림(1997). 유아교육과 초등교육의 연계방안연구. 한국교육개발원.

백순근(2000). 수행평가의 원리. 서울: 교육과학사.

신기현(2002). 메타교육의 관점에서 본 칼 로저스의 교육적 삶: 한국 교육개
    혁에의 시사. 서울대학교 박사학위논문.

심미자(2001). 자기주도적 학습의 이해. 서울: 도서출판 열린.

양옥승(1999). 유아교육과정에 대한 관점 탐구. 교육 연구, 제7권 제1호. 덕
    성여자대학교 고등교육연구소. 137-152.

엄태동(1998a). 교육적 인식론 연구: 키에르케고르와 폴라니의 교화적 방법
    에 대한 교육학적 고찰. 서울대학교 박사학위논문.

엄태동(1998b). 교육적 인식론 탐구: 인식론의 딜레마와 교육. 서울: 교육과
    학사.

엄태동(1999). 로티의 네오 프래그마티즘과 교육. 서울: 원미사.

엄태동(2000a). 교육의 개념과 반성적 교육철학. 박성희 외(공저). 교육학에
    의 초대. 서울: 원미사. 15-62.

엄태동(2000b). 초등교육의 개념. 교육원리연구, 제5권 제1호. 교육원리연
    구회. 195-214.

엄태동(2001a). 초등교육의 개념 정립을 위한 시론. 초등교육연구, 제11집.
    청주교육대학교 초등교육연구소. 19-44.

엄태동 편저(2001b). 지상에서 추방당한 존 듀이의 천상의 교육학. 존 듀이
    의 경험과 교육. 서울: 원미사. 173-227.

엄태동(2003a). 초등교육의 맥락에서 본 초급지식의 성격: 교육의 가치와
    교과의 가치에 대한 분석. 초등교육연구, 제16권 제1호. 한국초등교
    육학회. 1-21.

엄태동(2003b). 존 듀이의 초등교육론 연구. 초등교육연구, 제13집. 청주교
육대학교 초등교육연구소. 71-106.

이규호 편(1974). 교육학의 학문적 성격. 사회과학의 방법론. 서울: 현암사.
90-106.

이돈희(1974). 교육과학의 논리. 서울: 교육출판사.

이이 저, 성백효 역주(1992). 동몽선습 · 격몽요결. 전통문화연구회.

이영석(1989). 유치원과 초등학교와의 연계성: 유아교육의 본질과 방향. 한국
교육학회 유아교육연구회.

이은성 · 오은순(1999). 초중등 연계 교육 방안 모색을 위한 기초 연구. 교육
학연구, 37권 2호. 한국교육학회. 393-421.

이원영 · 박찬옥 · 이대균(1995). 유치원과 국민학교 연계교육을 위한 국민
학교 1학년 통합교육 프로그램 개발 연구. 한국교육문제연구소 논문
집, 10권. 중앙대학교 한국교육문제연구소. 63-89.

이홍우(1979). 지식의 구조와 교과. 서울: 교육과학사.

이홍우(1983). 교육학의 학문적 성격. 이상주 외(공저). 교육학개론. 서울:
교육과학사. 207-230.

이홍우(1987). 교육의 목적과 난점, 제5판. 서울: 교육과학사.

이홍우(1991). 교육의 개념. 서울: 문음사.

이홍우(1993). 증보 교육과정탐구. 서울: 박영사.

임병덕(1992). 키에르케고르의 간접전달 연구. 서울대학교 박사학위논문.

임병덕(1995). Kierkegaard: 교육방법으로서의 간접전달. 서울: 교육과학사.

장상호(1986). 교육학의 비본질성. 교육이론, 제1권 제1호. 서울대학교 교
육학 연구회. 5-53.

장상호(1990). 교육의 정체 혼미와 교육학의 과제. 교육이론, 제5권 제1호.
서울대학교 교육학 연구회. 21-64.

장상호(1991). 교육학 탐구 영역의 재개념화. 서울대학교 교육연구소.

장상호(1994a). 또 하나의 교육관. 이성진(편). 한국 교육학의 맥. 서울: 나남
출판. 291-326.

장상호(1994b). Polanyi: 인격적 지식의 확장. 서울: 교육과학사.

장상호(1997a). 학문과 교육(상): 학문이란 무엇인가. 서울대학교 출판부.

장상호(1997b). 교육의 재개념화에 따른 10가지 새로운 탐구영역. 교육원리

연구, 제2권 제1호. 111-212.

장상호(1998). 교육 활동으로서의 언어적 소통: 그 한계와 새로운 가능성.
교육원리연구, 제3권 제1호. 77-128.

장상호(1999). 교육적 반전의 내재율에 비추어 본 고대 희랍의 교육 삼대.
교육원리연구, 제4권 제1호. 1-62.

장상호(2000a). 학문과 교육(하): 교육적 인식론이란 무엇인가. 서울대학교 출
판부.

장상호(2000b). 사대스승의 메타교육. 교육원리연구, 제5권 제1호. 49-127.

장상호(2001). 교육연구의 패러다임 전환을 위한 방략. 교육원리연구, 제6권
제1호. 1-35.

장상호(2002). 교육적 관계와 교육공동체에 대한 소고. 교육원리연구, 제7권
제1호. 1-42.

장상호(2003). 교육발전의 도해(圖解). 미간행원고.

정범모(1974). 학문적 성격을 위한 교육학의 정의. 이규호(편). 사회과학의
방법론. 서울: 현암사. 74-89.

정범모(2000). 한국의 교육세력: 나라 마음을 방향짓는 사람들. 서울: 나남출
판.

황용길(1999). 열린 교육이 아이들을 망친다. 서울: 조선일보사.

황용길(2001). 부자교육 가난한 교육. 서울: 조선일보사.

Bruner, J. (1978). *The Process of Education*. Massachusetts: Harvard University
Press.

Bulfinch, T. (1855). *Myths of Greece and Rome*. 이윤기(역)(1989). 그리스와 로
마의 신화. 서울: 대원사.

Clifford, G. J., & Guthrie, J. W. (1988). *ED School: A Brief for Professional Edu-
cation*. Chicago and London: The University of Chicago Press.

Confessore, G. J., & Confessore, S. J. (1992). *Guideposts to Self-Directed Learn-
ing: Expert Commentary on Essential Concepts*. 정지웅 · 김지자
(역)(1995). 자기주도 학습의 길잡이. 서울: 교육과학사.

Conant, J. B. (1963). *The Education of American Teachers*. New York: McGraw-
Hill.

Dearden, R. F. (1968). *Philosophy of Primary Education*. London: Routledge & Kegan Paul.

Dewey, J. (1899). School and Society. *John Dewey: The Middle Works, Vol.1*. Carbondale and Edwardsville: Southern Illinois University Press.

Dewey, J. (1902). The child and the Curriculum. *John Dewey: The Middle Works, Vol.2*. Carbondale and Edwardsville: Southern Illinois University Press.

Dewey, J. (1916a). Democracy and Education. *John Dewey: The Middle Works, Vol.9*. Carbondale and Edwardsville: Southern Illinois University Press.

Dewey, J. (1916b). Essays in Experimental Logic. *John Dewey: The Middle Works, Vol.10*. Carbondale and Edwardsville: Southern Illinois University Press.

Dewey, J. (1933). How We Think. *John Dewey: The Later Works, Vol.8*. Carbondale and Edwardsville: Southern Illinois University Press.

Dewey, J. (1938). Experience and Education. *John Dewey: The Later Works, Vol.13*. Carbondale and Edwardsville: Southern Illinois University Press.

Egan, K. (1979). *Educational Development*. New York: Oxford University Press.

Egan, K. (1983). *Education and Psychology: Plato, Piaget and Scientific Psychology*. London: Methuen & Co. Ltd.

Egan, K. (2002). *Getting it Wrong from the Beginning: Our Progressivist Inheritance from Herbert Spencer, John Dewey, and Jean Piaget*. New Heaven: Yale University Press.

Hirst, P. H. (1974). *Knowledge and the Curriculum: A Collection of Philosophical Papers*. London: Routledge & Kegan Paul.

Husserl, E. (1952). *Ideas: General Introduction to Pure Phenomenology*. London: George Allen & Unwin.

Husserl. E. (1970). *The Crisis of European Sciences and Transcendental Phnomenology*. Evanston: Northwestern University Press.

James, W. (1958). *Talks to Teachers on Psychology: and to Students on some of Life's Ideals*. New York: W .W. Norton & Company.

Kierkegaard, S. (1941). *Concluding Unscientific Postscript to the Philosophical*

Fragments. trans. D. Swenson and W. Lowrie. Princeton: Princeton University Press.

Kierkegaard, S. (1962a). *Philosophical Fragments or A Fragment of Philosophy*. trans. D. Swenson. Princeton: Princeton University Press.

Kierkegaard, S. (1962b). *The Point of View on My Work as an Author*. trans. W. Lowrie. New York: Harper & Row.

Kierkegaard, S.(1967). *The Concept of Irony with Constant Reference to Socrates*. trans. L. Capel. Bloomington: Indiana University Press.

Kohlberg, L. (1981). *The Philosophy of Moral Development; Moral Stages and the Idea of Justice*. San Francisco: Harper & Row.

Kohlberg, L. (1984). *The Psychology of Moral Development: The Nature and Validity of Moral Stages*. San Francisco: Harper & Row.

Kuhn, T. S. (1970). *The Structure of Scientific Revolutions*. Chicago: The University of Chicago Press.

Manheimer, R. (1977). *Kierkegaard as Educator*. Berkeley: University of California Press.

Mialaret, G. (1985). *Introduction to the Educational Sciences*. Geneva: Unesco.

Nisbet, J., & Shucksmith, J. (1986). *Learning Strategies*. 이신동 · 이경화(공역)(2001). 학습전략과 교육. 서울: 교육과학사.

Novak, J. D., & Gowin, D. B. (1984). *Learning How to Learn*. Cambridge: Cambridge University Press.

Nyberg, D., & Egan, K. (1981). *The Erosion of Education: Socialization and the Schools*. New York: Teachers College Press.

Ovidius, P. *Metamorphoses,* 이윤기(역)(1998). 변신이야기. 서울: 민음사.

Peters, R. S. (1966). *Ethics and Education*. London: George Allen & Unwin Ltd.

Piaget, J. (1930). *The Child's Conception of Physical Causality*. London: Routledge & Kegan Paul.

Piaget, J. (1958). *The Growth of Logical Thinking: From Childhood to Adolescence*. London: Routledge & Kegan Paul.

Piaget, J. (1972). *Psychology and Epistemology: Towards a Theory of Knowledge*. New York: Penguin Books.

Polanyi, M. (1946). *Science, Faith and Society*. Chicago: The University of Chicago Press.

Polanyi, M. (1958). *Personal Knowledge: Towards a Post-Critical Philosophy*. New York: Harper & Row.

Schaefer, R. J. (1967). *The School as a Center for Inquiry*. New York: Harper and Row.

Whitehead, A. N. (1929). *The Aims of Education and Other Essays*. New York: The Free Press.

찾아보기

인 명

저자소개

엄태동(嚴泰動)

1965년 수원 출생
서울대학교 사범대학 교육학과 졸업
서울대학교 대학원 교육학과 교육학 박사
현 청주교육대학교 초등교육과 조교수

저서

교육적 인식론 탐구(1998, 교육과학사)
로티의 네오 프래그머티즘과 교육(1999, 원미사)
교육학에의 초대(공저, 2000, 원미사)
존 듀이의 경험과 교육(2001, 원미사)

2004년 학술원 선정 우수도서

초등교육의 재개념화

2003년 8월 25일 1판 1쇄 발행
2024년 3월 25일 1판 13쇄 발행

지은이 • 엄 태 동
펴낸이 • 김 진 환
펴낸곳 • **(주) 학 지 사**

04031 서울특별시 마포구 양화로 15길 20 마인드월드빌딩 5층
대표전화 • 02) 330-5114   팩스 • 02) 324-2345
등록번호 • 제313-2006-000265호

홈페이지 • http://www.hakjisa.co.kr
인스타그램 • https://www.instagram.com/hakjisabook

ISBN 978-89-7548-888-7 93370

정가 **12,000원**

출판미디어기업 **학 지 사**

간호보건의학출판 **학지사메디컬** www.hakjisamd.co.kr
심리검사연구소 **인싸이트** www.inpsyt.co.kr
학술논문서비스 **뉴논문** www.newnonmun.com
원격교육연수원 **카운피아** www.counpia.com
대학교재전자책플랫폼 **캠퍼스북** www.campusbook.co.kr